국어교육이란 무엇인가

국어교육이란 무엇인가

정상균 · 김영욱 · 한형구 외

혜안

인문학의 위기, 무엇이 문제인가?
─인문학총서 발간에 즈음하여─

    오늘날 한국사회에서 인문학은 정체성의 혼란을 겪을 만큼 위기에 봉착해 있는 것이 사실이다. 인간의 정신과 문화에 대한 모든 분야를 주제적으로 다루는 학문이 인문학일진대, 인문학이 위기상황에 직면해 있다 함은 바람직한 인간문화의 형성에 빨간 불이 켜져 있음을 말하는 것이고, 그것은 인간문화가 급기야는 황폐화되어 감을 뜻하는 것일 터다. 따라서 인문학의 학문적 위기상황은 그대로 방치할 수 없는 중차대한 문제가 아닐 수 없다.

    위기를 겪고 있는 인문학을 제자리로 돌려놓고자 함에 있어서는 오늘날 우리 인문학이 처해 있는 현주소를 구체적으로 진단하는 작업이 선행되어야 한다. 그리고 이를 통하여 위기 초래의 요인을 밝혀내고, 그 같은 요인의 해소방안을 시급히 강구해야 할 것이다.

    한국의 인문학이 위기를 맞게 된 데에는 대체적으로 몇 가지 요인이 있을 것으로 생각된다. 첫째, 인문학을 전공하는 학자들이 학문의 영역을 지나치리만큼 경직되게 한정하고, 그 테두리 밖으로는 시선을 돌리지 않음으로써 새로운 학문 소재의 발견과 개척에 소홀히 하였다. 그 결과 우리나라의 인문학은 자연을 다루는 학문과 격리되는 현상을 보여왔고, 심지어는 자연과학을 저급한 것으로 깎아내리기까지 하였다. 그런가 하면 시대가 변하면서 새롭게 의미를 부여받는 수많은 인문현상들, 말하자면 인간소외, 여성해방, 안락사, 임신중절, 인간복제 등의 윤리적 문제들이라든지 기술화, 정보화, 경쟁화를 특성으로 하는 현대 산업사회의 문화현상에 대하여도 경계 밖의 문제로 치부하여 그다지 진지한 탐구태도를 보여주지 않아 왔다.

그러나 자연과학이 이루어 낸 기술적 성과를, 그것이 초래하기 쉬운 해악을 감소시키고 인류의 삶의 질을 향상시키는 방향으로 유도하는 데 인문학적 반성은 무엇보다도 필수적이다. 그리고 또한 시대적 상황의 변화에 따라 새롭게 부각되고 있는 윤리적 문제들에 대해서도 적극적으로 다가서는 것이 필요하다. 이 같은 시대적 요청들을 외면하고 인위적으로 둘러친 울타리를 고집한 결과로 말미암아 우리의 인문학은 연구대상 영역을 크게 상실하고, 결국 낙후성을 면치 못하는 상황으로 이어지게 된 것이다.

둘째, 인문학 안에서도 그것에 속해 있는 각각의 학문영역들이 저마다 넘나들지 못할 금을 그어 놓고 분리독립을 외침으로써 폐쇄적인 분과구조가 고착화되었다. 그 결과 학문영역 간의 상호교류가 단절 지경에 이르게 되고, 정보화·세계화 등의 추세 속에서 필연적으로 요구되는 통합적 지식은 오간 데 없이 되어버렸다. 이렇듯 기성의 관념에 의해 틀 지워진 분과구조에 안주하며, 분과영역별로 제각각 독립된 지식을 추구하는 데에서 인문학은 교육에서는 물론이고 연구체계에서도 위기를 맞게 되었다.

셋째, 우리의 인문학은 시대상황 및 환경변화에 적극적으로 대처해 나가지 못하고, 예로부터 다루어 온 전통적 주제에만 근시안적으로 매달리는 고루한 자세로 일관해 왔다. 물론 인문학적 연구대상에 불변적 요소가 있음은 말할 것도 없다. 그리고 그것은 언제나 인문학에 있어 중요한 부분을 차지한다. 그러나 인간의 삶의 환경적 조건, 즉 인간을 둘러싼 사회적·물리적·문화적 환경이 급격히 변화되어 가는 현실에서 그 같은 변화에 끊임없이 관심을 기울이고 적절히 대응해 나가는 것 또한 인문학이 직면한 시급한 과제다.

기술문명의 급진적 발달과 경제논리의 확산으로 인간이 소외되고,

나아가 인간성이 상실된다고 걱정을 하지만, 그것을 한탄만 하고 있어 될 일이 아니다. 그럴수록 인문학은 그 속에 뛰어들어 새로운 문제의식을 가지고 연구과제를 설정해야 한다. 그리고 인간의 삶의 환경이 세계화의 시대, 정보화의 시대에 접어들었다면 인문학은 역시 그 같은 시대적 변화에 대처하여 나름대로의 진로를 개척해야 한다. 이처럼 개방적인 자세로 시야를 넓혀 나가지 못하고, 고전적 연구주제에 안일하게 집착하여 헤어나지 못한 데서 인문학은 그만큼 대접을 받지 못하게 되고, 학문적 정체성마저도 흔들리게 된 것이다.

넷째, 인문학이 위기상황에 직면하게 된 데에는 현대사회구조의 변동과도 깊은 연관이 있다. 현대사회는 효율성을 강조하는 실용주의와 시장경제원리를 바탕으로 하는 경쟁논리가 지배적으로 풍미하는 구조적 특성을 지녔다. 그런가 하면 현대사회는 컴퓨터의 발달과 더불어 급속도로 정보화의 시대에 돌입하였다. 정보화는 필연적으로 첨단기술문명의 발달을 촉진하게 마련이다. 그리고 이는 현대를 살아가는 인간의 삶의 구조를 한꺼번에 뒤바꾸어 놓는다. 전통적인 학문방식에 의거해 온 우리의 인문학은 이 같은 특성을 지닌 현대사회에 재빠르게 적응하기가 쉽지 않고, 따라서 위기에 봉착할 수밖에 없게 되었다. 한국의 인문학이 이 같은 위기의 질곡에서 벗어나는 길은 한편으로는 기술화·정보화·경쟁화 사회구조에 능동적으로 적응해 나가면서, 또 다른 한편으로는 그러한 문화현상들이 초래하는 구조적인 문제점들을 제대로 바로잡아 나가는 것일 터다.

다섯째, 기술문명과 실용주의, 그리고 이에 기생하고 있는 물질만능주의가 배태한 인문학 경시풍조의 만연과 효율성·생산성을 담보하는 응용과학의 위세에 떠밀려 인문학은 한층 그 설자리가 좁아졌다. 게다가 경제논리에 바탕을 둔 무한경쟁원리가 기승을 부리며 학문영역에까지 깊이 침투되고 있는 것이 우리의 현실이다. 특히 지배권력 당국자들이 대체적으로 상업주의·실용주의에 입각한 경제논리를 신앙처럼 떠받들고, 창의적 비판정신을 근간으로 하는 인문학보다는 생산성에 유리한 자연과학을 앞세우는 개혁정책을 자유로운 학문 교육연구의 장인 대학에 강요하다시피 하고 있다. 물론 경제논리가 실용학문에는 부분적으로 긍정적인 영향을 미치기도 할 것이다. 그러나 그것이 인문학을 비롯한 문화과학 일반에 이르기까지 획일적으로 적용될 때, 근본에 있어 효율성·생산성과 거리가 먼 인문학은 그 존립 기반마저 흔들릴 만큼 치명적인 손상을 입는다.

이제까지 현대 한국의 인문학이 위기에 처하게 된 요인들을 몇 가지로 살펴보았다. 그 안에서 이미 개략적으로나마 암암리에 제시한 바와 같이 인문학의 위기를 극복하는 데 있어 중요한 것은 무엇보다도 인문학을 전공하는 학자들의 자기반성을 통한 위기극복에의 의지와 이를 뒷받침해 줄 정책행정 당국자들의 의식의 전환이다. 인문학자들은 전통적인 주제에만 매달려 안주할 것이 아니라 시대와 환경의 변화를 능동적으로 수용하여 학문대상을 새로이 확장해 나가는 동시에, 학문영역간 폐쇄구조를 과감히 깨고 학제간 열린 교류의 장을 마련해야 한다. 그리고 경제논리의 무차별적 적용이 낳는 폐해를 대(對)사회적으로 각인시키고자 하는 노력과, 이와 병행하여 인문학이 여타 학문에 응용될 수 있는 여지를 개발하는 작업을 활발히 전개해야 할 것이다. 또한 정책입안자들은 개혁정책을 수립·시행하는 과정에서 눈앞의 실적쌓기에만 급급해하던 이제까지의 천민자본주의적 사고를 탈피하고, 인문정신의 확산이 국가경쟁력의 제고와 국민의 삶의 질의 고양에 무엇보다도 절실한 과제임을 자각하는 자기성찰이 있어야 할 것이다.

이처럼 인문학이, 나아가 인문학자가 뼈를 깎는 자기반성을 통해 인문학을 활성화시키고자 하는 의지를 새롭게 하고, 여기에 정책당국자들이 의식을 전환하여 인문학을 존중하고 제도적·재정적 지원을 아끼지 않는다면, 인문정신의 결핍으로 황폐해진 인간 정신문화를 소생시키는 것은 어려운 일이 아닐 것이다.

서울시립대학교 인문과학연구소에서는 인문정신의 확산과 이를 통

한 사회적 가치질서의 재정립의 차원에서 인문학 분야의 여러 다양한
주제들을 논의하는 장을 마련하고 있다. 그리하여 봄·가을로 학술심포
지엄을 개최하고 있거니와 이와 함께 총서 발간을 기획하여, 어문학·
역사·철학·예술 등의 분야를 망라하여 지속적으로 교양인들의 의식
의 지평을 넓혀줄 수 있을 글을 모아 책으로 엮어내고자 한다. 척박한
삶의 토대에 기름진 자양분을 제공하겠다는 신념에서 총서의 발간을
도모하고 있는 것이다. 부디 독자들에게 보다 깊이가 있고 폭이 넓은
삶을 살아가는 데 조금이나마라도 도움을 주게 된다면 더 바랄 것이 없
겠다. 많은 관심과 격려가 있기를 바라마지 않는다.

서울시립대학교 인문과학연구소장

김 상 배

편집자 서문

국어교육이란 무엇인가. 그 동안 우리가 문 화두는 이것이었고, 앞으로도 쉬지 않고 물어나가지 않으면 안 될 공안, 화두가 달리 이밖에 있을 수 없다고 우리는 믿는다. 그러니 반복해서 묻고 또 물어야 할 것이 이 질문일 테지만, 여기서 일단 마침표를 찍고, 그 동안 우리가 준비해 온 답의 일단을 펼쳐 보이기로 한다. 완전하고 충분할 수 없지만, 이만한 결산서를 제출하기에도 긴 여정의 곡절과 땀과 정열이 소모되었다. 이에 그 동안의 경과와, 작업에 참여한 여러분들의 노고 내역, 그리고 당초 우리가 품었던 기획 의도랄까, 취지에 대해서 석명의 글을 붙임은 우리의 당연한 도리가 될 줄 안다. 우리 사업의 최초 계기는 어떻게 주어졌던 것인가.

서울시립대학교 부설 '인문과학연구소'가 주관하고 시행하는 『인문과학총서』 발간 계획의 일환으로 이 사업은 최초 발안되었다. 제도적 장치로서의 서울시립대 국어국문학과가 이로써 하나의 집합적 주체, 공동의 학적 주체로서 연구성과물을 기획·구성·제출하지 않으면 안 되었는데, 때마침 교육대학원의 개설과 더불어 제기된 어문교육 관련 국제학술대회 개최의 사업계획이 부가됨으로써 오늘 이 책자 발간의 대체적인 윤곽, 청사진이 마련될 수 있었다고 할 수 있다. 어문교육과 관련한 최초의 국제학술대회 시도이니만큼 범박하게 우선 '국어교육이란 무엇인가'의 가제를 내걸면 어떻겠느냐는 의견이 준비단계에서 조심스럽게 제시되었는데, 이 가제의 제목이 오늘에 이르러서까지 우리 작업의 주춧돌 노릇을 할지는 그 때는 미처 몰랐다. 물론 이 과정에서 애초 우리가 품었던 문제의식이랄까, 학적 무의식의 작용이 전혀 없지는 않았던 것을 부인할 수는 없다. 철학자 자크 데리다가 '철학교육연구회'에 가담하면서 가졌던 문제의식이랄까, 일종 위기의식이라 할 만한 것을 마찬가지로 오늘 국어교육 현장에 몸담고 있는 우리로서도 적극적으로 품지 않으면 안 되겠다는 시대적 소명감 같은 것이 이 사업의 배경에서 꿈틀대고 있었다고 말할 수 있는 것이다. 시대는 바야흐로 인문학의 위기이며, 어문교육의 위기이며, 동시에 결정적으로 '국어' 자체의 위기시대가 아닌가. 국어와 국어교육의 위기시대에 우리는 무엇을 할 것인가.

사람들은 흔히 '정보화'를 말한다. 이 말의 외연과 내포가 무엇이든지 간에 여기에 오늘 국어와 국어교육의 위기라는 현실의 총체적 요인이 자리잡고 있다는 것을 부인하기 어렵다. 이처럼 문명사적 차원의 거대한 시대변화, 문화변환에의 요구가 자리잡고 있기에 그 속에서 그 동안 우리가 행해 온 국어교육, 나아가 근대교육 전반이 행해 온 프로그램, 패러다임이 전면적으로 수정되지 않으면 안 된다는 교육적 요구 역시 나날이 점증해 가고 있는 것으로 볼 수 있을 터다. 이른바 디지털 문명시대에 아날로그식 교육, 문화체제의 변환 요구이다. 그렇다면 지금까지 우리가 시행하고 고수해 온 근대어문교육의 체제, 그 골간으로서의 국어교육체제는 어찌 되는가. 마땅히 수정되고 궁극적으로는 용도 폐기되지 않으면 안 될, 구시대적 잔재, 시대착오적 유산으로서의 명운만이 오늘 국어교육이 띠고 있는 초상일까. 그럴 수만은 없다고 보았을 때, 지금 여기에서 우리가 수행하지 않으면 안 될 몫, 즉 국어교육에 대한 원론적 이해와 역사적 설명의 몫이 주어진다고 보았다. 근대적 의미에서의 '어문민족주의'란 무엇인가를 묻고 그것에 대답하는 일 역시 같은 과제로 인식되었다. 근대 국민국가의 수립 과정에서 '국민교육' 혹은 '민족교육' 실행의 중요한 일부를 담당하여 그 역사적 위상을 점유하여 온 것이 오늘의 '국어교육' 내용이요, 그 이념, 체계일 것이기 때문이다.

당초 이 논문집 발간을 위한 취지서 작성에 '국어교육과 어문민족주의'
라는 어구가 모두 자리에 들어앉을 수 있었던 배경이 여기에 있었다.
우리의 경우라면 가사 '한글민족주의'라 할 만한 것이 개화기 이후 한국
국어교육의 내용 형성과 이념체계 형성에 중요한 원동력, 기축 작용을
했다고 보고, 그 역사적 뿌리 내리기와 벋기의 과정, 그리고 오늘의 시
대적 현실 속에서 그것이 가진 기능적 한계의 성격까지를 모두어 살펴
보는 일은 오늘 우리가 수행하지 않으면 안 될 과제 해결의 요추 항목
이라 생각했다. 시대적응을 위한 바람직한 동화의 방향을 살피고 타진
하는 데도 언제나 기축이 되어야 할 작업은 원천의 뿌리에 대한 이해와
그 역사적 경과, 그리고 그 기능적 효용한계의 측면에 대한 이해 — 설명,
평가의 작업에 두어져야 한다고 생각했기 때문이다. 오늘의 국어교육,
즉 학교교육이라는 제도교육의 장, 체제 속에서는 흔히 '문학교육'과
'어학교육' 등으로 그 교육의 목표와 내용 구성이 분리, 설정되고 있는
형편이지만, 이와 같은 기능적 분리가 본래 한 뿌리에서 갈래화된 양상
이라고 한다면, 그 갈래짓기의 역사적 과정으로 성립된 현재태의 실상,
그 기능주의적 교육 내용 구성의 문제 현실을 살피는 데도 그 원형의
근대적 기원, 그러니까 세계사적 기원의 이념형 원론을 파악하고 이해
하는 과제는 우리 작업의 요목 사항이 되지 않을 수 없다고 생각했던
셈이다. 결국 오늘의 문명상황, 문화상황 속에서 문제의 요체는 '어문민
족주의'의 현실적 정합성에 대한 문제로 적출된다고 여기게 되었던바,
여기서 '국제화', '세계화'의 현실이 크게 의식되지 않을 수 없었다. 오늘
날 '국어'의 위기란 다시 말하면 세계화 시대 민족어 위기의 일반적 현
실에 부합하는 것으로 다시 한 번 의식, 인식되지 않을 수 없었던 것이
다.

세계가 하나의 촌락, 즉 지구촌의 시대로 진입해 간다고 하는 소위
'글로벌라이제이션(globalization)'의 현실이야말로 그러니까 오늘 국어교
육의 위기, 국어의 위기를 초래하고 있는 또 하나의 주범이다. 정보화
기제로 말미암아 아날로그 시대 문화의 근간을 이루어 왔던 문자의 위

기, 즉 인쇄문화 위기의 문화상황이 초래되고 있다면, 세계화, 지구촌시대의 실현으로 말미암아 초래되고 있는 언어문화의 위기 현실이 민족어의 위기, 곧 '국어' 위기의 상황으로 초래되고 있다고 말할 수 있는 것이다. 이런 점에서 '국어' 위기의 현실 조건과 관련해 보다 직접적인 상황 요인으로 작용하고 있다고 볼 수도 있는 이 '세계화', '지구화'의 요인은 기왕의 이른바 표준적인 국민 형성, 민주시민 형성이라는 '국민교육'체제의 교육이념을 크게 뒤흔들어 제도교육 전반 속에서 국어교육의 위상 저하, 실추의 야기라는 심각한 문제 현실이 초래되기에 이르렀다. 소위 '팍스 잉글리쉬' 시대에 민족어, 개별 국민국가 언어들의 심각한 위상 저하, 수난의 현실인 것이다. 민족어 자체가 겪고 있는 수난, 곤핍의 현실이 이러할진대, 명색이 국어와 국어교육의 앞날을 걱정하고 일정 부분 책임지겠다는 우리가 이러한 상황을 마냥 모른 체할 수만은 없다는 것은 따라서 당연한 시대적 소명으로 주어진다. 이러한 문제 상황, 문학과 언어 교육의 위기 현실을 똑바로 인식하면서 이에 대한 타개책을 적극적으로 논의, 활성화해 보려는 노력은 굳이 우리에게만 주어지는 시대적 소명, 책무라고 할 수 없겠으나, 우선은 봉화(烽火)를 올리는 자의 몫이 긴요하리라는 판단에서 이러한 책자 발간의 기획의도와 취지 작성의 시안이 마련되었다고 할 수 있는 셈이다. 이와 같은 문제 의식, 인식이 책 전체의 내용 구성을 관통하게 되었다고 할 수 있지만, 사업계기에 따라 이 책의 외면적 구성은 크게 두 가지 부분, 형식으로 나뉘게 되었다.

첫째는 이 책의 1부를 구성하는 부분으로, 『인문과학총서』 발간의 당초 기획에 따라 논문, 보고서들로 채워진 부분이다. 근대한국 국어교육의 역사와 현재를 살피고, 나아가 일본 국어교육의 현재상까지를 살핀다는 뜻에서 각 분야의 필자들에게 논문, 보고서의 집필을 의뢰하였던 바, 여기에서 현재 이뤄지고 있는 국어교육의 실상을 파악하기 위해 제시된 주요 텍스트 개념은 소위 '교과서'로서의 교재인 것을 알 수 있다. 제도교육으로서의 학교 국어교육이 대개 이 '국정교과서'의 교재 텍스트에 국한되어, 혹은 그것을 위주로 이루어진다는 점을 감안하여 이에 대한 분석, 보고의 글 형태로 현재 이뤄지고 있는 국어교육의 실상을 진단하고자 한 것이다. 현재 채택되고 있는 중등 교육과정의 '국어' 교과서를 '국어국문학과'에서의 전공 분류방식에 따라 '어학'과 '문학'으로 나누고, 또 고전문학의 전공연구자에게 고전교육 문제를 따로이 할양·배분하는 방식으로 현재의 국어교육 실태에 대한 분석과 진단, 비판의 작업에 나서는 형국이 되었지만, 과제의 이와 같은 배분·배치가 작업상의 한갓 편의에 따른 문제였던 것으로 이해하면, 이에 대한 우리의 작업목표는 궁극적으로 현행 '국정교과서' 체제의 비판, 해체에 두어진 것임을 강조할 수 있다. 현행의 국어교과서, 특히 1종의 국정교과서 분석에서는 집필의 몫을 맡은 대표 필자들 외에도 서울시립대 국어국문학과에 재학하고 재직하는 관계 학자, 대학원생, 기타 학부생의 수많은 노고와 땀이 함께 어울려 공동의 작업 결실을 이루었던 것을 여기서 특별히 부기해 둘 필요가 있겠다. 하나의 기획단으로서 공동 연구성과의 결실을 위해 적어도 한 학기 이상의 작업 여정을 그들은 마다하지 않았다. 무명용사들의 공훈처럼 드러나지 않는 영광을 위해 적공의 시간과 땀을 바친 그들의 노고에 대해 여기서 새삼 밝히고 기리지 않을 수 없다. 십수종에 달하는 검인정 체제의 일본 국어교과서 분석에 나서 준 국어학 전공의 일본인 학자 기타무라 다다시(北村唯司 : 서울여대) 교수에게도 그런 점에서 뭐라 감사의 말을 표할 염치가 없다. 너무 어려운 과제를 도맡아 수행해 준 것이다. 교과서 분석팀을 대표하여 집필에 임해 준 이용, 한명희 박사와 현장 교사팀의 일원으로 참여해 준 박정규, 이종덕, 박기호 선생 등에게도 이 자리를 빌려 다시 한 번 감사의 뜻을 표한다. 이분들의 헌신적인 노고와 우정어린 참여가 기약되지 않았다면 우리의 사업은 당초 그 시동조차 걸기 무망한 상태에 놓였을 것이다.

　여기서 제1부에 속하는 중심 논문들에 대해서 일일이 해제의 글을 바치고 헌사의 글을 붙일 여유는 없겠다. 다만 미급의 연구비와 고료에도 불구하고 정성 들여 옥고의 집필에 임해 준 필자 분들에 대하여 둔

사로나마 위로의 뜻을 전하고자 한다. 대학의 재정이란 언제나 그렇듯 빠듯한 형편에 놓여 있기 마련이어서, 이만한 윤전자금이나마 선뜻 지원해 준 대학 본부당국, 그리고 연구소 운영의 관계자 여러분에게 심심한 사의의 뜻을 먼저 표해야 할 일이지만, 대학내 연구지원의 환경이 뻔히 그러함을 알고 내다보면서도 사계 권위의 필자분들이 모두 한결같이 우리의 청을 두말하지 않고 들어주셨다. 공동의 십자가를 함께 져 준 본교 재직의 교수들 역시 이런 뜻에서 더 말할 나위가 없지만, 국어학계의 원로이신 이기문(李基文 : 서울대 명예교수), 고영근(高永根 : 서울대 교수) 두 분 선생님, 그리고 민현식(서울대 국어교육과 교수), 정충권(서울대 강사) 두 중견학자의 옥고 지원과 결단이 없었다면, 우리 사업은 내내 어두운 황막의 상태를 벗어나기 어려웠을 것이다. 하나의 건축물처럼 이리저리 아귀를 맞추어 기획한 논문집 성격의 저작물이기에 기획된 논문 한 편이라도 혹 차질을 빚게 되면 우리는 곧장 도로의 상태에 놓이기도 십상이었다. 한국 국어교육의 앞날을 걱정하는 원로, 중견학자 여러분의 전적인 인고와 헌신의 자세가 결국 이와 같은 논문집의 결실로 나타나게 됐던 것을 여기서 우리는 다시금 새기지 않을 수 없다.

책의 후반부를 이루는 제2부는 지난 2000년도 본교에서 개최한 '제1회 한·일 국어교육 비교 학술대회'의 성과물들로 구성되었다. 제1부의 논문들 중에도 이 국제학술대회에서 발표된 글들이 있는데, 중첩을 피하기 위하여 편의상 국내측 발표자의 글들은 유종호(연세대 국문과) 교수의 글만을 제외하고 제1부에 편성하였다. 이렇게 하여 제2부는 양으로만 보면 일견 부록 형식의 글모음 양상을 띠게 되었지만, 그렇다고 양적으로 소략한 양상의 이 글들이 전적으로 학술논문으로서의 품위와 격을 잃어버린 글이라 본다면 큰 오산이 될 것이다. 제1부에 편성되었지만, 학술대회의 총 기조강연으로 베풀어진 이기문 교수의 「한국 국어교육의 반성」, 그리고 본교 정상균 교수의 「한국 고전문학 교육 반성」, 그리고 김영욱 교수의 「한국어와 민족주의」 등의 발표문들을 포함시키고 본다면, 화려한 면면의 이 국제학술대회가 얼마나 내실있고 귀중한 의의를 갖춘 대회였던가를 누구라도 알아차릴 수 있는 것이다. 그 때를 회고하여, 강연과 발표에 임해 준 이기문 선생님과 유종호 교수, 그리고 일본 측의 가와모토 고지(川本皓嗣：東京大 명예교수, 세계비교문학회 회장) 교수, 이연숙(李姸淑：一橋大) 교수, 고마고메 다케시(駒込武：京都大 敎育學部) 교수, 그리고 본교의 국내측 발표자들께 이 자리를 빌려 다시 한 번 충심의 사의를 표하고자 하거니와, 달랑 여행 경비의 지불만을 약속받고 흔쾌히 발표 원고의 출판까지를 응낙해 준 일본측 참가자들에게는 여기서 더 뭐라 감사의 말을 덧붙일 염치가 없다. 모든 것을 학덕의 소치로 이해하고 후사를 기약할 도리밖에는 없는 것이다.

돌이켜보면, 이만한 책자를 꾸미는 데 물심양면으로 도움의 손길을 나누어 준 분들은 이 밖에도 이루 헤아릴 수 없이 많다. 책자의 발간사업에 최초의 시동을 걸어준 '인문과학연구소' 운영 책임의 김상배 교수, 그리고 과 내의 권오만, 성기철 교수, 그리고 이문규, 이동하 교수들은 모두 같은 배를 탔다는 이유만으로 많든 적든 소임의 짐을 나누어 졌다. 학과의 조교, 그리고 대학원생들과 여러 학부생들이 베풀어 준 그동안 적공의 노고에 대해서는 여기서 일일이 적기하기 어렵지만, 책 편집의 마무리 단계에서 특별히 대학원생 고정숙 군의 노고가 컸음을 기억하고자 한다. 출판사 측의 노고와 후의에 대해서 여기서 또 더 군말을 보탤 필요가 있을까. 출판사업이 이미 보시의 행위와 같은 것으로 인식된 지 오래인 것만을 상기해 두기로 하자. 어쨌거나 세상에 책 하나를 보탠다. 책 한 권으로 세상이 바뀔 수는 없는 노릇이지만, 이 책 한 권으로 오늘 국어교육의 고단한 교육현장에 임하는 사람들에게 작은 위안과 생각거리를 던져줄 수 있다면 더 이상 바랄 것이 없겠다.

2001년 6월
한 형 구

차 례

제1부 국어교육의 역사와 전망

제2부 국어교육이란 무엇인가

한국 국어교육의 반성[*]

李 基 文[**]

1.

한국의 국어교육은 1945년의 광복 이후에 깊은 수렁에 빠져 오늘에 이르기까지 그 속에서 허우적거리고 헤어나지 못하였다고 할 수 있습니다. 오늘의 국어교육은 한 마디로 참담합니다. 초등학교에서 중·고등학교를 거쳐 대학으로 올라갈수록 그 참담함은 더욱 심해집니다.

국어교육의 첫째 목표는 말과 글을 배워서 자기가 하고 싶은 말을 하고 쓰고 싶은 글을 쓸 수 있을 뿐 아니라 남의 말이나 글을 듣거나 읽어서 옳게 이해할 수 있는 능력을 갖추게 하는 데 있습니다. 예사로운 대화는 말할 것도 없고 정밀한 과학적 표현과 섬세한 예술적 표현까지 스스로 할 수 있거나 이해하고 감상할 수 있는 능력을 길러 주는 것입니다. 이러한 능력이 학문과 예술의 발전을 비롯하여 모든 사회적 발전의 기반이 되는 것입니다.

그런데 한국의 국어교육은 이런 목표와는 너무나 거리가 먼 길을 걸어 왔습니다. 과거 50여 년 동안 한국의 어린이, 젊은이들이 받아 온 어설픈 국어교육의 결과는 너무나 심각하여 이 이상 더 내버려 둘 수 없는 형편에 이르렀습니다. 한국 국민의 국어 능력이 극도로 저하된 것입

* 이 글은 '제1회 한일국어교육비교학술대회'(2000. 9. 15, 시립대학교)에서 베풀어진 기조강연의 원고다. 원고의 수록을 허락해 주신 강연자에게 감사드린다.
** 서울대학교 국어국문과 명예교수, 학술원 회원

니다. 만약 이대로 간다면 우리나라의 학문과 문화가 위축될 뿐 아니라, 사회생활 전체에도 중대한 국면이 벌어지게 될 것이 불을 보듯 뻔합니다.

2.

1945년의 광복은 한국의 모든 것을 새롭게 건설할 수 있는 무한한 가능성을 열어 주었습니다. 그러나 그 당장은 모든 것이 큰 혼란에 빠졌습니다. 학교교육도 예외가 아니었지만 그래도 다른 분야들보다는 안정된 바탕 위에서 새 출발을 할 수 있었습니다. 그 까닭은 모든 교육의 기초가 되는 국어교육의 기틀이 잡혀 있었기 때문입니다. 19세기 말엽부터 애국적 선각자들에 의해서 꾸준히 계속되어 온 국어(國語) 국문(國文)의 연구가 맞춤법 제정(1933)과 표준어 사정(1936)으로 열매를 맺은 것이었습니다. 이로써 우리 말과 글의 표준화가 마련되었습니다. 이 일을 주도한 조선어학회의 회원들은 광복과 더불어 감옥에서 풀려나 온 정력을 기울여 맞춤법과 표준어의 보급에 힘썼습니다. 만약에 이분들이 온갖 핍박을 무릅쓰고 그 일들을 하지 않았더라면 어떻게 되었을까요. 교육은 말할 것도 없고 이 나라 전체가 여러 해 동안 더할 수 없는 혼란에 빠졌을 것입니다.

광복 직후의 국어교육은 각급학교에서 똑같이 맞춤법과 표준어에 관한 학습만으로도 벅찼습니다. 그런데 민족의 독립을 되찾고 국어를 마음대로 가르치고 배울 수 있게 된 기쁨에 들뜬 분위기 속에서 순화론(醇化論, purism)이 대두되었습니다. 자국어 순화를 위한 운동은 세계의 여러 나라에서 전개되어 왔고 각기 그럴 만한 역사적 배경이 있었습니다. 우리나라에서도 개화기 이래 순화론자들의 꾸준한 노력이 있었고 이들의 지나친 주장에 대한 비판도 있어 왔는데 광복 직후에 그들의 주된 주장인 한글전용이 학교교육에서 강력하게 추진된 것입니다. 1945년 11월에 미군정청(美軍政廳) 학무국(學務局) 안에 설치된 교육심의회는

12월 8일에 "초등, 중등 교육에서는 원칙적으로 한글을 쓰고 한자는 안 쓰기로 함"을 결의하여 곧 실행에 옮겼고 1948년 12월에는 대한민국 국회에서 「한글전용에 관한 법률」이 통과됨으로써 그 근거를 더욱 튼튼히 하였습니다. 이 법률은 "대한민국의 공용 문서는 한글로 쓴다. 다만, 얼마 동안 필요한 때는 한자를 병용할 수 있다"는 것으로 사실상 구속력이 없는 것이었으나 국어교과서에는 그 원칙이 적용되었습니다.

앞에서 한국의 국어교육이 1945년 이후에 깊은 수렁에 **빠졌**다고 했는데 이 수렁은 주로 한글전용이 판 것입니다. 광복 이후의 국어교육을 주도한 한글전용론자들은 한글만이 우리 민족의 문자라고 하는 편협한 생각에 사로잡혀 있었습니다. 그들은 새 나라의 젊은 세대들을 위한 모국어교육의 이념과 방향에 관한 폭넓은 연구와 설계에는 관심이 없었습니다. 그들에게 있어 국어교육은 곧 그들이 추진한 국어운동의 일환에 지나지 않았던 것입니다. 지금 냉정하게 생각해 보면 국민의 교육을 이렇게 하나의 운동에 이용했다는 것은 용서할 수 없는 일임에 틀림없습니다. 교육이란 기본적으로 젊은 세대에게 그 사회의 전통을 전수하고 그 사회의 발전 방향을 제시하는 것으로서, 그 사회의 전통이나 현실과 동떨어진 것일 수 없음에도 불구하고 광복 뒤의 국어교육은 그 첫걸음부터 아주 엇나가고 말았던 것입니다.

문교부가 「국어과 교과과정」을 마련한 것은 1955년 8월이었습니다. 이것은 그 뒤 몇 차례 개편을 보았으나 기본적으로는 큰 변동이 없었는데, 그 첫머리에서 언어의 세 가지 기능을 다음과 같이 제시하였습니다 (문교부, 「중학교 국어과 교육과정」, 1963).

(1) 언어는 인간의 사회 생활을 통하여 서로 교섭하고 결합하는 가장 기본이 되는 수단이다. (사회 형성의 기능)
(2) 언어는 개인의 생각을 나타내는 것으로 특히 언어 예술로서의 언어는 우리들의 인간성을 형성하며 국민적인 사상·감정을 도야하는 것이다. (인간 형성의 기능)
(3) 언어는 문화를 매개하는 것으로 모든 학문이나 기술이 언어로써 표현

되고 전달·계승되는 것이다. (문화 전달의 기능)

이 세 기능을 바탕으로 해서 국어과의 일반 목표가 설정되고 말하기, 듣기, 읽기, 쓰기(글짓기)에 관한 구체적인 지도 내용이 제시되었습니다. 뒤늦게나마 국어교육에 관한 기본적인 검토가 이루어진 것은 다행한 일이었지만, 이 모처럼의 문서가 공문(空文)에 그치고 만 것은 유감스러운 일이라 아니할 수 없습니다. 국어교육의 근본적이고 전면적인 개혁으로 이어지지 않은 것입니다.

3.

이리하여 어름어름하는 사이에 반세기가 흘렀고 그 동안에 '한글세대'가 양산되었습니다. 문제는 이 한글세대의 국어 능력이 극도로 저하된 데 있습니다. 이들이 원만한 언어·문자 생활을 할 수 있는 능력을 갖추지 못하여 우리나라의 문화와 학문이 전반적으로 위축되고 있을 뿐만 아니라 일상적인 사회활동조차도 제대로 할 수 없는 지경에 이른 것입니다.

여러 해 전에 서울대학교를 졸업하고 서울 시내의 어느 동회(洞會)에 배속된 방위병을 만나 들은 이야기입니다. 그는 그 동회에서 청소만 하고 있다는 것이었습니다. 동회에서 사무를 보려면 한자를 읽고 쓰는 능력이 있어야 하는데 자기에게는 그것이 없다는 것이었습니다. 이것은 자기만 겪는 수모가 아니라고 그는 말했습니다. 대학 졸업생을 동회 직원 노릇도 할 수 없게 만든 교육을 어떻게 교육이라고 할 수 있겠습니까.

최근에 와서 이런 사정은 더욱 악화되었습니다. 서울대학교 국문과에서 1997년에 학생들의 한자 실력을 측정한 결과는 너무나 충격적이었습니다. 이런 자리에서 공개해도 좋을지 망설여집니다. 그 시험은 일상 생활에서 자주 쓰이는 '韓國, 美國, 政府, 問題, 大會, 國語, 存在, 自由' 같은 2음절 한자어(漢字語) 500개를 들고 그 독음(讀音)을 달라는 것이었는데, 한 반 30~40명 중에서 30개 이내의 오독(誤讀)을 범한 학생은 3~4명뿐이요 대부분의 학생은 150 내지 250개를 잘못 읽었고 400개 이상을 잘못 읽은 학생도 3~4명씩 있었습니다. 위의 한자어들을 한글로 적고 한자를 쓰라고 했으면 어떤 결과가 나왔을까, 생각만 해도 몸서리가 납니다.

이 지경이 되었는데도 한자 교육을 해야 한다는 주장이 나오지 않는다면 도리어 이상한 일이라 하겠습니다. 여기서 저는 한글만으로 글을 쓰는 일, 소설을 쓰고 신문을 내는 일을 반대하지 않음을 분명히 밝혀 둡니다. 한글로 쓴 『춘향전』과 『독립신문』을 저는 자랑스럽게 여깁니다. 그런데 한글로만 글을 쓸 수 있다고 해서 한자를 배울 필요가 없다고 생각한다면 큰 잘못입니다. 한국어에는 한자어가 많습니다. 한국어 어휘의 태반이 한자어임은 한국어 사전을 몇 장만 뒤적여 보아도 알 수 있는 사실입니다. 특히 문화와 학문에 관한 어휘는 거의가 한자어라고 해도 지나침이 없습니다. 이 많은 한자어를 빨리 또 정확하게 배우는 길은 한자를 공부하는 것입니다. 한자는 200자나 300자만 익히면 2000자나 3000자를 쉽게 익힐 수 있습니다. 3000자만 알면 몇 만의 한자어를 분명히 이해할 수 있게 됩니다. 한자를 배우지 않고 한자어 하나하나를 영어 단어와 같이 외우는 일도 가능하지만 엄청나게 힘이 들 것입니다. 어리석기 짝이 없는 일입니다.

실은 한글로만 쓴 글을 읽기가 더 어렵습니다. 여러분 중에 『춘향전』이나 『독립신문』을 읽어 보신 분이 계신지요. 저는 요즈음 신문이나 잡지, 길거리에 나붙은 표어들을 보고 그 한글 표기 뒤에 숨어 있는 한자를 알아내느라 머뭇거리는 적이 가끔 있습니다. 앞에서 제가 "모처럼의 문서가 공문(空文)에 그치고 만 것"이라고 했는데 '空文'을 '공문'이라고 한글로 썼다면 어떻게들 보았을까요. 십중팔구는 '公文'쯤으로 생각하고 지나치지 않았을까 합니다.

거듭 말하거니와, 한자 교육은 한국어 학습을 위해서 필요합니다. 한자를 배우지 않고는 한자어를 제대로 이해할 수 없고 한자어를 올바로 이해하지 못하는 사람은 한국어를 안다고 할 수가 없습니다. 한국어 공부는 정도가 높아질수록 한자어의 비중이 커집니다. 특히 학문의 세계에서는 한자어에 대한 깊은 지식이 절대로 필요합니다.

근년에 한국학계에 뚜렷이 나타나고 있는 두 가지 사실을 간과해서는 안 됩니다. 하나는 영어 사용입니다. 자연과학에서는 영어 단어에 한국어 토를 단 강의를 하고 논문을 영어로 쓰는 것이 일반화되었으며 인문사회과학에서도 이런 경향이 강해지고 있습니다. 또 하나는 신어(新語) 창조를 일본학계에 기대고 있는 사실입니다. 자연과학이나 인문사회과학이나 일본학계가 한자로 만들어 놓은 술어(術語 : 譯語)들을 그대로 가져다 쓰는 것이 관례가 되다시피 했습니다. 한자 지식의 위축으로 한국어가 학술어로서의 독자성을 잃고 있음은 참으로 가슴아픈 일이 아닐 수 없습니다.

4.

한자어 문제가 너무나 심각하여 좀 길게 말씀드렸습니다만, 고유어(固有語)의 명운도 이에 못지않게 심각함을 말씀드리지 않을 수 없습니다. 한글전용을 추진함에 있어서는 고유어 교육이 각별히 강조되었을 것으로 짐작되지만, 실상은 그렇지 않았던 것입니다.

저는 대학의 일반국어 첫 시간에 들어가면 칠판에 초가집 두 채를 그리고 서로 다른 지붕을 가리키며 그 기울기를 무어라 하느냐고 묻곤 했습니다. 이러기를 20년 남짓 했는데, '물매'라고 정답을 맞춘 것은 두 명밖에 되지 않았던 것으로 기억하고 있습니다. 그러나 그 두 학생도 "물매가 싸다", "물매가 뜨다"란 표현은 모르고 있었습니다. '물매'는 시중에 나와 있는 국어 소사전에도 다 올라 있는 말인데, 이 말을 지금의 젊은 세대는 모르는 것입니다. 배운 일이 없으니 모르는 것이 당연합니다. 언젠가 이 이야기를 잡지에 썼더니, 한 공과대학 교수로부터 건축학에서 지금까지 '구배(勾配)'라고 써 온 것을 '물매'로 고치기로 했다는 전화를 받은 일이 있습니다.

언어는 대대로 이어주고 이어받는 것입니다. 한국어도 그 오랜 전통의 맥을 이어왔습니다. 그런데 20세기 전반 동안에 이 맥에 이상이 생겼습니다. 일본어가 들어온 것이 원인이었습니다. 위에 든 '구배'도 일본어에서 들어온 말입니다. 이 말 때문에 '물매'를 자주 쓰지 않게 된 것입니다. 다행히 국어사전들에는 이런 잊혀져 가는 고유어들이 건성드뭇합니다. 이만큼이라도 실은 것은 국어학자들의 알뜰한 정성 덕분입니다.

광복 뒤의 국어교육은 이런 반폐어(半癈語)들을 되살리기에 힘을 쏟아야 했을 것입니다. 크나큰 수난으로 이지러진 국어의 참모습을 되찾고 국어의 풍부한 표현력을 회복하기에 온 힘을 기울여야 마땅했습니다. 그런데 그 동안 간행된 문교부의 국어교과서를 보면 이런 노력은 털끝만큼도 보이지 않습니다. 말은 쓰지 않으면 폐어(癈語)가 됩니다. 제가 안타까운 마음에서 반폐어라고 부르고 있는 말들 중에도 이미 폐어가 되어 버린 것이 있습니다. '물매'가 살아남는다면 드문 요행이라 할 수 있겠습니다.

5.

한국어는 지금 위기에 처해 있습니다. 지금까지 제가 드린 말씀에서 여러분은 이 위기가 얼마나 심각한 것인가를 느끼셨을 것입니다. 이 위기를 부른 것이 바로 광복 이후 오늘날까지 계속되어 온 어설픈 국어교육입니다. 국어교육이 완전히 새로워져야 합니다. 이것이 한국어를 위기에서 구할 수 있는 유일한 길입니다.

지금까지의 국어교육은 오로지 국정교과서로 이루어져 왔습니다. 이 교과서는 한 마디로 빈약하기 짝이 없습니다. 거기에 실린 글들에서는 판에 박은 듯한 문장과 평범한 어휘를 볼 수 있을 뿐입니다. 그리고 그 내용은 애국지상주의가 주조를 이룬 가운데 조국 예찬으로 가득 차 있습니다. 국어가 훌륭한 언어이며 국어존중이 곧 나라사랑이라는 설교도 여러 차례 되풀이되어 있음을 봅니다. 이런 딱딱한 설교의 글들이 도리어 국어사랑에 대한 염증을 부르지나 않을까 두렵습니다.

다음으로 국어교육에서 중요한 것은 교사 양성입니다. 현행 교과서를 위주로 양성된 교사들에게 국어교육의 혁신을 기대할 수 없습니다. 바람직하기는, 칠판에 분필로 한자를 획순대로 또박또박 쓸 수 있어야 하고 어휘 구사의 다양성을 학생들에게 재미있게 설명할 수 있어야 합니다. 저는 국어교육의 혁신을 위해서는 교사의 재교육이 절실함을 느낍니다. 그러나 그런 재교육을 어디서, 누가 할 수 있을지 그저 막막하기만 합니다.

학교교육에서 국어와 관련이 없는 과목은 없습니다. 결국 모든 교사는 국어 교사라고 할 수 있습니다. 저는 특히 영어 교사의 몫이 매우 큼을 지적하고 싶습니다. 지금 한국어가 영어 직역체에 깊이 물든 것은 영어 교사들의 잘못에서 생긴 것입니다. 영어의 직역에 그치지 말고 올바른 한국어로 번역하는 일을 게을리해서는 안 될 것입니다. 영어와 한국어의 문법적 차이에 대한 확실한 지식을 갖출 것이 요망됩니다.

저는 우리나라 국어교육의 가장 큰 결함으로 국어사전의 푸대접을 꼽고 싶습니다. 초등학교 3학년 교과서에서 사전에 관한 간단한 설명을 베푼 뒤에 국어교육은 사전과 직접적인 관련 없이 진행됩니다. 가끔이라도 국어사전을 이용한다는 대학생을 저는 만난 적이 없습니다(국문과 학생은 예외입니다). 이것은 국어교육이 잘못되었기 때문이라고 저는 생각합니다. 초등학교 때부터 교실에 사전들을 비치하고 자주 그 책들을 펴보며 공부하는 습관을 기른다면 사전과 자연히 친숙해질 것입니다.

국어교육은 학교에서만 이루어지는 것이 아닙니다. 졸업 이후에도 이어지도록 해야 합니다. 한평생 배워도 다 배우지 못하고 마는 것이 국어입니다. 이러한 평생교육에 믿음직한 길잡이가 되는 것이 사전입니다. 이렇게 볼 때, 학교교육에서 국어사전과 깊이 사귀게 하는 일이 얼마나 중요한 일인가를 알 수 있습니다. 편지 한 장을 쓸 때에도 국어사

전과 씨름하며 조금이라도 더 아름답고 정확한 표현을 찾으려는 노력
을 하면, 모르는 사이에 국어 실력이 향상될 것입니다. 국민 모두가 한
평생 국어사전과 벗하며 살아가는 날이 속히 오기를 바라며 제 말씀을
그치겠습니다.

제1부 국어교육의 역사와 전망

개화기 이후의 한글운동과
국어/민족어 교육의 양상

고 영 근*

1. 들어가기

한글은 원래 한자를 모르는 어리석은 백성[愚民]을 위하여 창제되어
서인지 당시의 공용문자였던 한자에 눌려 오랫동안 그 기능을 올바로
펴지 못하였다. 주로 한문을 배우기 위한 보조수단으로 쓰였고 시대가
내려옴에 따라 그 사용 기반을 넓혀 소설 등의 문학작품 창작에 사용되
기는 하였으나 주로 부녀자들의 손을 거치면서 그 명맥을 유지하였다.
그러나 19세기 중엽부터 서양인들과의 교섭이 잦아지고 기독교 등 서
양의 종교가 한국에 발을 붙이면서 성경이 한글로 번역되어 한글의 사
용 범위가 넓어져 갔다.

한글이 한국의 공식적인 문자로서의 자격을 얻은 것은 19세기 말의
갑오경장이 큰 계기가 되었다. 국가의 공식문서나 사사로이 주고받는
문서에 한자와 한글을 섞어 쓰도록 하였기 때문이다. 이후부터 한글은
한국을 대표하는 공식적인 문자로서 사용 기반을 넓혀 나갔고 이를 연
구하는 사람들이 늘어났으나 일본의 주권 침탈을 계기로 하여 다시 된
서리를 맞았다. 이 글에서는 갑오경장 이후부터 일제시대를 거쳐 남북
이 분단된 20세기 말까지 걸어 온 한글운동과 국어/민족어 교육의 발자

---

* 서울대학교 국어국문학과 교수

취를 더듬어 보기로 한다. 여기서 '국어'라 함은 한반도의 공용어를 뜻하고 '민족어'라 함은 외국 시민권을 가지고 있는 해외동포들의 모국어인 한국어를 가리키는 뜻으로 사용한다.

2. 대한제국시대의 한글운동과 국어교육

한글이 본격적으로 국문자/민족문자의 대우를 받은 것은 앞에서 말한 바와 같이 갑오경장이 큰 계기가 되었다. 고종은 1894년 11월에 아래와 같은 칙령을 내렸다.

> 법률칙령은 모두 국문으로 본을 삼되 한문으로 번역을 붙이며 경우에 따라서는 국한문을 섞어 쓸 수도 있다.

> 法律勅令總以國文爲本漢文附譯或混用國漢文

이는 국문을 공용문어로 삼는 최초의 공식적인 법이었다. 이듬해 5월에 칙령을 개정할 때에는 다음과 같이 법령 자체를 국한문으로 공포하여 국한문 혼용의 전범을 보였다.

> 法律勅令은다國文으로써本을삼고漢譯을附ㅎ며或國漢文을混用홈

> [현대역] 법률칙령은 다 국문으로 본을 삼고 한문 번역을 붙이며 경우에 따라서는 국한문을 섞어 씀

고종의 이 두 번째 칙령에 의하여 한글은 비로소 한국사회의 공용문자로서의 구실을 할 수 있었다. 한글은 창제 이래 '언문(諺文)'이란 영예롭지 못한 이름으로 불려 왔는데 '국문(國文)'이란 이름을 붙임으로써 '어리석은 백성'으로 국한되었던 한글의 사용 범위가 전 인민으로 확대되었다.

한글전용의 횃불을 든 최초의 문건은 서재필이 1896년 4월에 창간한

『독립신문』이었다. 『독립신문』의 「논설」에는 다음과 같이 한글로 신문을 만들게 된 까닭을 베풀었다.

우리 신문이 한문은 아니 쓰고 다만 국문토로만 쓰는 것은 상하귀천(上下貴賤)이 다 보게 함이라. 또 국문을 이렇게 구절을 띄어쓴즉 아무라도 이 신문 보기가 쉽고 신문 속에 있는 말을 자세히 알아보게 함이라. 각국에서는 사람들이 남녀 무론(毋論)하고 본국 국문을 먼저 배워 능통한 후에야 외국글을 배우는 법인데 조선에서는 조선국문은 아니 배우고 한문만 공부하는 까닭에 국문을 잘 아는 사람이 드묾이라.

고종은 칙령에서 국한문을 혼용하라고 하였지만 『독립신문』은 한 걸음 나아가 신문 자체를 모두 한글로 편집하였다. 『독립신문』의 한글전용은 안으로는 고전소설에 그 뿌리를 댈 수 있고 가까이는 서양 선교사들의 성경 번역에서 그 단초를 발견할 수 있다. 『독립신문』이 한글전용의 방향을 취한 것은 신문의 독자를 광범하게 잡기 위한 일종의 독자유인책이었지만 결과적으로 한글전용의 횃불을 들었다는 점에서 그 역사적 의의가 매우 크다.

그러나 개화기에 나온 각종 교재를 보면 한글만으로 제작된 교재는 달리 찾아보기가 어렵고 대부분 국한문혼용체를 지향하였다. 국한문혼용을 하되 한자어 옆에는 반드시 한글음을 달았다. 이는 고종의 어문정책에 순응하는 것으로 하등 잘못된 처사가 아니다. 그러나 여성 상대의 교과서는 예외적으로 한글음을 제시하고 그 옆에 한자를 붙였다. 이를테면 1908년 장지연이 편집한 『여자독본』에는 한글전용으로 편집하되 그 옆에 한자를 달았다. 이는 전통적으로 한글이 여성들에게 애호를 받아 그 사용 범위를 넓혀 온 것과 관련이 있다. 교과서 편찬자들이 여자들에게는 한자를 중점적으로 가르칠 필요가 없다고 생각하였을 가능성이 없지 않다. 『독립신문』에 뒤이어 『협성회회보』, 『매일신문』 등이 한글전용의 방향으로 나아갔으나 얼마 뒤부터는 대부분의 신문이 국한문혼용의 방향을 취하였다. 그러나 기독교 계통의 신문은 여전히 한글전

용 방침을 바꾸지 않았다. 넓은 독자층을 의식하게 되면 자연히 한글전
용을 하지 않을 수 없었다.

이봉운은 1897년 1월에 『국문정리』라는 얄팍한 책을 내어 국문교육
의 수요에 응하였다. 이봉운은 이 책의 서문에서 다음과 같이 말하였다.

> 나라 위하기는 여항의 선비나 조정의 공경이나 충심은 한가지기로 진정
> 을 말하나니 대저 각국 사람은 본국글을 숭상하여 학교를 설립하고 학습하
> 여 국정과 민사를 못할 일이 없이 하여 국부민강 하건마는 조선 사람은 남
> 의 나라 글만 숭상하고 본국 글은 아주 이치를 알지 못하니 절통한지라.
> (현대철자법으로 고치되 띄어쓰기는 원문대로)

이봉운은 자기 나라의 글을 숭상하고 교육허는 것을 국부민강의 기
초로 삼는 외국의 사례를 들어 책 전체를 한글로만 저술하였다. 또한
현대의 띄어쓰기에 근접하는 띄어쓰기 부호를 사용하여 독해의 편의를
제공하였다. 한국문장의 띄어쓰기는 1880년대에 나온 영국 외교관 스코
트(J. Scott)의 『언문말책』에서 처음으로 시도된 일이 있고 한국으로서
는 앞에서 본 『독립신문』에서 처음 볼 수 있는데 이봉운은 오른쪽에 동
그라미를 사용하여 띄어쓰기를 시도하였다.

이규대도 이봉운과 같은 시기에 『국문정리』를 저술하여 국문 교재의
수요에 응하였다. 그는 이봉운과 같이 띄어쓰기는 하지 않았지만 순 한
글로 책을 저술하였다. 이규대 역시 『국문정리』를 만들어 가르치면 배
우는 이에 나라사랑하는 정신을 불러일으킬 수 있다고 하면서 글로도
남의 나라의 종이 되지 않도록 나라 위하는 정신을 지녀야 한다고 하였
다. 국문을 존숭하는 것이 시대의 큰 흐름이었기 때문에 당시 개화사상
에 물들어 있던 지성인들 사이에는 국문의 중요성을 각성하고 이에 관
심을 갖거나 연구하는 사람이 눈에 띄기 시작하였다. 지석영은 같은 해
12월의 『독립신문』에서 어린이에게 국문을 먼저 가르친 경험담을 소개
하면서 세종대왕이 창제한 국문을 갈고 닦아서 독립자존의 기초를 닦
아야 한다고 역설하였다. 같은 해 6월에 나온 『독립신문』의 「잡보」에는

머리 깎고 양복을 입는 것은 야만이 되는 시초이고 청국 글을 버리고
조선 글을 쓰는 것은 사람을 짐승으로 만드는 것이며 서양의 태양력을
사용하는 것은 도리에 어긋난다고 주장한 학부대신 신기선의 상소문을
비판하는 글이 실렸다. 이렇게 당시의 진취적인 지식인들은 한글보급운
동을 선도하였다.

주시경은 1897년 4월과 9월에 장문의 「국문론」을 『독립신문』에 기고
하였다. 주시경은 17세(1892)부터 국어국문 연구에 뜻을 세우고 배재학
당에서 서재필을 통하여 신학문을 배우면서 『독립신문』의 발간에 협조
하였다. 그는 세종 이후의 국문 사용의 역사를 개관하고 국문 연구의
당위성을 누구보다도 조리 있게 주장하였다. 문법을 알아야만 남의 글
을 잘 이해할 수 있고 자신도 좋은 글을 쓸 수 있다고 하면서 그는 다
음과 같이 말하였다.

조선말로 문법책을 정밀하게 만들어서 남녀간에 글을 볼 때에도 그 글의
뜻을 분명히 알아보고 글을 지을 때에도 법식(法式)에 맞고 남이 알아보기
에 쉽고 문리와 경계가 밝게 짓도록 가르쳐야 하겠고 또는 불가불 국문으
로 옥편을 만들어야 할지라.

당시의 한국어 문법이라면 서양 사람들이 선교나 외교의 방편으로
저술한 몇 종류밖에 없었고 그것도 자신들의 필요를 충족시키기 위한
것이었지 한국인들과는 직접 관계가 없었다. 주시경이 후일 국어문법책
을 저술하고 사전을 편찬한 것은 이미 20세 전후에 싹이 터 있었던 국
어 국문에 대한 자신의 철학을 실천한 것에 다름 아니다. 주시경은 『독
립신문』의 기고에서 글씨를 오른편에서 왼편으로 써야 하는 당위성을
여러 증거를 대어 가며 주장하였다. 이는 한문처럼 왼쪽에서 오른쪽으
로 써 나가는 한국의 전통적인 글쓰기 관습을 깨뜨릴 수 있는 획기적인
발상이었다고 평가된다.

『독립신문』을 주축으로 하는 한글전용 신문이 나오자 『황성신문』은
국한문혼용의 기치를 내걸며 신문을 발간하였고 『독립신문』이나 기독

교 등의 종교단체에서 내는 간행물은 한글전용의 방향으로 나아갔다. 이를테면『신학월보』는 순 한글로만 간행된 월보인데 주시경은 1901년에는 「말」을, 1903년에는 「사람의 지혜와 권력」을 순 한글로 기고하였다. 이미『독립신문』에 기고한 「국문론」과 같이 띄어쓰기를 하였던 그는 이후에도 일반 대중을 상대로 하는 글은 한글로 써서 기고하였으며 저술 역시 한글로 저술하였다.『국문초학』(1909)과『월남망국사』(1907)가 그 대표적인 저작이다. 한편 국한문혼용으로 저술한『국어문법』을 일본의 주권 침탈을 계기로 하여 한글로 고쳐쓰기 시작하였다.

수년 전 발견된 주시경의『국어문법』의 검열용 원고본을 보면, 한자어로 되어 있던 많은 문법용어가 고유어로 바뀌어 있다. 예컨대 이전의 문법서에서는 명사를 '명호(名號)'라고 불렀는데 검열본 원고에는 '임 名號'와 같이 고유어 용어를 먼저 적고 그 아래에다 한 호 낮은 한자어 용어를 적었다. 교정 과정에서는 이 한자어까지도 모두 삭제하였다. 이러한 교정의 결과는 활판본『국어문법』(1910)에 그대로 반영되어 있다. 이러한 조처는 한글전용이란 음만 한글로 바꾸는 것이 아니라 한자어를 고유어로 바꾸는 언어개혁을 수반한다는 사실을 깨달은 데서 나온 것이었다. 주시경의 후계학자들이 '임씨, 이름씨'와 같은 고유어 문법용어의 창안에 앞장섰던 것은 주시경의 영향이 절대적이었음을 확인할 수 있다. 주시경과 그의 후계들이 만들어 낸 고유어 용어는 부정적인 측면이 많아 현대에 와서는 대부분 한자어로 복귀하고 있지만, 국어순화운동의 횃불을 들었다는 점에서 긍정적인 측면이 없지 않다.

주시경과 함께 초대 대통령인 이승만도 한글보급에 많은 공을 세웠다. 이승만은 700여 편의 국문논설을 발표한 것으로 알려져 있다. 그는 「국문이 나라 문명할 근본」(1898)이라는 논설을 통하여 당시의 국문 천시 풍조를 매섭게 비판하면서 국문이 한국을 문명화시킬 수 있는 가장 좋은 도구임을 주장하였다. 「국문교육」(1903)을 통해서는 모든 교과서를 국문으로 편찬해야 하며 특히 국어문법의 필요성을 주장하면서 주시경이 국어문법을 저술하였음을 아울러 기록하였다. 주시경의 문법은 그의 이력서에 기대면 1898년 12월 31일에 개성(槪成)하였다고 적혀 있는데, 이승만의 증언은 이 기록의 신빙성을 더욱 짙게 한다.

주시경은 20세기 초에 접어들면서 자신이 저술한『국어문법』(1898)을 가지고 서울시내 각급학교에서 가르쳤고, 1907년부터는 하기국어강습소를 열어 당시의 청소년들에게 독립자존의 정신을 불어넣어 주었으며, 1908년에는 '국어연구학회'를 창립하여 한국어의 과학적 연구의 기틀을 다졌다. 한편 주시경은 당시 학부에 설치된 국문연구소 주임위원으로서 한국어문의 정리와 표준화를 위하여 중추적 역할을 수행하였다. 그가 남긴 최종보고서『국문연구』(1909)는 친필로 작성되어 있는데, 한 글자 한 획에 조금도 소홀함이 없어 그의 국어 국문에 대한 태도가 거의 신앙에 가까운 경지에 이르렀음을 알 수 있다.

3. 일제강점기의 한글운동과 민족어 교육

1910년의 일본의 주권 침탈은 모처럼 공용문자의 자격을 얻은 한글을 다시 다른 민족문자와 민족어에 예속시키는 결과를 가져왔다. 이전부터 사용되어 오던 '국어(國語)'와 '국문(國文)'이 '조선어(朝鮮語)'와 '조선문(朝鮮文)' 내지 '언문(諺文)'으로 불렸으며 각급학교에서도 조선어를 가르치기는 하였으나 이름뿐이고 실속 있는 교육이 될 수 없었다. 이제는 민족어라는 말로써 이전의 국어를 대신할 수밖에 없었다. 그러는 중에서도 주시경과 박승빈을 비롯한 한국어문학자들은 국권회복과 민족문화의 창조라는 기치를 내걸고 한글 보급에 심혈을 기울였으며 1930년대에는 그 나름의 민족어문의 표준화를 완성하는 성과를 거두었다.

주시경은 매주 일요일에 일요강습회를 열어 당시의 청소년들에게 한글을 보급하였으며, 1913년에는 이전의 국어연구학회를 '조선언문회(朝鮮言文會)'(속칭 한글모)로 바꾸어 부르면서 조선어문의 연구와 실행에 앞장섰다. 특히 그는 처음에는 국어를 '한말', 다음에는 '배달말글'이라고 부르다가 1913년에는 언어와 문자를 총괄하는 '한글'이라는 이름을 사용하였다. '한글'이라는 한국문자의 이름이 사용된 것은 이 때부터로, 조선언문회는 '한글모', 조선어강습원은 '한글배곧'이라고 달리 불렀다. 엄격히 말한다면 '한글'이란 말은 대한제국의 법통을 이어받고 주권을 잃은 한국민족의 문자를 대표하는 뜻으로 쓰인 것이다.

주시경의 한글에 대한 사랑은 해가 갈수록 더하여『소리갈』이란 유인본 저술을 내는가 하면 이를 토대로 삼아 작고하기 3개월 전에는 전문(全文)을 한글로 직접 쓴『말의 소리』(1914)를 간행하였다. 여기에는 그가 오래 전부터 구상해 오던 가로풀어쓰기의 이론과 실제가 제시되어 있다. 주시경은 동지들과 제자들의 도움을 얻어『말모이』라는 국어사전의 편찬도 기획하였는데 현재 그 원고의 첫째 권이 전하고 있다. 주시경의 한글보급운동은 그가 죽고 난 뒤에도 지속되어 김두봉의『조선말본』(1916)이 한글로 찍혀 나오고, 그의 제자였던 이규영의『한글적새』가 나와 당시의 한글 연구와 보급에 얽힌 숱한 문제를 풀어 내기도 하였다. 특히 주시경의 가로풀어쓰기는 러시아의 한인사회에도 영향을 미쳤다.

한편 조선총독부는 재래의 전통적인 표기법과 선교사들의 철자법을 절충하여 언문철자법(1912)을 공포하였는데 보통학교 조선어교과서에 실용되었다. 그러나 일제강점기의 조선어 교육은 일본제국주의자들의 회유책에 지나지 않았다. 장기적으로는 일본어만을 상용하고 가르칠 목적으로 임시적으로 조선어 과목을 두었을 뿐 상급학교에 진학하거나 사회에 진출할 때 조선어를 과하거나 하는 조처가 뒤따르지 않았기 때문에 조선어 교육은 내실 있는 교육이 되기가 어려웠다. 그것은 어쨌든 조선총독부의 철자법은 보통학교 조선어교과서에서 실용되어 많은 교과서가 이에 기대어 찍혀져 나왔으며 개화기와 마찬가지로 국한문혼용체를 지향하였다.

대한제국시대부터 법률문장의 국어화에 관심을 기울였던 박승빈은 1918년 계명구락부(첫 이름은 한양구락부)를 창설하여 기관지『계명(啓明)』을 간행하면서 어문운동을 전개하였다. 그는 언어에 실질적 사물을

유도 · 견제하는 기능이 있다는 언어철학의 바탕 위에서 어린이로 하여
금 경어 사용을 권장하였고 한자폐지를 반대하면서 훈독을 제안하고
그 나름의 철자법을 성안하여 주시경학파에 대항하였다. 특히 받침으로
'ㅎ'을 두지 않은 점은 주시경학파와 크게 구별되는 특징이었다. 이에
주시경학파도 조선어문회의 전통을 계승하고 새로운 시대적 흐름에 동
참한다는 뜻에서 조선어연구회를 창립하였다. 이 학회는 1920년대 후반
에 나름의 철자법을 만들어 1930년에는 조선총독부 철자법을 표의적
(형태음소적) 표기법으로 기울어지도록 노력하였으며, 이를 징검다리로
삼아 마침내 1933년에 「한글맞춤법통일안」을 공포하였다. 박승빈학파
도 이에 뒤지지 않고 조선어학연구회를 창립하여 그 나름의 철자법을
완성하였다. 이리하여 한반도에는 두 개의 철자법이 공존하게 되었다.
　　일본의 국권 침탈 이후 문학작품과 같은 특수한 텍스트를 제외하면
대부분의 문장은 국한문혼용체였다. 주시경학파조차도 논문이나 책을
쓸 때에는 국한문혼용을 지향하였다. 주시경학파와 박승빈학파의 두 철
자법은 공개토론을 거치면서 주시경학파의 승리로 끝났으나, 이내 일본
제국주의의 조선어 말살정책이 시행되어 조선어는 학교에서는 물론 일
반 사회에서도 공식적으로 사용할 수 없게 되었다. 뒤이어 주시경후계
학파는 독립운동을 하였다는 혐의를 받아 교도소에 갇히게 되었다. 이
로써 갑오경장 이후 맥맥히 흘러 오던 한국어문의 표준화운동은 그 숨
을 멈추고, 한반도에는 적어도 수천 년 동안 발전해 오던 한국인의 민
족어와 민족문자가 표면상으로는 자취를 감추어 버리는 비운에 처하였
다.

4. 분단시대의 한글운동과 국어교육

　　교도소에서 한 3년간 옥고를 치른 조선어학회 회원들은 해방과 동시
에 풀려 나와 조선어학회를 재건하였다. 조선어학회의 반대세력은 박승
빈이 1943년에 작고한 후 해방 후에도 학회를 재건하지 못하였다. 따라

서 한국어문운동은 아무런 걸림돌이 놓여 있지 않았던 주시경학파 단
독으로 추진되었다. 적어도 1948년 1월까지는 남북이 다 함께 조선어학
회의 한글맞춤법에 기대어 한글을 익혔다. 그러나 북한이 1948년 2월에
조선어신철자법을 공포하자 남북의 어문 문제에 균열이 가기 시작하였
다.

1) 남한의 한글운동과 국어교육

남한은 1933년에 공포된 조선어학회의 맞춤법에 약간의 자구 수정을
가하여 그대로 학교교육과 문자생활에 적용시켜 왔다. 여기에는 1945년
9월에 나온 장지영 등의 '한자폐지실행회'의 강령이 크게 작용하였다.
그 내용은 민족문자인 한글에 의한 문맹퇴치, 새문화 건설, 세계문화의
계도였다. 각급학교 교과서는 한글 일변도로 편찬되었으며 중학교 과정
부터는 한자를 괄호 안에 넣었다. 1949년 한글전용법이 공포되었으나,
필요한 때에는 한자를 섞어쓸 수 있다는 단서 때문에 현실적으로는 국
한문혼용의 틀이 오랫동안 지속되었다. 학교에서 한자를 배우지 않은
젊은이들이 사회에 나와서는 반문맹이 되는 이율배반적인 사태가 벌어
진 것은 모두 이 법령 때문이었다.

한글맞춤법이 뿌리를 내리고 있던 중에 1954년에 「한글간소화안」
(1954)이 발표되었다. 그 동안 아무런 반대에 부딪히는 일 없이 정착되
어 가던 조선어학회의 한글맞춤법이 큰 도전에 직면한 것이다. 「한글간
소화안」은 주시경계통의 한글맞춤법을 부인하고 초기의 조선총독부의
언문철자법이나 박승빈계통의 철자법과 취향을 같이하는 표음적 맞춤
법이었다. 받침의 숫자를 줄이자는 것이 이 안의 큰 특징이었기 때문이
다. 정경해 등이 최남선과 손을 잡고 일으킨 박승빈철자법의 부활운동
이었으나, 이 안은 교육계와 문화계의 거센 반발에 부딪혀 보류되고 말
았다. 이를 통하여 우리는 남한의 한글운동도 그렇게 순조롭게 진행되
지 않았음을 알 수 있다.

남한의 한글전용은 주로 일제시대 조선어학회의 전통을 이은 한글학

회가 주축이 되었다. 1950년대 후반에는 「한글전용실천요강」이 발표되어 거리의 간판을 한글로 바꾸는 등의 조처가 뒤따랐으나 효과를 보지 못하였다. 군사정권 아래서도 한글학회는 한글전용을 위하여 많은 노력을 기울였으나 역시 국한문혼용론자의 반대에 부딪혔다. 한글전용은 언어개혁을 수반하는 것이어서 이에 대한 뒷받침이 없이는 많은 부작용을 낳는다. 앞에서 우리는 주시경이 한글전용을 하면서 문법용어를 고유어로 바꾼 것을 보았는데 이는 한글전용에는 필연적으로 언어개혁이 뒤따른다는 것을 보여주는 예다.

남한의 한글전용은 1970년대에 들어서면서 올바른 방향을 잡았다. 당시는 해방 후에 교육을 받은 한글세대가 이미 사회의 중추세력을 이루고 있었기 때문에 한글전용을 밀고 나가도 될 만큼 분위기가 성숙되어 있었다. 한글학회 이사장이었던 최현배는 유고『한글만 쓰기의 주장』(1971)을 펴내어 한글전용의 당위성을 설득력 있게 주장하였다. 이와 때를 같이하여 한글전용에 반기를 든, 이희승을 중심으로 한 한국어문교육연구회가 창립되어 한자는 결코 남의 나라 글자가 아니라 우리의 국자(國字)라는 모토를 내걸고 한글학회에 맞섰다. 한자와 한문이 삼국시대로부터 한국의 언어 생활을 지배하여 왔기 때문에 이 같은 주장은 결코 잘못되었다고 할 수 없다. 이러한 소용돌이 속에서 한글전용과 함께 중등학교 이상의 과정에서 한자·한문 교육을 병행한다는 절충론이 작용하여 현재까지 그 기틀을 유지하고 있다. 특히 시대가 내려올수록 많은 저작물이 한글로만 찍혀져 나오고 있는데, 더욱이 1990년대를 전후해서부터는 문서 작성용 콤퓨터가 널리 보급되어 현재는 대부분의 저작물이 한글로 출판되고 있다.

따라서 남한의 전반적인 흐름은 한글전용이 대세를 이루고 있다고 하겠으나, 국한문혼용론자 또한 적지 않아 한자를 한국의 어문생활에서 추방하기는 사실상 어려운 일로 보인다. 한글전용과 국어사랑을 부르짖는 한글학회에서는 매달 한 번씩『한글새소식』을 내어 한글만 쓰는 방향으로 한국의 어문정책을 밀고 나가고 있다. 한편 사단법인 한국어문

회와 한국어문연구회에서는 앞에서 언급한 바와 같이 한자도 국자라는
견해를 내세우며 『어문(語文)생활』을 격월간으로 간행하면서 한자 보급
에 열정을 보이고 있다. 진태하가 발행하는 월간지 『한글＋ 한자(漢子)
문화』도 한자도 국자라는 인식을 등에 업고 창간되었다. 한편 국립국어
연구원에서는 『새국어생활』을 계간으로 내면서 한국어문의 표준화와
그 보급에 힘쓰고 있다.

2) 북한의 한글운동

북한도 남한과 같이 해방 직후부터 각급학교 교과서는 모두 한글로
만 제작하였다. 여기에는 앞서 살펴본 장지영의 한자폐지실행회의 강령
도 적지 않게 작용한 것으로 보인다. 특히 주시경의 수제자이며 북한
권력의 핵심부에 자리잡고 있던 김두봉의 입김이 크게 작용하였다. 북
한은 해방이 되면서 문맹퇴치운동을 벌여 이미 1948년에 230만의 문맹
을 퇴치하였다. 북한에서 나온 간행물을 보면 「조선어신철자법」이 나오
기 전인 1948년 1월 이전의 신문은 대부분 국한문혼용이었다. 이 철자
법은 6개의 문자를 새로 만드는 등 너무 혁신적인 내용을 담고 있어서
단어의 첫머리에 'ㄴ, ㄹ'을 밝혀 적는 것밖에는 거의 실천에 옮겨지지
못했다.

신문의 한글전용도 일시에 실시되지 않았다. 1948년 1월 3일자의 『평
북로동신문』을 보면 기사는 한글전용이지만 제목글은 국한문혼용으로
되어 있으며, 며칠 후에 나온 같은 신문에는 기사문과 제목글이 모두
한글전용으로 짜여져 있다. 한글전용을 해도 특수 어휘에 대하여는 괄
호 안에 한자를 병기하는 조처를 취하기도 하였다. 1948년 6월 10일자
『로동신문』을 보면 외신면만 국한문혼용이고 나머지 면은 모두 한글전
용으로 되어 있다. 외신면은 독자가 제한된다는 점을 고려하였을 가능
성을 생각해 볼 수 있다. 그러다가 1949년부터는 모든 신문이 한글전용
의 방향을 취하였다. 그러나 남한에서 암약(暗躍)하는 오열(五列)을 대
상으로 하는 『투사신문』 같은 것은 국한문혼용의 틀을 유지하였다. 독

자에 따라 한글전용을 하는가 하면 국한문혼용을 하였음을 알 수 있다.

이러한 전통은 한글창제 이후부터 불문율로 지켜져 온 것이었다. 우리는 개화기의 여성 상대의 교과서가 한글 위주의 편집이었음을 본 바 있다. 북한도 근로자 상대의 『농민신문』과 『농민』은 물론 여성 상대의 『조선여성』은 해방 직후부터 한글전용이었다. 신문과 대중 상대의 잡지는 한글전용의 방향을 취하면서도 전문학술지는 대부분 국한문혼용의 틀을 유지하고 있었다. 단 어문잡지인 『조선어연구』만은 예외였다. 이 잡지는 창간 당시(1949)에는 국한문혼용을 지향하다가 1950년부터는 대부분 한글전용을 취하였다. 그러나 뚜렷한 원칙이 있는 것이 아니었다.

북한의 한글전용은 1954년 「조선어신철자법」의 공포를 계기로 하여 전면 실시되었다. 신문에 국한되었던 한글전용이 학술서적에도 전면적으로 적용되었다. 이렇게 한글전용을 단시일 내에 추진하다 보니 부작용이 많이 드러나 한자교육을 부활하는 조처를 취하였다. 이는 남한의 어문정책이 걸어온 길과 너무나 흡사하다. 1964년과 1966년에 나온 김일성의 담화가 모두 한자교육의 부활과 관련되어 있는 것은 결코 우연이 아니다. 수년 전에 만난 북한의 한 어문실무자는 한자를 가르치지 않아 음을 바로 적지 못하기 때문에 한자교육을 부활하였다고 필자에게 실토한 적이 있다. 북한은 초기부터 가로풀어쓰기 중심의 문자개혁을 어문정책의 기본강령으로 채택한 바 있는데, 앞서 말한 「조선어신철자법」의 신문자 6자도 가로풀어쓰기에 대비한 조처였다. 여기에는 물론 이를 기안한 김두봉의 입김이 크게 작용하였다. 그러나 1950년대 후반에 김두봉이 반당종파분자로 숙청을 당하면서 그가 그토록 애착을 가지고 추진하던 가로풀어쓰기도 한갓 물거품이 되고 말았다. 가로풀어쓰기는 앞에서 본 바와 같이 주시경이 일찍부터 주창하여 그 나름의 이론과 구체적인 안을 제시하였고 일제시대에는 김두봉, 최현배 등이 연구를 꾸준히 수행하였으며 해방 후에도 남북한을 통틀어 많은 안이 나왔다. 남한에서도 최현배 같은 학자는 자신의 대표적인 저술을 『한글가로글씨독본』(1963)이라고 자부할 만큼 일생을 두고 가로풀어쓰기의 연구에 많은 힘을 기울였다.

현재 북한은 남한과 마찬가지로 철저한 한글전용으로 나아가고 있다. 상용한자도 남한의 1800자보다 1200자가 많은 3000자를 가르치고 있다. 그러나 현실 생활에서 한자를 쓰지 않기 때문에 실질적인 효과는 그리 큰 것으로 보이지 않는다. 필자는 수년 전에 중국 심양에서 북한 처녀들을 만난 일이 있는데 한자를 거의 쓰지 못하는 것을 보았다. 남북의 사정이 너무나 흡사하였다. 단 북한은 한글전용을 하면서 말다듬기에서 많은 성과를 거두어 왔다. 앞에서 필자는 한글전용이 필연적으로 언어개혁을 수반한다고 하였다. 물론 그 가운데는 대중의 공감을 얻지 못하여 원래의 한자어나 외래어로 되돌리는 경우도 없지 않다. '아이스크림'을 '얼음보숭이'로 다듬었다가 다시 '아이스크림'으로 되돌린 것이나 '주어'를 '세움말'로 다듬었다가 다시 '주어'로 되돌린 것이 그러한 예다. 북한은 초기에는 언어가 혁명과 건설의 무기라고 생각하였으나 최근에 와서는 언어가 인간과 사회와 자연을 개조하는 힘을 지녔다고 하여 언어에 모종의 신통력을 부여하고 있다. 북한이 언어문제에 많은 관심을 기울이는 것은 모두 그들의 언어철학과 맞물려 있다는 것을 알아야 한다.

북한은 1960년대 후반 문화어운동이 불을 지피면서 『문화어학습』이라는 모국어 학습지를 1년에 네 차례씩 간행해 오고 있다. 이것은 1950년대 후반에 대중을 상대로 하여 간행한 『말과 글』이라는 월간지의 후속 잡지다. 『문화어학습』은 실제 언어 생활과 국어교육에서 부딪히는 어려운 문제를 해설하고 계몽하는 성격을 지닌 것으로, 한글학회의 『한글새소식』이나 한국어문회의 『어문(語文)생활』과 비슷한 점이 많다.

3) 재외교민의 한글운동과 민족어 교육

여기에서 말하는 재외교민은 주로 러시아/소련, 중국과 미주의 한인 사회를 가리킨다. 일본에도 70만 이상의 교민이 살고 있지만 자녀들이 대부분 일본학교에 취학하고 있고 부분적으로 한국학교나 조선학교에 취학하는 예도 있으나 큰 문제가 되지 않는다. 한국학교에 진학하는 재일거류민단의 자녀들은 한국에서 나온 교과서를 사용하고 있고, 조선학교에 취학하는 자녀들은 북한에서 나온 교재를 그대로 사용하고 있기 때문이다. 그 밖에 유럽과 미주를 비롯한 세계 각 지역에는 한국인들이 많이 진출하여 벌써 그 나라의 시민권을 얻은 사람도 적지 않다.

러시아/소련 지역의 이민사는 19세기 중반까지 거슬러 올라간다. 초기는 자세한 사정을 알 수 없고 1910년대부터 관련 자료를 접할 수 있다. 『대한인정교보』(1914)를 보면 벌써 가로풀어쓰기의 기운이 침투하고 있고, '씨' 등의 주시경적인 용어가 나오는가 하면 그 곳에서 만들어 낸 어이(글자), 암늣(모음), 수늣(자음)과 같은 용어도 보여 러시아 지역의 한글운동의 실상을 엿볼 수 있다. 당시는 국권 침탈 이후이기 때문에 그 곳으로 망명하는 인사들이 많아 반도 안의 한국어문 표준화 기운이 이미 러시아의 한인사회에 영향을 미치고 있었을 것으로 짐작된다. 러시아 지역의 한글운동과 민족어 교육은 1925년에 나온 『무식을 없이 하는 자란이의 독본』에서 그 구체적인 실상을 엿볼 수 있다. '자란이'란 어른을 뜻하는데 러시아/소련 지역은 일찍부터 그들 나름의 특수 용어를 많이 만들어 내었다. 그 가운데는 함경도 방언을 소재로 한 말도 눈에 띈다. 이를테면 1950년대 중반에 나온 김병하 · 황윤준의 『조선어교과서』(1954)를 보면 구개음(口蓋音)을 '하누바디소리'라 하는 등 그들의 모국어 방언을 충실하게 활용하고 있다. 아마 다른 나라의 이민역사에서는 이런 현상을 찾아보기 어려울 것이다.

러시아/소련 지역의 한글운동은 1930년에 한 매듭을 지었다. 오창환의 『고려문전』이 이 해에 나왔기 때문이다. 오창환은 역시 같은 러시아 지역의 어문학자이자 한국학자였던 계('게'로 적음)봉우와 함께 그 곳 한인사회의 한글운동에 헌신하면서 교과서를 편찬하는 등 눈부신 활동을 전개하였다. 『고려문전』은 연해주 한인들의 문자생활을 통제하고 민족어 교육에 이바지할 목적으로 저술된, 문법을 겸한 철자법 규정집이다. 오창환은 반도 안에서 나온 최광옥, 유길준, 주시경, 김희상, 김두봉, 특

히 김두봉의 문법을 근거로 하되 이를 비판적인 관점에서 수용하여
『고려문전』을 저술하였다. 공개심의를 거쳐 이 책이 나온 뒤 오창환은
철자법 문제에 대하여 계봉우와 수차례에 걸쳐 논전을 거듭하기는 하
였으나, 이것이 규범이 되어 연해주 한인사회의 어문생활과 민족어 교
육을 통제할 수 있었다. 그 뒤에 나온 『중등학교 조선어교과서』(1934),
『고려어교과서』(1937) 등은 모두 오창환의 철자법과 문법을 근거로 저
술되었다. 당시의 한인사회의 교과서는 국한문혼용을 지향하였고, 이는
당시 한반도 상황과 매우 흡사하다.

  소련 지역의 한글운동은 1940~50년대에 절정을 이루었다. 계봉우는
민족어 연구에 몰두하여 해방 후에도 『조선어문법』을 비롯한 많은 저
술을 내놓는 등 꾸준한 활동을 보였고, 1940년대 후반에는 민족어 교육
이 부활되어 각급학교 교과서가 많이 나왔다. 『조선어독본』, 『조선말
본』 등의 소학교 교과서와 중학교용 『조선어문법』이 나와 중앙아시아
한인들의 민족어의 보급과 교육에 큰 역할을 하였다. 러시아 한인들은
연해주 시절에는 『선봉』이라는 민족어 신문을 발간하여 한글 보급에
공헌하였고 중앙아시아로 이주한 뒤로는 『레닌기치』가 한글 보급의 선
도역을 맡았다. 지금은 『고려일보』가 이름을 달리하여 간행되면서 한글
보급에 이바지하고 있으며 이와 함께 민족어를 부활하겠다는 기운이
일고 있어 이 곳의 민족어 보급도 전망이 밝아 보인다.

  중국 지역의 이민사도 러시아 지역에 뒤지지 않으나 초기에는 독자
적인 교과서를 편찬하기보다는 반도 안에서 나온 책을 갖다 쓰거나 전
문학자들을 초빙하여 민족어 교육을 실시하였다. 해방 전에는 김두봉의
『조선말본』(1916/1922)과 최현배의 『중등조선말본』(1934/1938)이 많이 이
용되었고 해방 후에는 북한에서 나온 교과서가 이용되었다. 그러다가
1950년대 중반부터는 독자적인 교과서를 개발하여 민족어 교육을 실시
하였다. 특히 연변자치주는 한국어가 공용어가 되어 있어 민족어 교육
과 그 보급이 중국의 어느 지역보다 유리한 처지에 놓여 있다. 중국에
서도 북한의 『문화어학습』과 비슷한 체재의 모국어 학습지가 나오고

있다.『중국조선어문』이 그것이다. 한국 민족어문을 전공으로 하는 어
문학자도 적지 않아 이 지역의 한글 보급과 민족어 교육은 크게 기대된
다고 하겠다. 그러나 중국의 소수민족정책이 변하게 될 경우 이 지역
민족어의 운명이 어떠한 길을 밟게 될지는 예측할 수 없다. 일제강점기
에는 재중교포를 대상으로 한『만선일보』등의 신문이 중국 지역의 한
글과 민족어의 보급에 적지 않은 영향을 미쳤을 것으로 짐작되나 현재
로서는 자료 부족으로 그 실상을 파악할 수 없다.

　미주의 한글운동은 20세기에 접어들어 하와이 등지로 이민을 하면서
시작되었다. 1909년에 창간된『신한민보』는 매주 한 번씩 발행되었는데
국문으로 제작하여 미주의 민족어 보존과 발전에 큰 역할을 하여 왔다.
그러나 한자어를 그대로 한글로 바꾸어 적은 것이 많아 이해에는 어려
움이 많다. 이 신문에는 문예난도 마련되어 있어서 재미교포들의 문학
적 요구를 담는 역할도 하여 왔다. 미주 지역의 한글보급운동에 대한
자세한 연구가 아쉽다. 이 밖에도 세계 각처로 흩어진 한민족은 가는
곳마다 한글교육기관을 만들어 한국의 언어와 문화의 보존에 피나는
노력을 기울이고 있다. 유럽지역, 특히 독일 지역은 1960년대 중반부터
한국인 광부들과 간호원들이 많이 진출하여 신문도 내고 주말한글학교
를 열고 있어 한글과 민족어가 그런 대로 보급되어 가고 있다. 이들 한
글학교는 주로 유학생들에 의해 운영되고 있다.

5. 마무리

　이상으로 한글운동과 국어/민족어에 관련된 제반 사항을 대한제국시
대, 일제강점기, 남북분단시대에 걸쳐 검토하여 보았다. 한글이 공용문
자의 자격을 얻고 한국어가 공용어가 되어 대중 속에 뿌리박기 시작한
지 벌써 100년 이상의 세월이 흘렀다. 그 사이 한국민족은 남에게 주권
을 빼앗기기도 하고, 남북이 둘로 갈라지는 아픔을 겪기도 하였으며,
반도 밖으로 삶의 터전을 옮기는 일도 있었다. 그러는 가운데서도 한

(韓)민족의 고유문자인 '한글'과 고유언어인 '한국어'를 중요한 의사소통의 수단으로 삼아 이를 갈고 닦는 데 일치된 노력을 보여 주었다. 한글이 없었더라면 한민족이 지금까지 살아남을 수 있었을까 하는 생각이들 만큼 한글의 힘은 컸다. 이는 한글이 한민족의 정체성을 대외적으로표방할 수 있는 가장 뚜렷한 보람[徵表]이기 때문이다.

북한에서는 처음에 한글의 부족한 점을 메운다고 하여 6개의 문자를새로 만드는 등 혁신적인 개혁안을 내놓았으나 그것이 너무 이상안이라는 것을 깨닫고 이내 철회하고 말았다. 맞춤법에서는 조선어학회의한글맞춤법을 바닥에 깔고 있기 때문에 남북한 사이에 큰 차이점이 보이지 않는다. 북한은 1960년 후반에 평양을 중심으로 다듬어지는 표준어를 문화어라고 하여 그 발전과 보급에 많은 힘을 기울여 왔다. 북한에서는 현재 '한글'이란 말을 쓰고 있지 않으나 한글이야말로 한민족을하나되게 뭉쳐 주는 역할을 해 왔고 앞으로도 그럴 것이다. 이제는 지구촌의 여기저기에서 삶의 터전을 마련하고 있는 한국민족이 민족문자인 '한글'을 끈으로 삼아 막혔던 그 동안의 소식을 주고받아야 할 날이왔다고 믿는 바다.

한글이 민족문자이며 공용문자라고 하여 한글만 쓰기를 주장한다든지 현행 맞춤법이 최선이라고 치부해 버리는 것은 편협된 사고라 생각한다. 사실 오늘날 남북에서 사용하는 맞춤법은 표의적인 곳이 많아 고도의 문법지식을 갖추지 않으면 철자를 가려쓰기 어려운 부분이 군데군데 도사리고 있다. 한국어 어휘 중 상당수는 한자에 그 기원을 두고있고, 동양의 세 나라가 다 같이 한자를 상용하고 있으며, 한국의 전통문화유산이 대부분 한문으로 되어 있다. 그런 만큼 한자 교육은 다른어떤 외국어문 교육에 우선할 필요가 있다.

앞으로 통일어문정책과 해외교포를 위한 민족어 교육이 어떤 방향으로 나아갈지 현재의 필자로서는 뚜렷한 답을 내놓을 수 없다. 한 가지분명한 것은 한글을 주체적인 자리에 놓되 한자나 로마자 등을 이에 종속시키는 쪽으로 방향을 잡아야 한다는 것이다. 그러면서도 한글운용법, 곧 맞춤법을 실용에 맞게 개선하는 연구도 병행해야 한다. 지난 1세기에 걸쳐 현대 맞춤법의 골격을 이룬 주시경학파에 대하여 반기를 드는 사람이 적지 않았다는 사실을 되새겨볼 필요가 있다. 한글은 분명코 우수한 표음문자다. 우리의 의지 여하에 따라 한글은 우리의 문화적 욕구를 얼마든지 충족시킬 수 있다. 통일시대, 정보화시대, 세계화시대를 맞아 한글의 위상을 정립시키는 노력이 줄지어 나타나기를 바란다.

참고문헌

고영근(1983), 「개화기의 국어연구단체와 국문보급활동」, 『한국학보』 30.

고영근(1987), 「주시경연구의 어제와 오늘」, 『주시경학보』 1, 탑출판사.

고영근(1994), 『통일시대의 어문문제』, 도서출판 길벗.

고영근(1995), 「주시경 『국어문법』의 형성에 얽힌 문제」, 『대동문화연구』 30.

고영근(1995), 『최현배의 학문과 사상』, 집문당.

고영근(1998), 『한국어문운동과 근대화』, 탑출판사.

고영근(1999), 「한국의 전통적 언어철학과 그 현대적 변모」, 『이승환교수정년
　　　　퇴임기념논문집』, 한국문화사.

김규창(1985), 『조선어과 始末과 일어교육의 역사적 배경』, 고(故) 김규창 교수
　　　　유고논문집 간행위원회.

김민수(1973), 『국어정책론』, 고려대학교출판부

김인선(1991), 「갑오경장 전후 개화파의 한글 사용 - 독립신문에서의 한글전용
　　　　배경」, 『주시경학보』 8.

김인선(1999), 『개화기 이승만의 한글 운동 연구』, 연세대학교 국학 협동과정
　　　　박사학위논문.

남광우(1996), 『東北亞 시대와 漢字・漢字敎育』, 한국어문교육연구회.

신용하 편(1984), 『한국근대사회사상』, 지식산업사.

신창순(1994), 「한글전용표기와 기독교」, 『한국어문』 3, 한국정신문화연구원.

이기문(1977), 「19세기의 국문론에 대하여」, 『어문논집』 19・20 합집, 고려대학
　　　　교 국문학과.

이기문(1984), 「개화기의 국문사용에 관한 연구」, 『한국문화』 5, 서울대학교 한
　　　　국문화연구소.

이기문(1989), 「『독립신문』과 한글 문화」, 『주시경학보』 4.

이기문(1970), 『개화기의 국문연구』, 일조각.

이응호(1975), 『개화기의 한글 운동사』, 성청사.

이홍식(2000), 「개화기의 국문 관련 논설에 대한 고찰」, 『덕성어문학』 10, 덕성
    여자대학교 국문과.

조태린(1997), 「일제시대의 언어정책과 언어운동에 관한 연구」, 연세대학교 국
    문과 석사학위논문.

한국 고전문학 교육 반성
-현행 '고등학교 국어과' 고전문학 부분을 중심으로-

정 상 균[*]

1. 서론

필자는 20여 년 동안 대학에 봉직하면서 문학작품의 해석 비평과, 창
조정신의 점검을 본업으로 생각해 왔다. 그러다 보니 거시적인 측면에
서 민주시민의 소양을 갖추게 하는 초·중등학교 교육과 관련한 전반
적 문제에 대해서는 그 동안 별로 고려해 보지 못했다.

그런데 지난 해 현행『고등국어』고전문학 부분에 대해 토론할 기회
를 가져봄이 어떻겠느냐는 제안이 문득 주어졌고, 이에 교과서를 구해
일별해 보았더니 '교육 과정', '창의적 학습', '학습 원리', '자율학습', '학
습 목표', '주체성' 등 다소 생소한 교육 학술용어들이 돌출하여, 교육학
에 대한 이해가 없이는『고등국어』에 담긴 고전문학을 언급하기 어렵
다는 사실을 알게 되었다.

그렇게 해서 만나게 된 것이 J. 듀이의『민주주의와 교육(*Democracy
and Education*)』¹⁾과 C. 로저스의『학습의 자유(*Freedom to Learn*)』²⁾였
다. J. 듀이의 저서는 민주주의와 교육이 어떤 관계가 있으며 어떤 관계

---

* 서울시립대학교 국어국문학과 교수

1) J. Dewey(1953), *Democracy and Education*, The Macmillan Company(이하
 'D.E.'로 줄임)/오천석 역(1984),『민주주의와 교육』, 교육과학사.
2) C. Rogers(1983), *Freedom to Learn*, C. E. Merrill Publishing Co.(이하 'F. L.'
 로 줄임)/연문희 역(1996),『학습의 자유』, 문음사.

에 있어야 하는가를 명시해 놓은 것으로 현대 민주시민의 교육을 위해
서는 비켜갈 수 없는 저술이다. C. 로저스의 저술은 소위 '자율학습' 정
신이 어떤 것이며 그것이 민주시민의 의식과 어떤 관계에 있는지를 알
려주는 것으로서 현재 한국의 교육정책 수립에 크게 참조가 되었고, 앞
으로도 계속 학습 비판되어야 할 저술이다.

  본고는 주로 J. 듀이와 C. 로저스의 '민주주의'와 '자율학습' 사상에
기초하여 현행 고등국어의 문학부분, 특히 고전문학 부분 교재의 집필
방법을 비판하는 데 초점을 두었다.

2. 교육학이 빠진 (고전)문학 교육

1) 대한민국의 교육에 전제된 교육철학

  대한민국교육법 제4조에는 "교육제도, 시설, 교과와 방법은 항상 (학
생의) 인격을 존중하고 (학생의) 개성을 중시하여 교육을 받는 자로 하
여금 (그의) 능력을 최대한으로 발휘할 수 있도록 하여야 한다"3)(괄호
안의 어구는 인용자)라고 명시되어 있는데, 이는 미국의 교육철학자 J. 듀
이의 사상을 바탕으로 한 것이다.4)

  J. 듀이는 1916년에 출간한 『민주주의와 교육』에서 "교육은 미숙자
(the immature)가 그들이 소속된 집단 생활에 '참여하게 하여(through
their participation)' 지향과 발전을 확실하게 하는 사회적 기능"5)이라고
정의하였다. 여기에서 '미숙자'란 아동·학생, '지향과 발전'은 교육의
목적이나 성과를 지칭하며, '소속 집단'은 사회와 별개가 아니다. 그리
고 '참여'라는 말은 피교육자, 즉 학생의 능동성(the active side)을 강조
한 말이다. 이것은 교육법 제4조의 "능력을 최대한 발휘할 수 있게 한
다"는 문제와 연관되어 있다.

---

  3) 서울시립대학(1984), 「교육법」, 『法規集』, 13면.
  4) 김선양(1999), 『현대한국교육사상사』, 양서원, 315면.
  5) D. E., 94면.

J. 듀이는 '민주적으로 이루어진 사회'의 표준(criterion)을 ① 더 많고 다양한 관점에서 공동의 이익을 분배하는 것은 물론이고, 사회 통제인 자로서 상호이익의 문제에 더욱 큰 비중을 두는 것, ② 사회집단 간에 더욱 자유로운 교류는 말할 것도 없고 다양한 교류를 통해 생성되는 새로운 상황에 대처하여 사회관습을 바꾸고 그것을 지속적으로 재조정해 나가는 것의 두 가지로 요약했다.6) J. 듀이의 이러한 표준은 민주사회의 표준규정이자 그 안에 민주시민사회를 지향 발달하게 하는 사회적 기능―'교육의 목표, 방향, 방법'을 포함하고 있는 것으로서 여러 사람들의 주목을 받아 왔다. ①항에서 문제된 '다양한 관점에서의 공동의 이익을 공유하고 분배하는' 문제와, 상호이익의 존중 문제는 주인(master)인 주체로서의 의미 그리고 인간의 평등과 개성의 다양성을 전제로 한 것이다. ②항에서 문제된 '자유로운 상호작용'은 이익추구의 정당성(주인, 주체로서의 정당성)을 공고히 하고 결국 인류공동체의 선을 추구하는 큰 목표를 향해 부단히 노력하는(지속적 재조정) 능동적 대응을 전제로 한 것이다. 그러므로 듀이가 말하는 '행동에 있어 다양성의 장려(a premium on variation his action)'7)와 '개인 능력의 보다 다양한 발휘를 위한 개방(the liberation of a greater diversity of personal capacities)'8)의 문제는, 인류 공동선을 향한 변화와 개선에 대응하는 주인의식과 주체의식의 유감없는 발휘에 필수적인 것임을 알 수 있다. 대한민국교육법 제4조에 명시된 '인격 존중'은 주인으로서의 인격 존중이고, '개성 중시'는 주인으로서의 '변화'와 '지속적 재조정'의 생성자·구사자로서의 개성 중시임은 물론이다.

J. 듀이는 또한 "민주주의는 정부 형태 그 이상의 것이다. 민주주의는 일차적으로 '공동생활'의 한 형태이고 '연대되어 있고 주지되어 있는 체험(conjoint communicated experience)'의 한 양식이다"9)라고 정의하여, 민

---

6) 위의 책, 100면.
7) 위의 책, 101면.
8) 위의 책, 101면.
9) 위의 책, 101면.

주주의를 정부 형태나 지배구조로 정의하지 않고 '사회 생활 양식의 가
치 표준(a measure for the worth of any given mode of social life)'[10]에 의
거하여 정의하였다. 그렇다면 근대 민주시민국가가 보다 바람직한 민주
국가를 지향하고자 할 때 '교육을 중시하는 것'은 당연하며, 이는 한국
도 예외일 수 없었다.

R. 우릭(R. Ulich)은 J. 듀이의 교육사상을 다음과 같이 요약하였다.

> 듀이에 의하면 교육이란-링컨의 경외할 만한 문구를 변용한다면-'국민
> 의, 국민에 의한, 국민을 위하여' 운영되는 과정이다. 그것은 사회적 과정이
> 다. 그리고 그것은 사회의 모든 성격과 일로부터 분리될 수 없다. 그래서
> 문명의 과정이나 추진에 관여하도록 아동을 돕고 이것을 교육할 만한 일체
> 의 활동이 학교에서 중심이 되지 않으면 안 된다.[11]

R. 우릭의 요약에서도 듀이의 민주사회 시민의 교육정신이 그대로
드러나 있다.

이러한 듀이의 사상은 광복 후 한국 사회에서 가장 주목할 만한 교
육이념이 되어 오늘날까지 큰 힘을 발휘하고 있다. 1982년 김재만(金在
萬)은 「한국교육과 듀이의 교육사상」이란 글에서 주요 쟁점을 ① 생활
중심 교육 ② 아동 중심 교육 ③ 사회화 과정으로서의 교육 ④ 과학교
육 ⑤ 과정중시 교육 등으로 요약하였다.[12] 이는 듀이즘에 반대하는 사
람들에게는 부정적인 면으로도 의미를 갖겠지만, 민주사회를 표방하고
그 사회를 향해 가고 있는 한국 사회의 민주화와 교육의 민주화를 위해
서 이 항목들은 쉽게 무시될 수 있는 것이 아니다. 소위 '듀이 교육철학
에의 회의기'(1950~1962)에 A. N. 화이트해드(Whitehead), R. 우릭, R.
M. 허친스(Huchins) 등의 교육사상이 소개되었으나[13] 듀이즘이 주도하
는 한국의 교육 현장에는 별로 큰 영향을 끼치지 못했고, 1992년 한국

---

10) 위의 책, 96면.
11) 한기언 역(1960), 『교육사상사』, 한국번역도서주식회사, 457면.
12) 김선양(1999), 앞의 책, 318~319면.
13) 김선양, 위의 책, 320면.

의 교육과정은 다시 '듀이의 교육철학으로 회귀하는 경향'을 보이고 있다.14)

한 마디로 한국을 비롯한 개발도상의 국가, 민주사회로 나가기를 열망하는 중·후진국의 교육정책 입안에서 듀이즘을 배척하기는 불가능하다. 앞서 살펴본 듀이의 '사회 생활 양식의 가치표준'으로 제시된 ① 공통된 이해관계(interest held in common)와 ② 다른 집단들과의 협력적 교류성(cooperative intercourse with other groups)의 문제가 독재국가(a despotically governed state)와 범죄집단(a criminal band)을 비판하며 마련된 패러다임이라는 측면을 갖고 있기 때문이다. 즉 전자는 소수 '특권 지배층'의 이익을 옹호하는 사회를 지양하고 호혜평등의 자유시민사회를 전제한 것이며, 후자는 사회운영상 그 사회의 정당성과 도덕성 확보에 필수불가결한 사항이다. 그러므로 ①항은 과거나 현재에 '독재 체험'을 갖고 있는 국민에게는 계속적으로 문제가 되지 않을 수 없으며, ② 항은 한 사회집단의 도덕성의 확보 문제로서, 도덕성의 확보는 개인의 경우보다 집단에서 완전성을 유지하기가 더욱 어렵기 때문이다. 국가적인 차원에서 그 같은 오류에 빠진 예가 독일의 나치즘과 이탈리아의 파시즘, 일본의 천황 중심의 군국주의였다.

한국의 경우는 ①·②항 모두에서 결코 자유롭지 못하다. 오랜 동안 전제적(왕권의) 통치를 경험한 바 있고 20세기에 들어서는 식민지 통치를, 광복 후에는 민주주의를 표방하면서도 '민족주의적(소위 민족중흥) 유신독재'를 체험하며 국제적 고립을 자초한 경험이 있다. 그리고 국토의 반쪽은 아직도 '듀이즘'의 교육적 패러다임이 논의조차 될 수 없는 상황이다.

그렇다면 듀이즘에 회의를 품은 사람들은 어떤 사람들일까. 그들은 분명 성급한 '효능주의자'들일 것이다. 예컨대 듀이즘에 의한 교육이 별반 뚜렷한 효과를 내지 못했다는 생각을 했을 것이다. 그러나 이는 독재국가의 교육방법이나, 주체 인간을 물질에 종속시키는 '범죄 집단 교

---

14) 김선양, 위의 책, 321면.

육'에 편들 수 있다는 내심의 콤플렉스를 고려하지 않은 태도에 불과하다. 그리고 '민주주의'라는 큰 명제를 먼저 고려할 때, 아직 우리가 듀이즘을 극복할 만한 대안을 제시하기 어렵다는 사실을 그들 또한 알고 있을 것이다.

이상적인 민주시민사회를 지향하는 민주교육의 지표는 역시 "사회구성원 모두가 개인의 존엄성을 지닌 주인으로서, 함께 잘 사는 이상사회를 건설하기 위해 끊임없이 개인과 사회를 개선해 나가게 하는 것"이라고 범박하게 요약할 수 있을 것 같다. 이러한 교육이념을 개별 교과목의 지도과정에 어떻게 반영할 것인가는 쉬운 문제가 아니나, 이러한 민주시민 교육의 방향이 결코 외면 무시될 수 없다는 것 또한 자명하다.

이러한 이념의 실현을 위해 방법적으로 고안된 것이 앞서 인용한 김재만의 교육지표일 것이다. 이를 보다 구체적으로 요약하면 '주인의식의 함양'과 '비판적 사고의 지속적 발동'을 촉진시키는 것이다. 주인의식의 함양 문제는 J. 듀이의 '공통된 이해관계'의 주도(참여)적 집행이라는 의미가 있으며, 비판적 사고의 지속적 발동이란 바로 J. 듀이가 말한 '다른 집단들과의 협력적 교류성'에 필수불가결한 판단 소양의 함양 문제가 되기 때문이다.

그렇다면 소위 '현행 고등학교 국어과 교과서'에는 이러한 정신이 어떻게 표방되었는지 살펴볼 필요가 있다.

2) 고등학교 국어교재에 반영된 교육철학

현행 고등학교 교재의 첫머리에는 다음과 같은 '일러두기'가 제시되어 있다.

제6차 고등학교 국어과 교육과정에서는 학습자가 자주적이고 창의적으로 학습에 참여할 것을 강조하고 있다. 이는 자율적인 학습을 통해 적극적이고 능동적인 학습 태도를 형성하고, 창의적으로 사고하며, 나아가서 주체적이고 긍정적인 태도를 길러 바람직한 인간을 형성하기 위한 것이다.15)

여기에서 우선 '학습자가 자주적이고 창의적으로 학습에 참여'한다는 대목을 통해 듀이즘의 연속선상에 있음이 확인된다. '학습자'는 물론 학생으로서, 이는 김재만이 요약한 '교사 중심이 아닌 학생(아동) 중심 교육'이라는 것이고 듀이즘으로 돌아가면 '민주시민 사회'의 주인의식을 전제로 한 말이기 때문이다. 그리고 '적극적이고 능동적인 학습', '주체적'이란 말은 '공통된 이해관계' 속에 있는 사회의 주인으로서 '소극적, 수동적' 자세가 아니라는 전제로 볼 수 있다. 그리고 위에서 '창의적', '긍정적'이라는 말은 J. 듀이가 말한 '다른 사회 사람들과의 협력적 교류'에 필요한 이른바 다양성의 발휘, '개인 능력의 보다 다양한 발휘를 위한 개방'과 같은 방향에서 일단 이해할 수 있다. 그리고 인용문 마지막에 보이는 '바람직한 인간 형성'이란 더욱 적시하면 '민주사회를 이끌어 갈 시민'이라고 할 수 있다.

여기에서 문제는 소위 '듀이즘'을 전달하는 집필자의 자세다. 인용문 첫 문장은 '참여할 것을 강조하고 있다'고 끝맺고 있다. 이 어구는 집필자가 정말 '민주사회의 주체(주인)' 교육에 확신을 갖고 있는지 의심하게 만든다. 왜냐 하면 참여할 것인지 아닌지는 '주체(주인)'가 결정할 사항이지 다른 사람이 강조 주장할 사항이 아니기 때문이다. 집필자는 이 말을 학생(아들)이 아니라 교사를 대상으로 한 말이라고 주장할 수 있다. 그리고 이것(자율학습)은 모두 합의를 본 사항이라는 측면에서 '전달'의 형태를 취한 것이라고도 볼 수 있다. 그래도 결과는 마찬가지다. '집필자'가 민주사회의 일원이듯이 교사도 학생도 모두 민주사회의 일원이다. 한 마디로 누군가 혼자 높은 곳에 앉아 '강조 주장'한 것을 전달하는 것은 민주사회의 교육방법이 아니다. 앞서 인용해 보인 교육법 제4조에서는 '인격을 존중하고 개성을 중시'한다고 했는데, 구체적인 현장에서는 그것이 하나의 '전달 사항'으로 교사와 학생에게 등장하고 있음을 확인할 수 있다. C. R. 로저스가 지적했듯이 자율학습(the self-discipline of study, self-direction learning, free learning, independent

---

15) 교육부(1960), 『고등학교 국어』, 대한교과서주식회사, 457면.

studies, independent work, to follow their own directions, to initiate their own learning)이란 "이런 식으로 해야만 한다고 말하는 것은 정답이 아니기(telling you this is the why a class should be, is no answer)" 때문이다.16)

한 마디로 주인(주체)의식이란 강조하고 지시해서 형성될 수 있는 것이 아니라 오직 생활 속에서 "진실로 이해하고 아끼고 보살피는 마음이 있을 때"17) 형성될 수 있다. 현대 민주사회 시민 교육에서 교사가 학생 위에 군림해서는 안 되듯이 그 교육의 수단이 되고 있는 '교재'의 집필자 역시 학생과 교사 위에 군림해서는 안 된다. 즉 자율적이고 창의적인 학습의 문제는 학생, 교사, 교과서 집필자가 모두 한 자리에 모여 함께 열심히 도모해도 그 성공을 쉽게 낙관할 수 없는 지난한 목표이므로, 일회적이고 단발적인 강조로 끝나거나 효과가 나올 사항이 아니다.

교과서 집필자는 자율학습에 대해 다음과 같이 말하고 있다

자율학습이란, 학생 스스로 공부해야 할 목표를 찾고, 그 목표에 도달하기 위한 과정을 스스로 해결해 나가며, 자신이 공부한 결과를 주체적으로 판단해 보는 학습방법을 말한다. 선생님은 학생이 자율학습을 할 수 있도록 여건을 조성해 주고, 학생은 선생님의 도움을 받아 자신에게 주어진 과제를 해결해 나가야 한다. 이 책에 따라 이루어지는 교수·학습 방법은 자율적이고 자발적인 방식으로 이루어져야 한다. 18)

민주시민사회는 한 마디로 구성원 모두의 자율성을 빼면 논의조차 될 수 없는 사항이다. 그러므로 교육에서 피교육자의 자율성을 길러 내는 문제는 최대의 관심사가 될 수밖에 없고, 따라서 자율학습을 강조하는 것에 대해서는 아무도 이의를 제기할 수 없다. 문제는 자율학습을 강조하는 집필자의 태도에 있다. 위의 인용문에서 확인할 수 있는 놀라운 사실은, 그 소중한 자율의 문제를 모두 학생이 해결해야 할 문제로

16) F. L., 29면.
17) 위의 책, 3면.
18) 『고등국어(상권)』, 1면.

돌려 정의를 내리고 있다는 점이다. '학생이 목표를 찾고 과정을 해결하며 판단하는 것'이 자율학습이니 학생이 과제를 해결해 나가야 한다는 것이다. 한 마디로 자율학습의 성패에 대한 모든 책임이 학생에게 돌려져 있다. 어떻게 그럴 수 있는가. 집필자가 자율성을 강조만 하고, 교사는 학생이 자율성을 스스로 발휘해야 한다고 돌려버리기만 하면, 자율학습이 다 이루어지는 것인가. 앞서 확인한 바와 같이 기본적으로 교육의 중심은 학생이며 그 학생이 주인이 될 수밖에 없다. 교사는 학생이 주인의식(자율성)을 함양할 수 있도록 도와주고, 교재의 집필·편찬자는 학생과 교사가 '민주시민의 자율성'을 함양하는 데 도움이 될 수 있는 구체적인 학습 소재를 제공하는 입장에 있다. 그런데 위의 집필자의 논술 태도를 보면, 자신은 자율성을 강조만 하면 되고, 교사는 학생의 자율학습이 되도록만 하면 끝이라는 투다. 이러한 태도는 교육의 주요 순위를 ① 학생 → ② 교사 → ③ 집필자 순이 아니라 ① 집필자 → ② 교사 → ③ 학생 순으로 매긴 것이다. 이러한 식의 자율학습 강조는 학생에게 주인의식을 불러일으키는 민주교육이 아니라, 학생(주인)에게 모든 일을 감당하라는 명령을 내리는 것이다. 집필자와 교사가 학생에게 이런 식으로 "당신이 주인이므로 스스로 학습 목표를 찾고 과정을 해결해야 하며 학습결과에 대해 판단해야 합니다"라고 강조할 때 진정으로 학생의 주인의식이 발동될 수 있겠는가. 이것은 자율학습이라는 이름 아래 학생을 고문하고 교사를 당황하게 하여 주인의식의 포기를 재촉할 수 있다. 다시 말하여 학생에게는 교사가 하라는 대로만 하게 하고, 교사에게는 교육지침이나 지식만 전달하는 쪽이 도리어 편하다는 생각을 갖도록 부채질할 수 있다.

집필자는 현행 고등국어 '교과서의 특징'을 지적하는 대목에서 이 교재는 "자율학습이 이루어지도록 편찬하였다"[19]고 했다. 이러한 유의 발언은 자율학습이나 능력 향상의 문제가 얼마나 어려운 것인지 잘 모르는 경우거나, 아니면 의도적으로 현행 국어교재의 우수성을 자화자찬하

---

19) 위의 책, 1면.

는 무모한 광고성 발언이거나 둘 중 하나다.

앞에서 확인했듯이 '민주시민의 자율성 확보' 문제는 이상적인 민주
사회를 소망하는 사람들의 영원한 숙제다. 그러므로 이상적인 자율학습
이란 어디까지나 하나의 지고한 목표로서 만난(萬難)을 무릅쓴 지속적
인 접근 노력을 요하는 문제고 단순히 교재 한 권의 편찬으로 달성될
성질의 것이 아니다. 즉 자율성이란 주체인 학생의 마음 속에서 생겨나
야 할 것이고, 집필자는 현행 '국어교재'를 통해 그것이 어떻게 생겨날
것인지를 걱정하면서 실제 사용자(학생)들의 의견을 적극 참조하여 보
다 적절한 교재의 편찬을 약속해야 한다. '지속적으로 재조정'하는 태도
가 바로 민주시민의 교육에 임하는 자세인 것이다. 그렇게 볼 때 "자율
학습이 이루어지도록 편찬하였다"라는 말은 자율학습의 어려움을 망각
한 발언이고, 학습 주체를 무시한 발언이며, 민주시민 교육에 참여하는
집필자의 기본 태도를 잃은 발언이다. 이러한 발언은 당장 효과를 보이
는 한 봉지 약을 조제해 주는 의사나 약사도 할 수 없는 말이다. 더군다
나 민주시민 교육의 영원한 숙제인 자율성·자주성의 함양 문제에 대
해 그렇게 말했다면 이를 어찌 '광고' 이상의 발언으로 볼 수 있겠는가.
사실 이 말 자체부터 '학습자에 대한 존중(prizing the learner)'[20]을 결여
한 것으로서 자율학습의 정신을 위배하는 것이다.

현행 고교국어 교재 집필자는 '1. 이 교과서의 특징' 항에서뿐만 아니
라 '3. 이 책의 사용 방법' 항에서도 자율학습을 반복 강조하고 있는데,
이러한 집필자의 태도 자체가 자율학습의 정신을 해치는 것이다. 즉
'어떻게 공부할 것인가'를 지시하는 것 자체가 자율학습을 해치는 것이
며 집필자는 그 자체 모순적인 방법으로 자율학습 문제에 접근하고 있
다. 집필자는 '일러두기' 항에서 자주 자율학습이라는 말을 하고 있지
만, 그 태도는 과거 '보수주의 집단'의 교육용어인 충효 학습, 민주중흥
학습, 부국강병 학습을 강조하는 경우와 크게 다를 것이 없다. 즉 '학생
은 자율학습을 해야 한다', '교사는 학생의 자율학습이 이루어지도록 도

와야 한다'는 것은 전근대적인 행동강령이고 명령이며, 주인의식의 발
동과 발휘를 도울 수 있는 말이 아니다. 이 말은 '학생은 충효사상을 학
습해야 한다', '교사는 학생의 충효학습이 이루어지도록 도와주어야 한
다'는 유의 태도와 다를 바 없는 고압적인 것이다.

자율성이나 주인의식은 명령이나 강조로 이루어질 수 있는 것이 아
니다. 그것은 교육의 결과가 아닌 '과정중시 교육'이고 이론과 구호가
아닌 '생활 속의 교육'이며, 어떤 문제에 대해 학생의 판단과 의견을 존
중하는 '학생 중심의 교육'을 표방하는 것이다. 교사에게 어떻게 가르칠
것인가를 훈련하고 학생에게 어떻게 배울 것인가를 강조하는 교과서가
어떻게 적절한 자율학습의 교재가 될 수 있겠는가. 주인의식을 강조하
고 주인의식의 함양을 최우선으로 하는 민주사회에서, 누가 누구에게
무엇을 명령하고 강조하고 강요할 것인가. 이러한 점은 분명히 개혁의
대상으로, 주인의식의 함양에 도움이 될 수 없다. 교재부터 교사와 학
생이 주체가 되어 소위 '선택의 자유와 생각의 자유'21)를 구사할 수 있
게 해야 하고, 이 선택의 자유와 생각의 자유를 구사하는 정당성의 근
거도 교사나 학생이 주체가 되어 마련할 수 있도록 교육체제를 바꾸어
나가야 한다.

자율학습의 문제는, 민주시민사회 속에서 달성될 수 있고 이상적인
민주시민사회의 건설을 목표로 하는 것이므로 생활의 문제지 구호나
주입으로 되는 것이 아니다. 그런 면에서 국정교과서라는 하나의 제도
적인 틀은 자율학습을 통해 민주시민의 주인정신을 함양한다는 궁극적
인 목적을 출발에서부터 가로막는 것임을 지적하지 않을 수 없다.

한 마디로 자율성 함양은 단순한 구호가 아니라, 학습자들이 몸에 익
히고 지속적으로 개발해 내지 않으면 안 되는, 민주시민 정신교육의 영
원한 숙제다. '자율학습'과 관련하여 (교재)집필자나 교사에게 요구되는
올바른 태도는 처음부터 끝까지 학생과 함께하고 지속적으로 인내심을
갖고 문제를 합리적으로 풀어나가겠다는 자세다. "교실에서 책임 있는

---

21) 위의 책, 14면.

자유를 허용한 것은 '흑백논리'로서가 아니고, 학생과 교사를 포함해서 '점진적인 성장과정(a gradual growth process)'을 의미하는 것"[22]이기 때문에 집필자도 이에 동참하는 태도를 갖는 것이 당연하다.

그렇다면 이 자율학습 문제는 문학교육, 특히 고전문학 교육 분야의 국어교과서 집필 과정에서 어떻게 유념되어 나타났을까. 현행 교과서의 집필자는 학생들의 자율성 함양을 위해 고전문학 교육 속에서 어떻게 집필하고 있는지 개별적으로 살펴볼 필요가 있다.

3) (고전)문학 수업에 생길 수 있는 문제점들

현행 고등국어 교과서 집필에서 가장 문제가 되는 것은 앞서 지적했듯이 '생각과 선택의 자유'를 막는 보수주의적 사고다. 이 같은 자세는 교과서 첫머리의 소위 일러두기 항에서부터 뚜렷하게 나타나 있다. 그리고 이는 각 단원마다 단원의 길잡이, 학습 목표, 준비 학습, 학습할 문제, 학습 활동, 학습 활동 도움말, 평가 중점 등의 식으로 쉴새 없이 학습과정에 끼여들며 '자율학습을 하라'는 것으로 구체화되고 있다.

현행 『고등국어(상)』에는 「2. 문학의 즐거움」이라는 단원이 있다. 이 단원의 첫머리에 나오는 '단원의 길잡이'라는 항은 다음과 같이 시작하고 있다.

> 문학작품의 감상은 무엇보다도 먼저 즐거워야 한다. 이 단원은, 문학 작품을 감상하는 즐거움을 알며, 그것을 생활화하는 태도를 길러 주기 위하여 설정되었다.
> 작품 감상이 즐겁기 위해서는, 문학작품을 읽는 즐거움의 요소를 알고, 이에 바탕을 두어 여러 작품을 읽는 것이 효과적이다. 사실을 알아 체험을 확대하기, 상상을 통한 창조적 체험으로 진실을 추구하기, 의미와 관계를 통한 깨달음에 이르기 등이 문학작품을 읽는 즐거움이다. 이러한 요소를 이해하고 작품을 읽어, 즐거움을 느끼고 이를 생활화하자.[23]

---

22) 위의 책, 70면.
23) 『고등국어(상권)』, 30면.

첫 문장이 "문학작품의 감상은 무엇보다 먼저 즐거워야 한다"이다. 만약 학생이 "나는 문학작품이라는 것에서 즐거운 적이 없다"라고 말 한다면 어떻게 할 것인가. 그런데도 집필자와 교사는 그 학생에게 '무 엇보다도 먼저 즐거워야 한다'고 강조할 것인가. 위와 같은 전제 하에 집필자는 학생들에게 '감상은 자기 스스로 하는 것'이다, '스스로 읽어 터득하도록 학습하는 것'24)이라고 하며 소위 자율학습론을 또다시 반 복하고 있다.

사실 문제는 '문학의 즐거움'이라는 제목에서부터 발견된다. 이 제목 은 '문학은 즐거운 것이다'라는 점을 가르치겠다는 목적을 드러내는 것 으로, 다분히 주입식 교육이고 권위주의적인 교육임을 보여준다. 문학 이 '즐거움(쾌락)'을 주는 것인지 '교훈'을 주는 것인지에 대해서는 지금 도 논의가 계속되는 사항이다.25) 그러한 공론은 밀쳐버리고 집필자가 '무엇보다도 먼저 즐거워야 한다'고 우기고 나왔으니, 교육 현장의 학생 과 교사는 어디에서 그 '생각과 선택의 자유'를 구사할 수 있겠는가. 이 것은 자율학습을 바라는 교사나 집필자가 취할 수 있는 태도가 아니며 '권위주의적인 훈련소 교관 같은 교사'26)도 취할 수 없는 횡포다. 왜냐 하면 학생의 입장에서 보면 '문학의 기능'을 올바로 이해한다는 것도 어 려운 문제지만 더 어려운 것은 '즐거움'이라는 말이다. 예컨대 문학의 즐거움이란 '식사의 즐거움'이나 '사랑의 즐거움'과 같은 것인가 다른 것인가, 경치를 보는 즐거움이나 음악을 듣는 즐거움과 같은 것인가 다 른 것인가, 다르다면 왜 다르며, 같다면 왜 같은 것인가 등등 엄청난 문 제가 도사리고 있기 때문이다. 따라서 집필자는 '문학은 즐겁지 않다'는 학생과 함께 자율학습을 해야 하는 교사의 고충을 전혀 고려하지 않았

---

24) 위의 책, 30면.
25) R. Wellek A. Warren(1970), *Theory of Literature*, Penguin Books, 29~30면, "미학의 역사는, 호라티우스의 '감미롭다(즐겁다)'와 '이롭다(가르친다)'는 正 反의 어떤 변증적인 것으로 요약할 수 있다."
26) F. L., 11면.

다고 할 수 있고, 현행 국정교과서체제는 그러한 교과서를 거절할 수 있는 선택의 자유도 빼앗고 있는 형편이다.

집필자는 최소한 '무엇보다도 먼저 즐거워야 한다'는 문제가 얼마나 심각하고 어려운 문제인가를 알았어야 한다. 소위 자율학습이 이루어지기 위해서는 학생과 교사를 위해 '선택의 자유'가 구사될 수 있는 장을 마련하는 것이 기본이다. 한 마디로 토론 논쟁의 가능성을 열어 놓고, 참여해서 찾아내고 학생 스스로 해결해 나가는 문제를 제공하는 데서 교과서 집필자의 임무는 일단 끝이 난다. 그런데 현행 국어교과서는, 극단(極端)의 개념이라 할 '무엇보다 즐거워야 한다'는 강령을 내놓고 학생들을 그 안으로 몰아넣고 있으니, 이것이 바로 과거 보수주의자들의 교육방법이 아니고 무엇인가.

한편 이 '즐거움'이라는 문제는 다시 '학습 목표'로 내걸려 다음과 같이 철저하게 재강조된다.

1. 문학작품을 통해 새로운 사실을 알고, 체험을 확대하는 즐거움을 맛본다.
2. 문학작품을 통해 상상의 세계를 이해하고 발견하는 창조적 즐거움을 맛본다.
3. 문학작품을 통해 자기 자신을 깨닫는 즐거움을 맛본다.
4. 말하기·듣기와 쓰기에 적극적으로 참여하는 즐거움을 맛본다.[27]

결코 절대주의적 강령이 될 수 없는 '즐거움'이라는 것을 놓고 이렇게 고집하면서, 학생들의 자율성은 어떻게 기르라는 이야기인가. 설령 백보 양보하여 '즐거움'이란 것이 바로 문학의 본령이고 온 세상 사람들이 그렇게 알고 있다고 하더라도, 이런 식의 강요가 과연 자율학습이 될 수 있으며 창의적인 민주시민 정신을 발동시킬 수 있는 교육이 될 것인지는 반성해 보지 않으면 안 된다. 이러한 방식은 소위 "변화를 싫어하고 국수주의적 선전문구에 고착되어 도덕적 절대성을 믿는 이

---

27) 『고등국어(상권)』, 148면.

들"28)에 가까운 태도고, '끊임없이 자기 개선을 해 나가게 하여' 새로운 세계에 효과적으로 응대하는 민주시민을 양성한다는 자율학습의 지향과는 거리가 멀다고 할 수 있다.

같은 예는 「5. 문학의 유형」이라는 단원의 '단원의 길잡이' 첫머리에서도 보인다.

> 문학작품의 유형은 여러 가지 기준에 따라 나눌 수 있으나, 여기에서는 말하기의 세 가지 방식인 노래하기, 이야기하기, 보여주기로 유형화하여 학습한다.29)

집필자는 앞서 「2. 문학의 즐거움」에서 범한 잘못을 여기에서도 그대로 반복하고 있다. 「2. 문학의 즐거움」이 '문학의 기능' 논의에서 오류를 범하고 있다면 이 단원에서는 '문학의 갈래(장르) 구분'에서 오류를 범하고 있다. 우선 문제가 되는 것은 '노래'라는 말이다. 오늘날의 시학에서 '노래'를 '서정시'와 동일한 개념 또는 동렬에 놓는 경우는 하나의 비유 이상의 것이 될 수 없다.30) 주지하다시피 '문학(시)'은 말로 이루어진 예술이고, '노래'는 '음악'이 위주지 말이 위주가 아니다. 그러기에 처음 문학(시)의 '유형'을 구분한 플라톤이나 아리스토텔레스도 '말하기 방식'을 가지고 문학(시)의 갈래 구분을 했고, '노래' '음악'의 문제는 간단히 '서정시'의 한 속성으로 돌렸던 것이다.31)

더 큰 문제는 자율학습을 전개하기 위한 현장이다. 문학의 유형은 왜 나누는가, 나눌 필요가 있는가, 유형을 나누는 기준은 무엇이며 왜 그러한 기준을 두었는가, 유형의 중간에 걸친 것은 없는가, 그 모든 것을

---

28) F. L., 14면.
29) 『고등국어(상권)』, 31면.
30) '말하기의 세 가지 방식인 노래하기'란 있을 수 없는 진술이다. 플라톤은 서정시를 '그 자신의 경우를 말한 것', 아리스토텔레스는 '자신의 경우에 수행하는 것'이라고 더 정밀하게 이야기하고 있다.
31) Platon(1974), *Republic*, Penguin Books, 152면 ; Aristotles(1974), *Horace Louginus, Classical Literary Criticism*, Penguin Books, 34면.

종합하는 것이 있는가 없는가 등 수많은 질문이 쏟아져 나올 수 있다. 이러한 학생들의 질문을 무시하고서는 자율학습을 기약할 수 없다.

국어교과서가 설정한 '학습 목표'는 다음과 같다.

1. 여러 문학작품이 지닌 유형상의 특성과 그 넘나듦을 이해한다.
2. 유형상의 특성에 따라 작품의 이해방식을 달리하면서 감상한다.
3. 동일한 내용이 형식에 따라 어떻게 달라지는지 이해하며 듣는다.
4. 설명의 방법에 따라 표현하고 이해한다.32)

이 '학습 목표'를 '단원의 길잡이'와 연결시켜 볼 때 가장 먼저 주목되는 것은 '단원의 길잡이'의 "유형화하여 학습한다"와 '학습 목표'의 "유형상의 특성을 이해한다"다. 이는 앞의 '문학의 기능' 항과 마찬가지로 철저하게 '갈래 구분'의 절대성을 주입하려는 것이고, 문학의 유형 분류 문제를 함께 생각하는 자율학습의 정신을 살린 것이라고 볼 수 없다. 가령 이렇게 접근해 볼 수도 있을 것이다. 살아 있는 것은 식물과 동물로 분류해 볼 수 있는데, 문학에서도 그러한 유형의 구분이 가능한가. 만약에 어떤 유형으로 구분해 본다면 어떤 방식을 쓸 수 있는가 등. 여기에서 가장 먼저 이루어져야 할 것은 학생과 교사가 함께 생각할 수 있는 장을 여는 것이다. 그렇지 않고 어떻게 자율학습이 될 수 있겠는가. 마지막 결론을 강요하면서 학생에게 거기에 무엇을 다시 첨가하여 의견을 말하라고 할 수 있는가.

같은 오류는 「7. 작자 작품 독자」 단원에서도 반복된다. '단원의 길잡이'는 다음과 같다.

　독자와 마찬가지로 작가의 개성에 따라 그 작품의 세계가 달라진다. 이 점에서 작품을 둘러싸고 있는 작자와 독자는 개별적이고 독자적인 특성을 가지는 존재이다. 그러나 작자와 독자는 모두 특정한 시간과 공간에서 살아가는 존재이므로 그들 또한 그 시대의 삶과 문화의 방식을 따르게 마련

32) 『고등국어(상권)』, 219면.

이라는 점에서 보면 보편성의 측면이 있게 마련이다.33)

여기에서 우선 두드러지는 문제는 역시 '보편성'을 당장 그 자리에서 이해시키려는 집필자의 과욕이다. "작자와 독자는 모두 특정한 공간에서 살아가는 존재이므로 그들 또한 그 시대의 삶과 문화의 방식을 따르게 마련이라는 점"이라는 대목에서 집필자는 인간의 '보편성'을 이해시키려 하고 있다. 한 마디로 '문화 환경 시공의 차별성'으로 설명할 수 있는 문제는 인간의 개별적 특성을 설명할 수 있는 예는 될 수 있을 지 몰라도, 인간이 생래적으로 보편성과 공통성을 갖고 있음을 설명하기에는 어려운 방법이다. 인간의 '평등성'을 이해시키기 어려운 만큼 '보편성'의 이해 문제는 크고 중요한 문제다.34) 그러한 문제를 이렇게 무모한 방법으로 주입하려 하면서 어떻게 민주주의를 위한 자율학습을 말할 수 있는가. 즉 "그 시대의 삶과 문화 방식을 따르게 마련"이라면 인류문명의 변천은 없었을 것이며, 교육도 불가능하며 더구나 자율학습이란 내세울 필요도 없을 것이다. '삶과 문화 방식을 따르는' 문제는 '적응'의 문제지, 인간 본성에 존재하는 '보편성'의 문제와는 차원이 다르다. 이러한 집필 태도는 '성급한 개념의 주입 강요' 문제로 요약할 수 있다.

「10. 문학과 현실」 단원에서 집필자는 이렇게 말한다.

> 문학은 현실을 바탕으로 한다. 작품을 쓰는 이도 현실 속의 생활인이며, 그것을 읽고 감상하는 사람도 현실 속의 사람이다. 사람이라면 누구나 현실 속에서 삶을 꾸려 가고 있으므로, 문학도 그러한 현실을 반영하기 마련이다.35)

집필자는 "문학은 현실을 바탕으로 한다"고 단정했지만, 문학가란

---

33) 위의 책, 218면.
34) '양심'과 '본능'의 양극성 등.
35) 『고등국어(상권)』, 330면.

'백일몽가'이고 문학작품은 일종의 '꿈'이라고 이야기하는 학자도 있다.[36] 일방적으로 하나의 견해를 강요하고 결론을 내려놓은 후 '뒤에 생각해 보자', '의견을 나누어 보자'는 식의 권유는 먼저 내려놓은 결론에 대한 '강요'의 한 방법이지 자율학습을 하자는 것이 아니다. '학습 목표'에는 또다시 "문학작품은 현실의 반영임을 이해하고, 작품을 통해 체험을 확장한다"[37]고 되어 있다. '길잡이'도 집필자가 제공하고 '목표'도 집필자가 제공하고 있으니 학생은 그저 아무 생각 없이 '길잡이'를 따라 '목표'에 다가가면 된다. '자율성'만 빼면 된다. 어떻게 자율성을 발휘하라는 이야기인가.

『고등국어(하권)』의 「3. 언어와 문학」에서 '길잡이'는 다음과 같이 되어 있다.

> 문학은 일상 언어를 바탕으로 이루어지는 언어 예술이다. 문학의 언어가 따로 있는 것이 아니라, 일상 언어의 어느 국면을 강화하거나, 문학이 추구하는 바에 따라 특징적으로 양식화한 관습이 있을 따름이다.[38]

여기에서도 집필자의 태도는 고압적이고 권위적이다. 그리고 문제의 중핵에 소홀하여 정밀하지 못한 점도 그대로 드러나 있다. 한 마디로 현대 문학 비평의 탐구 성과는 '시의 언어와 시가 아닌 언어와 어떻게 차이 나는가 문제'의 규명에서 나타났다고 해도 과언이 아니다.[39] 일상적인 언어와 문학(시) 언어가 같은지 다른지의 문제는 보다 깊은 논의가 필요하고 계속 따져 보아야 할 문학(시) 공부의 중핵적 명제다. 그런

---

36) S. Freud(1958), *On Creativity and the Unconscious*, Harper Colophon Books, 44~54면, 백일몽과 시인의 관계.

37) 『고등국어(상권)』, 219면.

38) 『고등국어(하권)』, 68면.

39) I. A. Richards(1970), *Principles of Literary Criticism*, Routledge and Kegan Paul Ltd., 211면, "the scientific use of language, the emotive use of language" ; R. Wellek A. Warren(1970), *Theory of Literature,* Penguin Books, 22~23면, "the literary, the everyday, and the scientific use of language".

데 집필자는 "문학은 일상 언어를 바탕으로 하는 언어 예술이다"라고 고압적으로 정의를 내림으로써 처음부터 이론이나 다른 해석을 불가능하게 만들어 버렸다. 무엇을 가지고 자율학습을 할 수 있겠는가. 더구나 집필자는 교과서『고등국어(상권)』「5. 문학의 유형」 단원에서는 '말하기의 세 가지 방식인 노래하기'라고 했는데 이 '노래하기'를 여기에서는 '말하기'나 '일상적인 언어'로 마구 휘몰아가고 있다. 개념 전달에 급급하고 토론과 의심이 비집고 들어갈 틈을 철저히 봉쇄해 버리고 있는 것이다. '선택의 자유'가 생길까 봐 조바심내는 집필자가 어떻게 무엇을 가지고 '자율학습이 이루어지도록 편찬하였다'고 자부한 것일까. 역시 '학습 목표'에는 "일상 언어와 문학 언어의 다의성을 이해하고 다양한 의미를 파악한다"는 항목이 있다.40) '일상적 언어'와 '문학 언어'는 구분된다는 것인가 아미면 같다는 것인가. '길잡이'에서는 같은 바탕이라 해 놓고 '목표'에서는 구분해 놓고 있다. 그리고 '다의성'을 들고 나왔다. 끊임없는 개념의 강요만이 있을 뿐이다. 학생들에게는 '찾으라 그것이 자율학습이다'라고 할 것인가. 수많은 강령을 주어 놓고 거기에 맞추어 부분이나 모순된 부분을 학습자에게 보완하라고 하면, 학습자는 주인인가 하인(bondsman, slave)인가.

「6. 문학과 문화」 단원에서는 다음과 같이 쓰고 있다.

> 문화는 시간의 흐름에 따라 전승되기도 하고, 또 새로이 창조되기도 한다. 우리 민족은 우리의 고유한 문화를 창조, 계승하였다. 그런가 하면, 우리 문화는 동양 문화, 나아가서는 세계 문화의 일부를 이루고 있다. 따라서, 문학을 통해 문화적 전통을 계승하고, 나아가 새로운 문화를 창조할 수 있는 능력과 태도를 기르는 일은 문화 민족의 일원으로서 반드시 갖추어야 할 요소이기도 하다.41)

여기에서 우선 문제가 되는 것은 "우리 민족은 우리의 고유한 문화

---

40)『고등국어(하권)』, 69면.
41) 위의 책, 212면.

를 창조 계승하였다", "문화적 전통은 계승되어야 한다"는 대목이다. 완전한 '보수, 국수주의'로의 회귀다. 첫머리에 제시된 자율학습 문제는 아득해지고, 충효와 민족중흥을 내세운 권위주의적 교육론이 금방 튀어나올 자세다. 따라서 뒤이은 '학습 목표'에 "민족문학의 계승과 창조에 기여하는 능력과 태도를 갖춘다"[42]는 항목이 나오는 것도 하등 이상할 것이 없다. 이 구절은 집필자의 자율학습 정신, 민주시민 교육정신을 다시 한 번 의심케 한다. 우리가 '민족 문화 전통'에 신중할 수밖에 없는 것은 앞서 지적했듯이 그것이 나치즘이나 파시즘 등과 마찬가지로 다른 사회(국가)집단과의 협력적 교류를 마비시키고 민족적 우월성을 내세워 독단과 독재의 독버섯을 온존시킬 수 있기 때문이다. 이것이 지나친 우려가 아니라는 것은, 집필자가 '길잡이'에서 <논개의 애인이 되어 그의 묘에>에서는 "역사와 삶에 대한 태도와 말하기 방식을 ……살피는 데 중점을 두게 된다"[43]고 지적한 데서 확인된다. 이는 분명 민주시민을 양성하기 위한 자율학습과는 거리가 있다. 전통 보수주의의 민족주의, 국가주의를 주입시키려는 의도와 상통하기 때문이다.

이처럼 현행 국어교과서의 '단원의 길잡이'와 '학습 목표' 항은 자율학습의 정신에 어긋난다. '준비 학습', '학습할 원리', '학습 활동', '학습 활동 도움말', '평가 중점'도 모두 집필자의 개념 주입을 급선무로 하고 있을 뿐, 학습자가 능동적으로 참여하고 토의 토론케 하여 학습자의 학습을 촉진하는 것은 아니다. 예를 들어 「6. 문학과 문화」라는 단원의 '평가의 중점' 항은 다음과 같이 되어 있다.

1. 작품에 나타난 사고방식을 생활문화로 이해하는가?
2. 작품의 감상에서 공감의 요소를 찾아 감동을 얻는가?
3. 작품에 나타난 미적 가치의 문화적 특성을 파악하는가?
4. 동양적 사고의 특성을 문화적 전통으로 이해하는가?
5. 문학을 통하여 문화를 이해하고 창조하는 태도를 가지는가?[44]

---

42) 위의 책, 213면.
43) 위의 책, 212면.

집필자는 첫 번째의 "작품에 나온 사고방식을 생활문화로 이해하는
가"를 교사에게 학생의 평가 중점으로 삼으라고 권고하고 있다. 어떻게
그럴 수 있는가. '문학작품'은 생활문화와 연관지어 이해할 수 있는 부
분도 있지만, 생활문화와 별개인 '무의식(꿈)'과도 연동되어 있다는 것
은 주지의 사실이다. 만약 문학작품에 현실과는 반대되는 '무의식'(예를
들어 근친혼 등)의 문제가 대두되어도 생활문화로 이해하라고 집필자는
강변할 것인가. 그리고 두 번째 항에 제시된 '감동'의 문제도 마찬가지
다. '공감'이나 '감동'이라는 문제 자체의 비판과 이해가 자율학습의 핵
심이 되며, 그것이 학생 개인에게 작동하는가의 여부는 자율학습의 목
표가 될 수 없다. 3·4·5항에 제시된 '미적 가치', '동양적 전통', '창조'
등의 문제도 마찬가지로 쉬운 문제가 아니다. 평가는 자율학습을 할 경
우 궁극적으로 학생과 교사에게 맡겨질 사항이다. 집필자가 '평가 중점'
을 내세우는가 자율학습을 저해하는 것이다. 자율학습에서 교사는 되도
록 평가자(an evaluator)의 입장을 사양하고 학생들의 학습촉진자(a
facilitator of learning)45)로서의 자세를 견지하는 것이 하나의 자율학습
원리로서 요구되기 때문이다.

3. '문학정신'이 망각된 고전문학(교육)

1) 문학의 기본 정신

문학작품을 창조하는 사람이나 그 창조 행위를 지지하는 사람이 공
통적으로 인정하는 문학의 기본 정신을 지적한다면 비판의식, 비판정신
일 것이다.

일찍이 플라톤은 "신체에 대해서는 체육 훈련을 가하고 마음이나 성
격에 대해서 문예(음악·시 등)를 가한다는 예로부터의 구분을 우리가
바꾸기는 힘들 것이다"46)라고 하여 문학(시)의 정신 도야 기능에 크게

---

44) 위의 책, 274면.
45) F. L., 26면.

주목하였다. 문학이 정신개발에 미치는 영향에 크게 관심을 보인 것이다. 오늘날 민주시민사회에서도 이것을 바꾸기는 어려우니 문학이 민주시민 정신에 어떻게 영향을 미칠지는 신중히 검토해 보지 않으면 안 될 것이다.

아리스토텔레스는 '아는 것(to reason out)'은 '즐거운 것'이라고 하여 고전미학의 대가다운 면모를 과시했다.47) 오늘날 민주시민 교육에서의 문학교육이란, 문학작품을 통해 민주시민으로서 건전한 인생관·세계관을 추지(推知)하게 하는 일일 것이다. 민주시민의식을 이야기할 때 빠질 수 없는 사항으로서 J. 듀이가 전제한 '이상적인 민주사회' 건설을 위한 '비판정신의 발동'과 그것의 '수용' 문제, 아리스토텔레스의 '아는 것'과 '알게 하는 것'(비판력의 발동)은 중대 사항이다.

J. W. 괴테(Goethe)는 "위대한 시인의 작품정신은 민중의 영혼이 될 수도 있을 것이다"라고 했는데48) 이는 시인예술가의 선구자·선각자적 역할에 주목한 것이다. 즉 비판정신을 통해 알게 하는 것을 제외하면, 공교육 기관에서 함께 논의할 사항은 거의 남아 있지 않다. 하물며 민주시민사회의 주인의식을 함양해 간다는 측면에서 자율학습을 지향할 경우 문학의 비판적 기능은 정면에 내세워야 할 사항이다.

G. W. F. 헤겔(Hegel)이 예술의 표현과 폭로(representation and revelation)의 기능을 강조한 것은 문학예술의 기능 – '진리를 나타내는 책무(the vocation of revealing the truth)'와 관련지어 그렇게 말했던 것이다.49) '이상적인 민주시민사회'란 이제까지 인간이 찾아 낸 최고의 공동선 실현의 장이며 그 지향 목표라고 할 수 있다. 그것은 개개인의 존엄성을 인정하고 상호이익을 보장하는 것으로, 추상적이고 공상적인 것이

---

46) Platon(1974), *Republic*, Penguin Books, 130면.

47) Aristotles(1974), *Horace Louginus, Classical Literary Criticism*, Penguin Books, 35면.

48) W. J. Bate(1970), *Criticism : The Major Texts*, Harcourt Brace Jovanovich Inc., 400면.

49) G. W. F. Hegel(1970), *On Art Religion Philosophy*, Harper Torch Books, 87면.

아니다. 헤겔의 '표현과 폭로'의 문제는 변화(change)와 재조정(readjust)을 위한 것임은 물론이다.

F. W. J. 쉘링(Schelling)은 예술가를 '선각자, 정신운명의 주재자(seher, schicksalstrager des geistes)'라고 하였다.50) 예술가와 시인에게서 폭로적 기능과 비판적 기능을 빼 버리면, 예술의 지적·교육적 기능을 말하기가 쉽지 않다. 더구나 민주시민 교육, 주인의식을 길러 내는 데 시문학의 비판적 기능과 시인의 선각자적 기능을 제외하고 무엇을 이야기할 수 있을 것인가.

W. 페이터(Pater)는 "모든 예술의 천재성의 기초는 새롭고 충격적인 방법으로 인간을 파악하는 힘에 있다"고 하였다.51) '새롭고 충격적인 방법으로 인간을 파악하는 것', 그것은 고전문학의 교육을 위해서도 결코 제외될 수 없는 예술가와 예술작품 선정의 기준이 아닐 수 없다. 기존의 관습과 타성을 뛰어넘어 인간이 진정으로 느끼고 인정하고 추구해야 할 세계를 파악하여 보여주는 것, 그것은 문학예술을 아끼고 가르치는 사람들이 잊어서는 안 될 소중한 문학예술가의 표준척(標準尺)이 아닐 수 없다.

Y. 자미아틴(Zamyatin)은 진정한 문학작품이란 이교도(異敎徒, heretics)에 의해 창조된다고 하였다.52) 역시 문학의 선구성, 초시대성을 강조한 말이다. 민주시민의 새로운 환경, 새로운 사조에 대한 대응력은 무엇보다 새로운 문학예술의 예언과 경고를 능동적으로 수용할 수 있을 때 더욱 증대될 수 있다. 한국 고전문학의 교육을 위한 자료 선정과 교육에서도 당대의 이교도적인 작가·시인 들이 우선되어야 하는 것은 과거의 작가·시인 들을 위해서가 아니라 새로운 시대에 민주시민의식을 육성하기 위한 것임은 물론이다.

E. 파운드(Pound)는 시인에게 "광고자의 행동방법을 배우기보다 과

50) N. Hartmann(1966), *Asthetik*, Walter de Gruyter and Co., 23면.
51) R. V. Johnson(1973), *Aetheticism*, Methuen and Co. Ltd., 38~39면.
52) R. H. Stacy(1974), *Russian Literary Criticism*, Syracuse University Press, 140~142면.

학자의 행동방법을 배우라"고 하였다. "발견할 때까지는 위대한 과학자로 칭찬받기를 기대하지 않는다"[53]는 뜻이다. 무엇에 대한 발견일까. '인생과 세계에 대한 진정한 의미'다. 그들이 그토록 애써 찾아 낸 것을 빼놓고 가르칠 것이 무엇이 있겠는가. 그것이 민주시민의 주인의식 양성과 무관한 것일 수 없다.

W. H. 오든(Auden)은 예술이란 '우리 자신의 폭로(a revelation of ourself)'라고 하였다. 앞서 헤겔이 말한 '폭로'의 문제를 보다 구체적으로 지적한 것이다.[54] 민주시민사회를 해치고 시민정신을 유린하는 것은 외부의 정치적 현실보다 그것을 은연중에 묵인하고 용인하는 우리의 정신 상태가 더 문제일 수 있다. 이것은 C. R. 로저스가 "평가의 중심(the locus of evaluation)은 분명히 학습자 내부에 있다"[55]고 한 전제와 동일한 것으로, 판단 주체로서 개개인의 중요성을 전제로 한 폭로, 변화, 재조정의 문제이기 때문이다.

A. 솔제니친(Solzhenitsyn)은 예술가는 '인간을 통렬하게 느끼고 전달하는 능력을 부여받은 존재'라고 하였다.[56] 이는 W. 페이터의 천재이론과 상통하는데, 솔제니친은 페이터의주장에 '전달 능력(the ability to communication)'을 추가하여 작가의 능력 문제를 보다 구체화시켰다. 깨달음과 발견, 그것이 문학예술가의 머리 속에 있는 상태로는 부족하고, 남이 함께 느낄 수 있는 형태로 바뀌어져 있을 때 '작품'이라고 할 수 있다. 이 '정보의 공유'에서 민주시민사회의 기틀이 마련됨은 물론이다.

모든 예술작품 가운데 문학작품처럼 정보 제공 능력을 탁월하게 발동하는 예술 장르도 없을 것이다. 그렇게 때문에 민주시민사회의 기틀을 다지고 민주시민을 키우고 더욱 건강한 정신을 갖게 하는 데 문학교육보다 더 큰 힘을 발휘할 수 있는 예술 분야는 없다. 그런데 위의 폭

53) J. P. Sullivan(1970), *Ezra Pound*, Penguin Books, 43~44면.
54) W. H. Auden(1962), *The Dyer's Hand*, Faber and Faber, 482면.
55) F. L., 20면.
56) R. H. Stacy(1974), *Russian Literary Criticism*, Syracuse University Press, 237면.

로, 비판, 정보제공에 하나 더 추가되어야 할 것이 과학성·엄밀성이다.
J. G. 프레이저는 각국에 산재된 원시종교와 마법에 관한 저술인『황금
가지』끝 부분에서 다음과 같이 썼다.

　　물질적인 것뿐만 아니라 도덕적 지적 진보에 대한 희망은, 과학의 융성
　에 달려 있다. 과학적 발견의 도상에 있는 장애물들은 모두 인도적인 측면
　의 죄악이라고 해도 과언이 아닐 것이다.[57]

　민주시민 교육은 역시 과학교육이다. 정밀한 정보가 아니고서는 민
주 시민정신이 의지할 곳이 없기 때문이다. '신비주의'나 '기적', '불합
리', '미신'이 창궐할 수 있는 곳은 그 첫째가 원시종교이며, 다음이 예
술문화계다. 프레이저는 과학적 발견의 도상에 있는 장애물은 모두 인
도주의 측면에서 죄악이라고 단정하였다. 이는 비과학적인 정보란 민주
시민정신에 죄악이 된다라는 표현으로 바꾸어 말할 수 있다. 왜냐 하면
거짓된 정보와 불확실성 속에서 주인의식은 시들고 새로운 비민주적
독재가 온존될 수 있기 때문이다. 그렇다면 고전문학뿐만 아니라 문학
의 또 하나의 중요한 속성인 '신화적 속성' '신비성'의 문제는 어떻게 할
것인가. 한 마디로 신화는 일종의 비유체계다. 신비적인 것은 '비유(메
타포)' 이상의 의미를 가질 수 없고, 그것(비유)의 해명은 역시 합리주의
과학에 의해야 할 것이다. 주지하다시피 J. G. 프레이저, S. 프로이트,
C. G. 융(Jung)은 그러한 표상체계(신화·기적)를 과학적으로 해명할 수
있는 방법을 제공한 사람들이다. 연구자에 따라서는 그들의 과학성에
비판적 자세를 취하기도 하지만, 보다 과학적인 방법이 따로 소개되어
있는 형편은 아니다.
　문학의 지적·폭로적·비판적 기능은 플라톤으로부터 오든, 솔제니
친까지 지속적으로 반복 지속되어 온 문학예술의 중요한 사회적 역할
이다. 문학의 이러한 속성은 민주시민 교육에서 문학이 과연 어떤 기능
을 수행할 수 있으며 문학교육을 통해 무엇을 기대할 수 있는지를 뚜렷

57) J. G. Frazer(1971), *The Golden Bough*, Macmillan Abridged Edition, 32면.

이 해 준다. 더구나 현대 과학의 발전이 문학에 존재하는 신비주의까지
도 더욱 합리적으로 접근할 수 있는 길을 열어 놓았다. 이 때에 한국의
문학교육, 고전문학 교육이 어디에 와 있는지를 점검하는 일은 의미 있
는 일이라고 생각된다. 한 마디로 말해 '과학적 비판의식'은 한국 문학
교육에서도 결코 제외될 수 없는 핵심이다. 이 문제에 대해 현행 고등
학교 국어교과서는 어떻게 응대하고 있을까.

2) 문학작품의 선정에 보이는 문제점

현행 고등학교 고전문학작품의 선정 예를 살펴보면, 집필자는 '민주
시민 교육을 위한 자율학습 교재'라는 대전제를 거의 망각해 버린 듯하
다. 선정된 작품은 거의가 절대왕정(絶對王政)을 고착시키고 그 통치에
순응하는 놀라운 '하인'정신을 강조하는 것들이기 때문이다.

현행 고등국어에서 고전문학작품으로 지목할 수 있는 것은, 상권 단
원 2의 (1) <차마설> (2) <청산별곡> (4) <구운몽>, 단원 5의 (1) 시조
(5) <봉산탈춤>, 단원 7의 (3) <춘향전> (4) <관동별곡> (5) <안민가
>, 단원 10의 (2) <두시언해> (5) <허생전>, 그리고 하권 단원 3의 (3)
<홍보가> (5) <용비어천가>, 단원 6의 (1) <유산가> (4) <연행가> 등
14개 항인데, 그 면면을 한 번 검토해 볼 필요가 있다.

상권 단원 2의 (1) <차마설>의 요지는 이렇다. 임금은 백성으로부터
힘을 빌려서 부귀를 가졌고, 신하는 임금으로부터, 아들은 아비로부터,
비복(婢僕)은 상전으로부터 힘과 권력을 빌려와 가지고 있으니 모두 빌
려 가진 것임을 알라. 여기에서 '임금과 백성의 관계'만 제외시키면 철
저한 계급사회의 종속성을 강조한 글이다. 지은이 이곡은 고려와 원나
라에 벼슬한 인물로서, 위의 글은 왕에 대한 충성심을 잊지 말자고 스
스로 다짐하는 의미가 크다. 이러한 글이 어찌 자율학습의 교재로 채택
될 수 있는가. 집필자는 이 작품이 당시의 시대적 상황에서 나온 것이
므로 어찌할 수 없다고 변명할 것인가. 이는 구차한 변명일 뿐이다. 가
령 같은 왕권사회의 글이라도 이지함의 <이아산시 진폐 상소(莅牙山時

陳弊上疏)>에서는 "임금 된 이는 백성으로써 하늘을 삼고 백성은 먹는 것으로써 하늘을 삼는다"고 했다. 이 같은 글이 민주시민 교육의 자율학습 교재로 보다 떳떳한 것이다.58) 상권 단원 2의 (2) <청산별곡>은 도피와 좌절을 소재로 삼은 시다. 민주시민의 주인의식은 '참여'로부터 발휘되며, 자율학습도 학생들의 적극적인 참여59)를 전제로 하는 학습이다. 그렇다면 학습교재로서는 도피보다 참여와 저항, 비판 정신이 담긴 글이 보다 적절할 것이다.

단원 2의 (4) <구운몽>은 고등학교 국어교재에 제일 부적합한 작품이라고 할 수 있다. 이 글은 소위 '2처6첩'을 거느리고 이민족의 침략에 앞장서고 왕위(연왕)에 앉아 보는 봉건군주 시절의 최고의 출세담을 소재로 한 것이다. 그것이 과거 '왕권사회의 꿈'을 소재로 한 것이라고 하더라도, 평등과 자유, 인권과 인간의 존엄성을 소중히 키워나가야 할 청소년들에게 <구운몽>을 교재로 제시한 것은 황당한 일이다. 이는 선정자가 자율학습의 궁극적 의미를 완전히 몰각하고 있음을 선명히 보여주는 예다. 도대체 <구운몽>을 가지고 어떻게 민주시민 정신과 자유·평등의 정신을 키울 수 있을 것인가. 선정자는 <구운몽> 같은 작품보다는 왕권사회의 폭력성과 무자비함을 개탄한 <원생몽유록> 같은 작품을 민주시민의 교육을 위한 학습자료로 우선해야 하지 않았을까.60)

단원 5의 (1) 시조에서는 청구영언에 실린 <지당에 비 뿌리고>와 <창 내고자>의 두 편이 실려 있다. 전자의 시조는 서경적인 면이 강하고, 후자는 호소할 길 없는 서술자의 답답한 심경을 표현한 작품이다. 현재 약 2500여 수를 헤아리는 고시조 가운데 두 편은 너무 빈약한 지면 배당이다. 고려 유신의 시조, 사육신들의 시조, 최제우의 <검결(劍訣)> 등의 주요 저항시,61) <주인의 노래>가 빠진 것이 아쉽다. 충분히

---

58) 이지함 저, 남만성 역(1979), 『토정집(한국의 민속·종교사상)』, 삼성출판사, 321면.

59) D. E., 115면.

60) 정상균(1999), 『한국중세서사문학사』, 아세아문화사, 339~354면.

토의 토론하고 학생 스스로 선택의 폭을 더욱 넓힐 수 있는 보다 많은 자료의 제시가 원활한 자율학습을 도울 것이다.

단원 2의 (5) <봉산탈춤>은 주인과 하인의 지배체제 속에서 하인의 소극적 저항을 소재로 한 작품이다. 분명한 저항 형태를 통해 평등의식을 직접 행동으로 보인 것이 아니라, 지배체제의 모순을 간접적으로 드러낸 것이다. 따라서 이것은 노주(奴主)의 기본관계를 뛰어넘는 이야기도, 그 관계를 근본적으로 비판한 것도 아니다. 그러한 글이 자율학습의 교재로 꼭 실려야 했는지는 역시 의문이다.

단원 7의 (3) <춘향전>은 고전문학을 논의할 때 감초처럼 거의 빠지지 않는 작품이다. 그러나 <춘향전> 역시 전제군주의 권위를 빌려 연적(변학도)을 물리치고 향단이/방자와 춘향/이도령으로 대표되는 노주(奴主)관계를 그대로 인정하고 있는 작품이라는 측면에서 청소년의 자율학습의 교재로서 무방한가는 검토해 볼 필요가 있다. <춘향전>의 무비판적 교육이 관존민비(官尊民卑)나 권력지향 등과 같은 전근대적 사고방식을 아직껏 떨쳐버리지 못하게 하는 바가 있고, 이는 자율학습의 근본취지를 생각할 때 철저히 반성해 볼 점이다. 같은 염정소설도 <운영전(수성궁몽유록)> 같은 것은 자율학습의 교재로서 손색이 없는 작품이다.[62] 절대왕권사회에서 운영과 김진사와 같은 일반인의 애정 추구를 다룬 작품이 학습자의 비판의식을 교육할 수 있는 보다 적합한 교재가 될 수 있다. 이에 비해 <춘향전>의 이도령과 성춘향은 오히려 절대권력의 미화라는 측면을 갖고 있어 자율학습의 교재로는 일단 유보하는 것이 마땅하다.

단원 7의 (4) <관동별곡>도 수십 년 동안 고등학교 교재에 실린 작품이다. 이 작품은 절대권력(왕건)의 미화와 찬양으로 일관된 가사작품으로, 다른 작품으로 바꾸어 교육되어야 한다. 예를 들어 박인로의 <누항사>는 임진왜란 이후의 서민의 고통과 어려움을 생생하게 보고하고

---

61) 정상균(1988), 『한국근세서시문학사연구』, 한신문화사, 194~196면.

62) 김동욱 역주(1984), 『운영전』, 교문사.

있는데, 특히 공리공론에 치우친 양반사대부의 사고구조를 뛰어넘어 새로운 시민의식의 발아를 보이는 것으로서 자율학습 교재로 추천될 만한 부분이 있다.63) 절대권력과 보수적 관료체제가 민주시민정신의 발동에 얼마나 위험한 것인지에 대해 조금의 이해라도 있었다면 <관동별곡>과 같은 반민주・반시민적 작품을 그대로 자율학습 교재로 사용하는 일은 없었을 것이다.

단원 7의 (5) <안민가>는 임금은 아버지요, 벼슬하는 이는 어머니요, 국민은 어리석은 아이다라는 내용을 담고 있는 신라시대 노래로 너무 낡은 것이다. 이러한 것을 민주시민 교육자료에 꼭 포함시킬 이유가 어디 있겠는가.

단원 10의 (2) <두시언해>는 중국의 시인 두보의 시를 번역・소개한 번역문학이다. 조선왕조에서 중국의 여러 시인 가운데 유독 두보의 시를 거듭 번역하여 시 공부의 모범으로 삼으려 했던 것은 두보의 '충군애국(忠君愛國)' 정신을 높이 평가했기 때문이다.64) 번역문학을 선정할 때는 이러한 역사적 배경도 아울러 고려할 필요가 있다. 번역문학으로는 두보의 시 말고 도연명의 <귀거래사> 등도 생각해 볼 수 있다. 굳이 봉건왕조체제를 두드러지게 옹호하고 있는 사람의 작품을 자율학습 교재로 고집할 필요는 없을 것이기 때문이다.

단원 10의 (5) <허생전>은 봉건왕조를 크게 옹호하는 입장은 아니지만 역시 전근대적인 '운명'의 문제를 크게 부각시킨 작품이다. 허생이 엄청난 돈을 벌었음에도 결국 가난뱅이로 머물러야 했던 것을 '운명을 알아서[知命]'였다고 한 것이 그것이다.65) 사주팔자와 운명을 믿는 것은 과학정신에 기초한 민주시민 교육의 소재로서 그다지 적절하지 못하다.

63) 정상균(1988), 「누항(陋巷)의 선민(善民)」, 『한국근세서시문학사연구』, 한신문화사, 60~66면.
64) 정상균(1986), 「두시 번역의 의미」, 『한국중세시문학사연구』, 한신문화사, 194~202면.
65) 정상균(1992), 『한국중근세서사문학사연구』, 195면, "命이란 인간사회에 주도적인 입장에 섰던 존재가 아니라 …… 권외에 방황하는 …… 자세를 운명적으로 수용했던 것".

분명히 '불식하고 극복되어야 할 과제다. 식민지체제에 들어간 것도, 독재를 용납한 것도 모두 '국운(國運)'일 뿐 주체의 노력과 무관한 것이라면 교육이 무슨 필요가 있을 것이며 과학정신은 과연 어디다 쓸 것인가. 역시 자율학습 교재로는 적절하지 못하다. 같은 박지원의 작품이라도 <호질>은 당대 사회에 대한 비판의식과 박지원의 개인 콤플렉스가 어우러진 것으로서, 비판적 시각을 요하는 자율학습 시간에 다루어 볼 만한 것이라고 생각된다.66)

하권 단원 3의 (3) <흥보가>는 한 마디로 착한 사람에게 복이 오고 나쁜 사람에게 재앙이 온다[福善禍淫]는 단순논리를 서사화한 작품이다. 이 '복선화음'의 논리는 조선왕조 초기 서사문학가 김시습에 의해 벌써 회의(懷疑)된 낡은 논리로서67) 초등학교 교재로는 어떨지 모르나 고등학교 교재로는 그 무비판성이 위험할 정도다. <흥보가> 대신에 김시습의 <남염부주지>가 자율학습 교재로는 더 나을 것이다.68) 운명에 순응하고 저항할 줄 모르는 흥보의 정신이 어떻게 '민주시민 의식의 배양 육성'에 접목될 수 있겠는가. 교재의 선택 배열에서 그러한 자율학습, 민주시민의식의 문제는 이미 망각된 지 오래라고 볼 수밖에 없다. 놀부의 심보를 그냥 견디는 것이 미덕이고, 참고 견디니 강남제비가 도와주었다는 이야기에서 어떻게 '주인'의식이 생겨날 것인가.

하권 단원 3의 (5) <용비어천가>는 조선왕조를 건국한 6조(六祖)의 공적을 찬양한 글이다. 더 구체적으로 말하여 <용비어천가>는 이성계의 후손들이 '이성계의 건국은 하늘의 뜻에 따른 것이니 긍지를 갖고 왕권지배체제를 영원히 잃지 말아야 한다'는, 민주주의를 위해서는 그릇된 '가훈의 전수'라고 할 수 있다. 이것을 가지고 어떻게 민주시민의식을 교육하라는 말인가. '어떤 경로로든 정권을 빼앗아 왕이 되는 자

---

66) 정상균(1992), 「호랑이」, 『한국중근세서사문학사연구』, 184~192면.
67) 「남염부주지」, "스님은 …… 다만 귀와 복은 지은 데에 따라 응보가 있다는 설로써 대답하였다. 박생(김시습)은 마음으로 복종할 수가 없었다"[정상균(1992), 『한국중근세서사문학사연구』, 102면에서 재인용].
68) 정상균(1992), 「박타령」, 『한국중근세서사문학사연구』, 265~273면. '그릇(the vessel)' 상징과 '쌍둥이 모티프'도 고려되어야 한다.

가 최고고, 논리는 그 다음에 만들어 내면 그만이다'는 놀라운 반윤리·
반민주·반평등·반자유 의식을 담은 이러한 교재를 가지고 어떻게 민
주시민의식을 교육할 수 있겠는가. 오늘날까지 TV 등 대중매체를 통해
거듭 방영되는 조선왕조 비사(秘史)는 민주시민정신을 정면에서 위협하
는 비교육적인 것이고, 그 첫머리에 이 <용비어천가>가 자리하고 있음
을 명백히 해 둘 필요가 있다. 따라서 정인지 등이 지은 <용비어천가>
는 엄정하게 비판되어야 할 저술이지만, 그 근본이 된『태조강헌대왕실
록』총서 등은 정도전·하륜 등이 중심이 되어 기술한 것이다. 서사문
학의 역사적 전개라는 측면에서, 또한 왕권체제를 영속화하려는 보수주
의적·어용문학의 대표라는 측면에서 정도전·하륜의 서사의식도 비판
적으로 수용되어야 한다.69) <용비어천가>에서는 이성계의 위화도회군
을 찬양하며 "섬 안에 자실제, 큰비가 사흘이나 내리되 비우고서야 잠
기었습니다"라고 했다.70) 이렇게 위화도회군까지 칭송하는데 무엇은
칭송하지 못하겠는가. 이러한 글이 과학정신을 함양하고 민주시민의 주
인정신을 일깨우는 데 무슨 도움이 될 것인가.

　하권 단원 6의 (1) <유산가>는 역시 <청산별곡>이나 <지당에 비
뿌리고> 등의 시조와 마찬가지로 도피·은둔·정치적 무관심을 담은
전근대적인 노래다. "일출 낙조가 눈앞에 벌여서 경개 무궁 좋을시고"
라고 끝나는 이 노래는 그야말로 아동적 자기도취에서 벗어나지 못하
고 있다. 이러한 글은 <흥보가>처럼 비판정신이 결여된 것으로서 저급
학년에서 가르쳐도 무방한 글들이다. "해가 뜨고 해가 지는 것[日出落
照]"이 지구 어느 곳엔들 없겠는가. 이러한 정신 속에서 '새로운 상황에
대처하여 사회관습을 바꾸고 그것을 지속적으로 재조정해 나가는' 능력
함양은 언제 무엇으로 이룰 것인가.

　하권 단원 6의 (4) <연행가>는 교과서 집필자의 해석에 따르면, "고
종의 왕비를 확정하는 일로 고종 3년 중국에 사신을 보낸 진하사은겸

69) 정상균,「태조강헌대왕실록 총서 연구」,『서울시립대학교 인문과학』6집, 12
9~182면.
70)『고등국어(하권)』, 134면.

주청사행(進賀謝恩兼奏請使行)에 서장관으로 청나라에 다녀온 것을 노래한 작품"71)이다. 개인 간에서건 국제관계에서건 '호혜평등'은 민주주의의 기본이다. 이 점을 고려하면 집필자가 책머리에 내세운 자율학습 정신은 위의 글 어디에서 찾아야 하는지 묻기가 부끄러울 정도다. 일국의 제왕(또는 통치자)이 결혼을 선포했으면 그만이지 그것을 다시 누구에게 '보고하여 허락받고 은혜에 감사[謝恩兼奏請]'해야만 마음이 놓인단 말인가. 지속적인 '하인'의식의 교육이라고 할 만하다. 같은 기행가사라 해도 이러한 '사대(事大) 가사' 말고 자율학습에 보다 효과적으로 이용될 수 있는 <일동장유가> 같은 것도 있다.

현행 고등국어 고전 문학작품 자료 14항 가운데 <청산별곡>, <봉산탈춤>, 시조, <유산가>의 4항목을 뺀 10개 항목은 모두 봉건 왕권체제를 옹호하고 찬양하고 편드는 반민주적 내용을 소재로 한 것으로 민주시민정신의 교육을 저해하는 작품으로 분류될 수 있다. 그리고 <청산별곡>, <봉산탈춤>, 시조, <유산가>도 도피와 우회적 풍자, 자연에의 무비판적 몰입 등을 소재로 한 것으로 효과적으로 민주시민의 '참여정신'을 돕는다는 본래의 뜻을 살리기에는 적절하지 못한 소재라고 할 수 있다.

3) 문학 지도 방법상의 문제점들

마지막으로 현행 고등국어 집필체제에서 결정적인 문제가 되는 것이 소위 '학습 활동'과 '학습 활동 도움말'이라는 항목이다. 이들 항목은 말 그대로 '학습 활동을 돕겠다'는 집필자의 주지로 이해할 수 있으나, 정작 이것이 얼마나 자율학습의 근본 취지에 어긋나는지 집필자는 모르고 있는 것 같다. 앞서 문제삼은 '단원의 길잡이' 항과는 또 다른 차원에서 이들은 모두 자율학습 정신에 위배된다. 끝까지 학습을 도와주겠다는 집필자의 의도가 자율학습이 된다면, 이것은 일종의 자율학습의

---

71) 위의 책, 250면.

비극이다. 우선 편의상 고전문학 부분에 베풀어진 소위 '학습 활동', '학습 활동 도움말'을 살펴보기로 하자.

단원 2의 (1) <차마설> 항에는 다음과 같은 '학습 활동' 사항이 제시되어 있다.

2. (2) '말을 빌려 타는 일'에 대하여 지은이와 다른 생각을 할 수 없겠는가? …… '자전거를 빌려 타는 일'로 바꾸어 생각해 보자.
4. (2) 그러한 깨달음을 통하여 어떤 즐거움을 느끼게 되었는가.[72]

'빌려 탄다는 것'은 신세지는 일이다. 원래 내것이 아닌데 내가 잠깐 빌려가지고 있다는 것이다. 이런 식으로 따지면 나의 몸뚱이도 부모의 것이지 나의 것이 아니고 '주인의식'은 완전히 실종되게 된다. 이것이 자율학습의 주인의식을 도모하는 교육인가. 빨리 시정되지 않으면 안 된다. 4. (2)에서는 어떤 '즐거움을 느끼느냐'고 했는데, 이 또한 실로 황당하다. 극도의 불쾌감까지 들 수도 있다. 무엇을 어떻게 느낄 것인가까지 강요하면서 집필자는 어떻게 '자율학습'의 효과를 내겠다는 것인지 알 수 없다.

한편 단원 2의 (1) <차마설> '학습 활동 도움말'에는 다음과 같이 말하고 있다.

2. (4) 이 글의 내용이 주는 교훈을 중심으로 생각한다.
3. (1) 이 글의 핵심이 되는 요지를 정리한 다음, 그것을 가지고 다시 생각해 보자.[73]

'신하는 임금에 매이고, 자식은 부모에 매이고, 하인은 주인에 매인다'는 논리를 주어 놓고 주인정신은 어떻게 기르라는 것일까. '자기가 누구에게 매어 있는가를 망각하면 안 된다'는 봉건귀족적 사고를 던져

72) 『고등국어(상권)』, 34면.
73) 위의 책, 35면.

주고, 자율학습은 학생들이 하는 것이라고 태연해할 것인가. 집필자는 학습 활동을 도와준다는 명목 하에 '글이 주는 교훈을 생각해 보라', '핵심을 다시 정리하고 생각해 보라'고 하고 있다. 이는 교사 중심으로 '충효사상'을 강조한 전통적인 보수주의적 학습을 강요하는 교육과 무엇이 다른지를 묻지 않을 수 없다.

단원 2의 (2) <청산별곡> '학습 활동'에는 다음과 같은 항목이 있다.

2. (2) …… 이 노래가 그리는 세계(이상향)는 어떤 곳이 되는가?
4. (2) 이 작품에 나타난 것과 비슷한 감동을 느껴본 적은 없는가?[74]

앞서 지적한 바와 같이 <청산별곡>에는 전면에 좌절감과 '도피'의식이 나타나 있다(물론 그렇지 않다고 볼 수도 있다). 그렇다면 그렇게 느끼는 학생에게 '그런 것을 느껴 보았느냐?'는 질문은 쓸데없이 사생활 공개를 요구한 것이 된다. 그리고 집필자가 학생들에게 '그리는 세계(이상향)' 운운한 것은 과학적 민주주의를 소신으로 하는 태도에서 나온 발언이라고 볼 수 없다. 민주주의를 위한 교육은, 우리가 살고 있는 이 사회를 이상적인 민주사회로 지속적으로 바꾸어 갈 수 있도록 만드는 것이고, 이것이 자율학습의 과제다. 그러한 면에서 '도피'와 '패배주의'는 청소년 교육에 불필요한 것이고, 고교국어 교과서에 <청산별곡>이라는 소재가 적절하지 않는 것이다. 집필자는 한 마디로 '작중화자'의 태도를 비판적으로 지적할 기회를 제공하지 못하고 '학습 활동' 도움말을 마쳤으니, 어디에 자율학습 정신이 남아 있는가.

단원 2의 (4) <구운몽> '학습 활동'에는 다음과 같은 반교육적인 말들이 제시되어 있다.

2. (2) 문학작품은 상상을 통해 인간의 희망을 보여준다는 점을 이 작품을 통하여 설명해 보자.
3. (1) '성진'이 꿈꾼 바와 같은 물질적인 풍요와 부귀영화를 마음 속으로

---

74) 위의 책, 38면.

그려본 적이 있는가?
3. (2) 예나 이제나 인간은 왜 그런 생각을 가지게 된다고 생각하는가?[75]

여기에 이르면 자율학습 정신은 완전히 조종(弔鐘)을 울리고 있다. 집필자는 예나 지금이나 인간은 '봉건왕조에서 벼슬을 꿈꾼다'고 단정을 내리고 있다. 민주주의의 이상적 실현을 위해 온갖 시도를 해야 할 교육 현장에 그야말로 날벼락 같은 소리다. 이는 문학작품의 선택에서 발휘되지 못한 비판의식의 문제점이 여지없이 드러나는 대목이다. '예나 지금이나 인간은 왜 그런 생각'에서 '그런 생각'은 도대체 무슨 생각이란 말인가. 집필자는 무엇을 꿈꾸고 있는가. 민주시민사회와 과학의 시대에서 집필자부터 생각이 바뀌고 깨어야 한다.

'학습 활동 도움말'에는 다음과 같은 항도 있다.

3. (1) 작품세계에서 벌어진 일을 자기 자신과 관계를 맺도록 하여 즐거움을 느끼는 과정이다.[76]

주어가 빠져 문장이 부실하다. 주어로서 '문학 감상이란' 정도를 보충해도 위의 글은 무서운 사실을 승인하고 있다. 왜냐 하면 <구운몽>의 '성진(양소유)'이와, 민주시민으로 평등·자유를 학습하고 있는 학생 A군이 (어떤) 관계를 가져야 '즐거움'이 온다고 충고하고 있기 때문이다. 거듭된 축첩(蓄妾)을 자행하며 한 사람(천자)에게 충성을 바치고 전쟁도 불사하는 양소유의 태도와, 현재 교실에 앉아 있는 학생 A군이 '관계'를 가져야(유사성을 느껴야) 즐거움을 느끼게 될 것이라는 집필자의 도움말은 실로 가공할 만한 것이다. 더구나 집필자는 "문학은 무엇보다 즐거워야한다"고 강조했는데, <구운몽>에서 즐거움을 강요하는 집필자는 봉건군주체제의 옹호자인지 진정 민주시민 교육을 위한 자율학습 교재의 집필자인지 알 수가 없다.

---

75) 위의 책, 67면.
76) 위의 책, 68면.

상권 단원 7의 (3) <춘향전>에는 '학습 활동'으로 다음과 같은 항목
이 제시되어 있다.

1. (1) 우습게 느껴지는 표현을 찾아 그것이 왜 웃음을 자아내게 하는지
   생각해 보자.
3. (1) '설화 ⇒ 판소리 ⇒ 소설'로 변모해 가는 과정이 다른 판소리 소설에
   도 공통적으로 나타나는지 조사해 보자.77)

같은 인간의 행동을 놓고도 어떤 사람은 '웃긴다'고 생각할 수 있는
반면 도리어 분노를 느낄 수도 있다. 집필자는 앞서 <구운몽>에서는
'즐거움'을 강요하더니, <춘향전>에서는 '웃음'을 공론화하고 있다. 어
떤 사건(문학적 사실)에 대한 반응이란 다양하며, 이 다양성을 전제하는
것이 순리다. 어떤 개별적인 감정표현을 전제해 놓고, 감정의 통일을
강요하는 것은 자율학습의 정신에 어긋난다. 더구나 '설화 ⇒ 판소리
⇒ 소설'이라는 공식 아닌 공식을 놓고 '조사해 보자'고 한 것은 숙제를
안긴 것이지 자율학습의 정신 속에 있는 것이 아니다. 집필자도 알고
있을 것이다. 설화·판소리·소설은 통시적인 변모 형태가 아니라, 같
은 서사문학의 하위장르로 이해될 수도 있다는 점을. 이러한 근본적인
사실부터 무시하고 지엽말단으로 돌입하여 '조사해 보자'고 하면, 학생
들만 부담을 지게 되고 이 부담을 줄여 주려면 교사가 구술을 하고 넘
어가야 한다. 어떻게 자율학습 정신이 살아날 수 있는가.

상권 단원 7의 (4) <관동별곡>에는 다음과 같은 '학습 활동' 항목이
제시되어 있다.

2. (4) 이러한 생각들이 위정자로서의 작자 자신과 어떤 관계에 있는가를
   추리해 보고 이를 근거로 작자와 작품의 관계를 설명해 보자.
4. (1) 바다를 바라보면서, 신하로서의 책임과 인간으로서의 욕구 사이에
   갈등을 드러낸 표현을 찾아 보자.78)

---

77) 위의 책, 242면.

앞서 지적했듯이 <관동별곡>의 작자 정철은 <관동별곡>에서 임금의 은혜를 더욱 더 망극하게 느끼는("어와 성은이야 가디록 망극하다") 사람이다. 한 마디로 왕권체제의 수호에 앞장선 사람이고 그러한 정신 속에서 <관동별곡>을 지었다. 그런데 집필자는 자율학습 시간에 정철의 작가정신을 작품에 제시된 바("영중이 무사하다", "무슨 일을 말하려고" 등)에서 설명해 보라고 학생들에게 권하고 있다. '봉건귀족의 왕권체제'를 긍정하고 '작가정신 속에 들어가 함께 느껴 보라'고 강요하고 있는 셈이다. 그리고 집필자는 놀랍게도 (공직자가 아닌) '신하로서의 책임'을 거론하고 있다. 오늘날 대통령은 왕이고 공무원은 신하인가. 불필요한 어구이며 그 사용에 신중을 기해야 할 단어다. 자율학습이 전제된 수업이기 때문이다.

상권 단원 7의 (5) <안민가>에도 다음과 같은 '학습 활동' 사항이 제시되어 있다.

5. 다음의 언어에 대하여 공부해 보자.
군신(君臣)
(1) 이 단어를 활용하여 짧은 글을 지어 보자.
(2) 이 한자들이 사용된 다른 단어를 조사해 보자.[79]

집필자가 봉건군주체제의 부활을 지지하는 자인지 민주주의를 지향하려는 자인지를 알 수 없게 한다. 같은 값이면 자유, 민주, 정의, 평등, 평화, 인권 등의 용어를 가지고 짧은 글도 짓게 하고 어원도 알아 보도록 권유해야 하는 것이 아닐까. 작품의 선택 문제에 무비판적이다 보니 자율학습의 근본 문제가 돌이킬 수 없는 상태로 되었음을 보여준다. '학습 활동 도움말'에도 '군림(君臨), 신민(臣民), 충신(忠臣)' 등의 용어를 익히도록 제시하고 있는데,[80] 실로 놀라운 일이다.

---

78) 위의 책, 249면.
79) 위의 책, 253면.
80) 위의 책, 254면.

상권 단원 10의 (5) <허생전> '학습 활동 도움말'에는 다음과 같은 항이 있다.

1. (3) (북벌론의) 실현 가능성을 중심으로 추리한다.
2. (3) 문학은 인간의 욕망을 표현하며, 인간의 욕망은 삶의 조건에서 온다는 점을 상기한다.[81]

집필자는 두려움이 없다. 민주시민사회에서 제일 먼저 지양해야 할 사항이 '전쟁'이라는 폭력이다. 집필자는 전쟁(북벌)을 할 것인가 말 것인가, (또는 이길 수 있는가 없는가, 전쟁을 할 수 있는가 없는가)를 학생들에게 미루어 생각해 보라고 했다. 여기에는 전쟁은 할 수 있다는 대전제가 들어 있다. 이것이 민주시민 교육을 위한 자율학습의 도움말이 될 수 있는가. 집필자는 '욕망이 삶의 조건에서 온다'고 단정하고는 이를 '고려하라'고 학습자에게 명령하고 있다. 이러한 언어도단의 논리를 강요하는 것이 자율학습을 돕는 것인가?

하권 단원 3의 (3) <흥보가>에는 '학습 활동'으로 '주인을 구출한 개' 이야기를 추가하고, "동네 사람들은 개가 은혜를 아는 것은 삭막한 세태에 교훈을 준다"는 '보기'를 곁들였다.[82] 그리고 '보은(報恩)박'의 '의미를 설명해 보자'는 항을 두었다. 한 마디로 변형된 '충효사상'의 강조고 종속논리의 주입이다. '새도 개도 은혜를 아는데 사람이 그럴 수 없다'는 논리고, '새'나 '개' 만큼도 못하는 인간도 있다는 전근대적인 무서운 논리가 포함되어 있다. '요즘 삭막한 세태'라는 말이 그것이다. 교육, 더구나 자율학습을 전제로 한 민주시민 교육은 '인간존중'의 교육이며 '개인의 존엄성'을 믿는 교육이다. 인간을 개나 새에 빗대는 것부터가 '인간에 대한 큰 모독'임을 알 필요가 있다. 그리고 '은혜'라는 문제도 다소 어려운 문제이기는 한데, 이를 불필요하게 강조할 경우 <차마설>의 지은이와 같은 비민주적 사고로 돌입할 수 있다는 점도 유념할 필요

---

81) 위의 책, 376면.
82) 『고등국어(하권)』, 108면.

가 있다.

하권 단원 3의 (5) <용비어천가>에는 다음과 같은 '학습 활동' 자료
가 제시되어 있다.

1. (2) '용비어천가'란 제목을 붙인 까닭은 무엇이었는가.
5. 다음 단어에 대하여 공부해 보자.
   성신(聖神)
   (1) 이 단어를 활용하여 짧은 글을 지어 보자.
   (2) 이 한자들이 사용된 다른 예를 찾아 보자.[83]

여기에서는 앞서 <안민가>의 '학습 활동'에서 보인 오류를 반복하고
있다. '성(聖)'은 영웅주의로 평등사상을 해치고, '신(神)'은 '신비주의'로
과학정신을 흐리게 할 수 있다. 집필자는 무엇을 위해 그러한 것의 학
습을 강요하는가.

다음은 '학습 활동 도움말'로 제시된 것이다.

3. (3) <용비어천가>가 역성혁명을 통한 건국의 당위성을 강조하려는 의
   도를 지니고 있다는 해석도 참고로 할 수 있다.
4. (2) (<용비어천가>의 효과를 따질 때) 학교 교가(校歌)를 예로 생각해도
   도움이 된다.[84]

집필자는 분명히 <용비어천가>를 애국가나 교가 정도의 어디에서나
있을 수 있는 찬양문학의 한 형태로 보면서 '역성혁명의 합리화' 정도는
참조할 수도 안 할 수도 있다는 여유를 부리고 있다. 자율학습을 '돕는
말'이기 때문에 그렇게 말할 수 있다. 그러나 자율학습을 통한 현대 민
주시민의 교육에 고심하는 사람들이 과거의 왕조체제에 너그러울 수
없는 것은, 민주주의의 지향에 항상 도사리고 있는 가장 큰 문제가 '독
재정부'이며 과거의 왕조체제는 '독재정부'의 표본이기 때문이다. 이런

---

83) 위의 책, 135면.
84) 위의 책, 136면.

상황에서 <용비어천가>를 애국가나 교가와 동일선상에 놓는다든가 독재 왕권체제에 너그러울 수 있겠는가. 한 마디로 있을 수 없는 일이다. 민주시민 교육의 근본을 망각한 처사이기 때문이다.

4. 결론

현재 우리 교육계가 추진 지향하고 있는 자율학습은, 비단 한국뿐만 아니라 자유 민주주의 사회의 건설을 목표로 하는 모든 국가가 민주시민을 교육하기 위해 지향하는 바며 대표적 교육방법으로서 거의 당위론적인 것이다. 그러므로 그것이 효율적이냐 아니냐는 문제가 아니고, 모든 민주시민이 함께 만난(萬難)을 무릅쓰고라도 지속적으로 달성해 나가야 할 지고한 이상이라 할 수 있다.

현행 '제6차 고등학교 국어과' 교재 집필자도 자율학습 문제를 교재 전반에 걸쳐 거론하고 있으나, 불행히도 그 자율학습 정신이 구체적인 국어 수업과정에서 살아나도록 교재를 집필하지는 못했다.

집필자는 우선 교재 첫머리의 '일러두기'에서부터 고압적이고 명령조의 어투를 사용하여(어떻게 가르칠 것이냐, 어떻게 공부할 것인가=이렇게 가르쳐라, 이렇게 공부해라) 관료적 구투를 버리지 못하고 있다. 그리고 단원마다 소위 '단원의 길잡이', '학습 목표', '평가 중점' 등의 항을 설정하여 자율학습의 기본인 학습자의 '생각과 선택의 자유'를 빼앗으며 정립되지 않은 지식을 일방적으로 주입하려 하였다.

특히 한국 고전문학작품의 선정의 경우, 자율학습이 궁극적으로 자유민주시민 교육을 위한 것이라는 대의(大義)를 망각하고, 구시대의 전제왕권체제를 옹호하거나 노주(奴主)의 계급의 굴레를 당연시하는 작품들을 신중히 가려내지 못해, 민주시민정신의 함양에 부정적인 영향을 미치게 해 놓았다. 설상가상으로 집필자는 '학습 활동', '학습 활동 도움말' 등의 항목을 통해 '왕조체제를 긍정하는 듯한 태도'를 버리지 못했으니, '군신(君臣)'이나 '성신(聖神)'과 같은 반민주적이고 비과학적인 용어의 학습을 학생들에게 강요한 것이나 카리스마적 왕조지배체제를 옹호하는 <용비어천가>를 애국가나 교가 등속으로 학습자에게 이해시키려 한 점 등은 그 대표적인 예라고 할 수 있다.

그 동안 정부에서는 사회민주화와 교육민주화를 위해 국민의 혈세를 낭비하며 막대한 노력을 경주해 왔으나, 오히려 '국정교과서'라는 극히 비민주적인 교육체재를 고집하고 있는 것은 자가당착적인 처사라고 하지 않을 수 없다.

이러한 문제점은 어떻게 해결할 수 있을까. 한 마디로 국정교과서로 되어 있는 현행『고등국어』교재를 폐지하고 대신 다양한 교재를 개발케 하여 우선 학습자들이 자유롭게 선택 학습할 수 있도록 하는 것이 지름길이다. 자율학습의 성패 논의는 그 다음 문제다. 정부에서 한편으로는 자율학습을 그토록 강조하면서도 다른 한편으로는 '국정교과서'를 존치하고 있는 것이 오늘날 고등국어 교재의 모든 비민주적 요소를 신속히 시정하지 못하도록 만들고 있다. 국정교과서와 자율학습은 원리적으로 공존이 불가능한 것이다.

세계관 형성과 독서교육

민 현 식*

1. 독서의 목적

독서의 목적은 여러 가지로 말할 수 있다. 일반적으로 욕구 충족의 차원에서 본다면 다음 세 가지를 들 수 있다.

첫째, 왜 사느냐의 문제 즉 존재론적 가치관(세계관)을 탐색하여 자기의 세계관을 가지고자 독서를 한다. 달리 말하면 인간의 정신적(종교적·영적) 욕구1) 충족을 목적으로 한 독서다.2) 전통적으로는 도야적(수양적) 독서관이 이에 해당하는 것으로 사람이 왜 사는가, 이 세상에서 무엇이 가장 소중하고 영원한 가치는 무엇인가, 어떤 가치관으로 살아야 하는가 등의 질문, 곧 세계관, 가치관, 인생관3)의 문제에 대한 답을 찾기 위한 독서다.

---

* 서울대학교 국어교육과 교수

1) '정신적'이란 말은 한 마디로 규정하기 어렵다. 여기서는 '정신' 영역 중에서도 인간이 자기 존재의 근원에 대하여 질문하고 인생이 무엇이며 왜 사느냐, 사람이 죽으면 어떻게 되느냐 따위의 문제로 고민하는 정신활동으로 좁혀 말한 것인데 이는 달리 말한다면 '宗敎性', '靈性'이라는 용어와 같다고 본다.

2) 우한용(1997)은 독서의 위기와 문학의 위기를 논하면서 靈性을 지닌 존재로서 인간의 본질을 찾는 것이 인문학의 윤리가 되어야 한다고 보았다. 그가 사용한 용어인 '영성, 인간의 본질'은 우리의 종교성과 비슷한 개념일 것이다.

3) 세계관, 가치관, 인생관이란 용어는 엄밀히 말하면 구별될 수 있지만, 인간의 삶의 근원적 문제에 관한 일정한 관점을 뜻하는 것들이라는 점에서는 유의어로 볼 수 있다. 여기서는 '세계관'이란 용어를 가치관과 인생관의 뜻까지 다 포괄하는 넓은 의미에서 쓰도록 한다.

둘째, 어떻게 무엇을 하며 살아갈 것인가의 방법을 찾기 위해 즉 생존을 위한 구체적인 지식이나 정보를 습득하기 위해 독서를 한다. 이는 인간의 의식주 해결과 같은 직업적 전문지식을 학습하기 위한 독서이므로 지적(생존적) 욕구를 추구하는 독서다. 전통적으로는 입신적 독서관이라 하겠다.

셋째, 생존적 욕구가 충족되면 얼마나 아름답게 살 것인가에 대한 방법을 추구하는데 이러한 독서는 시간이 남을 때 다른 취미를 즐기는 것처럼 여가 선용 차원에서 교양 독서를 하는 것이므로 정서적(문화적) 만족을 추구하는 독서다. 전통적으로는 교양적(여가적) 독서관이라 하겠다.

그런데 위 세 가지 목적 중에서도 정신적 욕구 충족으로서의 독서 지도 즉 아동과 청소년기에 가장 중요한 세계관 형성에 기여하는 독서 지도가 우선적으로 중요하다고 본다. 그러나 국어교육 범위 안에서 세계관 형성을 위한 독서가 구체적으로 무엇이며 어떻게 제시되어야 할지에 대해서는 구체적 논의들이 드물다.[4]

따라서 본고는 이러한 세계관 형성을 위한 독서 지도를 위해 종교 이해 교육 차원에서 초·중·고 국어과와 고교 독서과 교과서들에서 주요 종교 경서의 원전을 제시하거나 원전의 내용을 문학적으로 형상화한 글감 또는 세계관 관련 글감을 일정하게 제공하여야 할 필요성이 있음을 밝히고자 한다. 특별히 필자가 이런 주제로 글을 쓰게 된 것은, 그 동안의 읽기 연구가 읽기 기능에서 '어떻게 읽을 것인가'라는 읽기 과정의 연구 즉 독서 형식론 연구에 집중되고 '무엇을 읽을 것인가' 또는 '무엇을 읽힐 것인가'라는 읽기의 대상 내용 연구에는 소홀한 경향을 보였기 때문이다. 즉 독서 내용론 연구의 일환으로 인성교육(人性敎育)의 관점에서 세계관 형성을 위한 독서에 적합한 내용이 무엇인가를 생각해 보고자 한다.

---

4) 최근에 김봉군(1996)이 이 문제를 다루었다.

2. 국어교육과 세계관 이해 교육

우리는 국어교육을 여러 각도의 방향에서 접근할 수 있다. 그러나 그
동안 국어과에서 인생관이니 세계관이니 하는 종교 또는 철학적 문제
를 어떻게 다룰 것인가의 문제는 본격적으로 거론한 바가 없다. 우리는
그 원인을 다음 세 가지로 본다.

첫째, 세계관이란 것이 국어교육학의 영역보다는 철학이나 윤리학,
종교학, 사회교육, 윤리교육 영역에서 다루는 분야로 보는 편견이 있기
때문이다. 따라서 세계관의 문제는 국어교육학에서 다루기 어려운 것으
로 보아 왔다.

그러나 설령 세계관의 문제가 철학, 윤리학의 소관 영역이라고 승인
하더라도 국어교육학에서 특히 문학교육학, 독서교육학은 세계관의 문
제와 밀접한 영역이라는 점에서 이 주제를 소홀히 할 수는 없으며 철
학, 윤리학 등의 영역에서 이루어진 성과를 이해, 도입, 상호 보완하거
나 하여 국어교육학을 풍요하게 할 의무가 있다.

흔히 학교교육에서 인성교육을 강조하고 있지만 인성교육은 바른 세
계관을 만날 때 가능하다는 점에서 그 안내의 첫 관문은 국어과의 독서
분야가 일정하게 책임을 지고 있다. 실제로 인성교육에서 으레 거론되
는 것이 독서교육이다.

둘째, 국어과를 도구 과목으로 정의하는 데서 오는 편협성 탓으로 볼
수 있다. 즉, 국어를 다른 교과목의 기본 도구 과목으로 지칭하는 경우
가 많은데 이러한 관점은 자칫 국어과를 실질적인 교과 내용을 이수하
기 위한 예비 도구일 뿐, 궁극적인 학습 목표가 되지 못하여 세계관 문
제 같은 것을 다룰 필요가 없는 것으로 오해하게 만든다.

그러나 언어는 단순히 뜻을 전달하는 매체의 기능에 그치는 것이 아
니라 도구 언어를 통해 사유 양식을 결정하는 측면을 가지고 있으며 언
어 자체가 문화의 중요한 부분을 이루므로 사유와 문화의 중요한 요소
인 세계관의 문제에 소홀할 수는 없다.

셋째, 세계관의 문제를 국어교육학과 관련짓는 논의가 적은 이유는 우리나라의 다원적인 종교문화 탓으로 볼 수 있다. 세계관이라는 것은 필연적으로 종교관과 밀접한데, 우리나라는 특정 종교문화가 지배하는 나라가 아니라 유교, 불교, 기독교, 무속 등의 종교가 혼재되어 있어 국어교과들에서도 민감한 종교 문제는 배제할 수밖에 없었을 것이다.

그러나 우리는 역사적으로 여러 종교문화를 수용하면서 다원 종교 국가가 되었지만 종교전쟁을 치르지 않고 공존한 지혜로운 전통을 가지고 있다. 삼국시대에 불교가 들어왔지만 유학도 들어와 공존하였다. 가령 불교를 창조적으로 수용한 원효의 아들이 유학 경전을 집대성한 대학자 설총이었다는 사실은 그런 상징성을 단적으로 보여 주는데, 설총은 고려시대 학자들도 우러러 추앙했다.5)

또한 유학자인 한림학사(翰林學士) 최행귀(崔行歸)가 불교의 대가인 균여대사(均如大師)의 향가를 한역(漢譯)할 정도로 종교 간 이해와 공존의 틀은 단단했다. 이러한 공존의 전통이 있어 고려시대에 불교가 융성하고 이와 함께 유학도 과거제의 도입 등으로 융성했다. 비록 억불숭유(抑佛崇儒)를 내건 조선에 와서 불교가 위축되기는 하였지만 실제로는 태조조차 왜구로부터의 약탈을 우려하여 강화도의 팔만대장경을 내륙의 해인사로 옮기고 세종·세조 때에는 한글로 불경을 간행하는 등 불교를 보호했으니, 고려 때까지의 불교신앙이 하루아침에 사라지지 않고 지금까지 불교문화가 지속되고 있다. 더욱이 1919년 3·1운동 때는 민족대표 33인이 기독교·천도교·불교가 하나가 되는 단합의 면모를 보여 주었는데, 이 역시 서로의 종교를 존중해 온 우리 민족의 지혜로운 전통의 소산이다.

그런데도 우리가 종교 문제를 교과에서 금기시하거나 실질적 독서지도 등을 통한 안내를 해 주지 않는다면 가장 중요한 세계관 문제를 방치하고, 이러한 전통의 좋은 점을 제대로 계승하지 않는 교육이 될

---

5) 『三國史記』 卷46, 列傳6, "薛聰, …… 訓導後生, 至今學者宗之……"(설총은 …… 후생을 훈도하였으므로 지금까지 학자들이 그를 으뜸으로 삼고 있다).

것이다.

이에 국어교과에서 세계관의 문제를 소극적으로 인식해 왔던 상황에
여전히 안주할 수만은 없다. 국어과의 읽기 영역은 국어 사용 능력 영
역에서 말하기, 듣기, 쓰기 영역과 함께 중요한 영역으로 존재하고 있
으며, 제6차 교육과정부터는 독서 과목이 국어교육 영역의 하위 분야로
생겨났다. 실로 무엇을 읽느냐에 따라 어떤 인생이 되느냐가 결정된다
고 본다면 국어과의 독서 교육은 매우 중요한 일이 아닐 수 없다.

3. 세계관의 유형과 유형별 독서 지도

건전한 삶을 영위하기 위해 청소년기에 먼저 이루어져야 할 것이 바
른 세계관의 확립이다. 세계관의 문제란 우리가 '어디서 와서 왜 살다
어디로 가느냐'라는 포괄적 인생관의 문제다.

'어디서 와서 왜……'라는 질문은 젊은이라면 누구나 한 번쯤 던져
보는 인생의 질문이다. 이 질문은 철학가나 종교인만의 주제가 아니라
인간 누구나의 존재론적 명제로서, 수시로 이 질문을 던질 때 우리는
자기 삶에 대한 믿음의 의지와 목표의식을 점검할 수 있다. 그러나 이
질문을 묻어 둔 채 세속의 삶만을 좇는 것이 우리의 실정이다. 그런 점
에서 우리는 '어디서……'의 문제를 진지하게 성찰하면서 사고의 폭을
넓혀야 한다. 독서의 역할과 중요성도 여기에 있다. 위의 질문은 결국
'왜 사느냐'의 문제와 '어떻게 살 것인가'의 문제로 압축되는데 이 세계
관의 질문은 구체적으로는 다음의 요소로 확대, 구성할 수 있다. 이제
이 명제별로 독서 지도가 어떻게 이루어져야 하는지 생각하여 본다.

첫째, 각자의 신관(神觀)은 무엇인가?
둘째, 각자의 인간관(人間觀)은 무엇인가?
셋째, 각자의 내세관(來世觀)은 무엇인가?

넷째, 각자의 도덕관(道德觀)은 무엇인가?
다섯째, 각자의 역사관(歷史觀)은 무엇인가?
여섯째, 각자의 자연관(自然觀)은 무엇인가?

1) 신관

신관은 이 우주에서 참된 최고(最高)의 실재는 무엇인가라는 문제다. 사람은 특정 종교의 신이든 아니든 각자가 생각하는 신을 어느 정도 상정하며 산다. 종교는 이러한 질문에 대한 답으로서 발생하였다. 이 질문에 대해서는 신이 있다는 유신론(有神論), 없다는 무신론(無神論), 알 수 없다는 불가지론(不可知論) 등의 논란을 보이고 그 답은 각자의 개성만큼이나 다양하겠지만 이 답을 어떻게 내리느냐에 따라 인간의 운명이 달라질 수 있다.

전 세계에 보이는 신의 종류는 무수히 많다. 여호와 등과 같은 초월적 인격신, 그리스 신화의 신과 같은 인간적 신, 인도의 동물신앙에 나오는 동물신, 자연물 숭배신앙에 따른 자연신, 그 밖에 각종 우상신(偶像神)이 많이 있다. 그런데 신을 찾는 사람이라면 이들 각종 신 중에서 최소한 위협적, 우상적, 독재적인 신을 거부하고 자기가 언제나 믿고 따를 수 있는 인격적인 신을 만나려고 할 것이다.

바른 신관을 갖기 위해서는 무엇보다 단순히 신을 믿는다거나 반대로 신이 없다고 단언하기보다는 겸손한 자세가 필요하다. 우주에 대해 인간이 알고 있는 지식이 1%도 안 된다고 본다면 나머지 99% 안에 신에 관한 비밀이나 섭리가 있을 수 있기 때문이다. 자칭 무신론자라도 신이 죽었다느니 신이 없다느니 오만하게 단언하기보다는 아직 신을 발견하지 못했다는 겸손이 우리에게는 필요할 것이다.

그러므로 신관과 관련한 독서는 신을 알게 하는 것이 목표가 아니라 신에 관한 사색을 통해 철학적 사유를 하는 훈련을 하는 것이 목표다. 이는 마치 근대 철학에서 합리론·경험론이 신에 대한 상반된 인식론의 결과인 것과 같다. 즉, 데카르트의 합리론은 생득설(生得說, innate theory)을 통해 신의 존재를 생득적·선험적 관념으로 인식하여 연역법 (deductive method)을 발전시켰고, 로크의 경험론은 경험설(empiricism)을 통해 신의 존재를 경험적·후천적으로 인식하여 판정할 문제라고 하여 귀납법(inductive method)을 발전시켰다.

따라서 종교 이해 교육의 목적은 신의 유무를 논증하기 위한 것이 아니라 여러 종교의 이해를 통해 인간이 그 존재를 궁금해하는 신[가령 선악을 심판하고 보응(報應)하는 의로운 신, 또는 무한한 사랑으로 인간을 돌보기 원하는 어버이 같은 신]이 '있을 수 있다'는 것, 그래서 신이 있을 수 있으므로 내세의 심판에서 지옥과 같은 곳에 가지 않기 위해서라도 양심적으로 살아야 하겠다, 함부로 살아서는 안 되겠다, 또한 신이 있을 수 있으므로 신이 없다는 섣부른 단정을 하지는 않는 것이 좋겠다라는 긍정적인 방향에서 '겸손'을 갖도록 도와주는 데 목적이 있다. 그런데 오늘날의 종교배제적 교육, 즉 인간 중심주의, 인본주의 교육은 신관에 관한 한 아예 아무것도 가르치지 않는 태도를 취하고 있다.

신관에 대한 이해를 위해서는 주요 정통 종교의 경전들을 독서해서 '말씀'과 만나는 일이 중요하다. 예전의 우리 조상들은 어려서부터 사서오경의 '위인'과 그 위인이 남긴 '말씀'을 만났고 개인이나 국가나 그 말씀을 지표로 삼았다. 서양에서도 성경이나 그리스 신화 교육을 통해 이러한 만남이 이루어졌으니 과거의 신본주의 사회에서는 경서의 말씀을 만나는 것이 교육의 전부라 해도 과언이 아니며 개인의 삶에 큰 영향을 끼쳤다.

그러나 현대 인본주의 교육은 경서 교육을 무시하고 본받아야 할 '위인'과 '말씀'을 종교의 자유가 있는 민주사회에서는 특정 종교 교육을 강요해서는 안 된다는 빌미로 기피하고 있다. 그 결과 학생들은 제대로 만날 위인과 말씀의 모형을 갖고 있지 못하다. 수십 권의 교과서가 경전의 자리를 차지하고 지식을 베풀고 있지만 평생의 좌우명으로 삼을 말씀 한 구절을 간직하지 못한 채 학교 문을 나서는 사람이 많다. 그리하여 오늘날 수많은 지식을 담은 논저가 숱하게 나와 '말'은 더욱 풍성해졌음에도 사람들은 '말씀'을 갈망하고 있다.

그런 점에서 우리는 현대 인본주의 교육이 빠뜨리고 있는 고전 경서들의 독서를 통해 '말씀'을 만나려는 진지한 독서 계획을 세워 줄 필요가 있다. 아울러 고전 경서의 이해는 해당 문화권의 이해라는 부수적 효과도 낳는다. 가령, 동양을 알려면 불경과 사서오경을 읽어야 하고 서양 역사나 문학을 전공한다면 성경은 필독서다. 그 같은 경서가 없는 우리의 경우에는 『삼국사기』와 『삼국유사』부터 읽어야 한다.

이러한 경서 교육의 위력은 이미 이스라엘의 종교교육에서 잘 드러난다. 그들은 구약성서 레위기에 나오는 '거룩하게 되라'(19 : 2)를 정부의 교육지표로 삼고 학교에서 매일 성경을 학습한다. 그런 점에서 유대인들은 현대 인본주의 교육을 거부하고 전통 종교교육을 철저하게 시행하는 민족이라고 할 수 있다.6)

비록 다원 종교 국가인 우리지만 동서양 성현들의 바른 '말씀'을 만나도록 종교 이해 교육을 통해 종교를 이해하고 세계관 문제를 적극적으로 사유할 수 있도록 안내하는 노력이 아쉽다. 다원 종교 국가라고 하여 교과서에서 종교 관련 글감을 철저히 배제하는 것은 결코 온당한 처사라고 볼 수 없다. 오히려 다원 종교 국가일수록 상대의 종교를 이해하고 종교 간 갈등을 예방하기 위해서라도 그런 경서 이해를 위한 독서 교육이 필요하다고 볼 수 있다.

2) 인간관

인간관이란 인간을 어떻게 보느냐의 문제다. 이에 대해 우리는 일단 인간을 신의 피조물, 원숭이가 진화한 동물, 전기화학적 반응을 보이는 생화학적 반응체 등으로 설명할 수 있다. 그런데 이 인간관의 문제도 결국 첫 번째의 신관 문제와 밀접히 관련되어 있다. 기독교적 신관을 가진 사람이라면 인간이란 신의 피조물이라는 창조론을 믿을 것이고 무신론자라면 진화론이나 생화학적 반응체설을 믿을 것이다. 과거 우리

---

6) 현대 유대인의 민족교육의 뿌리와 방법에 대한 자세한 소개는 현용수(1999) 참고.

조상들은 유교 경서류를 통해 인간이란 개 돼지 곧 짐승과는 다르다고
교육받았으고, 그런 면에서 진화론적·동물적 인간관을 거부했다고도
볼 수 있다.

인간관은 개인의 삶의 태도를 결정한다. 가령 인간을 원숭이의 후예
라고 보는 진화론적 세계관을 믿는다면 인간의 존엄성을 추구하기보다
는 동물적 본능을 추구할 것이다. 오늘날 비인간적·반인륜적 풍조가
번창하는 것도 어려서부터 생물시간에 진화론만을 일방적으로 가르쳐
온 때문이라고 비판하는 예가 있음을 볼 때7) 이 문제에 대해서도 진지
한 성찰을 필요로 한다. 그런데 그 동안은 청소년의 인간관을 형성하는
데 진화론적 교육만이, 그것도 생물교과서를 통해 일방적으로 제공되어
왔다는 점이 큰 문제다.

과학적 현상은 일반적으로 '가설 → 검증 → 법칙'의 단계를 거친다.
여기에서 분명히 해 둘 것은 진화론은 아직 '가설' 단계에 불과하다는
사실이다. 즉 진화론은 아직 검증된 바 없는 추정단계에 불과한데, 교
육과정에서는 마치 증명이라도 된 것인 양 가르치고 있다. '멘델의 법
칙'은 말 그대로 법칙이지만, 진화론은 그야말로 아직 '~론'에 불과하
다. 더욱이 창조론자들은 진화론이 멘델의 법칙을 위반한다고 하여 법
칙을 위반하는 진화론은 성립하기 어렵다고 주장하고 있다. 즉 진화론
에 따르면 종(種)에서 종(種)으로 진화할 때 어버이의 형질 외에 새로운
형질이 자꾸 추가되어야 하는데, 멘델의 법칙에 따르면 어버이의 형질
만 그대로 유전될 뿐 새로운 형질이 추가되는 종의 진화는 불가능하다
는 것이다. 따라서 멘델의 법칙이 발표된 당시 학계가 조금만 주의를

---

7) 유교적 도덕주의 관점에서도 진화론을 반인륜적이라고 비판하기도 한다. 가령
김석길(1984)은 현대의 반인륜 현상의 원인을 진화론에서 찾고 있다. 즉 진화
론은 인간이 동물에 불과하므로 오늘 먹고 마시다 내일 죽으면 끝이라는 허무
적 인생관을 퍼뜨리며, 적자생존의 법칙이 현대 사회의 약육강식의 논리를 정
당화한다는 것이다. 실상 다윈의 진화론은 19세기 말에 무신론, 허무주의, 공
산주의, 진보주의 사상, 약육강식의 제국주의적 국가경쟁을 낳고 급기야 1·2
차 대전까지 일으켰다고 보았다. 히틀러의 인종적 편견도 바로 그러한 진화론
의 산물이었기 때문이다.

기울였다면 다윈의 가설은 허위로 드러나 폐기되었을 것이라고 창조론
자들은 주장한다(한국창조과학회, 1981 ; 1984).

우리는 그 동안 진화론적 사고에 일방적으로 세뇌당해 왔음을 되짚
어보고 학문적 진실을 위해서는 창조론과 진화론을 대등하게 이해하는
열린 사고가 필요하므로 진화론적 지식의 편식을 교정시켜야 한다. 이
점에서 미국의 경우 두 이론을 대등하게 가르치는 주가 많다는 사실은
참고할 만하다.

우선 초등학교 단계에서부터 진화론을 배경으로 한 수많은 과학 도
서류의 독서가 은연중에 동물적 인간관을 형성시킬 수 있다. 그러므로
진화론은 가설임을 강조하고, 동시에 창조론 관련 도서들도 찾아 읽도
록 지도하여 균형적 사고를 하도록 유도하며, 그 동안 과학이라는 미명
으로 포장된 지식 가운데 오류는 없었는지 검토할 수 있는 비판적 독서
를 유도해야 한다.

또한 인간관의 이해를 통한 선택이란 결국 인간존중, 생명존중의 사
상이니, 인간존중과 생명존중의 사상을 교훈을 담은 도서들을 읽도록
권유하는 독서 지도가 이루어져야 할 것이다.

3) 내세관

내세관은 인간의 사망(종말)시에 어떤 일이 일어나는가, 영혼이 있는
가, 심판과 천국과 지옥 같은 내세의 삶은 있는가의 문제다. 이 문제도
신관, 인간관의 문제와 연계되는 것으로서, 종교 경서와 내세 관련 종
교적 우화, 동화를 통한 접근이 필요하다.

많은 종교의 견해에 따르면, 인간에게 영혼이 있다고 볼 경우 내세는
자동적으로 전제되며 주요 종교는 대체로 내세를 인정하고 있다. 따라
서 교사는 아동·청소년들에게 어떤 내세가 있다고 믿을지는 각자가
결정할 일이지만 적어도 내세가 없다고 단정하고 이 세상만으로 끝이
라는 생각으로 사는 것은 위험할 수 있음을 경고해 주어야 한다.

여기서 우리는 종말에 대한 바른 이해가 필요하다. 종말에는 ① 개인

적 종말 ② 시대적 종말 ③ 세계적 종말이 있다. ①의 개인적 종말은 개인의 사망을 뜻한다. 실로 죽음은 항상 바로 옆에 기다리고 있다. 그래서 '백년을 다 살아야 삼만육천 일', '아침에 났다가 시드는 버섯', '인생은 초로(草露)', '구만리 장천이 지척', '죽음에 노소가 있나', '변소길과 저승길은 대신 못 간다', '날 받아 놓고 죽는 사람 없다'와 같이 죽음의 필연성을 지적하는 속담들도 많다. 국어 수업시간에 죽음과 관련한 소설이나 수기 관련 작품, 유언 관련 우화 등을 읽고 속담들이나 명인들의 유언, 비문들을 수집하여 발표할 수도 있고 미리 유언을 써 두는 서구인들의 전통에 대해 토론해 볼 수도 있다.

②의 시대적 종말이란 조선 멸망, 6·25, 월남 패망, 세계대전 등과 같이 각 국가권력의 종말을 말한다. 우리도 일제하와 1·2차 세계대전, 6·25 등으로 그러한 시대적 종말을 숱하게 겪어 왔다. 이 경우 국어 수업시간에 전기류를 통해 안중근·윤봉길·유관순 등의 애국열사들의 죽음을 다룰 수 있고, 6·25 전쟁문학이나 서구의 전쟁문학을 통해 전사자들의 희생정신과 전쟁과 죽음 등의 문제를 다룰 수 있다.

③의 세계적 종말은 성경에서 구세주의 재림으로 표현된 종말론이라든가 동양 종교에서 보이는 미륵사상, 후천개벽(後天開闢)사상 등을 말한다. 그런데 주변에는 수많은 사이비 종말론자들이 혹세무민하고 있는 것도 현실이라 청소년들이 여기에 현혹되는 일이 없도록 바른 종교 이해, 경서 이해 교육을 통하여 지도할 필요가 있다.

사실 이 부분에 대한 독서는 경서 이해에서도 최후의 고급단계며 독서를 해도 난해한 것이 대부분이므로 시간을 많이 배당할 것은 아니다. 단지 어떤 경서의 해석에서나 독단(도그마)에 빠지지 않도록 강조하고 사이비 집단을 다룬 문학작품을 다룰 수도 있다.

초등학교 저학년 단계로부터 중고교의 고학년에 이르는 단계까지 각각의 수준에 맞추어 내세관과 관련한 주요 종교의 경서에 나오는 말씀이나 설화, 그것을 소재로 한 문학작품을 접하게 되면, 종교에 대한 편견을 극복하고 다른 종교를 이해하는 열린 자세를 갖게 될 것이며 자신의 삶을 긍정적으로 보게 될 것이다.

4) 도덕관

도덕관이란 삶의 도덕적 기초는 무엇인가, 특히 선과 악의 기준은 무엇인가의 문제다. 우리가 의지할 절대적 도덕률이 있는지, 아니면 도덕률이란 시대나 종족이나 계층 등 여러 요인에 따라 상대적이고 가변적인지에 대해 태도가 서 있지 않으면 삶의 여정에서 흔들리기 쉽다.

대개의 종교는 계명 등을 통해 절대 도덕률을 가르치는데, 오늘날은 상대 도덕률이 확산되고 있는 것이 사실이다. 가령, 모든 폭력을 죄악으로 보는 간디의 비폭력 무저항 운동은 절대 도덕률을 보여준다. 학생운동에서 어떤 경우든 화염병을 사용해서는 안 된다든가 생명존중을 위해 사형제도는 폐기되어야 한다는 주장도 절대 도덕률에 근거한 것이다. 이에 반해 화염병 사용의 정당화, 악인에 대한 사형의 정당화를 주장하는 것은 상대 도덕률에 근거한 것이다. 현재는 이러한 상대 도덕률이 확산되어 있고 이에 따라 죄의식이 약화되고 절대 권위가 사라지며 무질서해지고 있다. 이에 비해 동서양의 경서들은 도덕관에 대해서도 비교적 교훈적인 '말씀과 계명'을 통해 청소년의 도덕성을 유지하고 생명존중의 태도를 가르치며 양심을 깨닫게 하므로 필요하다.

한편, 오늘날 우리는 공동체 의식을 망각한 개인, 이윤의 사회 환원 정신을 결여한 채 부의 세습을 추구하는 기업, 생명과 자연 파괴로 치닫는 과학으로 인해 날로 심화되어 가는 구조악(構造惡) 속에 갇혀 있다. 따라서 이에 대항할 '개인윤리 · 기업윤리 · 과학윤리'의 수립이 강력히 요구되고 있다. 이 가운데 개인윤리와 기업윤리는 많이 강조되고 있지만 미래 과학사회를 대비한 과학윤리의 각성은 아직 미미한 상태다. 이공계 대학에조차 '의학윤리, 과학윤리, 환경윤리' 같은 강좌가 거의 개설되어 있지 않은 실정이니 초등 · 중등 교육에서는 말할 나위도 없다. 환경문제에 관한 독서 지도는 일부 이루어지고 있지만 환경문제를 포함한 종합적인 과학 윤리 관련 수준별 독서 지도를 어떻게 할 것

인지에 대해서는 거의 연구가 되고 있지 않다. 우선은 과학 관련 분야
의 독서 지도를 위해 과학 윤리 도서의 목록 파악부터 이루어져야 할
것이다.

5) 역사관

역사관이란 인간 역사의 의미가 무엇인가, 앞으로 이 역사는 어떻게
될 것인가와 관련된 문제다. 여기에는 신의 역사 창조와 섭리와 개입,
종말 심판과 영원으로 역사가 흘러간다는 기독교적 섭리사관, 전쟁·내
생의 불교적 윤회사관, 공산사회주의를 꿈꾸는 마르크스의 사회경제사
관, 그 밖에 진화론적 진보주의사관 등 여러 가지 역사관이 존재한다.
우리의 경우는 다른 나라와 달리 분단이라는 현실 속에서 민족적 통일
의 미래를 내다보는 역사관이 특별히 요구된다.

역사관과 관련한 우리의 독서 교육에서 우선 지적될 수 있는 것은,
우리의 역사교육이 초등학교 고학년부터 이루어지면서 한국사에 대한
지식은 물론 역사의식의 형성이 너무 늦다는 점이다. 역사상 위인에 관
한 위인전 독서도 가정에서 개별적으로 이루어지는 형편이고, 학교 교
과체계에서의 위인전 독서와 이해는 비체계적이다.

따라서 사건나열식의 역사교육은 초등학교 고학년부터 시작하더라
도 위인을 중심으로 한 인물사로서의 역사교육 같은 것은 조기부터 독
서교육을 통해 지도할 필요가 있을 것이다. 나아가 중·고교 단계로 올
라갈수록 한국사 및 세계사와 관련한 폭넓은 독서를 권장하여 역사 속
에서의 개인과 국가의 흥망부침을 통해 역사의 교훈을 발견하도록 유
도하여야 할 것이다.

6) 자연관

자연관이란 인간 생물을 둘러싼 자연환경에 대해 우리가 어떤 태도
를 가져야 하는가의 문제다. 이 문제는 인간관과 밀접한 관련을 갖고

있다. 인간의 진화론을 믿는다면 자연의 진화론을 믿을 것이다. 성서적 인간관처럼 인간의 피조론을 믿는다면 자연의 피조성, 곧 신의 통치를 믿을 것이다.

단 여기에서 짚고 넘어갈 것은 잘못된 정복적 자연관이다. 이는 기독교 창조론에 대한 잘못된 해석과도 관련이 있다. 즉 구약성경 창세기 1장 28절에 나오는 "생육하고 번성하여 땅에 충만하라, 땅을 정복하라, 바다의 고기와 공중의 새와 땅에 움직이는 모든 생물을 다스리라 하시니라"라는 대목을 자연정복의 명령으로만 해석하여 정복적 자연관을 낳았고, 이는 기독교를 서구 제국주의, 식민주의의 앞잡이로 비치게 만들었다.

게다가 인간이 만물 중에서 가장 뛰어나고, 만물과는 다르다는 점을 지나치게 강조하여 다른 생물의 생명은 무시함으로써 결과적으로 환경 파괴적인 현대 산업문명의 길을 열었다. 이 점에서 불교의 자연관처럼 인간 역시 자연만물의 일부라는 자연친화적 자연관이 소개될 필요가 있다. 또한 기독교에서도 앞서 언급한 성경 구절을 정복적 자연관으로만 해석하지 말고 "…… 생물을 다스리라"라는 부분을 "생물을 관리하고 공존하라"라는 자연친화적 자연관으로 해석해야 할 것이다.

오늘날과 같은 환경 재앙의 시대에 자연관 문제는 환경교육과 관련되므로 중요한 세계관의 문제가 된다. 현재 환경이라는 주제는 학생들의 학습과제로 다루어지고는 있지만 아직은 실태조사 수준에 그치고, 환경과 관련한 동화책이나 환경을 주제로 하는 철학이나 윤리를 가르치는 책들에 대한 독서 지도가 체계적으로 이루어지지 못하고 있다. 고급 수준의 독서 지도의 경우, 노자의 『도덕경』을 비롯한 동서양 경서류들도 일정한 자연관을 제공하고 있다는 점에서 경서에 대한 독서는 건전한 자연관 확립에도 유익할 것이다.

4. 세계관의 갈등과 극복

전술한 다섯 가지 세계관의 요소는 서로 밀접한 관계에 있다. 가령, 신을 믿으면 창조론적 인간관을 믿고 내세와 절대 도덕률을 믿으며 신의 섭리사관을 믿게 된다. 이는 헤브라이즘적 세계관 또는 신본주의라 할 수 있는 것으로 기독교적 세계관 같은 것이 여기에 해당한다.

반면 적극적이든 소극적이든 무신론자나 불가지론자가 되면 진화론이나 동물적 인간론을 따르고 내세 부정의 허무주의와 상대 도덕률의 지배를 받기 쉽다. 혹은 인류에 대해 낙관적 시각을 갖는다 해도 존 듀이나 마르크스와 같은 진보주의나 사회주의의 환상을 갖거나 자본주의에 의한 컴퓨토피아 같은 환상을 갖게 될 것이다. 이는 헬레니즘적 세계관 또는 인본주의라고 할 수 있다.

서양에서는 이러한 2대 정신사조를 2천여 년에 걸친 인류의 정신사조를 엮어 온 두 기둥으로 간주하고, 문학과 사상의 명저들을 이해할 때 흔히 언급하곤 한다. 그러나 문학교육의 경우, 주요 명저를 이해할 때 헤브라이즘과 헬레니즘의 대비가 세계관의 관점으로 적용되지 못하였다. 즉 두 문예사조의 세계관적 의미가 어떤 대비를 보이는지 제대로 알려지지 않아, 각 문학작품이나 사상이 2천 년에 걸친 서구 정신사조에서 어떤 의미를 지니는지 이해되지 못하였다. 그 이해를 위해 두 사조의 의미를 대비해 보면 다음과 같다.

헤브라이즘(Hebraism)적 세계관	헬레니즘(Hellenism)적 세계관
◦ 신본주의	◦ 인본주의(Humanism)
◦ 신 중심(God-centered)	◦ 인간 중심(Man-centered)
◦ 유신론적(유일신 지향)	◦ 무신론, 다신론, 범신론, 동양적 신비주의
◦ 신만이 전지전능함	◦ 인간도 전지전능할 수 있음(인간도 잠재 능력, 초능력을 개발하면 신과 같이 될 수 있음)
◦ 신이 절대권위자, 문제해결자	◦ 인간이 절대권위자, 문제해결자
◦ 창조론을 믿음	◦ 진화론을 믿음

◦ 인간의 죄값을 십자가의 희생으로 대속한 예수를 믿음으로써 구원받음	◦ 인류문명의 진보와 과학지식으로 인간은 구원에 이름.
◦ 세상은 더 악해지고 인간에 의한 평화는 불가능하다고 보며 인류 심판의 종말과 구세주 재림 후의 천년왕국, 영생의 낙원세계를 믿음	◦ 세상은 더 나아져 인간에 의한 평화가 가능하다는 진보주의 역사관을 믿음(공산사회주의적 이상과 컴퓨토피아의 지상 낙원을 믿음)[1]
◦ 인간은 신을 거부하여 근본이 악해짐(성악설)	◦ 인간은 타락한 적이 없고 근본이 선함(성선설).
◦ 생명의 주인은 하나님이므로 자살과 안락사는 죄악임	◦ 생명의 주인은 인간 자신이므로 자살, 안락사는 필요함.
◦ 진리의 절대성과 불변성을 믿음	◦ 진리의 상대성과 가변성을 믿음.
◦ 인간의 심판자는 신	◦ 인간의 심판자는 인간 개개인
◦ 사후의 내세와 심판이 있음	◦ 사후의 내세와 심판은 없음.
◦ 신의 뜻에 따라 살 때 인간은 참 자유와 풍성한 생명과 기쁨을 누림	◦ 인간은 종교규범에 따를 필요가 없고 자기 가치관에 따라 살 때 참자유를 누림.
◦ 신과의 관계는 노예적 복종관계가 아니라 사랑과 순종의 자발적 관계임	◦ 종교는 아편이며 노예적 굴종이므로 신에의 노예적 복종을 거부해야 함.
◦ 죄란 인간이 신과 분리된 상태며 죄의 결과가 살인, 도적질, 미움 등의 범죄로 나타남	◦ 죄의 개념은 상대적이므로 절대적 개념은 없음. 인간은 자기 자신과 화목하면 되며, 기독교와 같은 종교는 오히려 인류발전의 장애물로서 제거되어야 함.[2]
◦ 신의 계시와 성경의 절대무오(絶對無誤)를 믿음	◦ 계시적 지식을 부정하고 인간의 이성과 감정만을 신뢰하며 성경의 기적, 예수부활 등을 부정
◦ 인류평화를 위해서는 인간이 신에게 돌아오는 회개가 필요하며 애신(愛神)과 애인(愛人) 정신이 필요함	◦ 인류평화를 위해서는 강력한 단일 세계 연방정부가 수립되어야 하며 UN의 경찰 기능이 강화되어야 함
◦ 섭리적 역사해석 추구	◦ 합리적 역사해석 추구
◦ 십계명, 율법, 사랑의 계명, 황금률[3]이 표준	◦ 로마법이 표준(현대법은 로마법이 지배)
◦ 연역법적 사유 추구(선험적인 양심 등을 인정)	◦ 귀납법적 사유 추구(경험되는 것만이 진리다)
◦ 존재형(to be)의 삶 : 존재 자체가 축복[4]	◦ 소유형(to have)의 삶 : 소유의 기쁨을 추구
◦ 영(靈)적인 삶 추구(너희는 거룩하라)	◦ 육(肉)적인 삶 추구

1) 20세기 전반기만 해도 과학의 발전 등으로 인간은 헉슬리(Aldous L. Huxley)의 '멋진 신세계'를 추구하고 상당수의 구미 지식인들이 자본주의에 환멸을 느끼면서 마르크시즘과 러시아 혁명에 고무되어 사회주의체제에 심정적 지지를

보냈다.
2) 이러한 반기독교 사조를 반영한 듀이(John Dewey)의 진보주의 교육관은 기
   독교 국가로 출발한 미국의 기독교 교육정책을 바꾸어 정교분리주의, 종교선
   택의 자유, 진화론 등을 적극 옹호하였으며 이러한 분위기는 1963년 케네디
   정권에서 공립학교의 기도시간 폐지로 극에 달하였다. 공교육에서의 이러한
   인본주의로의 전환이 1960~80년대에 히피주의, 마약, 동성애, AIDS 등의 결
   과를 낳았다고 미국의 보수주의자들은 주장한다.
3) 황금률(Golden Rule)이란 신약성경 마태복음 7장 12절의 "그러므로 무엇이든
   지 남에게 대접을 받고자 하는 대로 너희도 남을 대접하라. 이것이 율법이요
   선지자니라"라는 말씀을 가리킨다.
4) 에리히 프롬(Erich Fromm : 1900~1980)의 명저『소유자 삶이냐(*To Have Or
   To Be*)』(1976)도 인간의 삶의 방식을 소유양식과 존재양식으로 구별하고 있
   는데 이는 세속 인본주의와 유대 신본주의의 대비를 사회학적으로 변형한 것
   으로서 그가 권한 삶의 존재양식도 헤브라이즘을 사회학적으로 각색한 것이
   라고 볼 수 있다. 베스트셀러가 된 스티븐 코비(Stphen R. Covey)의『성공하
   는 사람들의 7가지 습관(*The 7 Habits of Highly Effective People*)』(1989)도
   유대인 출신인 저자가 헤브라이즘적 가치관을 경영학에 적용한 것이다.

위와 같은 대비는 다소 극단적인 면도 없지 않지만, 시대에 따라 정
도 차이는 있었을 뿐 이들 두 정신사조는 지난 2천 년 동안 서양의 정
신사조를 지배해 오면서 주요 명저들의 사상적 기반을 이루었다. 2천
년에 걸친 서양의 역사 역시 신 중심 사회에서 인간 중심 사회, 곧 인본
주의(휴머니즘) 사회로 이동해 온 과정이었다. 서양과 이질적인 사회로
보이는 동양도 결국 서세동점(西勢東占)의 결과 이러한 흐름을 따라가
는 경향을 보인다.

원래 신 중심 사회는 곧 종교 절대 사회로 신화와 카리스마와 우상
이 있는 사회다. 중세까지는 동서양 모두 종교를 배경으로 하는 그러한
신 중심 사회였다. 서양은 교황절대주의 아래서 종교의 전성기를 지내
오다가 르네상스, 지리상의 발견, 자연과학의 발달, 시민사회의 성장으
로 인본주의가 자리잡기 시작했다. 동양은 서양사회의 능동적 변화와
달리 19세기에 와서야 서양세력의 도전에 의해 봉건적 가치관이 붕괴
되고 금세기에 와서 서구 민주주의와 인본주의가 동시에 수입되었으므
로 인본주의의 역사는 짧다.

그런데 르네상스와 종교개혁 이래 근대화로 상징된 인간 중심주의의

실험은 수세기 만에 위기로 나타났다. 산업혁명은 제국주의를 낳고 1·
2차 세계대전을 불러왔다. 한편 민주 시민사회의 성장과 함께 이 시기
에 문예사조와 철학사조가 급격히 인본주의화하였다. 르네상스 시대로
부터만 보아도, 처음에는 신의 대리자라는 교황권으로부터의 해방을 추
구하여 인간 예찬문화인 그리스·로마의 고전문화로 돌아가자는 고전
주의(古典主義)가 나타나고, 이어 인간과 자연을 예찬하는 낭만주의가
만발하더니 서서히 산업사회의 악에 물든 인간의 탐욕과 위선을 고발
한 사실주의(寫實主義), 이를 진화론에 입각하여 적용한 자연주의가 유
행하게 되었다. 여기에서 인간은 이제 거룩한 신의 피조물로서가 아니
라 한갓 추악한 탐욕의 동물에 불과한 존재로 묘사되었다. 모파상과 도
스토예프스키의 작품의 주인공은 그러한 군상들을 보여준다. 19세기 말
서구의 자연주의 문학은 당시 자연과학계를 풍미한 진화론의 영향 속
에서 나온 것인데, 진화론은 중세의 신본주의를 거부하면서 창조론을
대체한 것이다.

철학에서도 경험론과 합리론이 신을 증명하는 방법론을 가지고 귀납
법과 연역법으로 논쟁할 때만 해도 신을 부정하자는 것은 아니었다. 그
러나 서서히 불가지론이 나오고 19세기에는 성서를 유대인의 민족종교
서로만 보는 자유주의 신학이 독일에서 형성되더니 급기야 그러한 문
화 위에서 니체는 신은 죽었다고 신의 사형 선고를 내렸다. 이즈음 마
르크스에 의한 무신론의 공산주의도 나타나 인본주의 철학은 그야말로
세계를 풍미하면서 절정에 이르렀다.

서구의 신 중심 사회가 인본주의 사회로 전환함으로써 나타난 폐해
는 독일에서 찾을 수 있다. 종교개혁의 근원지였던 독일은 신본주의를
부정하는 철학, 즉 마르크스, 니체 등의 인본주의를 비롯하여 성서의
계시성을 부정하는 자유주의 신학 등 온갖 인본주의 사조를 받아들이
면서 정신적 공황에 빠지더니 1·2차 세계대전의 전범국이 되고 유대
인 학살 등 잔악한 과오를 저지른 민족으로 전락했다. 루터의 종교개혁
이 일어나고 칸트의 이성을 자랑하며 바흐와 베토벤 등 음악의 거장이

살아 숨쉬던 나라가 하루아침에 히틀러의 꼭두각시가 되고 가스실의 단추를 누르게 된 것이다.

청교도 정신을 바탕으로 하여 건국된 미국은 근대 유럽의 인본주의적 흐름에서 비교적 떨어져 있었으나 1880년대부터 유럽의 지성계에서 유행하던 무신론과 진화론으로 대표되는 인본주의가 유입되더니 실용주의를 거쳐 존 듀이의 경험주의, 진보주의 철학이 나타났다. 듀이의 경험주의는 신과 양심 등 선천적·내재적 선험주의를 부정하고 경험되는 것만이 진리이며 교육도 그러한 경험을 강조해야 한다는 주장이다. 따라서 신에 대해서도 경험적으로 그 유무를 증명해야 한다는 귀납주의를 학문의 방법론으로 내세웠다. 이러한 경험주의는 과학의 발전을 가져왔지만 동시에 선험적 도덕률을 부정하는 결과를 낳았다. 결국 미국도 휴머니즘으로 미화된 온갖 무신론의 철학사조 앞에서 청교도 정신의 전통이 붕괴되어 가고 있다.

수세기에 걸쳐 서양에서 이루어진 신 중심주의에서 인간 중심주의로의 변화 실험은 동양에서도 전통의 상실을 가져오고 있다. 우리나라 역시 옛것을 잃어 버리고 외래의 것들 속에서 방황하고 있다.

지금까지 장황하리만치 서양 정신사조의 흐름을 개괄한 것은 이러한 서양 인본주의의 실험으로 인한 신본주의 전통의 붕괴가 동양에서도 반복 실험되고 있기 때문이다. 우리의 경우 비록 서구적·종교적 신본주의는 아니지만 조상신을 섬기고 삼강오륜의 충효열(忠孝烈)로 응집된 유교적 신본주의가 전통으로 이어 내려오고 있었다. 이것이 개화기 이래 서구 인본주의 사조와 산업자본주의의 유입과 함께 붕괴되면서 사회악이 증가하고, 순박한 심성을 잃어버린 채 세속적인 물질주의와 정신적 공황에 빠져 있다. 더욱이 서구 인본주의 산물의 하나인 공산주의가 아직 좌우 대립으로 이 땅에 남아 있다.

우리는 21세기에도 계속 이 서구 인본주의 문명의 종말처리장이 되어 고통을 받아야 할 것인가. 유럽의 경험을 통해 잘못된 인본주의 문

명의 종착점을 보았다면 우리는 그 전철을 되풀이하지 않기 위해서라
도 인본주의를 맹목적으로 따르는 자세를 지양해야 한다. 이를 위해 그
동안 정교분리, 종교배제주의라는 원칙 아래 추방했던 신본주의적 전
통, 곧 서양 기독교의 전통가치와 동양의 유교 및 불교의 전통가치를
공교육에 고르게 폄으로써 인본주의의 폐단으로 중병을 앓고 있는 현
대사회를 치유하도록 해야 할 것이다.

그 하나의 구체적 방법으로서 동서양 경서 이해 교육 또는 세계관
관련 주제 독서를 전 학년에 걸쳐 전면적으로 시행하는 것을 들 수 있
다. 이는 청소년의 세계관 형성과 종교 입문의 계기가 됨은 물론이고
다원 종교 문화 국가인 우리의 종교 상호 이해를 위해서도 필요한 일이
며, 지나친 인본주의 교육의 폐단을 극복하고 청소년의 전인교육을 위
한 하나의 방편이 될 것이다.

5. 독서 교육과 종교 이해 교육

우리가 생각하는 종교 이해 교육으로서의 세계관 독서 교육은 크게
두 단계로 구별할 수 있다.

1) 제1 수준 교육(경서 원전 이해 교육)

주요 전통종교인 유교, 불교, 기독교 관련 경전인 성경, 불경, 사서삼
경류에서 신, 인간의 기원, 죽음과 내세 문제, 절대 도덕 윤리, 역사의
방향 등을 생각할 수 있는 주요 예화나 말씀을 원문 그대로 직접 소개
하든가 또는 이들 경서의 내용을 시, 동화, 단편, 희곡 등의 다양한 갈
래(장르)로 형상화하여 간접 소개한 글을 엄선하고 수준을 조절하여 적
극적으로 전 학년에 걸쳐 안배, 게재한다. 적어도 초등학교 1학년부터
고교 3학년에 이르기까지 매 학기마다 그러한 장르의 글을 배치하여
경서 이해를 통한 세계관 형성에 기여할 수 있을 것이다.

이러한 경서 이해 교육은 어려운 것이 아니다. 현재 기독교나 불교

등 주요 종교기관의 주일학교에서는 어려운 경전들을 유·초등 단계에서부터 중·고생 단계에 이르기까지 만화나 동화로 풀어쓰거나 원전을 직접 소개하고 토의 방식으로 편성한 종교 교육교재를 통해 수준화·계열화된 교육을 실시함으로써 청소년들의 세계관 형성에 기여하고 있다. 우리나라는 예로부터 서당교육을 통하여 유교의 경서 교육을 제공해 온 전통을 가지고 있으므로 이러한 경서 이해 교육은 새삼스러운 것이 결코 아니며, 전통 경서 이해 교육의 복구라고도 볼 수 있다.

현 초등학교의 매 학기 '읽기' 책의 경우 평균 16과로 구성되어 있는데(1학기 17과, 2학기 15과), 이 중 12~20%인 매 학기 2~3과, 1년 4~6과 정도는 전통종교(유교, 불교, 기독교 중심)[8] 이야기를 문학적으로 형상화한 글감을 넣어 아동들의 세계관 형성에 도움을 주면 좋을 것이다. 중·고 국어교과서에도 15~20% 정도의 비율로 배치하면 될 것이다.

현재 국어과나 독서과에서 그러한 경서의 내용을 다양하게 장르화하여 도입하는 일은 그다지 어려운 일은 아닌 듯하다. 문제는 기존 정책에서 보이는 종교배제적 교과서관이다. 종교배제주의적 관점을 버리고 다원 종교 문화 국가인 우리나라의 종교문화를 이해하고 국가 통합을 위해서는 그런 종교 교육 자료들을 참고하여 주요 종교 경서들의 내용을 초·중·고 교육에서 국어교과서에든 독서교과서에든 엄선, 안배하면 될 것이다. 이에 힘입어 학생들은 장차 방대한 경서들을 두려움 없이 스스로 독서하고 탐구해 나가게 될 것이며, 그들의 세계관은 한결 성숙해질 것이다.

2) 제2 수준 교육(세계관 관련 기타 독서 자료 교육)

제2 수준에서는 신, 인간의 기원, 죽음과 내세 문제, 도덕 윤리, 역사의 방향 등 핵심적인 세계관 문제를 비롯하여 앞에서 논의한 5대 세계관에 대해 균형적 사고를 가지고 다룬 명저들을 엄선하여 이를 교과서

---

8) 전통 종교의 범위를 어디까지로 하느냐가 문제지만 유교, 불교, 기독교 및 천주교 외에 도교, 회교, 巫敎 정도를 추가할 수 있을 것이다.

에 소개할 수 있다. 가령 김동리의 『무녀도』 같은 작품은 세계관을 둘러싼 가족간의 갈등을 보여주는데, 종교와 세계관을 주제로 한 작품으로는 매우 적절하다고 하겠다.

물론 이러한 글감은 국어교과서에서 일정하게 소개되어 왔지만 최근에는 이런 글감들이 배제되는 경향이 있다. 이러한 도서 글감들을 독서과제 부여로 적극 부여하고 학생들로 하여금 이를 토론하게 한다면, 세계관 관련 독서 교육은 우리 청소년들의 인격 형성에 큰 힘을 발휘하는 것은 물론 장차 국민의 지력(知力)과 도덕성 향상에도 기여하게 될 것이다.

그리고 이 제2 수준에서는 제1 수준에서 다룬 경서나 해당 종교를 비판하는 글과 다시 이를 반박하고 변증하는 글들을 실을 수 있다. 가령, '왜 나는 기독교인이 아닌가'에 대해 쓴 러셀(Bertrand A. Russel)의 글이나 '왜 나는 기독교인이 되었는가'에 대해 쓴 중국 임어당(林語堂)의 글을 직설적으로 대비해 보게 할 수도 있다. 최근 '공자가 죽어야 나라가 산다'라는 식의 유교비판적 글과 장지연의 「유교연원(儒教淵源)」과 같은 글도 비교해 보게 할 수 있다. 불교개혁을 외친 한용운의 「불교유신론」과 불교를 비판하는 글 같은 것도 학생들이 균형적 사고를 갖는 데 도움을 줄 수 있다.

6. 제6차 교육과정 초중고 국어교과서의 종교 이해 관련 내용

앞에서 우리는 다섯 가지 세계관의 유형을 살펴보았다. 아울러 이를 문학교육에서 가끔 언급하는 헬레니즘과 헤브라이즘의 2대 세계관과 연결시켜 도식화해 보았다. 이러한 2대 사조, 5대 세계관의 요소는 우리의 초중고 국어교육 교육과정과 교재들에는 어떻게 나타나고 있을까.9) 결론적으로 말해 국어과를 포함한 전 교과는 종교배제주의의 관

---

9) 우리 교과서의 전반적 문제점에 대해 이용숙(1998)은 다음과 같이 지적한다. 먼저 우리 교과서는 판형은 작고 글자는 커서 게재된 글의 양이 서구 교과서보다 훨씬 적다. 이 짧은 글에 압축된 주제를 집어넣고 요약식 설명을 가하고

점에 투철하여 종교적 사색을 통한 세계관 형성에 전혀 기여하고 있지
못하다.

1) 초등학교 국어교과서

초등학교 국어교과서를 보면 종교적 교훈을 담은 설화 하나 없이 건
조한 이야기들로만 구성되어 있다. 겨우 4학년 2학기 국어과 읽기 교과
서 14과 「나보다 남을 높이는 삶」에 실린 <세 가지 소원 이야기>에서
'조물주'라는 단어가 한 번 나오기는 하지만, 신에 관한 자연스런 상상
을 도입하는 것이 아니라 부자의 욕심을 경계하는 권선징악적 이야기
와 관련해서 잠깐 등장할 뿐이다. '조물주'도 개신교의 '하나님'과 천주
교의 '하느님'이라는 용어 문제를 피하기 위해 채택한 단어일 것이다.
그러나 '하느님'은 이들 두 종교 이전에 우리 조상들이 자연신으로서의
신을 가리키는 일반명사로 써 온 우리말이니 일반 교과서에서 종교색
과 무관하게 써도 된다.

한편 4학년 1학기 '읽기'책 47쪽의 <머리 아홉 달린 괴물> 안에서
'산신령'이라는 용어를 쓰고, 5학년 2학기 '읽기'책 31쪽에서는 장승 이
야기를 하면서 '마을 수호신'이라는 용어를 사용하고 있다. 산신령이나
마을 수호신과 같은 개념은 비록 허구적일지라도 신관(神觀)의 문제와
관련된다. 그런데 무교적(巫敎的) 신관(神觀)인 산신령이나 수호신에 대
해서는 이렇게 이야기하면서 정작 우주적 신관 문제를 도입한 글을 하
나도 싣지 않는다는 것은 재고해야 한다.

그 밖에 불교와 관련한 <화엄사를 찾아서>(4학년 1학기 읽기)와 <오

있으며, 보충 사진과 자료 등은 대단히 부족하다. 따라서 극히 단조롭고 이해
가 어려우며 당연히 학생들로부터 학습의 흥미를 이끌어 내는 데 실패하게 되
어 있다. 국어와 문학의 경우도 난해한 글이나 도덕적 가치를 위주로 하는 글
이 대부분을 점하며, 최신작은 배제하고 노세대의 문제가 반영된 낡은 글들로
채워져 학생들의 흥미를 유도하는 데 실패하고 있다. 반면 서구의 교과서들은
초등학교 교재부터 다양한 문체와 장르의 글, 최신 소재와 주제를 담은 글들
을 싣고 있다.

세암>(5학년 2학기 읽기), 역사관과 도덕관 형성에 도움을 줄 수 있는 이야기(이퇴계, 한석봉, 오성과 한음, 김구, 윤봉길, 유관순, 최무선, 주시경, 석주명, 베토벤, 파브르, 에디슨, 슈바이처, 테레사 수녀 등), 교훈적 고전문학(별주부전, 흥부전)과 설화가 보일 뿐, 신에 대한 사색이나 인간의 기원과 죽음에 관한 동화적 사색, 죄와 선악의 상관성 문제 등을 아동의 발달에 맞추어 문학적으로 형상화한 것은 거의 찾아보기 어렵다.

2) 중·고교 국어교과서

이러한 사정은 철학적 사색기에 접어든 사춘기 청소년들이 읽고 공부하는 중·고교 국어교과서에서도 마찬가지다. 신, 죽음, 내세, 죄, 역사 등의 세계관에 대한 고민을 보여주는 글은 중·고교 국어과에서 거의 보이지 않는다.

종교의 경우, 기독교에 대해서는 지나치게 종교배제주의적 관점이 적용된 반면, 불교에 대해서는 전통문화적 차원에서 수용 게재되고 있다. 가령 제6차 과정 중학국어 1학년 2학기에는 법정 스님의 <아름다움에 대하여>, 2학년 2학기에는 월명사의 <제망매가>, 최신해의 <따뜻한 석탑>, 3학년 1학기에는 남도의 절을 답사한 이야기인 유홍준의 <월출산과 남도의 봄>, 김재홍의 <만해 한용운>, 3학년 2학기에는 조지훈의 <승무>가 실려 있어 불교인이나 불교적인 글이 여럿 보인다. 그러나 이 불교 관련 글들도 국어교육이나 언어문학의 관점에서 불교적 세계관을 이해하는 데 목적을 둔 것이 아니어서, 국어교육 테두리 안에서 종교 이해 교육을 하는 데는 크게 미흡한 실정이다.

다음으로 제6차 교육과정의 고교국어 상권은 <독서와 인생>(이희승)이란 글을 실어 독서 문제를 배려하고 있다. 종교적 글감은 상권에서 불교를 배경으로 하는 <불국사 기행>(현진건), <구운몽>(김만중), <안민가>(충담사), 하권에서 승려시인 한용운의 <논개의 애인이 되어서 그의 묘에> 정도가 나온다(한용운의 글은 중학국어에 이어 두 번씩이나 실리고 있다). 그런데 이들 불교 및 불교인 관련 내용도 오히려 과거의 교과서에 실렸던 <등신불>이나 <오봉 스님 이야기>와 같은 정통 불교적 성격의 글이 아니어서 불교적 세계관을 이해하는 데에는 미흡하다. 기독교 관련 내용은 전무한데 굳이 관련 글을 든다면 윤동주에 대한 회고담(정병욱, <잊지 못할 윤동주>) 정도를 들 수 있지만 정작 윤동주의 기독교 신앙 생활과 관련한 이야기는 하나도 없어서 세계관 이해와는 무관하다.

여기에서 주장하고자 하는 것은 불교 관련 글만 있으니 기독교 관련 글들도 넣자는 것이 아니다. 불교 관련 글들이라 해도 불교정신을 이해하는 데는 크게 미흡하다. 종교 이해 교육을 통해 청소년의 세계관 형성을 지도하기 위해서는 국어과 독서 지도에서 유교·불교·기독교 영역의 좋은 글감들을 배려하는 노력이 뒤따라야 함을 강조하는 것이다.

제6차 교육과정에서부터 나온 '독서' 교과서에서도 사정은 마찬가지다. 교육부의 검인정 교과서 검정기준에 종교배제적 기준이 명시되어 있어 집필자들이 종교적인 글을 아예 배제했을 것인데, 다원 종교 문화 국가인 우리가 언제까지 종교색의 배제라는 좁은 틀에 갇혀 아동·청소년의 세계관 이해와 형성을 가로막을 것인지 재고할 일이다.

요컨대 특정 종교에 치우친 편파적 게재는 배격해야 하겠지만 현실적으로 큰 영향력을 지닌 유교·불교·기독교라는 주요 종교에 대해서는 그 세계관을 동화나 소설, 수필, 희곡 등의 글감으로 형상화하여 초·중·고 교과서에 적극 안배하는 열린 사고가 교과서 정책자와 편찬자들에게 요구된다고 하겠다.

7. 맺음말

오늘날 우리는 한국 사회의 현실을 언급할 때마다 현대의 비인간화를 개탄하며 학교교육에서 인성교육을 강화하기 위한 방안을 짜는 데 골몰한다. 그러나 이는 늘 공허한 구호로만 그치고 각급 교과에서 어떻게 인성교육의 방안을 반영할지에 대해서는 막막해한다.

다원 종교문화권에 속하는 우리나라는 각 교과마다 '종교배제적 관점'에 의해 세계관 관련 종교 문제를 피할 것이 아니라 이를 보다 적극적·균형적으로 이해하기 위한 '종교포괄적 관점'에 입각하여 전략을 세울 필요가 있다. 국어과와 독서과 부문에서도 이러한 관점에 입각하여 세계관 형성에 기여할 교과전략을 개발할 필요가 있다.

이미 우리의 국어과 관련 교재에서는 고전(古典) 영역에서 보다시피 전통 종교문화(주로 유교와 불교)가 밴 것을 일부 싣고 있다. 이 점에서 국어교육과 세계관의 상관성 문제는 결코 새로운 문제제기가 아니며, 이미 우리의 국어과 교육과정에 영향을 미치고 있는 피할 수 없는 주제다.

독서는 이러한 세계관과의 만남을 유도하는 일이다. 이러한 세계관을 담고 있는 동서 고전의 거룩한 '말씀'과의 만남이 잘 이루어지기 위해서는 '말씀'을 바르게 소개하는 작업이 필요하다. 오늘날의 학교교육에서 이러한 일을 감당해야 하는 것은 독서교육이며, 특히 국어과 및 독서과에서 감당하여야 하며 그 안내자가 바로 교사다. 국어과와 독서과에서 이러한 경전의 독서를 권유하고 실질적 지도를 행하지 않는다면 국어과 및 독서과 교사들은 스스로 기능주의 언어관에만 갇힌 존재가 될 수밖에 없다.

국어교육의 학문연구도 마찬가지다. 현재 읽기 연구의 경우 '무엇을 읽을 것인가'라는 내용 연구보다는 '어떻게 읽을 것인가'라는 읽기 기능 과정 쪽으로 연구가 치우쳐 있다. 따라서 읽기 대상의 내용에 대한 연구가 적극 이루어져야 한다. 앞에서의 논의는 바로 이러한 관점 위에 선 것으로, '무엇을 읽을 것인가'의 문제를 세계관의 문제와 종교 이해 교육의 시각에서 접근하였다. 단 여기에서도 '세계관 형성을 위한 독서 목록'의 선정과 목록의 학년간 위계화에 대해서는 깊이 다루지 못하였는데 앞으로 이에 대한 논의가 더 필요하다.

국어과는 전통적으로 문학교육을 통해 청소년들의 종교적·영적 욕구를 해소해 왔고 앞으로도 그럴 것이다. 이에 국어교사들은 가치관의

혼돈 속에 향락적 대중문화의 희생자가 되어 가는 오늘의 청소년, 곧
한국의 미래의 주역들에게 종교 이해 교육을 위한 경서 독서 및 세계관
주제 관련 독서를 안내함으로써 이들이 바람직한 세계관을 가질 수 있
도록 길잡이 역할을 해야 할 것이다.

참고문헌

강영안 외(1998), 『대중문화 더 이상 침묵할 수 없다』, 예영커뮤니케이션.
김경일(1983), 『독서 교육론』, 일조각.
김경일(1988), 『독서 교육과 독후감 지도』, 세문사.
김병원(1976), 『독서와 독서 지도』, 보림출판사.
김병원(1977), 『기능 독서』(교육신서 48), 배영사.
김병원(1979), 『새시대의 독서 교육』, 배영사.
김봉군(1996), 「한국인의 가치관과 독서학의 과제」, 『독서연구』 창간호, 한국독
　　　　서학회.
김석길(1984), 『당신은 원숭이 자손인가 - 미신적 진화론 비판 - 』, 홍성사.
김승환(1979), 『독서 교육과 현장 지도』, 나라기획.
김현희(1997), 「아동문학 읽기의 새로운 현상과 접근」, 『독서연구』 2.
김효정・김승환・한복희・송영숙(1997), 『독서교육의 이론과 실제』, 한국도서
　　　　관협회.
김희락(1997), 「독서 관련 문헌목록」, 『독서연구』 2.
노명완(1975), 「초기 독서에서의 교수 방법이 독서 전략 형성에 미치는 효과」,
　　　　서울대학교 석사학위논문.
노명완(1988), 『국어교육론』, 한샘출판사.
노명완(1996), 「독서 개념의 현대적 조명」, 『독서연구』 창간호.
노명완・박영목・권경안(1988), 『국어과 교육론』, 갑을출판사.
민병덕 역(1986), 『독서의 기술』, 범우사.
문화체육부(1996), 「1996년도 독서 진흥에 대한 연차 보고서」.
박수자(1993), 『읽기 전략 지도 교재 구성에 관한 연구』, 서울대학교 박사학위
　　　　논문.
박수자(1994), 『독해와 읽기 지도』, 국학자료원.
박영목(1988), 「독서 행위에 있어서의 정보 처리 과정」, 『교육심리연구』 21, 교
　　　　육심리연구회.

박영목(1996), 『국어 이해론 - 독서 교육의 기저 이론』, 법인문화사.

박온자(1996), 「청소년용 독서 자료에 관한 연구」, 『독서연구』 창간호.

박이문(1996), 「인문계 텍스트의 독서론」, 『책 어떻게 읽을 것인가』, 민음사.

박인기(1998), 「아동용 독서 자료의 비판적 고찰」, 『독서연구』 2.

손정표(1993), 『독서 지도 방법론』, 학문사.

스티븐 코비 저, 박재호·김경석·김원석 공역(1994), 『성공하는 사람들의 7가
　　　지 습관』, 김영사.

신헌재·이재승(1991), 『독서 교육의 이론과 실제』, 서광학술자료사.

신헌재 외(1993), 『독서 교육의 이론과 방법』, 서광학술자료사.

우한용(1997), 『문학교육과 문화론』, 서울대학교출판부.

이대규(1995), 『국어 교과의 논리와 교육』, 교육과학사.

이신자(1995), 「저학년 아동의 책 읽기 자극 자료의 개발 적용을 통한 독서 습
　　　관 형성에 관한 연구」, 『교육한글』 8, 한글학회.

이재승·천경록(1997), 『읽기 교육의 이해』, 우리교육.

이상태(1979), 「읽기의 과정과 그 검증」, 『배달말』 4, 배달말학회.

이용숙(1998), 「학습을 위한 독서 자료로서의 교과서 분석」, 『독서연구』 3.

이윤복(1998), 「국어과 읽기 교육의 효율적인 평가 방안 연구」, 숙명여자대학교
　　　석사학위논문.

정길정·연준흠(1996), 『외국어 읽기 지도의 이론과 실제』, 한국문화사.

정동화(1977), 「독서 흥미의 발달에 관한 연구」, 『국어교육』 30, 한국국어교육
　　　연구회.

정옥년(1998), 「독서와 청소년 지도」, 『독서연구』 3.

정재찬(1997), 「문학 正典의 해체와 독서 현상」, 『독서연구』 2.

조영희(1993), 『독서 지도의 효율화 방법론』, 신아출판사.

천경록·이재승(1997), 『읽기 교육의 이해』, 우리교육.

클립톤 파디먼 저, 김주영 역(1995), 『일생의 독서계획』, 태학당.

한국창조과학회(1981), 『진화는 과학적 사실인가』, 태양문화사.

한국창조과학회(1984), 『창조는 과학적 사실인가』, 태양문화사.

한국출판연구소(1995), 「제3회 전국 국민 독서 실태 조사」, 한국출판연구소.

한철우(1992), 「읽기 학습 모형 및 책략」, 『한국어문교육』 2, 한국어문교육학회.

한철우·박진룡(1998), 「청소년 독서 자료의 분석」, 『독서연구』 3.

현용수(1999), 『IQ는 아버지 EQ는 어머니』, 조선일보사.

한철우·천경록 공역(1997), 『사고 중심 전략 중심 독서 지도 방법』, 교학사.

Axelrod, Rise B. and Charles R. Cooper(1987), *Reading Critically, Writing
　　　Well: A Reader and Guide*, New York : St. Martin's Press.

Dickinson, David K. ed.(1994), *Bridges to literacy: children, families, and schools*, Cambridge, MA : Blackwell.

George, Diana and John Trimbur eds.(1995), *Reading Culture: Contexts for Critical Reading and Writing*, New York : Harper Collins College Publishers.

Graves, Michael F., Susan M. Watts, Bonnie B. Graves(1994), *Elementary reading methods*, Boston : Allyn and Bacon.

Larrick, Nancy(1982), *A parent's guide to children's reading*, Philadelphia : Westminster Press.

McWhorter, Kathleen T.(1998), *College reading and study skills*, New York : Longman.

O'Keefe, Jack(1991), *Reading to Writing: Form and Meaning*, San Diego : Harcourt Brace Jovanovich.

Reason, Rea and Rene Boote(1994), *Helping Children with Reading and Spelling: a Special Needs Manual*, London : Routledge.

Reynolds, William M.(1989), *Reading Curriculum Theory: The Development of a New Hermeneutic*, New York : P. Lang.

Sarland, Charles(1991), *Young People Reading: culture and response*, Philadelphia : Open University Press.

Smith, Brigid(1994), *Through writing to reading: classroom strategies for supporting literacy*, London : Routledge.

Spache, George Daniel(1976), *Diagnosing and correcting reading disabilities*, Boston : Allyn and Bacon.

한국어와 민족주의

김 영 욱[*]

요약

　조선의 지배적 이데올로기는 사대주의(事大主義)였으며 이것은 맹자
에서 유래하였다. 민족주의는 조선 후기의 동학전쟁에서 그 맹아를 볼
수 있다. '국어(國語)'란 말은 한국에서 전통적으로 사용해 왔는데 훈민
정음해례본(訓民正音解例本)에서 그 용례를 발견할 수 있다. 한국의 '국
어'는 어원적 의미나 문맥적 의미에서 민족주의적 색채를 내포하고 있
지 않다. 일본의 '고쿠고(國語)'는, 일본의 근대화 과정에서 형성된 인위
적인 개념이라는 점에서 한국의 '국어'와는 개념상 차이가 있다. 개화기
국어교과서는 민족주의적 관점에서 두 시기로 구분된다. 전반기(1896~
1905)에는 민족주의적인 색채가 없었으나 후반기(1906~1910)에 들어서
자주독립, 애국사상 등이 반영되기 시작했다. 주시경 학파에 의해 주도
된 어문민족주의 사상이 싹트기 시작한 것도 이 무렵이다.

1. 들어가기

　이 글의 목적은 한국어와 민족주의의 상호 관련성을 역사적인 관점
에서 살펴보는 데 있다. '언어가 사고를 지배한다'는 명제를 부분적으로
라도 수용하게 되면, 우리말이 민족주의와 어떠한 관계에 있는지에 대

＊ 서울시립대학교 국어국문학과 교수

해서도 논의할 수 있는 여지가 생긴다. '국어'라는 말 자체부터 내셔널 리즘이 짙게 배어 있지는 않은지, 한국어를 가르치고 배우는 과정 속에서 민족주의가 스며 있지는 않은지 의심할 수 있다. 민족주의가 우리말과 어떠한 관련이 있는지를 살펴보는 것은 우리의 언어문화를 밝히는 문제이기도 하려니와 한민족의 사상사 연구와도 밀접한 관련이 있다.

이 글의 내용은 다음과 같이 펼쳐진다. 우리의 역사 속에서 한민족의 지배적인 사상은 무엇이었는지를, 비록 단편적이기는 하지만 중국이 한반도를 어떠한 관점에서 보았는지에 관한 역사기록을 중심으로 살펴볼 것이다. '국어'의 개념과 관련해서는 일본의 경우와 대비적인 관점에서 형성 배경과 사용례를 중심으로 논의를 진행할 것이다. 근대 민족주의가 싹트기 시작한 19세기 말의 정치사회적 배경을 바탕으로, 이것이 당시 국어교과서에 어떠한 영향을 미쳤으며 당시의 지식인들이 국어에 관해서 어떠한 사상을 지녔는지도 밝힐 것이다.

2. 사대주의와 민족주의

1) 민족의식

한국은 흔히 민족의식이 강한 나라로 인식되고 있다. '귀소본능적(歸巢本能的)'이라고 할 정도로 고향에 대한 애착이 강하며 해외 이주 한국인들도 고국에 대한 그리움이 타민족에 비해 강하다는 점은 분명한 듯하지만, 이것은 이스라엘 민족에서 보이는 것처럼 선민의식과 같은 의식적인 행동양상과는 성격이 다르다. 더욱이 전체주의적인 양상으로까지 번지기도 했던 독일이나 이탈리아의 경우와도 사뭇 다르다.

민족의식이 민족주의와 관련이 없지는 않겠지만, 민족주의와 동일한 부류로 보기는 어렵다. 혈통이나 언어가 같고 생활방식이 비슷한 공동체에서, 구성원들 사이에 비슷한 사고방식과 동류의식이 생기는 것은 자연스러운 현상이다. 민족의식이란 한 민족이 어떤 사회의 다수적 구성원을 이루고 있을 때, '한 공동체에서 그 구성원들이 공유하게 되는

의식'의 일종이다. 동일한 언어와 전통 문화 아래에 있는 구성원들이
지니는 비슷한 생활방식이나 생김새, 행동양상 등이 민족의식을 형성하
는 요소인 셈이다.

이러한 양상은 단일언어권, 단일문화권, 단일민족 등의 조건을 지닌
국가일수록 강하게 나타날 법하지만, 한국은 이러한 조건을 잘 갖추고
있음에도 불구하고 한민족의 역사를 더듬어보면, 민족에 관한 의식이
강한 편이라고 단정하기는 어렵다. 이것은 한국인의 전통문화 속에 깊
게 배여 있는 사대사상(事大思想) 때문이 아닌가 한다. 한국과 중국의
역사적 관계에서도 '사대'의 개념에 대한 이해는 필수적이다.

2) 사대(事大)의 개념

'사대'라는 사회적 행동양식 또는 정치의식은 한국 특유의 것이라기
보다는 한자문화권에 속하는 여러 민족들의 역사 속에서 나타나는 전
통적인 흐름 중 하나로서, 맹자(孟子)에서 비롯되었다.[1] 맹자의 사대사
상은 다음과 같은 구절에서 잘 드러난다.

>   以小事大者畏天者 畏天者保其國[2]

위의 구절은, "소인이 대인을 섬기는 것은 하늘을 두려워하기 때문인
데 하늘을 두려워하는 자는 나라를 보존한다"라는 정도로 풀이할 수 있
다. 즉 '사대'란 나라를 보존하는 방법임을 의미한다. 물론 이것은 약자
가 강자에게 굴복해야 한다는 강자의 지배논리를 강조하는 것은 아니
다. 맹자에서 이 구절은 "有惟仁者 爲能以大事小"와 짝을 이루고 있다.
인자(仁者)는 사소(事小)할 줄 알아야 하고, 이와 같은 인자가 사대의 대

---

1) 『孟子』梁惠王 句(上), "齊宣王問曰 交隣國有道乎 孟子對曰 有惟仁者 爲能
以大事小 是故湯事葛 文王事昆夷 惟智者 爲能以小事大 故大王事獯鬻 句踐
事吳 以大事小者 樂天者也 以小事大者 畏天者也 樂天者保天下 畏天者保其
國".
2) 『孟子』梁惠王 句(上).

상이다. 대인(大人)이 인(仁)을 지녀야 한다는 것이 맹자의 가르침이고, 인자를 섬기는 것은 소인 혹은 소국의 도리라는 것이 '사대'의 개념이다.

이러한 '사대'의 개념은 공자의 '인(仁)' 사상에 뿌리를 두고 있다.[3] "仁者樂山 知者樂水"라는 말은 글자 그대로 "어진 사람은 산을 좋아하고 지혜로운 사람은 물을 좋아한다"고 풀이할 수도 있겠지만, 여기에 등장하는 '산'과 '물'은 '인자(仁者)'과 '지자(知者)'의 속성에 비유한 것이다. 산(山)이라는 존재는 나무와 바위뿐만 아니라 조그마한 생명까지도 더불어 사는 공간이다. 조그마한 것에 대해서도 존재의 가치를 인정하고 더불어 살아가며 은혜를 베푸는 '덕'에 해당하는 것이 '산'의 의미일 테고 이러한 산의 덕을 지닌 것이 '인(仁)'이요 '대(大)'다. 인자가 사소(事小)해야 한다는 본성을 공자는 '산'이라는 글자 하나로 표현한 것이다. 지자를 물에 비유한 것도 마찬가지다.[4]

3) 민족의식에 관한 몇 가지 기록

한민족과 관련된 역사적인 기술은 중국의 역사서에 간헐적으로 나타난다. 『후한서(後漢書)』에 한국의 민족성에 관한 중국인들의 관점을 잘 보여주는 기록이 있다.

王制云 東方日夷 夷者柢也 仁而好生 萬物柢地而出 故天性柔順 易而
道御 至有君子 不死之國焉[5]

---

3) 맹자의 '事小, 事大' 개념은 공자에 기인하였다. "知者樂水 仁者樂山 知者動
仁者靜 知者樂 仁者壽(論語 雍也)".

4) '물'은 그 본성을 바꾸지 않으면서도 상황에 잘 적응한다. 높은 데서 낮은 곳으로 흐르면서, 때로는 빠르게 때로는 유유하게 자연의 이치를 거스리는 법이 없다. 지혜로운 자는 자유로우면서 이치를 거스리지 않는다. 공자는 '知者'의 본성을 이 물에 비유하였다.

5) 『後漢書』東夷列傳75.

한민족은 어질고 생명을 귀히 여기며 천성이 부드러워 도(道)로써 다스릴 수 있다는 내용이다. 당시 한반도에 거주하던 사람들이 민족성을 앞세워 타민족에 대해 배타적이거나 국수적이었더라면 위와 같은 기록이 존재하기는 어려웠을 것이다. 아래와 같은 기록도 있다.

辰韓 耆老自言秦之亡人 避苦役 適韓國[6]

이는 한반도 거주민의 말을 인용한 것으로, 그들의 조상이 중국에서 유래했다는 내용이다. 한국이라는 땅이 대륙의 고난을 피할 수 있는 신천지였다는 것인데, 기록의 진실성 문제는 덮어두더라도 이러한 말 속에서 당시 한국인의 중국에 대한 동경심을 짐작하기는 어렵지 않다. 이 기록에서 중국과 한국이 동일한 민족은 아니라 할지라도 차별성보다는 동질성의 관점을 중시했음을 읽을 수 있다.[7]

한반도에 존재한 고대 국가들에서 민족적인 정서나 민족적 일체감을 통치의 기본이념으로 삼았다는 흔적은 발견하기 어렵다. 다음은 백제의 지배층이나 풍습에 관한 기록인데 이 곳에서도 민족주의적 정서는 읽기 어렵다.

(百濟)號所都城 謂邑檐魯 如中國之言郡縣也 其國土有二十二檐老 皆子弟宗族分據之 其人形長 衣服潔淨 其國近倭 頗有文身者[8]

백제국에 22개의 담로(檐老)가 있는데 대부분 통치자의 자손들이 분할하여 차지했고 이들이 지배계층을 형성하였다는 것이다. 지배자와 피지배자 문제는 있었겠지만 이러한 귀족계층들이 중국과 왜(倭)와의 관계에서 배타적이거나 국수적이었다는 것은 이 기록에 보이지 않는다.

---

6) 『後漢書』東夷列傳 韓.
7) 당시 중국인들도 한반도의 국가를 중국의 일부였고 고조선의 지배계층은 중국인이라고 생각한 듯하다. 『史記』朝鮮列傳 55, "朝鮮王滿者 故燕人也 自始全燕時 嘗略屬眞番朝鮮 爲置吏".
8) 『南史』百濟.

신라도 상황은 마찬가지인 듯하다.

上謂壽曰9) 新羅號爲君子之國 頗知書記 有類中華 以卿學術 善與講論 故選使充此 到彼宜闡揚經典 使知大國儒敎之盛10)

비록 단편적이기는 하지만 적어도 이런 기록들을 검토해 보면 민족주의적인 혼적은 어디에서도 발견하기 어렵다. 앞에서도 언급한 맹자를 비롯한 유교주의는 고려시대를 거쳐 조선조에 이르러 지배계층에 절대적인 영향을 미쳤다. 특히 조선조 지배층이 취한 외교정책의 기조는 사대교린(事大交隣)이었다. 이러한 사대주의가 팽배한 조선시대에 민족주의가 싹트기는 어려웠을 것이다.

물론 조선조의 문필가들 중에는 김만중의 『서포만필』에서처럼 모국어의 중요성을 강조한 경우도 있지만, 이것은 표현의 문제지 사상의 문제라고 보기는 어렵다. 훈민정음 서문에 보이는 세종의 글도 민족의식의 문제라기보다는 통치자로서의 애민정신, 표현 능력의 신장, 표현의 정확성 등과 관련된 문제로 보인다.

4) 근대 민족주의의 발생

민족주의란 민족의 자립이나 통일을 가장 중요한 것으로 간주하는 사상적 경향이다. 이것은 정치적인 속성을 지니고 있으며 역사적 사건들과 밀접히 관련되어 있다. 근대 민족주의의 발생은 19세기 유럽의 정치적 상황과 얽혀 있다. 특히 나폴레옹 전쟁 이후 유럽의 국가 지도(地圖)가 바뀌는 과정에서 프랑스, 독일, 이탈리아 등에서 발생한 민족국가의 통일운동과 관련이 깊다. 프랑스 대혁명 이후 민족주의운동은 자유주의 사상과 맥을 같이하며 발달하였고,11) 당시 민족주의운동의 주체

---

9) 上은 唐 玄宗을 가리킨다.
10) 『後漢書』 東夷列傳 韓.
11) 프랑스 청년의 애국심이 오스트리아·프로이센 동맹군을 격파하는 원동력이

는 봉건체제에 대항하는 시민들이었다. 그들은 스스로의 자유와 권리를
지키기 위한 방법의 하나로서 이 민족주의를 창출하였다.

유럽의 민족주의는 반봉건주의와 자유주의에 기초했지만 한국의 경
우는 유럽과는 그 사회적·역사적 배경에서 차이를 보인다. 민족의식이
가장 팽배했을 것으로 짐작되는 개화기에도 민족주의는 보편적이지 않
았던 듯하다. 개화기 초 중요한 정치세력이었던 수구세력이나 개화당에
서 민족주의적 색채를 발견하기 어렵다.

> 朝鮮維新黨亂作 初朝鮮自立約通商後 國中新進輕躁喜事 號維新黨 目
> 政府爲守舊黨 相水火 維新黨首金玉均洪英植朴泳孝徐光範徐載弼 謀殺
> 執政代之 五人常游日本 暱日人 至是倚爲外援[12]

유신당이라고 하는 개화세력도 일본에 의지하였고 민족 주체의 자주
적 개혁 양상을 보이지는 않았다. 당시 정부의 중심세력이었던 수구당
역시 중국에 의지하였던 것이다.

한국의 근대 민족주의는 동학혁명에서 그 싹을 찾을 수 있다. 동학은
처음에는 종교적인 문제로, 다음은 가정(苛政)에 대한 생존권 수호의 차
원에서 청국과 일본 군대의 파병에 대항하기 위해 힘을 결집하고자 하
였다. 여기에서 반외세, 자주의 문제가 등장한다. 이렇게 보면 동학전쟁
도 처음부터 민족주의적 이데올로기에 의한 것이 아니었음을 알 수 있
다.

> 朝鮮賦重刑苛 民多怨上 黨[13]人乘之 遂倡亂於全羅道之古阜縣[14]

었다. 빈 체제에 항거한 프로이센과 이탈리아 등도 민족주의를 통해 시민의
힘을 결집할 수 있었고, 이것이 민족국가의 바탕이 되었다. 시민운동의 승리
와 귀족으로부터의 해방, 그 결과가 근대 민족국가의 탄생이었다.

12) 『淸史稿』 朝鮮列傳.

13) 東學黨을 뜻한다.

14) 『淸史稿』 朝鮮.

조정과 외세의 개입 정도에 대응하여 종교적인 문제가 계급의 문제로, 이것이 외세에 대항하기 위한 민족주의로 변화했던 것이다. 그러나 동학전쟁과 관련하여 등장한 민족주의가 당시 모든 계층을 초월하여 조선이라는 민족국가의 이데올로기가 되었다고 보기는 어렵다.

3. 국어와 민족주의

1) '국어'의 개념

'국어(國語)'라는 말은 '한국어'와 대비되어 상보적으로 사용되는 경향이 있다. 가령 중국어 혹은 일본어 등과 대비되는 문맥에서는 '한국어'라는 말이 자연스럽지만, 다른 언어와의 대비적 문맥이 아닌 경우에는 Korean language를 가리키는 말로서 '국어'가 자연스레 사용된다. 가령 '국어교육'과 '한국어교육'이라는 말의 쓰임을 보면, 전자는 토박이를 위한 언어교육이고 후자는 외국인을 위한 제2언어로서의 Korean language라는 의미로 사용되는 경향이 있다.

국어를 National language로 이해하기도 하나 여기에 대응하는 것으로는 '민족어(民族語)'라는 말이 따로 존재한다. 예를 들어 '국어국문학과'를 National language and literature라고 번역하는 경우는 드물다. 적어도 한국에서 '국어'라는 말의 기본 의미는 Korean language지 National language는 아니다. '국어'라는 말은 한국에서 전통적으로 사용해 온 말이다. 훈민정음 해례본에서 그 용례를 확인할 수 있다.

· 一起 ㅣ 聲於國語無用15)

여기에 보이는 '국어'란 말도 National language라는 의미로 해석하기는 어렵다. 이것은 세종대왕의 훈민정음 서문에 나타나는 '국지어음(國之語音)'에 대응되는 것으로, 중국어와는 다른 하나의 자연언어로서

---

15)『訓民正音』解例本 合字解.

당시 조선이라는 국가에 통용되었던 말을 가리킨다.16) 이러한 자료에서 나타난 용례를 통해 '국어'가 한국에서 전통적으로 사용된 말이었음을 알 수 있으며, 위의 문맥에서 '국어'가 Korean language라는 의미임을 짐작할 수 있다.

일본에서도 '고쿠고(國語)'라는 말이 사용되는데, 그 개념은 National language에 대응되는 것으로 알려져 있다(이연숙, 2000 : 41~47). 일본은 식민지배시대에 대만을 통치하는 전략 가운데 하나로 식민지에 일본어를 강요하였는데 이 과정에서 인위적으로 형성된 것이 '고쿠고'라는 개념이다. 이 개념은 청일전쟁과 러일전쟁을 치르는 동안, 일본 열도의 젊은이들을 징병하고 이들을 한데 묶을 수 있는 이데올로기의 필요에 따라 구체화하게 되었다.

한자어로는 동일한 '國語'지만 그 개념은 한·일 양국 간에 상당한 차이가 있음을 짐작할 수 있다. 한국의 경우도 일제강점기 상황에서 이러한 이데올로기로서의 '고쿠고'에 피해를 입게 된다. 한국어에 대해서는 '국어'라는 말을 쓰지 못하게 한 것이다. 참으로 이해하기 어려운 일이지만, 그 이유를 굳이 찾는다면 당시 일본 통치자들이 가진 '고쿠고'에 대한 신앙심에 가까운 민족주의 이데올로기 때문이 아닌가 한다.

2) 어문민족주의

어문민족주의(語文民族主義)란 언어적 통일을 통해 민족의식을 고취하자는 것으로, 개화기 때 주시경(周時經) 선생을 비롯한 일부 지식인들 사이에 널리 퍼진 사상적 경향이다.17) 이들은 주로 한국어 문법 연구자

---

16) 『訓民正音』 解例本 御旨, "國之語音異乎中國與文字不相流通". 여기에서 국어의 개념을 짐작할 수 있는데, 국어가 중국어와는 다른 언어라는 의미로 사용되었다.

17) 개화기 초의 국어문법 연구자들이라고 해서 모두 민족주의적 이데올로기에 사로잡혔던 것은 아니다. 당시의 대표적인 문법학자로서 『대한문법』(1908)이라는 역저를 남긴 김규식 선생은 객관적이고도 과학적인 관점에서 국어문법을 기술하였다. 자세한 내용은 김영욱(2000) 참조.

들이었다. 한국어 문법에 관한 연구는 조선과의 통상이나 선교를 원하
는 외국인들이 선편(先鞭)을 쥐었는데, 출발점은 Siebold(1832)였다. 그
는 일본 데지마(出島)에 머물러 있던 네덜란드 회사 소속의 독일인 의
사로, 조선과의 통상에 깊은 관심을 보였다.

국내의 지식인들이 한국어 문법에 관심을 기울이게 된 계기는 고종
황제의 칙령(1894)이었다. 이 칙령에 기초하여 한글전용 문제가 대두하
고 이를 뒷받침하기 위한 '어문 통일'의 문제가 개화기 조선의 사회적
현안 가운데 하나로 떠올랐기 때문이다. 여기에 대한 문제 인식은 유길
준(1895)에서 그 싹을 찾을 수 있다.

> 一은 語意의 平順홈을 取ᄒ야 文字를 易解ᄒ는 者라도 易知ᄒ기를 爲
> 홈이오, 二는 余가 書를 讀홈이 小ᄒ야 作文ᄒ는 法에 未熟ᄒ 故로 記寫
> 의 便宜홈을 爲홈이오, 三은 我邦 七書諺解의 法을 大略 效則ᄒ야 詳明
> 홈을 爲홈이라.[18]

유길준 선생이 국한문체(國漢文體)를 채택한 중요 이유는 '문자의 이
지(易知)'와 '기사(記寫)의 편의'를 위한 것이었다. 그가 이러한 발상을
하게 된 동기는 크게 두 가지로 짐작되는데, 먼저 1881년 일본에 머무
를 당시 접촉한 일본 지식인 후쿠자와 유키치(福澤諭吉)의 영향을 꼽을
수 있다. 그러나 보다 중요한 것은 위의 기록에도 나와 있듯이 '언해(諺
解)의 법'을 따른 것이었다. 즉 당시의 조선 지식인들 사이에서는 널리
통용되지 않았던, 말하자면 언어 생활의 주류를 점하지 못한 한국의 전
통적인 언해문에서 사용된 국한문체를 그는 새시대에 걸맞는 문체라고
생각했던 듯하다. 그는 국어교육에도 깊은 관심을 보였다.

> 然則 小學 敎科書의 編纂은 國文을 專主홈이 可ᄒ가 曰 然ᄒ다. 然則
> 漢字는 不用홈이 可ᄒ가 曰 否라 …… 吾人이 漢字를 借用홈이 已久ᄒ야
> 其同化ᄒ 慣習이 國語의 一部를 成ᄒ야시니 苟其 訓讀ᄒ는 法을 用ᄒ則

---

18) 『西遊見聞』(1895).

其形이 雖曰 漢字이나 則 吾國文의 附屬品이며 輔助物이라.[19]

여기에서 국문전주(國文專主)가 주장되고 있는데, 이는 한자를 완전히 없애자는 급진적인 견해와는 구별된다. 한자 차용의 역사가 너무 오래 되어 이미 국어의 일부를 이루고 있다는 점을 깊이 인식하고 있었기 때문이다. 그렇지만 한자는 국어의 보조물 정도로 삼아 국어생활에 이용할 수 있다고 보았으며, 한자를 보다 쉽게 사용하는 구체적인 방안으로서 훈독을 주장하였다. 훈독에 대한 유길준의 집착은 그의 저술『노동야학독본(勞動夜學讀本)』(1908)에서도 잘 나타난다.

天(하날)이 自(스사)로 助(돕)는 人(사람)을 助(돕)는다.[20]

『노동야학독본』은 한국 최초의 노동자용 국어교과서라고도 할 수 있는데, 한자의 훈독 실례가 제시되고 있다.

그런데 이 책에서 우리의 눈길을 끄는 것은 첫 장의 삽화다. 유길준이 노동자와 악수를 나누는 그림인데, 그 옆에 "여보 나라 위ᄒᆞ야 일ᄒᆞ오 ᄯᅩ 사람은 배호아야 합닌다"라는 대화가 나온다. 다소 민족주의적 색채를 띤 것으로 보이지만, 이는 유길준이 민족주의적 성향을 지닌 지식인임을 보여주는 대목이라기보다는, 그가 일찍이 미국유학과 서구유람을 통해 얻은 만인평등의 민주주의적 사상을 엿보여 주는 대목으로 봄이 좋을 듯하다. 따라서 유길준으로 대표되는 개화기 지식인들의 어문통일에 대한 사상적 경향에서 민족주의적 흔적을 발견하기는 역시 어렵다.

어문민족주의의 싹은 주시경 선생이 조직한 독립신문사 내의 국문동식회(國文同式會, 1896)에서 움이 텄다. 신문 편집을 위한 국어표기법의 통일이 현안 문제이기도 했지만, 그는 여기에서 더 나아가 표기법 통일을 자주독립의 한 방법이라고 믿었다. 그의 이러한 사상은 『국어문법

19)「小學敎育에 대ᄒᆞᆫ 意見」,『皇城新聞』1908.
20)『勞動夜學讀本』第1, 89張.

(國語文法)』(1910)의 서문에 잘 나타난다.

其域은 獨立의 基요, 其種은 獨立의 體요, 其言은 獨立의 性이라.

언어는 민족의 얼이므로 언어가 살아야 민족국가가 존재한다는 것이다. 이러한 언어관은 당시로서는 하나의 경향에 지나지 않았지만,[21] 일본 당국의 식민통치가 점점 가혹해짐에 따라 그를 존경하는 젊은이들을 중심으로 전국적으로 파급되어 나갔다.

주시경에 의해 주창된 어문민족주의는 그의 활발한 사회활동과 국어연구에 힘입어 주시경학파를 형성하게 되는데, 김두봉과 최현배 등을 대표적인 제자로 꼽을 수 있다. 한일합방은 서울 중심의 강습소 수준에 머물렀던 주시경학파의 사상적 경향을 전국적으로 확산시키는 계기가 되었다. 앞에서도 언급한 바 있듯이 일본어를 국어로 삼게 한 일본의 식민정책은 식민당국의 의도와는 달리 한국인들에게 국어에 대한 민족의식을 심어 주는 촉진제 역할을 하였다. 이로써 주시경학파에 의해 형성된 어문민족주의는 한국 근대사상의 한 주류를 이루게 되었다.

4. 민족주의와 국어교과서

1) 제1기

교과서란 학교제도를 전제로 한다. 사회적 제도로서의 공교육 기관

---

21) 김규식은 『대한문법』(1908) 서문에서 주시경과는 상당히 다른 견해를 보여주고 있다. 우선 이 책의 서문에 해당하는 「國語歷代」(1~2장)에서는 국어가 계통적으로 투라니아어에 속한다는 점, 한문과 한국어는 계통이 다르다는 점, 한국어가 남방계통과 북방계통이 합쳐져 이루어졌다는 점 등 당시 일반 언어학계에서 유행하던 계통론에 관한 논의들을 수용하였다. 그리고 이에 입각하여 국어 역사를 간략히 기술하였는데, 주시경이 1910년 문법서 서문에서 한민족의 역사와 얼을 중심으로 논의를 전개한 것과 대조적이다. 「文法概意」(3장)에서는 문법을 "언어로 발하거나 문자로 기록한 것을 整齊한 規例를 정하여 論理한" 것이라고 한바, 심리적 언어관보다는 자료 중심의 기술문법적 태도를 보이고 있다.

을 '학교'라고 한다면, 이것은 근대화의 산물이라고 볼 수 있다. 이러한 전제를 받아들인다면 한국의 국어교과서는 1894년의 고종황제의 칙령에서 비롯한 것으로 볼 수 있다.

> 法律勅 總以國文爲本 漢文附譯 惑混用國漢文[22)

위의 칙령은 한국의 어문정책 역사상 매우 획기적인 것으로, 이에 기초하여 교육개혁이 단행되고 근대식 학교가 설치되었다. 당시 학무아문(學務衙門)에서는 『국민소학독본(國民小學讀本)』을 편찬하고 이어서 『소학독본(小學讀本)』(1895), 『심상소학(尋常小學)』(1896) 등을 제작하였다. 이것들은 일종의 독본으로 초기의 국어교과서라고 할 수 있다.

이러한 교육개혁은 표면적으로 내세운 자주독립의 의미도 없지 않았겠지만, 중국의 영향력을 배제하려는 의도가 더 강했다. 일본의 한반도 정책과도 일치하는 것으로, 즉 교육제도와 교과 내용의 개편을 통해 조선조의 지배적인 사상이었던 사대주의를 청산하고자 한 것이다. 청일전쟁 이후 중국은 한반도에서 그 영향력을 상실하고, 이에 숭문정신(崇文精神)에 입각한 전통적인 교육방식도 퇴색하게 되었다.

당시의 교과서였던 『국민소학독본』에서도 이러한 변화의 대목을 엿볼 수 있다. 예컨대, 중국 고대의 전설적인 요순(堯舜) 황제 시절의 통치는 한국인들에게 이상적인 정치란 무엇인지를 보여주는, 수천 년 동안 한국인들의 마음 속에 깊이 자리잡고 있었던 '이상국가의 모델'이었다. 애당초 비교의 대상이 될 수 없었던 이 지고지순한 모델에 흠집이 나기 시작하였다.

> 支那의 堯舜禹湯이 아모리 聖人이라 ᄒᄂ 我 世宗大王의 聖神ᄒ신 德을 엇지 當ᄒ리오.[23)

---

22) 「勅令」第1號 第14條.
23) 『國民小學讀本』.

세종대왕의 훌륭함은 의문의 여지가 없겠지만, 고종황제의 칙령 이 전에는 세종대왕이 중국의 성인들보다 우월하다는 주장을 공개적이고 교육적 내용의 글에 표현한다는 것은 거의 불가능한 일이었다.

그러나 이것도 민족주의와 연관짓기는 어렵다. 중국의 영향력을 배 제한다는 것이 곧 민족주의를 의미하지는 않기 때문이다.『심상소학』의 삽화에 서울 남산 근처의 일본인 거류지가 소개되어 있고(『尋常小學』3 卷 30張) 일본 군인들이 용감하게 싸우는 모습이 등장하는 것(『尋常小 學』2卷 1張)은 이를 보여준다. 이런 것들을 감안한다면 여기에 반영된 독립의식의 무게중심은 사대주의의 청산 쪽에 두어져 있는 것으로 보 인다. 따라서 비록 개화기 초기의 교과서가 자주독립과 개화정신에 입 각해 있다고 할지라도 여기에서 민족주의적인 흔적을 발견하기란 쉽지 않다.

2) 제2기

민족주의적 사상을 반영한 교과서가 등장하는 것은 1906년경이다. 그 중요한 계기가 된 것은 1905년의 「을사조약」 체결이라는 정치적 사 건이다. 새로이 각성된 민족주의적인 사상적 경향은 '국민교육회(國民教 育會)'의 이름으로 발간된 『초등소학』(1906)에서 우선 발견된다.

우리가 모든 工夫를 勤勉ᄒ야 國家를 富强케 ᄒ읍시다.24)

我朝鮮의 固有한 獨立을 保全홈은 地의 大小와 人의 多少에 在치 아니 ᄒ니 諸子들도, 乙支文德의 忠義와 勇猛을 效홀지어다.25)

萬國이 다 方言과 文字가 各有ᄒ니 我國은 我國文을 使用홈이 可ᄒ도 다 國文은 實로 億萬年에 獨立自主ᄒᄂ 表迹이니라.26)

---

24)『初等小學』卷1, 1張.
25)『初等小學』卷5, 19張.
26)『初等小學』卷6, 3張.

을사조약은 한국인들에게 정신적으로 큰 충격을 주었고, 당시 지식인들은 이러한 충격에서 벗어날 수 있는 길은 교육수준의 향상에 있다고 믿었다. 교육을 통하여 민족의식을 고취하고 민족적 단결을 통하여 국난을 극복하려 했던 것이다. 이에 "國文은 實로 億萬年에 獨立自主ᄒᆞᄂᆞᆫ 表迹"이라는 어문민족주의 사상이 자생적으로, 산발적으로 고개를 들기 시작했다.

같은 해에 장지연 선생이 숙장(塾長)으로 있던 휘문의숙(徽文義塾)에서 『고등소학독본(高等小學讀本)』을 발행하였다.

외국의 言語와 文字를 學ᄒᆞ되 必自國의 精神을 培養ᄒᆞ며 自國의 文字를 貴重히 ᄒᆞ고[27]

위의 구절에서도 알 수 있듯이 이 책에는 장지영의 독립자주사상이 짙게 배어 있다. 이어 1907년에 발행된 현채(玄采)의 『유년필독(幼年必讀)』도 그 범례(凡例)에서 "我韓人 尙泥舊習昧於愛國誠故 此書專以喚起國家思想爲主"라고 밝히는 등, 당시 편찬된 여러 교과서들은 애국사상의 고취를 그 목적으로 하였다.

최초의 교사용 지도서라고 할 수 있는 『유년필독석의(幼年必讀釋義)』(현채 지음, 1907)에서는 학생들로 하여금 애국사상을 불러일으키도록 한국의 역사와 지리에 교수의 주안점을 두도록 교사들에게 당부하고 있다. 위의 두 책은 1909년 일본 당국에 의해서 치안법 위반을 이유로 압수되어 금서가 되었다. 이러한 상황들은 1905년과 1910년 사이에 당시 지식인들에게 민족주의적인 의식과 활동이 절대적인 중요성을 띤 임무로 등장하게 되었음을 보여준다. 이는 개화기 초기의 교과서와는 양상을 달리하는 것으로서, 민족의식이 교과서에 적극 반영된 것은 1905년 을사조약 이후임을 알 수 있다.

이처럼 자주독립과 애국정신 등이 당시 지식인들에게 절대적인 임무

---

27) 『高等小學讀本』卷1, 10張.

로 부상하게 된 시대상황 속에서 주시경 선생의 어문민족주의 사상이 완성을 보게 된다. 어문민족주의 사상은 그가 22세(1897)에 쓴 최초의 논문 「국문론」(『獨立新聞』)에서 읽을 수 있다.

큰 聖人께서 만드신 글자는 배우기가 쉽고 쓰기도 쉬우니 이 글자들로 모든 일을 記錄하고 사람마다 젊었을 때 餘暇를 얻어 實相事業에 有益한 學問을 익혀 각기 할 만한 職業을 지켜서 우리나라 獨立에 기둥과 柱礎가 되어 우리 大君主陛下께서 남의 나라 임군과 같이 튼튼하시게 保護하여 드리며 또 우리나라의 富强한 威嚴과 文明한 名譽가 世界에 빛나게 하는 것이 마땅하도다.[28]

그가 철자법 통일에 힘을 쏟은 것도 위의 주장과 맥락을 같이한다. 자주독립을 위해서는 나라가 부강해야 하고 그러기 위해서는 신지식을 많이 알아야 하는데, 그러자면 글자가 배우기 쉬워야 하고 이를 위해서는 철자법의 통일이 필요하다는 것이다. '언어가 민족의 성(性)'이라는 그의 어문민족주의는 국수적이고 비논리적이라는 비판을 받기도 하였지만, 그의 이러한 신념이 오늘날 「한글맞춤법통일안」이라는 역사상 유래 없는 제2의 문자혁명을 가져다주었다.[29]

주시경 선생의 이러한 사상은 당시의 시대적 상황에서 핵심적인 위치를 차지하며 애국심에 불타는 젊은 학도들의 마음을 사로잡았다. 이에 어문민족주의는 주시경 선생의 문법이론을 바탕으로 학파를 형성하고, 한일합방 이후에는 전국으로 확산된다. 이러한 그의 국어운동은 주시경의 사후(死後)에도 그를 추모하는 제자들에 의해 더욱 확산되었다. 그 학맥은 '조선어학회'의 성립으로 더욱 튼튼히 자리매김하게 되었으

---

28) 李賢熙 譯.

29) 세종대왕의 '한글 창제'의 위대함은 말할 것도 없겠지만, 500년 만에 이것을 정리하여 현대 한국인의 문자생활에 어려움이 없도록 한 것은 '제2의 한글 창제'라 할 만하다. 자연 상태에서 어떤 문자체계가 철자법의 통일을 보려면 수백 년이 걸리는 것으로 되어 있다. 이 수백 년의 기간을 주시경 선생의 신념이 수십 년으로 단축시킨 것이다. 이러한 노력이 없었다면 20세기 현대 한국인들의 문자생활은 어떠했을까?

며 김두봉을 비롯한 그의 제자들에 의해서 민족독립운동으로 발전하게
되었다.

5. 맺음말

이데올로기로서의 민족주의를 한국의 역사 속에서 찾기란 쉽지 않
다. 조선의 이데올로기로 자리한 사대주의와 숭문주의를 뚫고 민족주의
가 그 맹아를 보인 것은 조선 후기의 동학전쟁에서였으나 아직 발화 단
계에까지는 이르지 못했다. 그러한 상황에서 두드러진 활동을 벌인 것
이 주시경 선생이었다. 개화기 지식인이었던 주시경 선생의 어문민족주
의는 그의 철저한 신념과 지식인으로서의 양심적 행동, 그리고 시대상
황에 힘입어 청년학도들의 마음을 사로잡았고, 을사조약과 한일합방 등
의 정치적 사건을 계기로 전 민족적인 호응을 얻게 된다. 이를 배경으
로 주시경학파가 성립되고, 그 핵심 사상이었던 어문민족주의는 20세기
전반기 한반도의 지배적 이데올로기로 자리잡게 되었다.

이러한 어문민족주의의 사상적 영향은 대한민국 정부의 출범과 함께
점차 사라져 갔으나, 주시경학파로부터 비롯된 한글맞춤법은 현대 한국
의 표준철자법으로 공인되어 지금도 사용되고 있다. 현행 국어교과서에
서는 어문민족주의의 흔적을 발견하기 어렵다. 시대상황이 바뀌고, 홍
익인간(弘益人間)이라는 교육이념이 자주독립사상을 대치하였으며, 언
어의 사상적 측면보다는 언어의 기능적 측면이 현행 국어교육 과정에
서 중요시되고 있기 때문이다. 예컨대 주시경 선생의 한국어에 관한 과
학적 연구업적은 국어학도들에 의해 계승되었지만, 그의 사상은 보편적
인 것으로서 받아들여지지 않은 것이라 하겠다.

참고 논저

高永根(1983), 『國語文法의 研究』, 塔出版社.
高永根(1998), 『韓國 語文運動과 近代化』, 塔出版社.

國立國語硏究院(1999),『國語의 時代別 變遷硏究』.

國史編纂委員會(1986),『中國正史朝鮮傳』, 天豊印刷株式會社.

김영욱(2001),「김규식『大韓文法』」,『형태론』3권 1호.

成百曉 譯(1999),『孟子集註』, 傳統文化硏究會.

李家源 監修(1999),『論語』, 弘新新書.

李基文(1970),『開化期의 國文硏究』, 一潮閣.

이연숙(2000),「국어(國語 national language)는 가르칠 수 있는 것일까?」(국제
        어문교육비교연구회·서울시립대 주최, 제1회 한·일 국어교육 비교
        학술대회 : 국어교육이란 무엇인가).

李賢熙(1988),「쥬상호 '국문론' 譯註」,『周時經學報』1, 搭出版社.

정길남(1997),『開化期 敎科書의 우리말 연구』, 박이정.

車河淳(1996),『西洋史總論』, 探究堂.

韓國學文獻硏究所 編(1977),『韓國開化期敎科書叢書』, 亞細亞文化社.

〈흥보가〉의 문학교육적 함의

정 충 권*

1. 머리말

고전문학교육론(古典文學敎育論)에서 가장 핵심적인 문제 중 하나는 과거의 문학현상을 어떻게 오늘날에도 의미 있는 문학현상으로 수용하느냐 하는 문제일 것이다. 게다가 문학교육이 문학작품을 통해 인간의 내면적 성장을 이루어 가게 하는 데 궁극적인 목표가 있다는 점까지 고려한다면,1) 고전문학교육론은 더욱 깊이 있는 이론적·실제적 고민의 과정을 필요로 하리라 생각된다. 본고에서는 〈흥보가(전)〉2)를 통해 이러한 고민들에서 출발된 작업을 하나 해 보고자 한다. 그것은 〈흥보가(전)〉를 통해 가르쳐야 할 그 '무엇'3)을 구안해 보는 것이다. 그

---

* 서울대학교 강사

1) 김대행 외(2000), 『문학교육원론』, 서울대출판부, 38~67면에서 들고 있는 문학교육의 목표는 언어 능력의 증진, 개인의 정신적 성장, 개인적 주체성 확립, 문화계승과 창조 능력 증진, 전인적 인간성 함양 등이다. 인간의 내면적 성장과 관련된 항목이 셋이나 됨을 볼 수 있다.

2) 일반적으로 〈흥보가〉는 판소리로 불리는 사설을 일컬으며 〈흥부전〉은 〈흥보가〉가 기록으로 정착된 소설을 일컫는다. 따라서 〈흥부전〉이라는 명명은 판소리가 갖는 역동성을 捨象할 가능성이 있다고 생각되므로 본고에서는 〈흥부전〉 대신 〈흥보가〉를 핵심 표제로 사용하고자 한다. 다만 소설본을 아울러 언급할 필요가 있을 때에는 〈흥보가(전)〉라는 용어를 사용할 것이다.

3) '교육'의 특성상 이 '무엇'에는 '어떻게'의 측면도 포함되지 않을 수 없다. 그렇지만 그 '어떻게'의 측면에는 교사의 교수방식에서부터 학생들의 개성 및 수업 참여도에 이르기까지 워낙 다양한 현장적 변인이 개재되므로 이 모두를 여기서 포괄할 수는 없을 것이다.

'무엇'이란 바로, 과거의 <흥보가>가 현재의 우리에게 제시하고 있는 문학교육적 함의(含意)라 할 수 있을 것이다.[4]

<흥보가>는 그간 초등학교 교과서에서는 한 번도 빠지지 않고 실려 왔으며 고등학교 문학 교과서들에서도 비중 있게 다루어져 왔다.[5] 이는 기왕의 교과서 편찬자들이 <흥보가>가 교육적으로 가치 있고 또 유용한 고전작품임을 인정해 왔음을 뜻한다. 그러나 과연 실제 교육 현장에서 <흥보가>의 문학교육적 함의가 제대로 끌어내지고 있는가 하는 점에 대해서는 다소 의문이 있다. 어떤 문학작품의 교육적 가치의 높고 낮음은 그 작품을 '통해' 가르칠 수 있는 어떤 '무엇'의 질(質)의 높고 낮음과 관계가 있을 텐데, <흥보가>가 교육적으로 높은 가치를 지니고 있다 하더라도 그러한 점이 교육 현장에서 제대로 끌어내지고 있지 못하다면 문제가 있다는 것이다.

물론 <흥보가(전)>를 싣고 있는 교과서들에서도 <흥보가>를 통해 가르쳐져야 할 그 '무엇'을 제시해 놓고 있기는 하다. 한 문학교과서의 해설·감상 안내문을 보자.

> …… <흥부가>는 이러한 모방담을 근간으로 해서, 형제간의 우애와 조선 후기 일반 평민들의 부(富)에 대한 문제를 다루고 있다. 이 작품에서 우리가 주목해야 할 부분은 조선 후기 농민들을 괴롭힌 빈궁의 문제이다. 조선 후기에는 격심한 사회변동의 와중에서 토지를 잃은 농민들의 수가 급증

---

4) 교육적 관점에서 <흥보가(전)>를 다룬 단일 논의는 다음과 같다. 최현섭 (1988), 「<흥부전>의 교육적 수용」, 『선청어문』 16·17, 서울대학교 사범대학 국어교육과 ; 류수열(1998), 「판소리에 대한 국어교육적 접근 - <흥보가>를 중심으로 - 」, 『판소리연구』 9, 판소리학회. 최현섭의 논의는 1935년부터 1983년까지의 초등학교 교재를 위주로 하여 <흥부전>의 교육적 수용 양상에 나타난 문제점을 지적한 논의며, 류수열의 논의는 문학이야말로 국어교육의 핵심적인 자료이자 내용이라는 기본 전제 하에 <흥보가>를 주텍스트로 하여 판소리 사설의 국어교육적 가치를 밝힌 논의다.

5) 초등학교의 경우 1935년 『普通學校 朝鮮語及漢文讀本』 때부터 지금까지 빠짐없이 계속 실려 왔고, 지금은 4학년 1학기 읽기 교재에 그 요약본이 실려 있다. 고등학교의 경우는 현재 18종의 문학 교과서 중 12종이 <흥보가(전)>를 싣고 있다.

하게 되었는데, 그들의 대부분은 생존을 위협받을 정도의 극심한 가난에
시달렸다. 박을 타니 보물이 나온다는 식의 다소 비현실적인 발상은, 이러
한 당대의 현실적 상황과 관련시켰을 때 비로소 온전하게 이해될 수 있다.
다시 말해, 이러한 비현실적인 요소는 농민들이 직면하고 있던 절대 가난
과 그들이 이룰 수 없는 부(富)에 대한 염원의 역설적 표현으로 볼 경우,
오히려 강한 현실성을 지닐 수도 있다는 것이다.

위에서 언급하고 있는 것은 형제간의 갈등이나 우애, 조선 후기 일반
평민들의 빈궁, 제비박의 의미 해석 등이다. 이러한 사항들에 주안점을
두어 <홍보가>를 가르치거나 혹은 이해하라는 것이다. 그 중에서도 특
히 두 번째 것, 곧 조선 후기의 시대상과 관련한 이해에 높은 비중을 두
라고 한다. 심지어는, 환상의 차원에서 이해해야 할 제비박 대목까지도
현실 반영의 관점에서 이해할 필요가 있다고 한다.

일단 <홍보가>의 의미는 이렇게 파악되어야 함을 부정할 수는 없다.
국문학계에서는 <홍보가(전)>가, 천부(賤富)의 대두로 가난해진 양반
과 모든 기존 관념이 얼마나 심각한 곤경에 빠지게 되었나를 여실히 보
여주고 있다든지,[6] 올바로 살아가는 인물이 굶주림을 면치 못하고, 돈
벌이에 수단과 방법을 가리지 않는 구두쇠는 부유하게 살아 가는 현실
의 모순을 드러낸다든지,[7] 또는 피탈(被奪)계층의 수탈계층에 대한 적
대의식과 부(富)에 대한 열망의 극대화를 보여주고 있다든지,[8] 기존 가
치관과 새로운 가치관의 대립을 통하여 기존 가치관이 승리해야 한다
는 민중의 소망을 드러내고 있다든지,[9] 홍보 자신의 생존과 이를 불가
능하게 하는 현실과의 갈등을 작품의 주된 갈등으로 하고 있다든지[10]

6) 조동일(1991), 「<홍부전>의 양면성」, 인권환 편저, 『홍부전연구』, 집문당, 315
면.
7) 임형택(1984), 「홍부전의 역사적 현실성」, 『한국문학사의 시각』, 창작과비평사,
207~208면.
8) 이상택(1981), 「고전소설의 사회와 인간」, 『한국고전소설의 탐구』, 중앙출판,
287면.
9) 이문규(1991), 「홍부전의 문학적 특질에 대한 고찰」, 인권환 편저, 『홍부전연
구』, 집문당, 458면.

하는 등의 견해들이 제시된 바 있다. 이들 견해는 서로 이견을 보이기도 하나, 앞서의 해설 안내문에서 제시한 것처럼 조선 후기의 사회 속에서 <흥보가>의 의미를 파악하고 있다는 공통점을 지닌다. 따라서 위 해설·감상 안내문은 현재까지의 국문학계의 연구성과를 충실히 수용한 것이라 볼 수 있다.

학습자들이 조선 후기 사회의 실상을 이미 어느 정도 숙지하고 있기만 하다면, 위 정보는 분명 작품의 이해에 필요한 정보가 될 수 있다. 하지만 여기에는 다음과 같은 문제가 있다. 학습자가 <흥보가>의 의미와 '조선 후기 빈민층의 참담한 실상'을 작품 내적 분석을 전혀 통하지 않고 일 대 일 대응을 시켜 버릴 수 있다는 것이다. 이렇게 되면 학습자는 작품에 대해 알고 있는 것 같기는 하되 정작 작품의 실상은 모르는 결과를 낳을 수 있다. 게다가 현실 속에서의 진실된 고민 없이 과거를 반추하는 일은 자칫하면 단순 지식 습득 행위로 전락할 위험도 안고 있다.

또한 이러한 정보를 바탕으로 한 일방적인 감상으로의 유도는 일종의 강요로 작용할 수도 있음에 유념해야 한다. 더구나 <흥보가>의 작중 현실은, 유복하게 자란 학생들이 과거에 비해 더 많은 현재의 교육 현장에서는 그리 실감이 나지 않을 수 있다는 점도 생각해야 한다. 당장 이들은 다음과 같은 의문을 제기한다. 놀보와 흥보는 '형제'로 설정되어 있는데 왜 한쪽은 천부(賤富)라고 하고 다른 한쪽은 가난해진 양반이라고 하는가, 흥보는 그러한 절대가난의 상황 속에서 벗어나려는 노력을 과연 제대로 했다고 볼 수 있는가 등이 대표적인 의문들이다.11) 결국 국문학계의 연구성과를 토대로 한 이해의 강요는 학습자들에게 납득할 수 없는 문제를 더 만들게 할 가능성도 있음을 알아야 한다.

그리고 그간의 <흥보가> 교육이 여타의 '소설'을 이해할 때와 다름없는 관점에서 행해져 왔다는 점도 지적하고 넘어가야 할 것이다. 더구

---

10) 서대석(1975), 「흥부전의 민담적 고찰」, 『국어국문학』 67, 국어국문학회, 41~42면.
11) 이러한 의문들은 실제로 필자가 교육 현장에서 겪은 것들임을 밝혀 둔다.

나 단일 텍스트를 통해, 그것도 작품의 일부만 제시된 텍스트를 통해 교육행위가 이루어짐으로써 정작 중요한 판소리 장르의 유동적 특성은 무시되어 왔다.

따라서 중요한 것은 해당 작품의 의미를 '작품 내적 체험'을 통해 느끼고 알 수 있게 하는 일일 것이다. 그렇다고 여기에서만 그쳐서도 안 된다. <홍보가>를 '최대한' 교육적으로 활용하는 데까지 나아가야 할 것이다. 열려 있는 담론으로서의 판소리의 특성을 고려한다면 고전으로서의 <홍보가>는 얼마든지 새로운 형태로 거듭날 수 있을 것이기 때문이다. 그 거듭남의 가능성도 천착해 볼 필요가 있다.

결국 본 작업은 오늘날의 교육 현장에서 과거의 <홍보가>를 통해 '무엇'을 가르칠 것인가의 문제를 생각해 보면서 궁극적으로는 인문교육으로서의 고전문학 교육이 지향해야 할 바를 부분적으로나마 모색해 보는 작업이 될 것이다.

본고에서는 이러한 문제의식을 지니고 '서사적(敍事的) 내용'과 '표현' 등 두 층위에서 그 함의를 밝혀 가고자 한다. 전자의 층위에서는 <홍보가> 속 이야기의 허구적 체험이 학습자에게 가져다줄 효과와 그것의 발전적인 수용 방안을 생각해 볼 것이다. 그리고 후자의 층위에서는 <홍보가>가 구비서사가창물(口碑敍事歌唱物)로서 표현의 역동성을 담고 있다는 유리한 조건을 최대한 살려 표현 능력을 신장시킬 수 있는 방안을 생각해 보고자 한다.

2. <홍보가> 작품 세계의 허구적 체험과 이를 통한 정신적 성장

먼저 그 '서사적 내용'의 층위에서 발견되는 <홍보가>의 문학교육적 함의를 찾아보고자 한다.

<홍보가>의 줄거리를 추상화해 보면 다음과 같다.

- 착한 홍보와 악한 놀보가 살고 있었다.
- 착한 홍보는 가난했고 악한 놀보는 부자였다.

- 홍보는 제비 다리를 고쳐 주고 제비의 보은(報恩)으로 부자가 되었다.
- 놀보는 홍보의 행위를 흉내내다가 패가망신했다.

제비를 매개로 하여 착한 이는 부자가 되고 악한 이는 패가망신한다는 모방담적 구조가 기본 틀임을 알 수 있다. <홍보가>가 민담에 근원을 두고 있다는 점을 상기해 볼 때, 여기서 <홍보가>를 감상하는 이가 실제로 인식하게 되는 서사적 내용은 대립[12]되는 두 인물과 두 사건이라 할 수 있을 것이다. 따라서 일단 '사건' 면과 '인물' 면을 분리시켜 <홍보가>의 교육 내용을 조직해 볼 수 있다. 물론 실제 작품 감상시 이 두 요소가 따로따로 읽히게 되는 것은 아닐 것이다. 여기서 이 둘을 나누어 살피고자 하는 것은 인성(人性)의 발전단계를 고려해서다. <홍보가(전)>가 고등학교 교재뿐 아니라 초등학교에도 실려 있는 이상, 그 수용의 수준도 고려해야 하는 것은 당연할 것이다.

대체로 초등학생 이하의 성장 단계에 있는 학습자의 경우 사건의 측면에서, 중등 이상의 단계에서는 인물의 측면에서 작품의 교육적 함의를 각각 더 부각시킬 수 있으리라 생각된다. 학습자의 정신적 성숙도가 낮을 경우 인물에 대한 인식은 선악 판단에서 더 나아가지 못할 것으로 추측되며, 반면 정신적 성숙도가 높을 경우는 인물의 측면에 대해 매개적 사유를 할 수 있을 것으로 보이기 때문이다. 요컨대 <홍보가>는 초등 이하의 단계에서는 사건의 허구적 체험을 통해 교훈을 줄 수 있고, 중등 이상의 단계에서는 인물 평가를 통해 비판적 사고력을 신장시킬 수 있다는 전제 하에 각각 층위를 달리하여 다루어 보고자 하는 것이다.

1) 사건의 허구적 체험을 통한 내면적 성숙

사실, <홍보가>의 사설을 초등학생이나 그 이하 연령의 어린이들에

---

12) 對立은 민담의 중요한 서사법칙 중 하나라고 한다. Axel Olrik(1965), "Epic Laws of Folk Narrative", ed. by Alan Dundes, *The Study of Folklore*, Englewood Cliffs : Prentice-Hall, 135면 참조.

게 보여(들려) 주어 봤자 쉽게 이해할 수 없다. 따라서 동화 형식의 요약판이 더 적절할 것이고 실제로 <홍보가>는 초등학교 4학년 1학기 읽기 교재에 그렇게 실려 있다. 이 때 그들이 현실적으로 수용하게 되는 것은 <홍보가>의 근간 골격으로서의 '홍보 이야기'가 될 것이고, 이는 발생론적으로 소급할 경우 바로 <홍보가>의 근원설화로서의 민담에 해당한다고 할 수 있다.

민담은 교육적으로 유용한 제재라고 알려져 있다. 그 유용성으로는 여러 가지를 들 수 있겠지만 그 중에서도 제일 중요한 것은 인간의 내면적 성장에 도움을 준다는 점일 것이다.13) 정신적으로 성장하는 단계에 놓인 어린이들에게 있어 무의식적 억압을 무의식 속에서 해소할 수 있게 하는 어떤 긍정적인 효용14)이 있다는 것이다. <홍보가>의 근간 골격이라 할 '홍보 이야기'에서도 이러한 점이 발견됨은 물론이다.

'홍보 이야기'는 표면적으로 보면 단순한 것 같다. 하지만 그 이면에는 허구적 체험을 통해 교훈을 전달하고 이를 거부감 없이 받아들이게 하는 어떤 기제가 도사리고 있다. 그러한 기제는 다음 세 가지를 들 수 있다.

첫째, '홍보 이야기'는 선악의 병치를 통해 윤리적 판단력을 지닐 수 있게 한다는 점이다. 곧, 이 이야기는 홍보가 착한 마음씨로 인해 가난이라는 난관을 훌륭히 극복할 수 있었으니 이야기를 듣는 이로 하여금 착한 성품을 가져야 한다는 교훈을 줄 수 있다는 것이다. 물론 이러한 수용은 매우 피상적인 수준의 수용일 수도 있다. 하지만 그렇지만은 않다.

---

13) 옛 이야기의 교육적 효용을 "민족의 정신, 신앙, 사유 등을 이해하고 이를 계승할 수 있게 한다"[최운식(1980),「설화교육 서설」,『한국어교육』창간호, 한국국어과 교육개발연구회, 78면]는 데서 찾는 것도 분명히 의미 있는 일이다. 그런데 근본적으로 옛 이야기는 전 세계적 보편성도 지닌다. 따라서 특히 어린이의 내면적 성장과 관련하여 그 교육적 함의를 살펴보는 것도 의미 있는 일이라 여겨진다.

14) 여기에 대해서는 브루노 베텔하임 지음, 김옥순·주옥 옮김(1998),『옛이야기의 매력』1·2, 시공주니어, 18~25면에서의 논의가 참고가 된다.

우선 이러한 교훈의 전달이 허구 내지는 환상을 통해 무의식적으로 이루어진다는 점이 중요하다. 만약 이러한 교훈을 논리적으로 설득시키려 한다면 그 효력은 그리 오래 가지 못할 것이다. 그러나 이야기를 통한 설득은 논리 이전의 어떤 인식으로 이루어지므로 그 효용도가 훨씬 높다.

또한 흥보의 선행이 '우연히' 행해진다는 점에 주목할 필요가 있다. 흥보가 제비 다리를 치료해 준 것은 한 생명체에 대한 존엄성 인식에 따른 것이다. 그 어떤 보은도 바란 것이 아니었다. 의도적이지 않은 순수한 행위, 이것의 고귀함을 '흥보 이야기'는 또한 일깨워 주고 있는 것이다. 그리고 인간의 본성은 바로 이러한 것임을 은근히 가르쳐 주고 있다. 제비의 보은은 흥보의 이러한 순수함에 대한 보상일 것이다.[15]

조금 더 확대 추론해 볼 때, 흥보의 행운은 누구나 성공할 수 있다는 무의식적 확신을 불러올 수 있다는 점도 간과해서는 안 될 것이다. 물론 이러한 점은 이미 성장기를 넘긴 이들에게는 별 의미가 없을 수 있다. 그러나 성장기를 겪고 있는 이들에게는 이러한 설정이 커다란 위안을 가져다줄 수도 있다.[16] 성인에 비할 때 어린이들은 스스로 뭔가 부족하다는 생각을 갖고 있으며 자신의 미래에 대해 불안감을 가질 수 있기 때문이다.

둘째, 놀보의 모방행위가 악한 행위로 간주되고 결국에는 징벌을 받게 되는 사건의 허구적 체험이 지닌 중요성이다. '흥보 이야기'가 인간의 밝은 면뿐 아니라 이러한 어두운 면까지 이야기하고 있음은 다음과 같은 교육적 함의가 있다.

일반적으로 부모는 자신의 자녀들이 아름답고 고상하고 긍정적인 사고만을 하기 원하지만 정작 자녀들은 그렇지 않다. 아직은 스스로를 불

---

15) '흥보 이야기'와 같은 유형의 이야기인 <혹 떼려다 혹 붙인 영감 이야기>의 경우도 노래 부르는 행위가 행운을 가져다준다. 노래 부르기는 바로 인간 본성의 자연스런 표출에 해당한다.

16) 다만 사행심의 조장으로까지 나아가지 않는 한에서라는 제한이 필요하긴 하다.

완전하다고 느끼는 경우가 대부분일 것이고 그래서 부모에게 의존해야
한다고 생각한다. 이는 그들에게 일종의 열등감 내지는 무의식적 억압
으로 자리잡을 수 있다. 경우에 따라서는 악행을 꿈꾸기도 할 것이다.

'홍보 이야기'는 이러한 일종의 억압을 허구 속에서 표출하게 하여
악한 행위의 대리 체험을 할 수 있게 해 준다. 그리고 홍보를 쫓아내고
제비 다리를 부러뜨리는 악행이 징벌로 귀결된다는 설정은 홍보가 선
행을 통해 성공하는 것보다 더 의미 있게 무의식 속에 자리잡을 수도
있다.17)

여기서 한 가지 더 주목할 점은 그 악행이 모방에 의해 발생한다는
점이다. 모방이란 크게는 인류 문화 발전의 원동력이며 작게는 어린이
들의 성장에 필수적인 행위다. 그런데 '홍보 이야기'에서는 이러한 모방
이 악과 연결되고 있는 것이다. 이 때 우리는 놀보의 행위가 '의도적'인
모방으로 설정되어 있음을 눈여겨볼 필요가 있다. 어떤 행위든 순수한
동기에서 출발해야 하지, 만약 그것이 의도적인 어떤 다른 동기를 담고
있다면 이는 악과 관련될 수 있을 것이다. '홍보 이야기'는 이러한 점까
지 담고 있는 유용한 교육 제재다.

따라서 만약 <홍보가>로부터 놀보 패망 부분을 빼 버리고 홍보가
홍하는 부분만을 어떤 교재가 담고 있다면 이는 문제가 있다고 생각된
다. 현재 초등학교 4학년 1학기 읽기 교재의 경우가 그러하다. 여기에
실려 있는 <홍부전> 요약본에서는 놀보의 이야기가 빠져 있는데, 이는
원작의 골격을 잃어버렸을 뿐 아니라,18) '홍보 이야기'를 읽는 성장기의
아이들로 하여금 무의식적 억압을 전혀 해소해 주지 못하는 것이 되고
만다는 점에서 문제가 있다.19)

---

17) 놀보의 경우는 패가망신으로 끝나지만, 유사한 유형의 설화 중에서는, 예컨대
<박타는 처녀>, <말하는 염소>, <소금장수> 등의 경우처럼 악한 행위를 한
인물이 죽음을 당하는 것으로 설정된 경우가 많다. 따라서 이러한 결말은 그
나름대로의 의미가 있는 것이라 보아야 한다. 물론 아이들을 위한 민담에서의
잔혹성을 그대로 둘 것인가 고칠 것인가 하는 문제는 그리 단순한 문제가 아
니다. 이 문제는 앞으로의 설화교육론에서 깊이 있게 다루어져야 할 문제다.
18) 이 점은 최현섭, 앞의 글, 206~210면에서 지적한 바 있다.

셋째, '흥보 이야기'에는 형제간의 경쟁심리가 담겨 있다는 점이다. 이 점은 '흥보 이야기'와 유사한 유형의 다른 이야기들, 예컨대 <박타는 처녀>라든지 <혹 떼려다 혹 붙인 영감 이야기> 등에서는 찾을 수 없는 '흥보 이야기' 고유의 설정이다.

사실 가정(家庭)에서의 위치가 어떠하든 성장기의 아이들은 형제(자매)간의 경쟁심리에 쉽게 휩싸여 버릴 수 있다. 이는 질투심에까지 연결될 수 있고 심할 경우에는 불안한 정서에 지속적으로 빠져들어 우울해질 수도 있다. 이러한 성장기의 아이들에게 자신도 형이나 언니처럼 뭐든 잘 할 수 있을 것이라는 말은 그리 큰 위안이 되지 못한다.[20] '흥보 이야기'에는 이러한 아이들에게 마음 속의 우울함을 해소해 주는 제비와 박이라는 장치가 있다. 제비와 박이라는, 공상 속의 장치에 의해 어느 정도 보상을 받을 수 있으며 형(동생)을 해칠지도 모른다는 무의식적 상상이 그 나름대로의 균형을 찾을 수 있게 되는 것이다. 논자들은 현실주의 미학의 관점에서 <흥보가>에서의 제비와 박 대목을 뭔가 미적으로 결여된 부분처럼 이야기하지만 실은 이처럼 중요한 교육적 함의를 지닌 것일 수도 있음을 유의해야 한다.

이처럼 초등학생이나 그 이전의 어린이들에게 있어 <흥보가> 사건의 허구적 체험은 그 내면적 성숙에 적지 않은 도움을 줄 수 있으리라 본다. 이는 일반적으로 민담이 지닌 문학교육적 함의이기도 할 것이다.

2) 인물 형상을 통한 상상력·비판적 사고력 신장

그러나, 다 그런 것은 아니겠지만 중등 이상의 학습자들에게는 흥보가 제비 박으로 부자가 되는 '사건' 자체에는 흥미를 느끼지 않을 수 있다. 만약 흥미를 가진다면 더 세부적인 것, 예컨대 흥보가 매품을 맞으러 갔다가 실패하고 돌아오는 사건이나 그 때의 묘사 같은 것일 것이

---

19) 이러한 관점에서 '흥보 이야기'와 비교하여 4학년 2학기 읽기 교재에 실린 <세 가지 소원>을 주의하여 읽어 볼 필요가 있다.
20) 브루노 베텔하임, 앞의 책, 385면 참조.

다. 이들은 오히려 그러한 사건의 의미나 인물 형상(形象)에 더 관심을
가질 것이다. 이 중 후자쪽이 훨씬 중요하다. 만약 이들 학습자가 어떤
사건을 허구적으로 체험할 때 실은 이야기 속의 등장인물이 되어 이야
기 속으로 들어가기 때문이다. 문학의 궁극적 지향점이 인간 본질의 탐
구에 있다는 점에 비추어 볼 때에는 특히 더 그러하다.

그렇다면 <홍보가>의 인물 형상으로부터 교육적으로 의미 있는 사
항들을 어떻게 끌어 내야 하고 또 그러한 교육 또는 학습의 지향점은
어디에 두어야 하는가?

<홍보가>가 판소리 작품이라는 점은 이에 매우 유리한 조건을 제공
한다. 판소리의 유동적 특성으로 인해 이본(각편)들마다 그 양상이 달라
학습자의 흥미를 유발할 수 있음은 물론, 그러한 변이양상을 체험하면
서 상상력의 폭을 확장시킬 수 있을 것이다. 궁극적으로는 이러한 차이
를 단서로 하여 비판적 사고력을 기르는 데까지 나아갈 수도 있을 것이
다.21)

가령 다음과 같은 서로 상반된 서술을 둘씩 짝을 지어 제시해 볼 수
있다. 다음은 두 이본에서 홍보가 쫓겨나는 대목을 각각 인용한 것이다.

(가) 놀부 심시 무거ᄒ여 부모셩젼 분지젼답을 홀노 ᄎ지ᄒ고 홍부갓튼
어진 동싱을 구박ᄒ여 건넌산 언덕밋힌 니쩌리고 나가며 조롱ᄒ고 드러가
며 비양ᄒ니 엇지 아니 무지ᄒ리. (경판25장본 <홍부젼>)22)

(나) 興甫야 네 듣거라. 사람이라 하는 것이 믿는 데가 있으면 아무 일도
안 된다. 너도 나이 長成하여 계집 子息이 있는 놈이 사람 生涯 어려운 줄
은 조금도 모르고서 나 하나만 바라보고 遊衣遊食하는 擧動을 보기 싫어
못 하겠다. 父母의 세간살이 아무리 많아도 長孫의 차지인데, 하물며 이
세간은 나 혼자 장만했으니, 네게는 不當이라. 네 妻子를 데리고서 速去千
里 떠나거라. 萬一 遲滯하여서는 殺戮之患 날 것이니, 어서 急히 나가거

21) 물론 이를 위해 <홍보가>가 어느 시대에 지어졌는가 하는 등의 기본적인 지
식은 갖추고 있어야 한다.
22) 김동욱 외 편(1993), 『영인고소설판각본전집(3)』, 국학자료원, 575면.

라. (신재효 <박타령>)23)

(가)에서의 놀보는 쫓아내는 것만으로도 부족하여 조롱하고 비양하기까지 한다. 여기서의 놀보는 천륜을 어기는 악한 심성의 소유자로 그려져 있다. 반면 (나)의 놀보는 그렇지 않다. 흥보를 쫓아낼 수밖에 없는 이유를 설득력 있게 제시하고 있다. 이 말대로 만약 흥보가 처자가 있는 몸으로 형에게 의지하며 유의유식(遊衣遊食)했다면, 그는 쫓겨나야 마땅할 수도 있다. 따라서 이 때의 놀보를 악한 심성의 소유자라 볼 수는 없다.

이처럼 <흥보가> 이본들은 인물 형상화에 있어 서로 논란을 벌인다. 이러한 논란의 양상을 함께 찾아보고 그러한 차이가 왜 생겼는가 하는 점을 생각하게 할 필요가 있다.

놀보의 인물 형상화에 나타난 상반된 서술을 더 들어 보기로 한다.

(다) (아니리) 부모생전 분재 전담 제 혼차 차지하여쓰니 농사짓키는 화하엿것다

(느진중모리) 집혼 논에 물가리와 나슨 논에 마른가리 구렁밤이 중곡하고 텃논에 찰베하고 범해지에 물을 붓고 살진 밧희 면화 갈고 강변밧희 지장 갈고 모래밧희 스슉 갈고 비탈밧희 담배하고 황토밧희 참외하고 큰밧희 팟슬 갈되 먹두팟 적두팟 생동찰 머드리찰 울콩불콩 청대콩을 사이사이 심어두고 째를 차자 기음매야 우걱지걱 시러드려 압뒤 뜰에 노적하여 호화로이 지내면서 (이선유 <박타령>)24)

(라) 이번 祭祀 때에 飮食 장만 아니 하고 代錢으로 놓았다가 도로 쏟아 내읍는데 지난 달 大監 祭祀에 놓았던 돈 한 푼이 祭床 밑에 빠졌던지 몇 사람이 죽을 뻔. 이번은 意思가 또 생겨 싸돈으로 아니 놓고 꿰미채 놓았읍죠. (신재효 <박타령>)25)

23) 강한영 교주(1978), 『신재효 판소리 사설집(全)』, 보성문화사, 329면.
24) 이선유(1933), 『오가전집』, 한국국악학회, 170면.
25) 강한영 교주, 앞의 책, 337~339면.

이 두 인용문 속에 나타난 놀보의 형상은 완전히 상반된 양상을 보인다. (다)에서는 실기(失期)하지 않고 농사짓는 근면한 놀보의 형상이 그려져 있다면 (라)에서는 부모의 제삿상에 놓을 제수를 아예 돈으로 대체하는 극악무도한 형상이 그려져 있다.

흥보의 삶의 태도에서도 이본 간에 논란이 있음은 물론이다.

(마) 홍부안히 닉다라 ᄒᄂ는 말이 미롤 맛고 왓습ᄂ 아니맛고 왓습네 이고 좃싀 부모유체로 미품이 무슴 일고 홍뷔 울며 ᄒᄂ는 말이 이고〃〃 셜운지고 미품 파라 여ᄎ〃 ᄒᄌ ᄒ엿더니 이롤 ᄒ잔 말고 홍부 안히 ᄒᄂ는 말이 우지마오 졔발덕분 우지마오 봉졔ᄉ ᄌ손 되여ᄂ셔 금화금벌 뉘라 ᄒ며 가믜 되여ᄂ셔 낭군을 못살니〃 녀ᄌ 힝실 참혹ᄒ고 유ᄌ유녀 못츌히니 어미도리 업눈지라 이롤 엇지홀고 이고〃〃 셜운지고 피눈물이 반둑되던 아황녀영의 셜움이오 조작가 지어니던 우마시의 셜움이오 반야산 뵈회 틈의 슉낭ᄌ의 셜움을 젹ᄌ흔들 어니 칙의 다 젹으며 만경창파 구곡슈롤 말〃이 두량 ᄒ량이면 어니 말노 다 되며 구만니 장텬을 ᄌ〃히 죄이란들 어디 ᄌ로 다 ᄌ힐고 이런 셜움 져런 셜움 다 후리쳐 브려두고 이졔 나만 둑고 지고ᄒ며 두둑머리롤 불근 뒤여 가슴을 쾅〃 두드리니 홍뷔 역시 비감ᄒ여 이른 말이 우지 말소 안연 갓튼 셩인도 안빈낙도 ᄒ엿고 부암의 담ᄊ턴 부열이도 무경을 맛ᄂ 지상이 되엿고 신야의 밧가던 이윤이도 은탕을 맛ᄂ 귀히 되엿고 한신 갓튼 영웅도 초년 궁곤ᄒ다가 한ᄂ라 원융이 되여스니 엇지아니 거록ᄒ뇨 우리도 ᄆ음만 올케 먹고 되는 찌롤 기드려 봅시 (경판25장본 <홍부전>)26)

(바) (아니리) 그렁저렁 돌아다닐 적에, 고을에를 찾아 들면 객사, 동대청에도 좌기를 하야 보고, 빈 물방아실에도 좌기를 하야, 마누라 시켜 밥 얻어오면 고초장 아니 얻어왔다고 담뱃대로 때려도 보고. 홍보가 이렇게 풍마우습을 겪일 제, 어떻게 되겠느냐? (박봉술 <홍보가>)27)

아무리 품을 팔아도 여의치 않자 홍보처는 울음을 터뜨리고 만다. 이

---

26) 김동욱 외 편, 앞의 책, 577면.
27) 김진영 외(1997), 『홍부전 전집(1)』, 박이정, 587면.

때 홍보는 중국의 고사를 거론하며 아내를 위로한다. 이러한 (마)의 홍
보의 형상[28]과 달리 (바)에서의 홍보는 돈벌이할 생각은 않고 한가로이
지내며 아내가 밥 빌러 나갔다가 돌아왔을 때 고추장을 얻어 오지 않았
다고 담뱃대로 때리기까지 한다. 홍보는 (마)와 (바)에서 공히 몰락양반
의 형상을 띠고 있는 것은 사실이다. 그러나 (마)에서의 홍보가 온정 있
는 가장으로 그려진 반면, (바)의 홍보는 일그러진 가장의 면모를 보이
고 있는 것이다.

우선, 이러한 차이가 왜 생겼는가 하는 점을 함께 생각해 볼 필요가
있다. 이 때 고려해야 할 것은 작품 형성과 전승에 참여한 주체의 존재
다. 그 주체란 사설의 작자거나 <홍보가(전)> 전승에 참여한 광대일
수도 있고 청중이나 독자일 수도 있다. 홍보와 놀보의 인물 형상에서
나타나는 이러한 편차는 이들 광의의 작가들이 지속적으로 인물 평가
의 논란에 참여하면서 기왕의 형상을 바꾸어 놓거나 그 나름대로의 새
로운 형상을 덧붙여 간 결과물인 것이다.

결국 그러한 편차가 나는 이유를 살피면서 학습자는, 판소리 작품이
란 고정되어 있는 것이 아니라는 점, 그리고 앞으로 어떤 이본(각편)이
등장하여 인물의 형상을 새로이 짜 나갈지 알 수 없을 것이라는 점, 그
에 따라 <홍보가>의 의미도 달라질 것이라는 점 등, <홍보가>의 역동
적 면모를 체험할 수 있다. 그 속에서 학습자는 상상의 폭을 얼마든지
넓힐 수도 있을 것이다. 앞서 보았듯이, <홍보가>란 열려 있는, 그래서
누구든지 작자로 참여할 수 있는 허구적 서사물이기 때문이다.

여기서 더 나아간다면 두 인물 각각의 삶의 방식을 종합하고 비판적
으로 검토해 보는 일이 있을 수 있다. 우선, 더 깊이 있는 데까지 사고
의 추(錘)를 내려, 상반되기까지 한 인물의 형상을 통일적으로 해석할

---

28) 현전 <홍보가>의 이 대목은 이와 달리 홍보 부부가 서로 자결을 시도하는 비
   장한 대목으로 불리고 있다. 하지만 위 대목의 일부 사설이 전승되고 있기도
   한 점(정광수 <홍보가>에서는 박타는 대목 중 톱질사설 속에 '안연 같은 성
   인'을 운운하는 사설이 불린다)에 비추어 볼 때 애초에는 위와 같이 홍보가 아
   내를 위로하는 내용도 실제로 불렸을 가능성이 높은 것으로 추측된다.

가능성을 생각해 볼 수 있다. 예컨대 앞서 거론한 놀보의 형상은, 인간 '심성'의 측면에서 보면 서로 모순되지만 재화 인식의 시각에서 보면 양립할 수도 있다. 놀보의 삶의 목표가 애초에 재화의 획득과 증식에 있었다고 본다면 그에게 있어 재화 획득의 수단과 방법은 전혀 고려의 대상이 되지 않았을 수 있기 때문이다. 이렇게 본다면, 근면한 농부로서의 모습과 제삿상에 제수로서 돈꿰미를 두는 모습은 얼마든지 한 인물의 행위로 인정할 수도 있게 된다. 이러한 과정 속에서 학습자는 비판적 사고력을 향상시킬 수 있을 것이다.

학습을 더 심화할 경우 오늘날의 관점에서 이들 인물의 삶의 방식이나 가치관을 재해석해 보는 일에까지 나아갈 수도 있다. 범박한 차원에서 본다면 홍보는 선하고 도덕적인 인물이며 학식도 어느 정도 있는 편이지만 경제적 감각과 능력이 뒤떨어지는 인물인 반면, 놀보는 비도덕적이며 인간적 면모를 찾을 수 없지만 경제적 감각과 능력만은 뛰어난 인물이라 할 수 있다. 이러한 두 인물의 삶의 방식과 가치관은 오늘날의 관점에서도 얼마든지 시비해 볼 수 있다. 이들은 오늘날의 산업사회 속에서도 여전히 문제시되는 인물 유형들일 것이기 때문이다.

다만 우리의 교육 현장에서는 놀보의 근대적 성격을 훨씬 더 중요시하는 경향이 있는바,[29] 이는 문학론의 관점이라면 모르겠으나 문학교육의 관점에서 볼 때는 문제가 있다고 생각한다. 이러한 경향은 잘못하면 "작품 속의 약자로 설정된 인물을 다시 도덕적으로 매도하는 결과를 초래"[30]할 수 있을 것이기 때문이다. 그리고 금도끼를 자기 도끼라 우기는 나무꾼의 영악함을 높이 평가하는 결과가 될 수도 있을 것이기 때문이다. 물론 인간이란 이러한 양면성을 지니고 있다거나 험난한 세상을 살아가기 위한 지혜가 이러한 유의 이야기에 담겨 있다는 논리도 성

---

29) 한동안은 산업사회의 논리를 바탕으로 놀보쪽에 긍정적인 평가가 가해지기도 한 것이 사실이다. 저간의 추이에 대해서는 서인석(1994), 「<홍부전> 인물 형상의 변모와 그 해석」, 문학과사회연구회 편, 『문학과 사회』, 영남대학교출판부, 129~134면 참조.

30) 정병헌(2000), 「고전문학교육의 본질과 시각」, 이상익 외, 『고전산문교육의 이론』, 집문당, 17면.

립할 수는 있다. 그러나 이는 문학연구의 층위에서는 모르겠으나 문학교육의 층위에서는 본질적인 것이라 볼 수 없다. 차라리 여기에서는 부정적 인물을 긍정함으로써 뭔가를 의미하고자 했던 작가의 의도, 서술의 방식 등이 더 중요하다면 중요했지 그 이상의 교육적 의미 부여는 곤란할 것이다. 한 생명의 존엄성을 인식한 흥보의 선(善)은 놀보의 긍정적 면모 이상의 교육적 의미가 있지 않을까 한다.

따라서 두 인물을 양 극단에 놓고 어느 인물이 긍정적이다 부정적이다 하는 것을 따지는 것은 별 의미가 없다고 본다. 두 인물은 한편으로는 긍정적인 속성을 가지면서도 다른 한편으로는 부정적인 속성을 함유하고 있기 때문이다. 또한 평가자의 시각이 어떠한가에 따라 얼마든지 달라질 수도 있을31) 것이기 때문이다. 중요한 것은 여러 속성들 중 장점들만을 구비했으면서 오늘날의 산업사회에 유용한 혹은 바람직한 인물형을 마련해 보는 일이다. 물론 이 때 두 인물 유형의 속성을 적절히 섞어 놓는 방법이 있을 수 있겠으나 그렇게 한다면 또한 별 의미가 없다. 적당한 절충주의란 핵심 논점을 회피하는 한 방법일 수 있기 때문이다.

이 일을 제대로 하기 위해서는 품성, 경제력, 학식 등 제 속성 하나하나를 기능적 관점에서 살펴보기도 하고 여러 상황을 설정하여 해결점을 찾아보기도 해야 한다. 이러한 과정 속에서 비판적 사고력은 물론 주체적 판단력도 기를 수 있을 것이다. 이러한 일에까지 나아가는 것은 매우 중요하다. <흥보가>를 이해한다는 것은 바로 우리의 근대를 이해한다는 것과 등가의 것이기 때문이다. 그리고 이를 교육 현장에서 거론하는 일이 되기 때문이다.

3. <흥보가> 사설을 통한 표현 능력 신장

본고에서 다루고자 하는 <흥보가>의 문학교육적 함의의 또 다른 층

---

31) 이상택(1986), 「흥부 놀부의 인물평가」, 장덕순 외, 『한국 문학사의 쟁점』, 집문당, 549면.

위는 표현의 층위다. 일반적으로 표현이란 표현 주체의 인식과 대상의 상호작용으로 이루어진다고 볼 수 있다. 엄밀히 말해서 대상 그대로의 재현은 사진으로나 '어느 정도' 가능한 것이지 언어로써는 불가능하다. 아무리 객관적인 묘사나 서술이라 하더라도 표현 주체의 인식을 거쳐 이루어진다는 점에서 온전히 객관적이라 볼 수는 없을 것이기 때문이다. 따라서 표현이란 단순한 기술적(技術的)인 차원의 문제 이상의 것으로, 주체의 대상 인식의 깊이가 전제되는 일종의 사유다. 이 점이 <홍보가> 사설을 표현교육의 제재로 삼을 때 특히 유의해야 할 점이다.

판소리 사설이나 소설을 한 번이라도 읽어 본 사람이라면 판소리의 맛깔스런 표현의 세계에 빠져 본 적이 있을 것이다. 그 중에는 단순히 옛스런 표현 정도로 보고 넘기기에는 아까운 것들이 적지 않게 보인다. 특히 그 '발상의 참신함'은 오늘날의 문화적 맥락 속에 위치시키고 보더라도 결코 뒤지지 않는다. 그렇다면 판소리 작품의 이러한 표현들을 교육적으로 의미 있는 제재들로 활용해 볼 수는 없을까? 본장은 이러한 물음에서 출발한다. 다만 그 수준은 중등 이상을 염두에 두고자 한다.

우선 저 유명한 놀보심술사설에서 단서를 마련해 보자.

(잦은 중몰이) 놀보 심사 볼작시면, 술 잘 먹고 쌈 잘하기, 대장군방 벌목 시켜, 오귀방에 이사 권코, 삼살방에다 집 짓기고, 남의 노적 불지르고, 불 붙는듸 부채질, 새 초분으도 불지르고, 상인잡고 춤추기와, 소대상으 주정 내여 남의 젯상 깨뜨리고, 질 가는 과객 양반 재울 듯이 붙들었다 해 다 지 며는 내어 쫓고, 의원 보며는 침 도적질, 지관 보며는 쇠 감추고, 새 갓 보 면 땀때 떼고, 좋은 망건 편자 끊고, 새 메투리는 앞총 타고, 만석 당혜 윤 듸 끊고, 다 큰 큰애기 겁탈, 수절과부 무함 잡고, 음녀 보며는 칭찬허고, 열녀 보면 해담허기, 돈 세난듸 말 묻기와, 글 씨는듸 옆 쑤시고, 사집병으 비상 넣고, 제주병에다 가래춤 뱉고, 옹구 진 놈 가래 뜨고, 사그짐은 작대 기 차고, 우는 애기는 발구락 빨리고, 똥 누는 놈 주저앉히기, 새암 가상이 허방을 놓고, 호박에다가 말뚝 박고, 곱사동이는 되집아놓고, 앉은뱅이는 태견하고, 이런 육시를 헐 놈이 심술이 이래노니, 삼강을 아느냐, 오륜을 아느냐? 이런 난장을 맞을 놈이! (박봉술 <홍보가>)[32]

놀보심술사설은 놀보라는 인물의 성격에 관한 정보를 제공하는 일종의 단위사설(單位辭說)이다. 그런데 이 속의 언술을 사실의 언술로 받아들일 경우 다음과 같은 문제가 생긴다. 과연 이 속의 모든 심술 행위가 전적으로 놀보의 행위로 귀속될 수 있는 것인가, 그리고 위 심술 행위로 미루어 볼 때 정말 놀보가 악한 인물인가 하는 데 의문이 생긴다는 것이다. 예컨대 사기짐을 지워 받치기 위해 세워 놓은 작대기를 찬다든지, 우는 아이에게 발가락을 빨린다든지, 샘 근처에 함정을 파 놓는다든지, 호박에 말뚝을 박는다든지 하는 행위는 성인(成人) 놀보의 행위라 보기에는 문제가 있을 것이며 악한 행위라 보기에도 역시 문제가 있을 것이기 때문이다. 오히려 놀보에 대해 가졌던 악인으로서의 선입견은 여기서 무너져 버리고 말게 된다.

판소리 창자나 청중이나 개작자들이 이 대목의 사설이 전후의 문맥에 어긋나고 있음을 몰랐을 리는 없을 것이다. 그럼에도 불구하고 이렇게 제반 심술 행위들을 모아 놓고 있는 것은, 전후의 서사적 논리 충족이나 현실 논리에의 부합 이상의 어떤 표현효과를 노린 데 기인한다고 보아야 할 것이다.

이러한 표현의 발생은 부분의 독자성이나 장면 극대화 등 판소리의 연행을 고려한 미학적 개념 도구를 통해 해명이 가능하다. 그러나 이는 어디까지나 현상에 대한 발생론적이고 원인론적인 논의일 뿐이다. 그리고 비언어적인 요소까지 포괄한 차원의 것이기도 하다. 중요한 것은 그러한 표현이 그 나름대로의 양과 질을 갖추어 가는 형식과 그 지향점의 어떠함에 있다고 본다.

앞서 지적했듯이, 놀보심술사설은 '심술'이라는 유사성을 바탕으로 한 행위 나열의 형식을 띤다. 그러나 그렇게 나열된 세목들 간에는 오히려 이질성이 두드러짐을 볼 수 있었다. 악의 있는 어른의 행위가 있는가 하면 개구쟁이 아이들의 행위도 있었다. 또한 비도덕적인 행위가

---

32) 김진영 외, 앞의 책, 585~586면. 여기에는 지금은 잘 쓰이지 않는 한자어나 고유어들이 있다. 이 어휘들의 뜻에 대해서는 주석이 충실히 되어 있는 『판소리 다섯 마당』(1982, 한국 브리태니커 회사, 123~124면)을 참조하면 되겠다.

있는가 하면 장난에 불과한 행위도 있었다. 놀보심술사설이 웃음과 즐
거움을 생산한다고 한다면 그 직접적 동인은 유사성 속의 이러한 이질
성 때문일 것이다. 그 이질성만큼이나 다면적인 시각이 이 속에 담겨
있음은 물론이다.

그렇다면 이러한 표현형식은 어떠한 인식을 기반으로 하는가? 뭐라
정확히 말할 수는 없지만, 놀보박사설의 세목 나열에 나타난 다면적 시
각 속에는 어떠한 사물이든 독립적으로는 의미를 생산할 수 없다는 인
식, 그리고 항상 주변 맥락을 고려해야 한다는 인식이 자리잡고 있다고
생각된다. 이는 전환기에 처한 당대 시대상 속에서의 대상 인식의 중요
한 한 방식이었을 수 있다. 이러한 인식이 문학 표면으로 부상했던 것
이다. 만약 문예미학적 관점에서 본다면 이는 인간사의 총체적 인식과
관계되지 않을까 추측된다.

물론 이러한 표현이 완전하다고 볼 수는 없다. 불완전한 면모만큼이
나, 대상 자체를 모호하게 하는 측면도 있다. 그러나 어쨌든 대상의 일
면을 파악하는 데서부터 대상의 진실을 파악하는 데로 나아가기 위해
서는 필요한 과정이었을 수도 있다. 또한, 그러한 기저 인식이 다면성
에 바탕을 두고 있음은 표현사(表現史)의 측면에서도 매우 중요하다고
생각된다. 놀보심술사설이 표현교육 텍스트로 유용한 지점은 바로 이
지점이다.

<홍보가>를 비롯한 판소리 사설에는 이러한 인식을 기반으로 한 표
현들이 얼마든지 발견된다. 다음 홍보복색치레도 그러한 예다.

  (잦은몰이) 홍보가 들어간다. 홍보가 들어간다. 홍보 치리를 보라 하면,
  다 떨어진 헌 파립 벼릿줄 총총 매야 조새 갓끈을 달아서, 펜자 터진 헌 망
  건 밥풀 관자 종이당줄 뒤퉁나게 졸라매고, 떨어진 헌 도복 실뛰를 총총 매
  여 고픈 배 눌러띠고, 한 손에다가 곱돌조대를 들고 또 한 손에다가는 떨어
  진 부채 들고, 죽어도 양반이라고 여덟 팔자 걸음으로, 걸음 벗썩 길게 뛰
  어 어슥비식이 들어간다. (강도근 <홍보가>)[33]

_____

33) 김진영 외, 앞의 책, 544면.

앞서의 놀보심술사설이 유사한 세목을 나열한 일종의 서술이라면 위 홍보복색치레는 한 대상을 치밀하게 분석한 묘사에 해당한다. 또한 전자가 병렬적 나열이라면 후자는 계기적 나열에 해당한다. 이러한 차이는 있지만 그 기본 지향점은 상통한다고 생각된다.

묘사란 어차피 선택으로 이루어진다. 그렇다면 홍보 복색의 묘사를 위해서는 편자 터진 헌 망건이라든지 떨어진 헌 도복, 부채 들 중 한둘만으로도 충분할 수 있다. 하지만 이러한 선택은 판소리 사설의 작가들에게는 용납되지 않는다. 앞서 언급했듯이 그들에게는 대상의 총체적 면모에 최대한 가까이 다가서고자 하는 무의식적 · 의식적 충동이 자리잡고 있기 때문이다.

위 홍보복색치레의 경우 표면적으로는 일관된 시각에 초점을 맞추고 있는 것처럼 보인다. 그러나 놀보심술사설의 경우와 다소 다른 층위에 서이기는 하지만, 여기에서 역시 다면적인 시각이 발견된다. 이는 홍보의 인식과 외모 사이의 괴리에서 발생한다. 위 홍보의 복색은 갓, 망건, 관자, 당줄, 도복, 부채 등의 표지로 미루어 볼 때 양반의 복색에 해당한다. 이는 빌어먹을지언정 체면은 잃지 않으려는 홍보의 의식과 맞물린다. 그러나 실제의 외모는 걸인 행색에 해당할 뿐이다. 홍보의 의식과 외모 사이의 이러한 괴리는, 홍보와 홍보를 보는 서술자 및 청중의 의식 사이의 거리이기도 하다.[34]

한편, 이러한 다면적 시각 내지는 거리감의 부여가 이렇게 희극미를 산출하는 것만은 아니다. 다음을 읽어(들어) 보자.

(중중모리) 홍부 마누라 나온다. 홍부 마누라 나온다 "아이고 여보 영감 영감 오신 줄 내 몰랐소 내 잘못 되었소 이리 오시요 이리 오라면은 이리 와" "놓아 두어라 이 사람 이 돈 근본을 자네가 아나 이 돈 근본을 자네가 알어 잘난 사람은 더 잘난 돈 못난 사람도 잘난 돈 생살지권을 가진 돈 부

---

34) 홍보복색치레는 각 편에 따라 두 군데 등장하기도 한다. 환자섬을 빌러 관아에 갈 때 등장하기도 하고 놀보에게 양식을 빌러 갈 때 등장하기도 하는 것이다. 그런데 인물 의식의 괴리를 염두에 둔다면 그 중 전자의 것이 다면적 시각에 따른 거리감 부여의 효과가 더 높다.

귀공명이 붙은 돈 맹상군의 수레바퀴처럼 둥글둥글이 생긴 돈 이 놈의 돈
아 아나 돈아 어데를 갔다가 인제 오느냐 얼시구나 돈 봐라 돈돈돈돈돈돈
돈돈 봐라" (박동진 <흥보가>)[35]

환자섬을 빌러 갔다가 관청에서 매품을 팔아 보지 않겠느냐는 말에
선뜻 승락하고 매 한 대에 석냥씩 열 대 설흔냥 중 선금 닷냥을 받아
집으로 돌아와 처에게 호통을 치며 하는 말이다. 여기서는 돈의 위력이
극단적으로 제시된다. '생살지권(生殺之權)을 가진 돈'이라고까지 한다.
흥보는 닷냥밖에 되지 않지만 이러한 위력을 지닌 돈을 벌었기에 오랫
만에 처 앞에서 의기양양할 수 있었다. 그래서 환희에 가득 찬다.

그런데 한꺼풀만 벗겨 보더라도 실상은 그렇지 않음을 알 수 있다.
고작 돈 닷냥에 이렇게 즐거워하고 새삼 돈을 찬양하는 노래를 부르는
것은 역으로 말해서 궁핍의 고통을 표현한 것으로도 볼 수 있을 것이기
때문이다. 기쁨을 노래하고 있지만 사실은 상황적 역설[36]을 드러내고
있는 것이다.

실제로 흥보의 이러한 돈벌이도 결국에는 실패로 끝나고 만다. 이러
한 흥보가 부를 성취할 수 있는 유일한 방법은 제비 박과 같은 환상 속
에서였을 뿐인 것이다.

이러한 <흥보가>의 표현은 무엇을 지향하고 있는가? 물론 앞서 살
핀 예들은 동일한 층위에 놓여 있는 것들이라 볼 수는 없다. 흥보복색
치레가 묘사라면 놀보심술사설은 서술이고, 돈타령은 내면의 표출에 해
당할 것이다. 또한 놀보심술사설의 경우 표면적으로 진술된 사설 자체
가 다면적 시각을 내포한 반면 흥보복색치레는 그러한 다면적 시각이
인물의 의식내적인 또는 인물과 서술자 및 청중 간의 거리로 형상화되
어 있고, 돈타령의 경우는 상황적 역설로 표현되고 있다. 그러나 이들

---

35) 김진영 외, 앞의 책, 210~211면.
36) 김대행의 용어이다. 그는 "흥부의 돈타령은 궁핍한 상황에서의 돈이 자아내는
   비애감이 그 곡조와 사설에 바탕을 이루고 있는 것"이라 하였다. 김대행
   (1991), 「이념과 욕망의 시적 거리 - 경제적 갈등의 표상과 실상 - 」, 『시가 시
   학 연구』, 이화여대출판부, 274면.

은 이렇듯 서로 다른 층위의 양상을 보이지만 그 기본 발상은 유사하다고 볼 수 있다. 곧 어떤 대상을 일면적인 시각이 아닌 다면적이고 입체적인 시각에서 표현하고 있다는 것이다. 그 결과 복잡다단한 인간의 삶의 모습에 최대한 가깝게 다가서고 있으며, 이러한 의미에서 일종의 총체적 구현을 지향하고 있다고 볼 수 있다.

여기에는 당대 서민들 나름대로의 세계관이 배어 있다. 이러한 세계관은 단일한 윤리적 잣대로 인간과 세계를 재단하던 당대 지배층의 것과는 전혀 다르다. 인간사란 단일한 잣대의 그물로 쉽게 포착해 낼 수 있는 것이 아니다. 이익을 보는 쪽이 있으면 손해를 보는 쪽도 있게 마련이고 긍정적인 측면이 있다면 부정적인 측면도 있는 것이다. 따라서 앞서 살핀 <흥보가>의 다면적 시각은 그저 상대론적 시각에 그치는 것이 아니라 인간사 전반을 실상에 가깝게 그리고자 했던 일종의 인식론에 말미암는 것이기도 하다. 결국 이러한 표현은 입체적인 인간사와, 변모해 가는 가치관을 최대한으로 포괄하고자 했던 당대 서민들 나름대로의 인간관과 세계관에 기인한 것이었음을 알 수 있다.

다름 아닌 판소리 문학에서 이러한 묘미를 체득했음은 당대 서민의 삶이 지배층에 비해 훨씬 구체적이었다는 점과 관계가 있을 것이다. 물론 이러한 다면적 인식이 항상 대상을 정확하고 바람직하게 포착할 수 있다고 섣불리 일반화할 수는 없다. 이 점, 당대 사회의 실상에 더 가깝게 접근해야 올바른 일반화가 가능할 것이다. 하지만 상층의 경직된 사고에 비해서 훨씬 유연하다는 점은 인정해야 할 것이다. 사고의 유연함은 대체로 대상의 본질을 파악하는 데 있어 더 유용한 것임에 틀림없다.

이러한 표현들은 활용하기에 따라 얼마든지 표현 교육의 제재로 끌어들일 수 있다. 앞의 인용 부분들을 다시 상기해 보자. 이러한 표현들은 당대의 여러 층위에서 존재하던 다른 선행 텍스트에 연원을 둔다. 본래 복색치레는 무가(巫歌)에서 온 것인데 신(神)의 외모를 찬양하는 문맥적 의미가 존재하던 것이다. 그런데 흥보복색치레는 이러한 복색치레를 무가로부터 들여오면서, 찬양이라는 문맥적 의미를 전혀 상반된 것으로 전도시켜 놓았다.37) 표현의 새로움 내지 깊이는 이렇게 탄생되었던 것이다. 놀보심술사설 역시 무가 <장자풀이>에서 온 것이라는 논의가 있으며,38) 돈타령도 타령이라는 음악적 양식과 돈을 소재로 한 민요에 원천을 둔다 할 수 있다. 이러한 선행 텍스트를 새로운 문맥 속에 수용하게 한 어떤 발상39)으로 인해 이러한 여러 입체적 표현이 탄생한 것이다. 이렇게, 기왕의 문학적 언술을 수용하면서도 살아 있는 표현이 될 수 있게 한 데에는, 당대 판소리 담당층의 높은 문화적 역량이 자리 잡고 있었다. 기왕의 익숙한 표현을 새로운 문맥에서 응용하게 할 수 있는 어떤 발상의 참신함, 이는 바로 창조적 표현력일 수도 있을 것이다.

따라서 이러한 표현들을 체험케 하는 일은 교육적으로 큰 의의를 지닌다. 곧 홍보복색치레 등의 표현을 가능케 한 제반 문화적 기반과 이를 유용하게 활용한 새로운 인식 및 사고력40)을 체험케 하는 것, 그것 자체로서도 소중하고 중요한 문학교육 행위가 될 수 있다는 것이다. 다만 이렇게 표현된 언술(言述) 그 자체가 무조건 교육적으로 유의미한 것이라 볼 수는 없다. 당대에는 그 나름대로의 역사적 상황이나 문화적 기반 하에서 이러한 표현이 탄생했고 또한 필요했으나 오늘날의 경우는 오늘날의 역사적 상황이나 제반 문화적 기반 하에서 의미 있는 어떤 표현이 달리 존재하리라는 것이다. 학습자 개인에 따른 편차가 클 수도 있겠지만, 과거의 표현과 그 속에 매개된 대상 인식 방법을 이러한 방

---

37) 이에 대해서는 졸고(1999), 『판소리의 무가계 사설 연구』, 서울대학교 박사학위논문, 46~48 및 83~93면 참조.
38) 이지영(1999), 「<흥부전>의 '놀부심술사설' 연구 - 무가계 사설의 하나로서」, 『고소설연구』 7, 한국고소설학회 참조.
39) 發想의 문제에 대해서는 염은열(2000), 「표현교육의 자료로서 본 <관동별곡>」, 『고전문학과 표현교육론』, 역락, 324~336면 참조.
40) 이와 관련하여 문학의 형상성이 사고력과 매우 중요한 연관을 지닌다는 논의가 참고가 된다. 김대행(1998), 「사고력을 위한 문학교육 설계」, 『국어교육연구』 5, 서울대학교 사범대학 국어교육연구소, 11~18면 참조.

식으로 체험케 하는 일은 표현 능력을 향상시킬 수 있는 어떤 깨달음을
주는 일이 될 수도 있을 것이다.

또한 판소리 사설의 표현이 추상화쪽보다는 구체화쪽을 지향하고 있
음도 표현 교육에 도움이 된다. 글쓰기 지도를 해 본 사람이라면 알겠
지만 오늘날의 학생들은 대상의 구체적 표현에 있어서는 미흡한 점이
많다. 이는 어휘의 부족에서 오는 경우도 있지만 대체로는 관찰력과 인
식 능력의 미약함에서 오는 경우가 많다. 이에 판소리 사설에서의 여러
표현 기제를 체험케 하는 일은 큰 도움을 줄 수 있다.[41]

4. 맺음말

본 작업은 오늘날의 교육 현장에서 과거의 <흥보가>를 통해 '무엇'
을 가르칠 것인가의 문제를 생각해 보면서 궁극적으로는 인문교육으로
서의 고전문학교육이 지향해야 할 바를 부분적으로나마 모색해 보는
작업이었다. 그 결과를 요약해 보면 다음과 같다.

먼저, <흥보가>의 서사적 내용을 허구적으로 체험하는 과정 자체가
학습자의 정신적 성장에 도움을 줄 수 있을 것임을 논하였다. 우선 <흥
보가>의 서사적 골격인 '흥보 이야기'는 흥보의 선한 행위와 그 보상,
놀보의 악한 행위와 그에 대한 징벌, 형제간의 갈등 등을 담고 있다는
점에서 특히 성장기 어린이들의 내면적 성숙에 긍정적 효용이 있다는
점을 알 수 있었다. 이와 함께, 현재 초등학교 4학년 1학기 읽기 교재에
서는 놀보에 관한 이야기를 빠뜨리고 있는데, 실은 이 부분을 더 넣어
완전한 서사적 전개를 갖추게 할 필요가 있다는 점도 지적할 수 있었
다.

이에 이어 중등학생 이상의 학습자들을 전제하면서 <흥보가>의 인

---

41) 판소리 작품을 활용한 표현 교육의 한 방법으로는 이외에도 작품의 개작과 창
작을 해 보는 일이 있을 수 있다. 이에 대해서는 김종철의 「소설의 이본 파생
과 창작 교육의 한 방향」(1999, 『고소설연구』 7, 한국고소설학회)에서 언급한
바 있어 여기서는 다루지 않는다.

물론이 학습자의 상상력을 고양시키고 비판적 사고력을 기르게 할 수 있음을 살폈다.

<홍보가>는 여러 이본들로서 존재한다. 곧 사건이나 인물 형상 자체가 매우 유동적인 양상을 보인다는 것이다. <홍보가>라는 작품 자체가 '열려 있음'의 구조를 지닌다는 점을 안다는 것은 학습자의 상상력을 고양시키는 중요한 출발점이 될 수 있다. 또한 <홍보가> 속의 두 주인공인 홍보·놀보에 대한 평가를 새로운 관점에서 해 보고 이를 현대적 시각에서 종합하는 일도 필요하다고 보았다. 이 과정 속에서 학습자는 개인에 따라 차이는 있겠지만 깊이 있는 사고에 이르기도 할 것이다.

이러한 일은 한편으로는 과거와 현재가 한 자리에서 어우러지게 하는 일이면서 다른 한편으로는 한 인간의 정신적 성장에 도움을 주는 일이기도 하다. 고전문학 작품을 통한 교육은 이러한 데까지 나아가야 한다.

한편 <홍보가>의 사설을 통해 '표현'의 측면에서 현재적 의미가 있는 것들을 추출하고 그 묘미를 학습자로 하여금 체험케 하고 그 표현의 의도 혹은 그 인식 기반을 생각하게 해 보는 방법도 구안해 보았다. 이는 판소리 사설이 지닌 특성을 유용하게 활용하는 좋은 방법이다. 본론에서 거론한 여러 예들에서는 다면적이고 총체적인 시각이 발견되는바, 이는 인간사의 입체적 조명이라는 의도에 기인한 것이었다. 만약 학습자가 이러한 표현의 양상과 의도, 그러한 표현이 형성되게 된 역사적 상황과 문화적 기반 및 이를 바탕으로 한 대상 인식의 깊이를 조금이나마 느낀다면 어느 정도는 소기의 목표가 달성되었다고 볼 수 있을 것이다.

이상을 통해 <홍보가>를 통해 가르칠 그 '무엇'의 측면을 구성해 보았다. 이제 <홍보가>는 단순한 작품 이해나 감상의 수준을 넘어 새로이 그 문학교육적 함의를 끌어낼 필요가 있음을 알 수 있었다. 글머리에서 언급했듯이 고전문학교육론에 있어 가장 핵심적인 문제 중 하나는 과거의 문학현상을 어떻게 오늘날에도 의미 있는 문학현상으로 다가오게 하느냐 하는 문제일 것이다. 거기에다가 문학교육이란 문학작품을 통한 인간의 자기 발견 유도임을 유념한다면, 본고에서 거론한 <흥보가>에서도 만만치 않은 교육적 함의들이 존재함을 알 수 있었다.

고전문학작품을 제재로 한 문학교육론은 이제 막 걸음마를 시작한 단계에 놓여 있다. 앞으로 개별 작품의 문학교육적 함의를 찾아보는 작업이 더 활발히 이루어져야 할 것이다.

교과서 분석 1

현행 국어교과서의 언어 영역에 대한 비판적 고찰
-고등학교 국어교과서를 중심으로-

이   용*

1. 문제 제기

이 글은 국어과 교육의 목표, 그 중에서도 특히 문법교육의 목표가 현행 고등학교 국어교과서의 '언어 영역'에 제대로 반영되고 있는지를 살펴보는 데 그 목적이 있다.[1] 교육 내용의 타당성 여부, 교과서의 체제, 교과서의 효율성 등이 논의의 대상이 될 것이다. 이러한 논의는 나아가서 올바른 방향의 교과서 편찬과도 관련을 맺을 수 있으리라고 생각한다.

이 글에서는 국어과 교육 좁혀서는 문법교육의 목표가 지니고 있는 내용이나 타당성 여부 등에 대해서 논의하기는 하지만 이것을 주된 논

---

* 헝가리 무역대 한국어 강사

[1] 여기에서는 현행 문법교과서보다는 현행 국어교과서에 나타난 언어 영역에 주로 논의의 초점을 맞추기로 한다. 이는 현행 문법교과서가 필수가 아닌 선택이라는 점이 커다란 이유가 된다. 현행 문법교과서는 선택이라는 점에서 반드시 배워야 할 필요가 없는 반면, 현행 국어교과서에 나타난 언어 영역은 학생들이 필수로 배워야 한다는 점에서 학생들에게 끼치는 영향력이 크다. 그러므로 문법교과서보다는 국어교과서의 언어 영역을 우선시할 필요가 있다. 그런데 현재 언어 영역과 관련해서 이루어지는 교과서 논의들은 홍종선(1997), 이관규(1998), 시정곤(1998) 등에서 나타난 바와 같이 문법교과서에 집중되는 감이 없지 않다.

의의 대상으로 삼지는 않는다. 그보다는 이처럼 설정된 목표를 실현하는 데 있어서 교과서의 체제나 내용 따위가 과연 효율적일 수 있는지에 주된 관심의 초점을 맞추게 된다. 이를 위해서 우선 현행 국어교과서의 체계와 내용 등에 대해서 살펴보고, 이를 바탕으로 현행 국어과 교육이나 문법교육의 목표 등이 현행 국어교과서의 언어 영역에 제대로 반영되어 있는지의 여부에 관심을 두게 될 것이다.[2]

이 글에서는 제6차 교육과정에 맞추어 나온 교과서를 그 대상으로 삼아 앞에서 언급한 문제들을 다루게 될 것이다. 이는 1997년 12월에 수준별 교육을 지향하는 제7차 교육과정이 고시되었으나 이것이 실제 교육 현장에 적용되는 것은 2000년부터라는 사실을 염두에 둔 것이다.[3]

2. 현행 국어교과서의 목표와 내용에 관한 검토

1) 목표와 방법

제6차 교육과정의 가장 큰 특징으로는 자율학습을 들 수 있다.[4] 다음은 현행 국어교과서의 '일러두기'에 나오는 말이다.

제6차 고등학교 국어과 교육과정에서는 학습자가 자주적이고 창의적으

---

2) 최근의 논의에서는 국어지식 영역이라고 하여 국어에 관해서 연구된 업적들을 종합적으로 부르고 있다. 본고에서는 이러한 것에 대해서는 문제를 삼지 않으므로 1992년 교육부에서 발표한 내용에 나와 있는 것처럼 '언어 영역'이라고 부르기로 한다.

3) 제7차 교육과정은 학교급별, 학년별로 2000년 초등학교 1·2학년을 시작으로 2001년 초등학교 3·4학년, 중학교 1학년, 2002년 초등학교 5·6학년, 중학교 2학년, 고등학교 1학년, 2003년 중학교 3학년, 고등학교 2학년, 2004년 고등학교 3학년에 시행될 예정이다.

4) 사실 제5차 교과서의 경우, 학생들이 자율적으로 학습하기 위해서는 자습서의 도움을 받거나 교사가 일일이 개입해야 하는 문제에 대한 지적이 있었다. 이러한 문제점을 극복하기 위해 참고서가 필요 없는 교과서, 자율학습이 가능한 교과서로 제6차 교과서의 성격을 규정하고 있다.

로 학습에 참여할 것을 강조하고 있다. 이는 자율적인 학습을 통해 적극적이고 능동적인 학습 태도를 형성하고, 창의적으로 사고하며, 나아가서 주체적이고 긍정적인 태도를 길러 바람직한 인간을 형성하기 위한 것이다.

위의 글을 보면, 현행 국어교육의 목표는 자율학습에 있다는 것을 알 수 있다. 또한 이 자율학습의 궁극적인 목표는 주체적이고 긍정적인 태도를 길러 바람직한 인간을 형성하는 데 있다고도 밝히고 있다. 결국 현행 국어교육의 목표는 학습자가 주체적이고 긍정적인 태도를 기르도록 하는 데 그 초점이 있다는 것을 알 수 있다. 그리고 이것을 실천하기 위한 방법으로 자율학습을 내세우고 있다.5) 그러므로 우리가 국어교과서가 국어교육의 목표에 합당하게 만들어졌는지를 살펴보려면, 학생들이 이 교과서로 공부하면서 과연 자율학습에 도움을 받을 수 있는지의 여부에 초점을 맞추어야 할 것이다.

그런데 먼저 세부 사항에 관심을 가질 필요가 있다. 과연 커다란 국어교육의 목표 아래에서 문법교육의 목표는 어떠한지도 알아볼 필요가 있기 때문이다.

가. 현대 국어를 체계적으로 이해하게 한다.
나. 국어와 국자에 대하여 올바른 인식을 가지고 효과적인 국어생활을 영위하게 한다.
다. 국어의 순화와 발전에 이바지하려는 뜻을 세우게 한다. (1992년 교육부)

위의 세 가지가 문법교육의 목표가 된다. 이는 크게 두 가지로 정리해 볼 수 있을 듯하다. 하나는 언어에 대한 체계적인 이해다. 다른 하나는 이를 바탕으로 한 올바른 국어생활이다. 전자에는 (가)가 속하고

5) 사실 과연 어떠한 것이 주체적이고 긍정적인 태도인가를 따지는 것은 매우 어렵기는 하지만, 자율학습은 주체적일 수 있다는 전제 하에 논의를 진행하기로 한다. 긍정적인 태도가 좋은 것인지의 문제는 좀더 따져 볼 여지가 있을 것이다. 긍정적인 태도라는 것은 학문을 하는 데 있어서의 긍정적인 태도인지 세상살이에서의 긍정적인 태도인지, 아니면 그 밖에 다른 것인지 매우 모호하다.

(나)·(다)는 후자에 속한다고 하겠다. 그러나 이러한 목표가 현실성이 있는지는 좀더 생각해 볼 여지가 있다. 학생들이 9년간의 교육을 통하여 성취할 수 있는 목표인지를 생각해 볼 필요가 있다는 것이다.

이 문법교육의 목표들을 좀더 자세히 살펴보기로 하자. 먼저 (가)의 현대 국어를 체계적으로 이해하게 한다는 것은 고등학교 학생에게 쉬운 일이 아닌 것으로 보인다. 그러므로 고등학교 학생에게 이러한 것이 가능한가 하는 의문을 가질 수 있다. 그러나 만약 올바른 방법을 통해서 교수가 이루어진다면 가능할지도 모른다. 그러므로 현대 국어를 체계적으로 이해하게 하기 위한 방법으로 제시한 것이 무엇인지를 현대 국어의 체계적 이해와 연관성이 있는 것들을 중심으로 살펴볼 필요가 있다.6)

> 가. '문법' 과목은 단순한 지식의 전달 및 주입이 아니라 원리나 법칙을 발견해 내는 탐구 과정을 중시하되, 언어 현상에 관한 흥미와 관심이 증진되도록 지도한다.
> 나. 문법 분야에만 치중하지 말고, 국어 전반에 대하여 폭넓게 이해하도록 지도한다.
> 다. 언어로서의 국어를 잘 이해하게 하여 우리 민족 나아가서는 인간의 특징을 이해할 수 있도록 지도한다.

먼저 (가)의 탐구 과정을 중시한다는 것은 자율학습이라는 국어의 교육목표와의 일치 여부를 염두에 둔 것으로 보인다. 원리나 법칙을 스스로 발견해 나가는 탐구 과정이 중심이 되는 탐구학습이 자율학습과 그 맥이 닿는다고 생각한 것으로 보인다.7) 그렇다면 과연 교과서가 탐구학습이 중심이 되도록 짜여져 있는지를 살펴보는 것은 본고에서 중요한 작업이 될 것이다.8) 문제는 교과서가 탐구학습 중심이 되지 않았다

---

6) 여기서는 목표와 방법이 주된 논의의 대상이 아니므로 다만 세 가지만 다루기로 한다.
7) 이러한 탐구 과정 중심의 학습이 이루어질 수 있도록 교과서가 짜여졌는지의 여부는 뒤에서 자세히 살펴보게 될 것이다.

면 (가)의 목표도 실패할 가능성이 높다는 사실이다.

(나)에서는 문법 분야에만 치중하지 말고 국어 전반에 대하여 폭넓게 이해하도록 지도하라고 했는데, 이는 매우 어려운 것으로 보인다. 문법 분야에 치중하지 않고 문법을 가르치기란 쉽지 않을 것이기 때문이다. 또한 국어문법을 지도하는 것보다 국어 전반에 대하여 폭넓게 이해하도록 지도하는 것이 더 어려운 목표라는 생각을 해 볼 수 있다. 그렇지만 어쨌든 이와 관련하여 국어교과서의 언어 영역이 국어 전반에 대하여 폭넓게 이해하도록 지도하는 데 효율적인가를 살펴보는 것도 유용한 작업이 될 것이다.

(다)의 방법은 매우 이해하기 어렵다. 언어로서의 국어를 이해하여 민족 나아가서는 인간의 특징을 이해한다는 것인데, 아무리 생각해도 민족의 특징을 이해하고 이것에서 나아가 인간의 특징을 이해한다는 말은 이해하기가 어렵다. 언어를 이해하는 것은 인간의 특징을 이해하는 방법이 되고 국어를 이해하는 것은 민족의 특징을 이해하는 방법이 된다는 것을 이렇게 쓴 것으로 보인다. 이를 위해서는 일반적인 언어에 대한 이해도 중요하지만 국어의 기원이나 계통 등에 대한 이해도 중요하다고 생각된다. 이것들이야말로 우리 민족의 특징을 이해하는 좋은 방법이 되리라고 생각하기 때문이다.

문제는 이러한 방법으로 문법교육의 목표에서 내세웠던 현대 국어를 체계적으로 이해하려는 노력이 성공할 수 있을 것인가 하는 것이다. 물론 다행스럽게도 올바른 교수법을 통해 똑똑한 학생이 이 과제를 다룬다면 성공을 이끌어 낼 수도 있다. 그러나 평균 정도인 학생이 이처럼

---

8) 탐구학습이 학습자들에게 이제까지의 학습방식보다 더 효율적일 수 있는가는 별개의 문제다. 앞에서도 밝혔다시피 여기서는 이러한 문제에 대해서는 깊이 다루지 않는다. 국어교육에 관한 몇몇 논문을 보면, 탐구학습을 지지하는 경향을 보인다. 그러나 과연 탐구학습이 우리나라의 교육 현실에서 성공을 거둘 수 있을지는 의문이다. 혹자는 탐구학습이 우리나라에서 성공할 것이라고 생각하는 것은 환상에 불과하다고 공격하기도 한다. 탐구학습 위주로 '언어 영역' 교육을 해 나가려면 정밀하고 주의 깊은 사전 작업이 필요하다고 생각한다.

추상적인 방법을 통해 과제를 성공시킬 가능성은 극히 적을 것이다. 성공을 이끌어 내기 위해서는 학생, 교사, 교과서의 삼위일체가 완벽하게 조화되어야 하는데, 작금의 현실을 고려할 때 그렇게 쉬울 것 같지는 않다.9)

목표를 이루어 내고 올바른 방법을 이끌어 내기 위해서는 보다 정밀해질 필요가 있다. 추상적인 목표를 만들고 이를 세밀하지도 구체적이지도 않은 방법으로 성취하려는 것은 바람직하지 못하다. 이보다는 작은 것이라도 이룰 수 있는 목표를 세우고 이를 실천하기 위한 세밀한 방법을 만드는 것이 중요하다고 하겠다.

그러나 여기에서는 더 이상 언어지식 영역의 목표나 방법 따위에 대해서는 논하지 않기로 한다. 본고에서는 교과서가 원래의 목표와 방법에 따라 만들어졌는지에 초점을 맞추고 있기 때문이다. 그러므로 이하에서는 다음의 두 가지가 논의의 주된 대상이 될 것이다. 첫째, 자율학습을 할 수 있도록 교과서가 만들어졌는지의 여부다. 둘째, 이 교과서를 통해서 탐구학습이 가능할 것인지의 여부다.

아울러 다음의 두 가지에 대해서도 관심을 가질 필요가 있다. 첫째, 국어교과서의 언어 영역이 국어 전반에 대하여 폭넓게 이해하도록 지도하는 데 효율적인가를 살펴보는 것이다. 둘째, 국어의 기원이나 계통 따위에 대한 소개가 나와 있는지를 찾아보기로 한다.

---

9) 일선 학교에서는 문법 분야를 자세히 다루지 않고 읽고 넘어가며, 많은 학생들은 이를 외우는 것으로 공부가 끝났다고 생각하는 것이 현실이다. 이는 필자가 6개월 동안 사설학원에서 학생들을 가르치면서 실제로 겪은 것이다. 학교의 시험문제도 외우기만 하면 정답을 낼 수 있는 것이 대부분이다. 여기에서는 탐구학습을 볼 수 없다. 따라서 교과서가 탐구학습용으로 만들어졌다면 교육부의 계획은 실패로 끝났다고 보아야 한다. 또 하나 참고서의 보이지 않는 폐해도 심각하다. 대개의 경우 우리나라 참고서는 잘못된 이해를 바탕으로 만들어진 교과서 본문을 한 번 더 잘못 이해하여 만들어지고 있다. 그러나 더 심각한 문제는 이처럼 잘못 이해되어 출제된 문제집의 문제가 중간고사나 기말고사에 출제된다는 사실이다. 여기에 무슨 탐구학습이 있고 자율학습이 있는지 묻고 싶다. 외우는 것이 자율학습이라면 더 이상의 논의는 필요 없을 것이다.

2) 체계와 내용에 대한 검토

(1) 체계에 대한 검토

이제부터는 교육부에서 제시한 국어교육의 목표, 자세히는 문법교육의 목표와 방법에 따라 교과서가 충실히 만들어지고 있는지의 여부에 대해 자세히 살펴보기로 한다. 먼저 체계에 대해서 논의한 뒤에 내용에 대해서도 논의하기로 한다.

현행 국어교과서는 다음과 같은 체계로 이루어져 있다. 교과서에는 첫머리에 이른바 '일러두기'라는 항이 있다. 그리고 각 단원에는 각각 '단원의 길잡이', '학습 목표', '준비 학습', '학습할 문제', '학습 활동', '학습 활동 도움말', '평가 중점' 등이 학습 과정으로 제시되어 있다. 이것들은 모두 교과서 편찬자가 자율학습을 위해 필요한 것이라고 판단해서 들어간 것들이다. 이러한 것들은 정말로 필요한 것일까, 또한 이것을 모두 학습하는 것은 가능한 것일까.

이와 관련해서는 다음과 같은 점에 유념해야 한다. 내용이 많아지면 많아질수록 학습자는 공부할 양이 그만큼 많아진다. 교과서에 나와 있는 것은 어떻게든 다루어야 하는 것이 우리의 교육 현실이고 또한 학습자는 이것을 모두 학습의 대상으로 삼아야 한다. 물론 편찬자는 이에 대해서 자율학습을 위해서 이렇게 많은 것들을 제시했다고 하겠지만 우리의 교육 현실에서는 이 모든 것이 부담으로 작용한다. 그 전의 교과서보다 제6차 교과서가 더 부담스러운 것은 자율학습을 돕기 위해 들어간 내용들이 오히려 학습의 대상이 되어 학습할 양이 그만큼 더 늘어났기 때문이다.

이를 자율학습과 관련하여 생각해 보기로 하자. 자율학습은 스스로 하는 것인데 양이 많아지면 많아질수록 스스로 공부하기는 더욱 어려워진다.10) 스스로 공부하기를 원했다면 적어도 세 가지는 갖추어야 한

---

10) 현재의 자율학습 중심의 교과서에 대하여 일선 교단에서는 우리나라의 교육 풍토를 잘못 판단하여 내린 결정이라고 생각하는 경향이 많다고 한다. 우리나라의 교육사정상 교과서에 나온 것은 모두 가르쳐야 할 대상이 되고 모두 평가의 대상이 되기 때문이다. 이는 특히 참고서를 보면 잘 알 수 있다. 즉 제6

다고 본다. 첫째는 '참고문헌'이라도 소개해 주어야 한다는 것이다. 둘째는 주어진 자료를 활용하는 법을 가르쳐 주어야 한다는 것이다. 셋째, 사전 찾는 법을 자세히 소개해야 한다는 것이다.

이는 다음과 같은 점들을 고려한 것이다. 첫째, 참고문헌에 대한 소개의 경우 현재 '학습할 문제'나 '학습 활동'에는 물론 '학습 활동 도움말' 등이 있지만 학습 활동에 대한 도움말이 매우 부족한 현실이다. 그러므로 자율학습을 돕는다기보다는 참고서가 무거워지는 결과를 가져왔다. 둘째, 현재의 교과서에는 주어진 자료의 활용에 대한 것이 나와 있지 않다. 그러한 까닭에 현재의 교과서에는 자료도 없고 중간 과정도 없고 결과만 나와 있다. 문법의 사항들이 어떠한 과정을 거쳐서 나오는지 서의 소개가 되어 있지 않다. 셋째, 사전 찾는 것은 문법공부의 영역뿐만 아니라 국어공부를 하는 데 있어서 항상 필요한 것이다. 그러므로 자율학습을 위해서는 이 세 가지가 우선 갖추어질 필요가 있다.

그러나 현실은 그렇지가 않다. 먼저 참고문헌의 경우에는 교과서가 거의 완벽해서 현재의 도움말 정도면 된다고 생각한 것인지, 아니면 참고문헌을 보게 되면 학생들에게 혼란을 일으킬까 걱정해서 적어 주지 않은 것인지 모르겠다.[11] 참고문헌을 적어 주지 않는다면 혼자서 공부하는 데 도움이 되도록 참고문헌을 찾는 법이라도 가르치는 것이 마땅한 일일 터다.

차 교과서가 나온 다음의 참고서는 제5차 교과서보다 적어도 2.5배는 두꺼워졌다. 교과서에 나오는 것이 모두 참고서의 검토대상이 된다는 사실은 새삼스러울 것이 없다. 이는 일선 교단에서 수고하고 계시는 이종덕(전 서울과학고), 박정규(서울사대부고) 두 선생님을 통해 들은 바 있다. 이를 통해 볼 때, 교과서와 참고서 그리고 교사용 지도서를 겸용하겠다는 본래 의지와는 무관하게 자율학습을 돕기 위해 들어간 내용들이 학습대상으로 되는 기이한 상황이 우리의 현실임을 알 수 있다.

11) 실제로 필자는 현재의 국어교과서에 참고문헌을 적어 주고 이것을 학생들이 찾아보라고 할 경우 혼란은 극심해지리라고 예상한다. 참고문헌을 살펴보게 되면, 현재 국어교과서의 적지 않은 내용이 참고문헌과 달리 기술되었음을 알 수 있게 될 것이기 때문이다. 그래도 가장 권위를 지니고 있어야 할 국어교과서의 언어 영역이 일반적인 견해와 달리 씌어져 있다는 것을 학생들이 알게 될 경우 그들이 어떤 반응을 보일지는 쉽게 짐작할 수 있다.

사전의 경우에는 초·중·고등학교 12년을 통틀어 초등학교 교과서에 나온 사전 이용 방법이 유일하다. 학생들이 스스로 자료를 다루고 익히는 방법을 교과서의 단원으로 삼은 것은 이것이 유일한 예일 것이다. 그렇지만 초등학교에서 배운 사전 이용의 지식만으로 중학교·고등학교까지를 모두 뒷받침해 줄 수 있는지는 의문이다.12) 사전에 나와 있는 그 풍부한 지식들을 제대로 이용하는 방법이 중고등학교 6년간 한 번도 나오지 않는 것이 우리 국어교육의 현실이다. 스스로 공부하는 법을 가르쳐 주지도 않으면서 스스로 공부하라는 것은 처음부터 가능하지 않은 목표를 세우는 것과 같다.

그러면 교사들에게 모든 책임을 미루겠다는 것인가? 현실은 그렇지도 않은 것 같다. 교사들이 모든 것을 다루기는 해야겠지만 그 양이 너무 많아 일정 부분은 참고서에 의존할 수밖에 없다. 그 양을 줄이지 않는 한 자율학습은 불가능하다고 보는 것이 좋다. 사실 현실적으로 입시를 생각하지 않을 수 없는 현행 교육제도 하에서 이것은 처음부터 불가능한 목표인지도 모른다.

이와 더불어 결과적으로 현행 국어교과서는 교사 요인과 주로 관련되는 교수·학습 방법이 획일적으로 될 수밖에 없다는 사실도 유념해야 한다. 현행 교과서를 가지고 교사가 너희는 이런 방향으로 공부해 보아라 하는 식의 강의를 하기는 매우 어려운 것으로 보인다. 현행 교과서에서 가능한 정도는 너희는 여기를 외우고 난 뒤에 또 여기를 외우라는 식의 공부일 것이다. 현행 교과서체제 하에서 교사는 교과서에 진술되어 있는 내용을 풀어서 설명해 주는 강의식·주입식 방법만이 가

12) 사전 찾는 법이 초등학교에 나온 것만으로 충분하다고 생각한다면 그것은 커다란 오산이다. 사전은 단어를 찾아 단순히 그 뜻을 아는 데에만 목적이 있는 것이 아니다. 사전에는 단어의 어원, 발음, 그 단어와 관련된 숙어, 속담, 반의어, 유의어 등등 무수한 지식이 담겨져 있다. 그런데도 우리나라 학생들은 사전에 무엇이 담겨 있는지조차 모르며 국어 단어는 참고서에 의존하는 것이 현실이다. 국어참고서에는 대상이 되는 단어의 의미만 나와 있고, 기껏해야 유의어나 반의어 정도가 더 나와 있을 뿐이다. 사전이 국어공부를 하는 데 중요한 기본적인 도구임을 전제한다면, 사전을 이용하는 법에 대한 교육이 얼마나 절박한 과제인지 알 수 있을 것이다.

능한 것이다.13)

그렇다면 학생들은 어떠할까? 학생들도 마찬가지다. 선생님의 교습에만 철저히 따라가면 된다. 아니 심하게 말하면 자습서만 유심히 살펴보면 된다. 내가 해 보면 재미있겠다고 생각하고 스스로 해 보려고 할 만한 내용이 보이지 않는다. 그런 점에서 현행 교과서는 학생들의 관심사와는 무관한 교과서라고 할 수 있다.14)

'일러두기', '단원의 길잡이', '학습 목표', '준비 학습', '학습할 문제', '학습 활동', '학습 활동 도움말', '평가 중점' 등이 자율학습에 모두 필요한 것일까? 필자는 그렇지 않다고 생각한다. 정말로 필요하다고 생각되는 것만 남겨두고 지우는 것이 바람직하다. 스스로 공부할 수 있는 양만을 남겨두어야 한다. 또한 참고문헌을 찾아 스스로 공부하는 방법을 제시하는 것이 좋을 것이다.15) 그리고 사전을 필요로 하지 않고도 학생들이 국어를 공부할 수 있다면 그것은 이미 자율학습에서 멀어진 것이다.

---

13) 이와 관련하여 문법교과서도 언급해 볼 수 있다. 우선은 이 과목에서 다루는 내용의 폭이 과거에 비해 확대되었다는 점에서 긍정적인 평가를 내릴 수 있다. 과거의 교과서가 전통 문법의 영향에서 벗어나지 못한 채 통사론 위주로 전개되었다는 점은 익히 알려진 사실이다. 이에 비하여 현재의 문법교과서에서는 문법 부분이 상대적으로 축소된 반면 '이야기', '바른 언어 생활', '표준어와 맞춤법', '옛말의 문법' 등 관련 내용이 비교적 다양하게 실려 있어서 이전의 문법교과서와는 다른 양상을 보이고 있다. 반면에 문제도 지니고 있는 것으로 평가된다. 우선 중학교 교과서에 제시된 내용이 고등학교 문법교과서에도 반복적으로 다시 등장하고 있다. 게다가 급별로도 별 차이가 나지 않는다. 이는 학교교육의 효율적 측면에서나 학생들의 흥미도 측면과 관련하여 다시 생각해 볼 여지가 있다. 둘째, 내용과 체계상에 따른 문제다. 정의가 분명치 않아 '산에는'이 복합어가 되어야 하는 등의 문제가 생긴다. 내용이나 체계상의 문제와 관련한 자세한 논의는 시정곤(1998) 참조.

14) 이에 대하여 이성영(1998 : 35~36)은 스스로 활동할 수 있는 동기의 부여가 교과서에 제시되어 있지 않다는 데에서 그 이유를 찾았다.

15) 여기서도 필자는 다시 한 번 자율학습만이 옳다고 생각하지 않는다는 것을 강조한다. 여기서 자율학습이 좋고 나쁜가는 중요한 논의 대상이 되지 않는다. 다만 현행 국어교육이나 문법교육의 목표나 방법이 현행 국어교과서에 제대로 반영되었는가가 중요한 논의의 대상이 된다.

한편 문법교육의 방법에서 주요한 과제로 제시하였던 탐구학습의 상황은 어떠한가? 필자는 현재의 교과서로 탐구학습을 한다는 것은 거의 불가능하다고 생각한다. 탐구학습을 하려면 현재의 교과서처럼 결과 중심의 교재가 되어서는 안 된다. 탐구학습을 위해서는 '언어자료의 수집 -자료의 분석 - 가설의 수립 - 가설의 검증' 절차가 필요하다고 본다.16) 과연 현재의 교과서에 이러한 작업이 가능한 단원이 있는지 의문스럽다.

탐구학습을 하는 데 더 심각한 장애가 되는 것은 교과서에서 이미 방향을 제시해 주고 있다는 사실이다. 이것은 처음 '일러두기'에서부터 시작된다. 이것을 두고 교과서 편찬자는 학습자에게 도움을 주기 위한 것이라고 할지 모른다. 그러나 결코 이것은 도움을 줄 수 없다. 몇몇 논문들을 통하여 제기된 것처럼, 탐구가 "어떤 의문에 대한 해답을 구하는 학습자를 위하여, 실험이나 그 외의 가능한 어떤 자료들을 가지고

---

16) 탐구학습은 그 방법에서 여러 가지 장점을 지니고 있다고 할 수 있다. 탐구학습 과정에서 학생들은 논리적 사고와 비판적 사고 능력을 기를 수 있다. 따라서 주입식 교육에서는 볼 수 없는 능동적인 모습이 나타나고 그에 따라 활기찬 수업이 이루어질 가능성이 높아진다. 그리고 활기찬 수업을 통해 학생들은 학습에 더욱 흥미를 갖게 될 수도 있다. 이렇게 교과서가 논리적 사고와 비판적 사고를 유도하는 것이 된다면 바람직할 것이다. 그러나 이러한 탐구학습 방법은 그에 따른 부담도 있다는 점을 직시해야 한다. 그것은 다음의 두 가지로 요약될 수 있다. 첫째는 교수상의 어려움이다. 탐구학습을 위해서는 교수자가 그 날 진행할 수업에 대해 충분한 준비를 해야 하는데 이는 이제까지 이루어진 주입식 교육과는 판이하다. 여러 가지 상황에 대해 예측해 보고 이에 대한 지식을 충분히 준비해야 한다. 둘째는 이 준비 과정의 어려움이다. 이는 필자 개인의 경험과도 관련이 있다. 필자는 대학생들을 가르치면서 항상 어떤 방식의 수업이 좋은가를 학생들에게 글로 써서 제출하게 하였다. 그러면 절대적인 수의 학생들은 자율학습을 통한 토론학습을 가장 이상적인 방식으로 이야기한다. 이에 따라 필자는 그 같은 방식으로 수업을 진행해 보려 했지만 그때마다 이 방식에 회의가 들었다. 대부분의 학생이 자신이 원하는 수업을 하는 데 필요한 준비를 하지 않기 때문이다. 이상과 현실의 차이라고도 볼 수 있다. 대학생들의 상황도 이러한데, 입시와 내신에 쫓기는 중고등학생들을 대상으로 탐구학습 중심의 자율학습을 실시한다는 것은 처음부터 불가능한 일일지도 모른다. 이러한 사실에 대한 이해 없이 탐구학습만이 마치 절대선인 양 여긴다면 애초부터 잘못된 출발선상에 서 있는 것이라 할 수 있다.

의문을 해결할 수 있는 열쇠를 찾아내기 위한 학습으로의 접근방법"을 의미하고, 탐구학습을 위한 '일러두기'가 굳이 필요하다면, 의문에 대한 제시 정도가 좋을 것이다. 그러나 현재의 교과서는 그러한 역할을 전혀 하지 못하고 있다.

다음은 「언어와 국어」 단원의 '단원의 길잡이'다.

이 단원은 언어의 본질에 대해서 먼저 개관한 뒤, 언어의 체계, 구조 기능들에 대해서 구체적이고 다소 수준이 높은 학습 경험을 가지도록 구성되어 있다. 이러한 경험을 바탕으로 국어가 지니고 있는 고유의 특질에 대해서까지 학습하는 것이 이 단원의 목표이다.

여기에서 어떤 의문을 가질 수 있을까. 언어의 본질에 대해서 개관하고 이를 바탕으로 학습 경험을 가진다면 어떠한 문제의식을 가지고 공부를 할 수 있는지 의문이다. 단원의 길잡이가 학생들의 흥미를 자아내고 이를 바탕으로 탐구학습의 분위기를 만들고자 한다면 어떻게든지 문제의식을 끌어내야 한다. 그러나 여기에서는 단 한 번도 '탐구'라는 단어가 나오지 않는다. 실제로 내용도 탐구는 필요 없고 암기와 이해만 필요하다.

다음을 한 번 보기로 하자.

이 단원을 교수, 학습하는 과정에서는 언어 또는 국어를 이해해 나가는 과정이 흥미로운 탐구의 과정이 될 수 있다는 점을 중시하도록 한다.

여기에서 보면 편찬자의 경직된 자세가 보인다. '언어 영역'이 진정 흥미 있는 부분이 되려면, 흥미를 이끌어 내는 자연스러운 과정을 통해서 이루어져야 할 것이다. 그러나 편찬자는 교사와 학생에게 모두 흥미를 강요하고 있다. 그런다고 해서 학생들에게 흥미가 생기는 것일까. 그렇지는 않을 것이다. 흥미는 지적인 추론 과정을 통해서 생기는 것이지 단순히 강요한다고 해서 생기는 것이 아니다. 내용이 흥미 있는 것으로 엮어져야 홍미로운 것이지 편찬자가 홍미로운 내용이라고 한다고 해서 학생들이 홍미로워지는 것은 아니다.

　그리고 다른 국어 분야와의 관계가 소원한 점도 지적하고 넘어갈 필요가 있다. 이에 대하여 살펴보기 전에 문법 학습의 방법에서 언급한 것을 다시 가져오기로 한다.

　　문법 분야에만 치중하지 말고, 국어 전반에 대하여 폭넓게 이해하도록 지도한다.

　필자는 앞에서 이것이 얼마나 어려운 방법인가를 지적했지만 이에 대해서는 다시 언급하지 않는다. 문제는 이처럼 방법을 세웠으면 이것을 제대로 활용해야 하는데 현재의 상황은 그렇지 못하다는 것이다. 국어의 문법에 대하여 설명하면서 문학작품을 가져와 설명한다든지 하는 것은 국어문법의 교육을 통해서 국어 전반의 이해에 기여하는 좋은 방법이 될 수 있다. 예를 들어, 국어의 음운체계를 설명하면서 시의 예문을 가져온다든지 높임법을 설명하면서 소설의 예문을 가져온다든지 하는 것은 좋은 방법이 될 것이다.17) 이 방법은 적어도 두 가지 점에서 국어교육에 효과적일 수 있다. 하나는 문법공부를 하면서 문학작품을 가져오면 그만큼 국어문법의 딱딱함이 사라질 것이라는 사실이다. 또 하나는 문법교육이 우리가 공부하는 국어와 별개의 것이 아니라는 사실을 학생들에게 인식시켜 줄 수 있다는 사실이다. 그러나 이러한 방식의 교과서 구성은 거의 보이지 않는다. 사실 그 어려움과는 별도로, 처음에 세웠던 계획을 실천하려는 노력이 필요한 부분이다.

　국어의 계통에 관한 설명은 어떠한가? 국어의 계통에 관한 설명은 중학교 교과서의 한 단원에 나오는 것이 전부다.18) 앞에서 제시했던 문

---

17) 국어교육에서 문학작품을 통한 교육이 필요한 이유에 대하여, 이남호(1997)는 국어교육의 보다 큰 중요성은 보다 고급한 언어 능력을 함양하는 데 있기 때문임을 밝혔다.

18) 중학교 3학년 1학기 국어교과서에 나온다.

법교육의 방법을 다시 한 번 가져오기로 하자.

　　언어로서의 국어를 잘 이해하게 하여 우리 민족 나아가서는 인간의 특징
을 이해할 수 있도록 지도한다.

　김영욱(1998 : 104)에서 제기한 것처럼, 국어의 계통에 대한 탐구는 우
리 민족의 형성사와 무관하지 않으므로 중요하게 생각해야 한다. 이는
우리말의 뿌리가 어디에 있는가를 학생들에게 일깨워 주고 국어의 정
체성을 확인하는 출발점이 된다.19) 그리고 이러한 정체성에 대한 탐구
는 우리 민족의 정체성을 확인하는 출발점이 된다고 할 수 있다. 그러
나 이러한 국어의 계통에 대한 설명은 중학교에 나오는 것이 전부다.
　이와 더불어 옛 문헌들에 대한 언급도 빼놓을 수 없다. 교과서에서
정말로 자율학습이나 탐구학습과 관련이 없는 것은 옛 문헌들이다. 특
히 현재의 교과서에 나와 있는 내용을 가지고 탐구학습을 한다는 것은
이루어질 수 없는 일로 치부하는 것이 좋다. 그저 「우리말의 역사」라는
단원을 통해 한 번에 많은 지식을 외우라고 제시하는 게 고전문법의 전
부다. 여기에서 무슨 흥미가 생기고 무슨 탐구학습이 가능하겠는가? 사
실 탐구학습을 진정으로 원한다면 현대 국어를 통한 탐구학습보다는
중세나 근대 국어를 대상으로 하는 탐구학습이 훨씬 효율적이다. 현대
국어는 구어와 문어 모두가 그 대상이 되기 때문에 가설을 세우기가 여
간 어렵지 않다. 검증할 부분도 많거니와 그만큼 반례가 많이 발견되기
때문이다. 반면에 현대 국어 이전의 국어의 모습은 문헌을 통한 문어일
뿐 아니라 그 대상이 상당히 제한되어 있기 때문에 오히려 가설을 세우
기가 더욱 쉽다는 장점이 있다. 그러므로 효과 높은 탐구학습을 위해서
는 현대 국어보다 현대 국어 이전의 문헌을 활용하는 쪽이 좋을 수 있

---

19) 김영욱(1998 : 104)에서는 국어의 계통에 대한 이해가 국어교육에 포함되어야
　　하는 이유로 다음 네 가지를 들었다. 첫째, 우리말에 대한 이해를 깊게 만든다.
　　둘째, 민족의 언어문화에 대한 이해를 돕는다. 셋째, 이것이 우리말 사랑으로
　　이어진다. 넷째, 이것이 우리말 갈고 닦는 데 기초를 제공한다.

다.

(2) 내용에 대한 검토

현행 국어교과서에서는 학교문법을 따르고 있다. 그런데 이는 자율학습이나 탐구학습과 관련하여 민감한 사안이 된다. 학자에 따라서는 학교문법이 탐구학습을 방해하는 요인이 된다고 보기 때문이다.

학교문법에 대해서는 먼저 이철수(1984 : 285)를 참고할 수 있다. 여기에서의 학교문법은 학문문법으로서의 지식이나 문법이론을 중심으로 하는 체계문법이 아니라 우리의 언어 생활에서 실제로 직면하는 언어적 사실의 일반적 질서, 곧 문법적 지식을 학습하고 자신의 언어 생활을 반성하는 능력을 기르며 동시에 정확한 언어표현의 요령을 습득시키는 실용적이며 실제적 의의를 지니는 기능문법이다. 일반적으로 학문문법과 대비하여 학교문법의 특성으로서 실용성, 기능성, 규범성, 보편성, 간결성 등을 들고 있다. 그리고 이는 널리 받아들여지고 있는 것으로 보인다.[20]

그런데 이와 관련해서는 학교문법의 개념이 자국어의 교육을 위해 유용한 것인가가 논의의 대상이 될 수 있다. 인위성이 강한 이러한 문법은 교육의 효율성이나 입시 문제의 해결 등에서는 장점을 가질 수 있지만,[21] 언어 현상 전반을 다루기가 어려울 뿐더러 그 내용이 빈약해질 수밖에 없다는 단점을 지닌다. 그러므로 학교문법이 국어교과서에 반영

---

20) 현행 국어교과서에 나오는 학교문법은 여러 국어학자들의 노력이 집적된 것으로 우여곡절 끝에 1985년부터 통일문법기에 들어섰다. 1991년부터는 제2기 통일문법기로 들어가 현재 학교문법은 초등학교와 중학교 과정에서는 국어 독본 과정에 흡수시켜 설정하였고, 고교 과정에서는 국어Ⅱ에서 문법 교과를 선택과목으로 따로 설정하기도 하였다.

21) 학교문법이 통일을 보게 된 데에는 입시도 적잖은 역할을 하였다. 학교문법통일안을 이끌어 내기 이전에는 많은 혼란이 있었는데, 이러한 혼란은 특히 대학입시와 관련되어 심각한 사회적 문제로 되었다. 각기 다른 문법체계에 따라 이루어진 교과서로 공부한 학생들이 특정 대학에 지원할 경우, 그 대학에 재직하고 있는 특정 학자의 학설을 따로 공부해야 하는 경향마저 생기게 되었기 때문이다. 자세한 내용은 김광해(1997) 참조.

되는 것이 전적으로 옳은지의 여부는 논의될 필요가 있다.

이에 대해 김광해(1997a)에서는 학교문법에 대해서 매우 부정적인 입장을 취하고 있다. 여기에서는 학교문법을 중세 이래의 서양의 언어 교육에서 외국어인 그리스·라틴어를 가르치기 위해 구성했던 문법을 가리키던 말로 보고 있다.22) 그렇기 때문에 이는 중세적이고 전근대적인 술어로서, 빨리 탈피해야 할 것으로 보고 있다. 또한 이러한 잘못된 문법관이 국어 언어 영역의 흥미를 빼앗는 결정적 요인이 되는 것으로 파악하였다. 이러한 견해를 바탕으로 하여 그는 유익하고 효율적인 교육을 위해 탐구학습의 도입을 주장하였다. 이 주장에 따르면, 현행 국어 교과서는 학교문법을 따르고 있으므로 탐구학습을 하는 데 있어서 장애가 된다고 볼 수 있다.23)

필자는 여기서 이런 주장의 옳고 그름에 대해서는 깊게 논의하지 않기로 한다. 다만 학교문법을 고집하는 것에 대해서는 부정적인 입장이다. 실제로 기능문법인 학교문법을 체계문법과 구분한다는 것이 그리 쉬운 일은 아닌 것 같고, 또한 이 둘이 별개인지도 의심스럽기 때문이다.

예를 들어서 맞춤법, 띄어쓰기에 대하여 다루는 것이 언뜻 보기에는 실용적이고 규범적인 것 같지만 사실은 실용적인 것 이상을 요구할 수도 있다. 현행 맞춤법에서는 '얼음'으로 표기하고 있는 것이 '어름'으로 표기될 수도 있다면, '얼음'과 '어름'의 표기 차이가 어디에서 오는지를 살펴보는 것은 실용적인 선을 넘어서는 것이다. 이 경우 '얼음'이 맞으니 '어름'은 쓰지 말라는 것은 규범적이다. 그러나 '얼음'과 '어름' 표기의 장단점을 논하고 '얼음'으로 쓸 수밖에 없는 이유를 끌어 낸다면 그것은 학교문법의 규범성을 뛰어넘는 것이라고 할 수 있다. 이 경우 현

---

22) 김광해는 학교문법(pedagogical grammar)과 규범문법(standard grammar)의 차이에 대해서도 설명하고 있다.

23) 김광해(1997a)에서는 그 근거로 다음 세 가지를 들었다. 첫째, 언어 현상은 다른 자연과학 등과 마찬가지로 흥미로운 탐구대상의 하나다. 둘째, 언어·국어의 이해 부분에 탐구방법이 잘 적용된다. 셋째, 언어 현상에 대한 탐구 과정은 우리말의 문법 현상에 대해 직접 관심을 가져보는 기회가 될 수 있다.

행 맞춤법에 대한 효과적인 이해를 위해서는 형태, 음운론적 사실들에 대한 기본적인 이해가 선행되어야 한다.

그러나 현재의 국어교과서에는 이러한 것에 대한 논의가 없이 단지 결과만이 나와 있다. 이처럼 결과만 있고 과정이 없으니 흥미로운 수업 교재가 될 수 없는 것이다. 단지 실용적, 규범적인 목적에서 이루어지는 교육은 주입식으로 진행될 수밖에 없다는 지적이 나오는 까닭도 여기에 있다.[24] 문법 영역이 시종일관 지식의 전달에만 목표를 두게 되면 그것은 죽은 교육이 되고 만다. 실제 학교문법의 성립은 많은 학자들의 노력과 의견 조율을 통해 이루어진 것인데, 교과서에서는 이러한 부분들이 생략되고 결과의 전달에만 치중하고 있다. 단순히 지식의 전달에만 관심을 쏟는 이러한 교과서로는 학생들의 흥미를 반감시킬 수밖에 없다.

언어 영역에서 논리적 학습이 이루어지지 않는 까닭도 여기에 있다고 할 수 있다. 지식의 전달이 주가 되는 한 결코 논리적인 학습은 이루어질 수 없다. 논리적으로 가설을 세우고 이를 검증하는 능동적인 수업은 현재와 같은 상황에서는 불가능하다. 교육의 목표가 스스로 생각하는 힘을 갖추도록 하는 데 있다면 현재 교과서의 문법 영역을 가지고는 이러한 수업이 불가능하다.[25]

다음에서는 학교문법에 따라 고등학교 국어교과서의 문법 부분에 나온 것들의 내용이 어떠한지를 하나하나 살펴보기로 한다. 여기서는 고

---

24) 현재 사회 일각에서는 맞춤법과 띄어쓰기 무용론이 제기되고 있는데, 여기에서도 주입식 교육의 폐해가 드러난다. 맞춤법과 띄어쓰기를 적용하려면 먼저 그 필요성을 합리적으로 설명할 수 있어야 한다. 그러나 현재 교과서나 교실 안의 교육을 통해서는 이러한 설명이 거의 이루어지지 않고 있고, 이것이 맞춤법과 띄어쓰기 무용론으로 이어진다고 볼 수 있다.

25) 그런데 현행 고등학교 국어교과서는 사실 실용적인 것도 아니다. 실용성을 드러내는 대표적인 것이 정서법일 텐데, 국어교과서에서 정서법을 다룬 것은 중학교 1학년 1학기 교과서에 조금 보일 뿐이다. 대학에 다니는 학생들조차도 정서법에 서투른 것은 여기에 적지 않은 이유가 있다. 영어 철자법에는 신경을 써도 국어 정서법에는 신경을 쓰지 않는 것 역시 여기에서 이유를 찾을 수 있다.

등학교 국어교과서 상권을 그 주된 대상으로 삼는다.26) 상권만 해도 그
양이 많기 때문이다. 앞에서도 언급했지만, 단원마다 '단원의 길잡이'
'학습 목표' '준비 학습' '학습할 문제' '학습 활동' '학습 활동 도움말' '평
가 중점' 등이 있으므로 이것도 역시 논의의 대상이 된다.
　먼저 언어지식 영역이라고 할 수 있는 단원으로는 제3과의 언어와
국어가 있다. 이 단원을 논의의 시작으로 삼는다.

　　이 단원은 언어의 본질에 대해서 먼저 개관한 뒤, 언어의 체계, 구조 기
　능들에 대해서 구체적이고 다소 수준이 높은 학습 경험을 가지도록 구성되
　어 있다. 이러한 경험을 바탕으로 국어가 지니고 있는 고유의 특질에 대해
　서까지 학습하는 것이 이 단원의 목표이다.

　위의 인용문은 제3과의 '단원의 길잡이'다. 특히 인용한 글에서는 단
원의 목표를 밝히고 있다. 사실 고등학교 학생들에게 있어서 언어의 본
질에 대해서 밝힌다는 것은 매우 어려운 일이다. 그리고 이것을 바탕으
로 언어의 체계, 구조, 기능 들에 대해서 학습한다는 것 또한 매우 어려
운 일임에 틀림없다.27) 교과서 편찬자 역시 이것을 인정하는지 "다소
수준이 높은 학습 경험을 가지도록 구성……"이라는 말을 통하여 이 단
원이 어려운 내용으로 이루어져 있음을 내비치고 있다. 그리고 학생들

---

26) 참고로 중학교 3학년 1학기 교과서의 내용을 살펴볼 필요가 있다. 이를 보면
　　중학교 교과서의 편찬 방향이 제대로 잡혀나 있는 것인지 의심스럽지 않을 수
　　없다. 다음을 보자. "'-겠-'은 위에서처럼 추측, 안내, 가능, 의지와 같은 말하
　　는 이의 태도도 나타나는데 ……" 위의 인용문은 시간 표현, 그 중에서도 시
　　제에 관한 것이다. 여기서 설명하고 있는 '-겠-'은 매우 혼란스럽다. 일반적으
　　로 알려진 추측·가능·의지와 달리 '안내'가 나타나는데 '-겠-'의 서법적 의
　　미로서 안내를 설정할 수 있는지 궁금하다. 이러한 논리에서는 "열차가 도착
　　하겠습니다"가 '안내'라면 "비가 오겠습니다"는 '예보', "이 선생님의 말씀이
　　있으시겠습니다"는 '소개'가 될 것이다. 이러한 설명은 혼란 때문에 취한 편법
　　일 수도 있다. 그러나 이 경우 '안내'라는 의미를 하나 더 설정해서 얻는 이익
　　은 발견되지 않는다.
27) 언어의 체계나 구조 등은 고등학생이 쉽게 이해할 수 있는 성질의 것이 아니
　　므로 여러 가지 과정을 거쳐 자세히 설명하고 생각할 여유를 주어야 한다.

에게는 이것은 이것이다 식의 글로 일관하고 있다. 그러니 제3과에 나
오는 글들 중 어느 하나도 자율학습의 묘미를 살릴 수 있는 글은 보이
지 않는다.

그렇더라도 교재만 제대로 활용된다면 자율학습이 가능할지도 모른
다. 그러므로 교과서에서는 이를 어떻게 활용하기를 바라는지 살펴볼
필요가 있다. 이를 교과서에서는 다음과 같이 밝히고 있다.

> 이 단원을 교수, 학습하는 과정에서는 언어 또는 국어를 이해해 나가는
> 과정이 흥미로운 탐구의 과정이 될 수 있다는 점을 중시하도록 한다.

탐구학습만큼 좋은 것은 없다. 그러나 많은 학생들이 문제제기를 하
고, 그것을 스스로 해결해야 하는 탐구학습은 교과서에서 세밀하고 구
체적인 내용을 통하여 이것을 도와주지 않으면 이루어질 수가 없다. 탐
구학습은 목표를 세우기만 하면 이루어지는 것이 아니다.

현행 국어교과서로 자율학습을 하기 어렵다는 사실은 다음의 문제를
보면 알 수 있다. 물론 자율학습이므로 문제는 학생들이 스스로 해결해
야 한다. 다음은 단원의 마무리 도움말 중의 하나다.

> 3. 본문의 내용을 다음과 같은 표로 요약 정리해 본다. 정리한 내용을 중
> 심으로 다른 외국어와 비교하여 보도록 한다.

	국어	다른 외국어
음소의 수		
음운법칙		
어휘상의 특징		
구문상의 특징		

본문의 내용을 보고 국어의 특질을 정리하는 것은 물론 가능하다. 그
러나 다른 외국어와 비교한다는 것은 얼마나 어려운가? 국어의 특질을
이해하는 것도 벅찬데 외국어의 특질까지 이해하라는 것은 무리한 요

구라 하지 않을 수 없다. 음소의 수를 알기 위해서는 음소란 무엇인가를 알아야 할 것이고, 음운법칙이 어떠한지를 알기 위해서는 그 나라의 음성변화에 대해서 알아야 할 것이다. 또한 어휘상의 특징에 대해서 알기 위해서는 많은 어휘를 알아야 할 것이다. 구문상의 특징을 안다는 것은 또한 얼마나 어려운가? 구문상의 특징을 안다는 것이 국어는 S-O-V 어순임을 파악하는 것으로 끝나는 것인가? 문제는 이것을 자율학습을 통해서 알아야 한다는 것인데, 이것이 가능한지는 의문이다. 설사 단순히 여기에 답한다고 해도 그것이 별 소득이 없는 작업이라는 점은 자세히 설명하지 않기로 한다.[28]

그런데 제3과가 안고 있는 문제는 자율학습이나 탐구학습이 가능하도록 교과서 구성이 이루어졌느냐의 여부가 아니다. 교과시 구성이 자율학습이나 탐구학습이 아니라 타율학습으로 이루어져 있다 하더라도 심각한 수준의 문제를 안고 있다. 올바른 정보가 반영되어야 하는데 그렇지 못한 것이다. 제3과에 나와 있는 내용들을 일일이 지적하며 무엇이 그릇된 지식을 심어 줄 수 있는가에 대해서는 자세히 설명하지 않기로 한다. 그렇게 하게 될 경우 고쳐야 할 것이 너무 많아서 이 논문의 적당한 분량을 넘어서게 될 것이기 때문이다. 여기서는 대표적인 것만을 간단하게 짚고 넘어가기로 한다.

우선 크게 문제가 되는 단원은 「국어의 체계, 구조, 기능」이다. 이 글은 크게 두 가지 글을 혼합해서 썼다. 하나는 소쉬르 사후에 그의 제자들이 정리한 『일반언어학강의』에 나와 있는 '체계'와 '구조'에 관한 것이고, 다른 하나는 로만 야콥슨의 언어의 '여섯 가지 기능'에 관한 것이다. 그런데 이 두 글에 대한 이해가 정확한지 의심스럽다.

먼저 '체계'와 '구조'의 관계를 교과서에서는 더 이상의 논의가 필요 없을 정도로 너무나도 명확하게 정리하고 있다. '체계'는 '선택관계'의 집합으로 보고, '구조'는 '통합관계'로 보고 있다. 이것은 일반적인 이해

---

28) 어느 나라 언어의 음소 수가 몇 개인가는 그리 중요한 것이 아니기 때문이다. 그보다는 음소가 무엇인지, 어떠한 과정을 통해서 이루어진 것인지를 아는 것이 더 중요하다.

와는 다르다. 이처럼 명확하게 설명될 수 없는 것이 '체계'와 '구조'라는
것은 굳이 설명하지 않기로 한다.『일반언어학강의』책을 보아도, 그리
고 그 후에 나온 구조주의와 관련된 어떠한 책을 보아도 '체계'와 '구조'
의 관계를 이렇게 설명한 대목은 없다.29) '체계'와 '구조'를 이처럼 간단
하게 설명할 수 있다면 굳이 '선택관계'라는 말과 '통합관계'라는 말을
따로 쓸 필요도 없거니와 '체계'와 '구조'를 설명하기 위해 많은 학자들
이 머리를 싸맬 필요도 없을 것이다. '체계'와 '구조'의 관계는 그 자체
를 논하는 것만으로도 하나의 논문을 구성할 만큼 복잡한 문제이므로,
여기서는 더 이상 논의의 대상으로 삼지 않는다.

　문제는 잘못된 지식을 갖고 이것은 선이니 받아들여야 한다고 생각
하는 사고의 위험성이다. '체계'와 '구조'의 관계가 얼마나 흥미진진한
문제고, 이것을 논의하는 과정에서 언어에 대한 흥미가 유발될 수 있는
가는 고려의 대상이 되지 않고, 오직 잘못된 타율적 지식만이 학생들에
게 주입된다는 것은 위험천만한 일이다.

　로만 야콥슨의 언어의 여섯 가지 기능에 대한 글을 교과서 필자 나
름대로 해석한 것도 매우 위험하다. 여기에도 언어의 기능에 대한 일반
적인 인식과는 다른 점이 보인다. 우선 로만 야콥슨이 제시한 여섯 가
지 중에서 왜 두 개는 제외하고 새로 하나를 첨가하였는지 의심스럽다.
제외된 것 중의 하나는 '미학적 기능'인데, 이는 국어교육의 또 다른 중
요한 분야인 문학교육을 위해 필요한 것이다. 이것이 무슨 의도로 사라
졌는지 궁금하지 않을 수 없다. 또한 로만 야콥슨의 언어의 여섯 가지
기능은 화자와 청자의 관계에 대하여 세심한 주의를 기울이고 이를 바
탕으로 해서 논한 것인데, 화자와 청자의 관계에 대한 설명은 빠진 채
언어의 기능만 논하고 있다. 따라서 오히려 로만 야콥슨의 언어의 여섯

---

29) 통합관계와 선택관계에 대해서는 오원교 역(1983 : 158~170)을 참조. 여기서
　　는 선택관계란 말 대신 '연합관계'란 말을 쓰고 있다. 통합관계와 선택관계에
　　서는, 이것이 교과서에서 언급된 것처럼 구조나 체계로 기술될 수 있는지에
　　대한 설명은 전혀 보이지 않는다. 구조를 통합관계, 체계를 선택관계와 결합
　　시킨 것은 교과서 저자의 자의적인 해석으로 보인다. 어떤 근거를 갖고 이러
　　한 해석을 끌어 냈는지 궁금하지 않을 수 없다.

가지 기능이란 글을 조심스럽게 번역하여 실어 놓는 편이 더 좋다는 생각이 든다.

국어지식에 대하여 다음으로 나와 있는 것이 제8과의 「국어의 구조」다. 국어의 구조는 음운의 구조에서부터 발화의 구조까지 세분하여 살필 수 있다는 것이 논의의 요체다. 이는 제3과에서 언어란 구조와 체계로 이루어진다고 설명한 것과 연관을 가진다고 할 수 있다. 그러나 이 단원에는 국어의 구조와는 관련이 먼 내용이 있다. '문체와 사회'가 그것인데, 이 글이 국어의 구조와 밀접한 관련을 가지고 있지 않다는 것은 국어교과서의 편집자도 인정한 듯하다.

> 이 단원의 제목에 사용된 구조라는 개념은 실제로는 그리 엄밀한 것은 아니므로 이 단원을 배우는 과정에서는 이 말을 너무 의식할 필요는 없다. 우리말의 다양한 요소들을 구조라는 관점에서 관찰하여 이해하고, 이를 바탕으로 해서 학생들 스스로 바람직한 국어생활은 어떤 것인지 생각해 보는 한편, 언어 생활에서 실천할 수 있는 방향으로 학습하는 것이 바람직하다.

이 말은 매우 어려운 말이다. 교과서 편집자는 첫째, '국어의 구조'라는 단원의 제목을 달고, 둘째, 제3과에서 언어가 구조로 이루어져 있다는 사실이 매우 중요하다고 강조한 바 있다. 그런데도 이 단원에 사용된 구조라는 개념이 실제로는 그리 엄밀한 것이 아니므로 '구조'라는 말을 너무 의식할 필요가 없다고 말한 것은 이해하기 어렵다. 엄밀한 구조와 엄밀하지 않은 구조는 어떻게 다른 것인지 묻고 싶다. 추측건대, 이 단원의 제목에 사용된 구조라는 개념이 엄밀한 것은 아니라는 복선을 깐 것은 '문체와 사회'라는 세부 내용 때문이 아닐까 한다. 사실 '문체와 사회'라는 세부 단원은 제3과에서 사용한 '구조'라는 용어와는 거리가 멀 뿐만 아니라 이 단원에서 다루는 것들과는 매우 이질적이다. 국어의 구조를 다루면서 문장 이상의 것을 다루려고 했다면 오히려 문체를 다루기보다는 텍스트 차원의 문제를 다루는 쪽이 더 나았을 것이다.

이 단원에도 이해하기 어려운 것들이 여럿 있지만 두 가지 정도만 지적하고 넘어가기로 한다. 하나는 '안은 문장'을 다루는 태도고, 다른 하나는 존비법에 대한 잘못된 해석이다. 먼저 '안은 문장'을 다루면서 그 '안긴 문장'의 종류를 다음과 같이 밝히고 있다.

> 안은 문장 : 명사절, 주어절, 목적어절, 서술어절, 관형어절, 부사어절, 인용절

교과서에서 다루고 있는 '안긴 문장'은 8개다. 문제는 어떠한 기준에 의해서 이렇게 나누고 있는지 불명확하다는 것이다. 성분에 의한 분류인지 품사에 의한 분류인지가 명확히 밝혀져 있지 않다. 품사에 의한 분류가 필요하다면 서술어절 대신 '동사절/형용사절'이 필요할 것이다. 인용절은 '인용부사절'이 되어야 할 것이다. 성분에 의한 분류라면 여기에서 명사절은 필요 없을 것이다.[30] 이처럼 불명확한 기준을 제시하고 학생들에게 어떻게 하라는 것인지 이해하기 어렵다.

다음은 존비법에 관한 문제다. '문체와 사회'에서는 '반말'에 대한 잘못된 이해를 바탕으로 주장을 전개하고 있다. 『월인석보』에 보이는 선혜와 구이의 대화를 보면, 여기에는 원전(原典)에 보이지 않는 남존여비(男尊女卑)의 성격이 나타나 있다는 것이다. 곧, 구이는 '쓰시리', 'ᄒ시ᄂ니'와 같이 선혜가 쓰지 않는 경어를 쓰고 있으며, 또 구이의 '그디'에 대해 선혜는 '네'라는 지칭을 쓰고 있으므로 이는 남존여비의 성격을 잘 보여준다는 것이다. 그러나 이는 15세기 국어의 '존비법'을 잘못 이해한 데서 나온 것이다. '구이' 역시 반말을 쓰고 있을 뿐만 아니라 15세기 국어의 '반말'은 청자를 낮추기도 어렵고 높이기도 어려울 때 쓰이는 말씨인데도 이를 두고 한 사람은 높고 한 사람은 낮다고 하여 잘못 이해한 것이다.[31]

---

30) 이 문제는 시정곤(1998 : 90)에서도 다룬 바 있다.
31) 해석이 얼마나 자의적으로 이루어지고 있는지를 살펴보기 위해 본문과 이를 현대어로 풀어쓴 글을 비교해 보자. 다음은 같은 종결 어미 '-다'가 쓰인 예다.

위에서 다룬 것 말고도 그릇된 인식을 심어줄 수 있는 부분은 헤아릴 수 없을 정도로 많다. 여기서는 이것들을 다 다루기도 어려울 뿐더러 다 다룰 필요도 없을 것이다. 문제는 자율학습과 탐구학습을 추구한다고 하면서 보여주는 일방성에 있다. 물론 교과서에서 많은 것을 한꺼번에 논할 수는 없지만 그렇다고 해서 일반적인 논의에서 벗어나는 것을 교과서의 내용으로 채택하는 것은 매우 위험하다. 그리고 교과서의 내용은 일관성을 갖추지 않으면 곤란하다. 현재처럼 자율학습 교재가 교과서 편찬자의 의도에 의해서 왜곡되는 것이 가능하다면 항시 지식이 왜곡되어 전달될 위험이 존재한다. 교사의 책임이 무거워진다고 하겠다.

3. 결론

국어교과서는 국어를 배우는 데 있어서 전부가 아니라 보조 자료여야 한다는 말이 있다. 그러나 언어 영역 분야를 보면 국어를 배우는 데 전부가 되고 있다. 학생들이 끼여들 여지가 하나도 없는 것이다. 오직 교과서에 나와 있는 것을 외우기만 하면 되고 모자라면 참고서를 보면 되는 그런 체계와 내용을 지니고 있다.

이런 상황에서는 언어 영역 분야가 자율적일 수도 없고 탐구적일 수도 없다. 물론 자율적이고 탐구적인 학습을 중요시하는 것은 좋다. 그

◦ 교과서 본문 : 大闕에 보내ᅀᅡᄫᅡ 부텻긔 받ᄌᆞᄫᆞᆳ 고지라 몯 ᄒᆞ리라. (화자 : 구이, 청자 : 선혜)

  [현대어 해석] 대궐에 보내 부처께 바칠 꽃이라 못 팝니다.
◦ 교과서 본문 : 부텻긔 받ᄌᆞᄫᆞ리라. (화자 : 선혜, 청자 : 구이)

  [현대어 해석] 부처께 바칠 것이니라.

어말 어미 '-다'는 선어말 어미 '-리-' 뒤에서 '-라'로 형태적 교체를 보이게 된다. 그러므로 설명상의 편의를 위해서 선어말 어미까지도 같은 '-리라'를 밑줄로 그었다. 위에서 보면 같은 어미가 현대어 해석에서는 하나는 '합쇼체'로, 다른 하나는 '해라'체로 번역되고 있다. 필자의 능력으로는 어떻게 해서 이러한 결과가 나왔는지 도저히 이해하기 힘들다. 교과서 편찬자의 설명을 듣고 싶다.

러나 교과서가 이를 따르지 못한다면 문제는 심각해진다. 현행 국어교
과서의 언어 영역은 교육 목적이나 방법과는 별 관련 없이 만들어졌다
고 보아도 과언이 아니다.

특히 심각한 문제는 지식의 왜곡이다. 교과서에서 일방적으로 전달
되고 있는 내용들 가운데에는 일반적인 인식과 동떨어진 것이 적지 않
다. 본고에서는 지면상의 관계로 그러한 것들을 많이 살펴보지 못했다.
그러나 고등학교 국어(상권)에만 해도 많은 오류가 발견되었다. 이것은
다음 교과서를 만들 때 필히 참고해야 할 부분이다.

그러나 지금처럼 국정교과서를 만드는 상황에서는 이러한 교과서의
상태가 금방 좋아질 리는 없을 것 같다. 지금과 같은 독점체제 하에서
어떠한 결과를 기대할 수 있을지 의문이다. 물론 지금 제7차 교육과정
에 따른 교과서를 두 군데서 만들고 있어서 독점체제가 아니라고 할 수
도 있다. 그렇지만 지금 만들고 있는 두 교과서 중에서 하나가 선택을
받게 되면, 그 때는 이미 선택을 받은 교과서가 독점하는 상태가 될 것
이다. 그렇게 되면 학생들이 배워야 할 것은 이미 정해진 것이 된다.

더 이상 국정교과서의 틀을 고집하는 것은 바람직하지 못하다. 국정
교과서를 고집한다는 것 자체가 이미 자신의 틀을 깨고 싶지 않다는 것
을 입증하기 때문이다. 만약 현재의 목표와 방법대로 자율학습과 탐구
학습을 추진하고자 한다면, 국정교과서체제를 버릴 것을 권하고 싶다.
다양한 문법의식을 반영하기 위해서는 다양한 교재의 개발이 시급하다.
아무리 자율학습을 주장하더라도 국정교과서를 그대로 두는 한 현재의
문제들이 풀릴 길은 요원하다.

참고문헌

고영근(1988), 「학교문법의 전통과 통일화 문제」, 『선청어문』 16 · 17, 서울대학
　　　교 사범대학 국어교육과.
교육부(1995), 『고등학교 교육과정 해설 - 국어』, 교육부.
곽재용(1995), 「국민학교 국어과 언어 영역의 지도 방안」, 『국어교육』 87 · 88.
국어연구소(1984), 「학교 문법 교과서의 변천 과정」, 『국어생활』 창간호.

권재일(1995), 「국어학적 관점에서 본 언어지식 영역의 지도 내용」, 『국어교육
    연구』 2, 서울대학교 사범대학 국어교육연구소.
김광해(1992), 「문법과 탐구학습」, 『선청어문』 20.
김광해(1995), 「언어지식 영역의 교수 학습 방법」, 『국어교육연구』 2.
김광해(1997a), 『국어지식교육론』, 서울대학교출판부.
김광해(1997b), 『21세기를 여는 국어정책』, 서울대학교 21세기문화연구회, 『한
    국인의 미래상』, 집문당.
김영욱(1998), 「국어사 교육은 과연 필요한가」, 『선청어문』 26.
문용(1989), 「學校文法論」, 『서울대학교 사대논총』 38.
문순홍(1990), 「고등학교 '문법' 연구」, 한국교원대학교 석사학위논문.
민현식(1992), 「문법교육의 목표와 내용 ; 현행 학교문법의 문제점을 중심으로
    」, 『국어교육』 79 · 80.
박영목 · 한철우 · 윤희원 공저(1996), 『국어교육학 원론』, 교학사.
박영순(1998), 『한국어 문법 교육론』, 박이정.
박정규(1995), 「문법교육을 위한 일고찰」, 『부속학교 교육논문집』, 서울대학교
    사범대학.
박정규(1996), 「고등학교 문법 지도의 실제를 위한 고찰」(서울시 교육청 지정
    연구회 중간보고), 대한국어교육연구회.
백낙천(1999), 「문법교육과 문법교과서」, 『새국어교육』 57, 한국국어교육학회.
서울대학교국어교육연구소(1999), 『국어교육학사전』, 대교출판.
시정곤(1998), 「고등학교 '문법' 교과서의 몇 가지 문제」, 『새로운 국어교육을
    위하여』, 고려대학교 사범대학 국어교육과.
신현숙(1999), 「중학교 국어교과서를 통해 본 학교문법」, 『선청어문』 27.
심영택(1995), 「언어지식 내용의 조직 방식에 대한 국제 비교연구」, 『국어교육
    연구』 2.
어문연구회(1984), 「특집 : 학교 문법과 교과서」, 『어문연구』 42 · 43, 어문연구
    회.
위호정(1999), 「고등학교 문법 교과서에 나타난 맞춤법 교육의 문제점」, 『국어
    교육학연구』 9.
이관규(1998), 「학교 문법의 내용 체계」, 『새국어교육』 56, 한국국어교육학회.
이도영(1999), 「국어과 교육내용으로서의 국어사」, 『선청어문』 27.
이성영(1995), 「언어지식 영역 지도의 필요성과 방향」, 『국어교육연구』 2.
이성영(1997), 「교육문법을 위한 시론 - 대우표현을 중심으로 - 」, 『초등국어교
    육 논문집』 12, 강원초등국어교육학회.
이용주 · 구인환 · 김은전 · 박갑수 · 이상익 · 김대행 · 윤희원(1993), 「국어교육

학 연구와 교육의 구성」,『사대논총』 46, 서울대학교 사범대학.

이재승(1997),『국어교육의 원리와 방법』, 박이정.

이철수(1985),「학교 문법의 성격」,『국어교육』 53·54, 한국국어교육연구회.

전은주(1998),「현행 교육과정과 교과서 내용에 대한 비판적 고찰」,『새로운 국어교육을 위하여』, 고려대학교 사범대학 국어교육과.

주경희(1997),「문법교재 구성의 원리」,『국어교육』 95, 한국국어교육연구회.

최영환(1992),「국어교육에서 문법 지도의 위상」,『국어교육학연구』 2.

최영환(1994),「언어지식 영역의 목표와 내용」,『남천박갑수선생화갑기념논문집 국어학 연구』, 태학사.

최영환(1995),「언어 능력 신장의 관점에서 본 언어지식 영역의 지도 내용」,『국어교육연구』 2.

홍종선(1997),「학교 문법과 문법 교과서」,『한글사랑』 봄호.

교과서 분석 2

현행 국어교과서의 문학 영역에 대한 비판적 고찰
-중학교 국어교과서를 중심으로-

한 명 희[*]

1. 서론

국어과 교육[1)]의 개선을 위해 고려하여야 할 사항은 한두 가지가 아닐 것이다. 그러나 국문학 전공자로서 국어과 교육의 문제를 바라볼 때 가장 먼저 주목하지 않을 수 없는 것은 '교재'에 관한 것이다. 비단 국어교육뿐 아니라 모든 교육에서 그것의 성패를 결정짓는 가장 구체적인 요인은 교수・학습 활동이라고 할 수 있다.[2)] 교수・학습 활동은 크게 교사, 교재 그리고 학생의 세 가지 상호작용에 의해 결정되는데, '교사'와 '교재'는 전적으로 교육을 하는 쪽에 책임이 있다. 이 중 '교사'에 관련된 부분은 국문학 전공자가 쉽게 논의할 성질의 것이 아니라고 생각된다. 그러나 '국어과 교재'의 개발과 편찬은 국문학자의 적극적인 참여에 의해 이루어질 수밖에 없다고 할 수 있다. 따라서 이 글에서 필자는 현행 국어과 교재에 드러나는 문제점들을 살펴보고 바람직한 개선 방향을 제시해 보려고 한다.[3)]

---

* 서울여자대학교 강사
1) 엄밀한 교육과정에 의해 학교에서 의도적으로 행해지는 국어교육이라는 의미로 '국어과 교육'이라는 용어를 사용한다. '국어교육'은 이러한 제한 없이 국어에 관한 이해를 도모하는 모든 행위를 포함하기 때문이다.
2) 이성영, 『국어교육의 내용 연구』, 서울대학교출판부, 1995, 369쪽.

필자는 위에서 '교재'라는 말을 사용했는데, 넓은 의미에서 국어과 교재란 '공식적 혹은 비공식적 국어과 교수, 학습 상황에서 이용되고 있거나 이용 가능한 교수, 학습 내용들을 표상하고 있는 모든 자료'4)들을 가리킨다. 그러나 현실적으로 우리의 교육 현장에서는 '교과서'만이 교수·학습 상황에 사용되고 있다.5) 이러한 점이 아니더라도 교과서가 교육활동에서 가장 기본적이고 중요한 교재며, 교사들은 교과서를 중심으로 시간표를 설계하고 실제 교육 현장에서도 중요하게 활용하고 있다는 사실은 부인할 수 없을 것이다. 또한 학생들의 학습 활동 중에서 교사와의 상호작용보다는 교과서와의 상호작용이 더 많은 비중을 차지할 것이라는 점은 쉽게 짐작할 수 있다. 따라서 이 글에서는 '국어과 교과서'에 초점을 맞추어 논의를 전개해 나가는 것이 바람직할 것이다.6)

그런데, 국어과 교과서는 국어과 교육과정에 제시된 교과 목표를 효

3) 현행 교과서에 대해 "교사의 설명과 시범 그리고 학생의 연습을 강조하는 새로운 수업방법을 도입하면서 수업의 과정과 절차 그리고 교과서 자료의 전개를 더욱 정교하게 다듬고 체계화하는 발전을 도모한 것"(노명완, 「읽기 능력 신장과 교육 내용의 구조화 방안'에 대한 토론문」, 『국어교육연구』 3, 서울대학교 사범대학 국어교육연구소, 1996, 229쪽)이라는 긍정적 평가를 내리는 사람도 있지만 국어교과서가 많은 문제점을 지니고 있는 것도 사실이다.

4) 서혁, 「효과적인 읽기 교수·학습을 위한 교재 구성 방안」, 『국어교육연구』 3, 1996, 304쪽.

5) 우리나라의 「교과용 도서에 관한 규정」 제51조에서는 "이 영에 의한 교과용 도서 이외의 도서는 이를 수업중에 사용하지 못한다"고 규정하고 있어 부교재의 사용, 채택, 알선, 권유 등을 금지하고 있다. 동 규정 제24조 제2항에서는 해당 교과교육에 사용할 1종 또는 2종 도서가 있을 경우, "그 교과를 보충할 목적으로 승인을 얻은 인정도서를 교과서 또는 지도서에 갈음하여 사용하여서는 아니 된다"고 규정하고 있다.

6) 이용주는 "교과서와 관련된 제도나 절차 그리고 교과서 같은 것이 아무리 여러 번 다듬어져도 국어교육을 근본적으로 개선, 개혁하지는 못한다"고 본다. 그에 따르면, "국어교육을 개혁하여 바로잡는 길은 국어교육의 개념 정립의 확립, 구체적인 자료에 의한 교육목표와 교육내용의 설정의 정상화가 이루어지도록 하는 것"이다. 그에게 있어서는 "교과서도 중요하지만 지금 우리는 교과서 편찬에 선행하는 과정의 개혁을 시도"하는 것이 더 시급한 것이다(이용주, 「국어과 교과서 이제」, 『국어교육의 반성과 개혁』, 서울대학교출판부, 1995, 327쪽). 하지만 필자는 국어교육의 개혁을 위해서는 교과서 개편이 우선되어야 한다고 생각한다.

율적으로 달성하기 위해서 국어과 교육 내용을 교과목별 구성체제에
따라 구현한 것이다. 즉 국어과 교과서는 교육과정을 근거로 하여 이에
부합되는 학습자료와 효과적인 교수·학습 활동이 이루어지도록 학습
내용, 방법, 동기 유발, 연습, 평가의 기능을 체계적으로 제공한 책자라
고 할 수 있다.7) 따라서 국어과 교과서에 대한 검토 역시 국어과 교육
정책과의 관련 하에서 다루어져야 할 것이다.8) 현행 중학교 국어교과
서는 제6차 국어교육과정에 맞추어 1992년에 개정된 것이 사용되고 있
다. 1997년에 이미 제7차 교육과정이 고시되었고 1999년 현재 제7차 교
육과정에 대한 해설집이 발간된 상태다.9) 그러나 제7차 교육과정에 의
한 새국어 교과서는 아직 발간되지 않은 상태이므로, 이 글에서는 현행
중학교 교과서를 분석대상으로 삼을 수밖에 없다. 제7차 교육과정 해설
은 당연히 이 글에서 중요한 자료가 된다.

　논의를 시작하기에 앞서 이 글의 연구범위를 한정짓지 않을 수 없다.
필자는 중학교 국어교과서를 중심으로 국어과 교과서의 문제점을 살피

---

7) 그러므로 국어과 교육과정이 국어과 교육에 대한 일반적이고 거시적인 교육
　목표를 제시한 교육 내용이라 한다면, 국어과 교과서는 교실에서 학생들이 학
　습한 구체적인 국어과 교육 내용이라 할 수 있다(정준섭, 「고등학교 국어과
　교육과정의 이해」, 충청남도교육청 편, 『사고력을 기르는 국어과 교육』, 1994,
　90쪽).
8) 국어과 교육정책은 교육에 대한 긴급조치 시기(1945~1946), 교수요목기(194
　6~1954), 제1차 교육과정기를 거쳐 현재의 제6차 교육과정기에 이르고 있다.
　6차 교육과정은 1992년 6월 30일에 중학교, 9월 30일에 초등학교, 10월 30일에
　고등학교 순서로 공포되었다. 그 기본 방향은 국어교과를 통한 전인교육과 민
　주시민 교육, 창조적 사고력과 정보 처리 능력의 배양, 정서교육의 강화, 내용
　체계 구성에서의 시대적 타당성 강화, 내용 요소의 합리적 조정, 지도방법 및
　평가방법의 인간화와 다양화 등으로 요약할 수 있다(김창원, 「국어교육의 운
　용체제」, 최현섭 외, 『국어교육학개론』 2판, 삼지원, 1999, 77~78쪽).
9) 제7차 교육과정은 1997년 12월에 개정 고시되었다. 이 교육과정은 '21세기 세
　계화·정보화 시대를 주도할 자율적이고 창의적인 한국인 육성'이란 이념을
　토대로 하고 있다. 이전까지 초·중·고 교육과정으로 분리되었던 것을 통합
　하여 1학년에서 10학년에 이르는 '국민 공통 기본 교육과정'을 설정하고, 수준
　별 교육과정을 편성했다는 점에 큰 특징이 있다(신헌재, 「국어교육사」, 최현섭
　외, 위의 책, 175~176쪽).

고자 한다. 고등학교 과정에서 국어과 교육에 해당하는 것으로 『국어』외에 『문학』, 『작문』, 『문법』 등의 과목이 있으나 중학교는 『국어』가 '국어과 영역'의 모든 부분을 차지하고 있기 때문이다. 그러나 언어 영역 분야는 논외로 한다. 이것은 다른 영역에 비해 언어 영역이 중요하지 않음을 의미하는 것은 아니다. 언어 영역은 국어교육의 중요한 한 분야임에도 불구하고, 그 분야에 대한 검토는 필자의 역량 밖의 것이기 때문이다. 그리고 무엇보다 이 글의 기획단계에서부터 다른 필자와의 영역별 분담이 있었기 때문이다. 논의의 전개 과정에서 자연스레 드러나겠지만 필자는 문학 영역과 언어 영역을 구분하지 않고 같은 텍스트 속에서 다룰 수 있는 방법이 있다면 그것이 가장 바람직하다는 입장을 가지고 있다.

2. 현행 국어교과서의 문제점

1) 국어교과의 특수성

우리나라의 학교교육은 주로 교과서를 통해 이루어지지만 특히 국어과 교육은 '교과서' 의존도가 높다. 따라서 좋은 국어과 교육은 무엇보다 좋은 교과서를 만드는 일에서부터 시작해야 할 것이다. 그러나 우리의 교육정책은 좋은 교과서의 개발, 생산을 막는 면이 있다. 교과서의 개발 권한이 교육부, 즉 국가에 집중되어 있기 때문이다. 우리의 교육 현장에서는 국가의 검·인정을 받은 교재만이 교수·학습에 이용될 수 있다.

이러한 교과서 정책은 적은 비용으로 교육 내용의 통일성, 공통성을 추구하여 표준적인 교육을 할 수 있다는 장점이 있다. 그러나 여러 면에서 문제점을 야기한다. 교과서에 관한 모든 권한을 국가가 독점할 때, 그 교과서는 지배체제의 이데올로기를 주입하는 수단으로 전락한다는 비판을 면하기 어려우며 정권의 영향력을 배제하고 교과서를 편찬했겠는가 하는 의구를 받지 않을 수 없게 된다. 또한 학문과 사상의 창의로

운 발전을 저해당하기 쉽다. 교과서에 포함된 지식이라야 배울 가치가
있는 것으로 인정되고, 학교는 교과서에 실린 내용만을 학생들에게 분
배하게 되므로, 획일적이고 규격화된 사고방식을 기르게 되어 창의력과
상상력의 발휘를 어렵게 한다.10)

　이러한 현행 교과서 정책의 일반적인 문제점 외에, 국어 교과는 특수
한 문제를 하나 더 가지고 있다. 그것은 '국어'가 1종 도서로 명시된 과
목이라는 점이다. 우리나라의 「교과용 도서에 관한 규정」에서는 "초등
학교, 중학교 및 고등학교의 교과목 중 국어와 교육부장관이 정하여 고
시하는 교과목의 교과서 및 지도서"를 1종 도서로 규정하고 있다.11) 1
종 도서라고 하는 것은 교육부가 저작권을 가지는 것이므로, '국어'과의
내용은 국가에서 정하고 있는 셈이다.

　국어의 국정체제 폐지가 긴급한 이유는 국어과 교육이 지니는 특수
한 점을 고려할 때 보다 분명히 드러난다. 국어과 교육은 교육 일반이
공통적으로 목표로 삼는 일반적 가치를 추구하면서 동시에 국어과 교
육만의 특수성을 지니고 있다. 국어과 교육이 대상으로 삼는 것은 일단
은 '한국말'이라고 생각해 볼 수 있겠는데, 이것을 '한국어'라고 하지 않
고 '국어'라는 말로 명명하는 것은 우리의 '모어'라는 개념을 앞세운 것
이라고 하겠다. 즉 '국어'라는 말 속에는 언어의 공통 속성과 함께 민족
적 정서와 한국적 사고를 담아 내는 '모어'로서의 한국어라는 의미가 내
포되는 것이다.12) 따라서 '국어과 교육'은 우리 민족의 고유한 역사와
독특한 문화적 배경이라는 역사적·문화적 특수성 위에서 이루어지는
것일 수밖에 없으며, 국어 능력의 신장이라는 목표를 달성한 학습자는

---

10) 이도영, 「교과서 정책의 문제점과 개선 방안」,『(함께하는) 영어교육』, 2000년
　　여름호, 17쪽.
11) 제4조 (1종 도서) 다음 각 호의 도서는 1종 도서로 한다.
　　1. 초등학교·중학교 및 고등학교의 교과목 중 국어(고등학교의 경우에는 독
　　　본에 한한다)와 교육부장관이 정하여 고시하는 교과목의 교과서 및 지도
　　　서
12) 김대행·김광해·윤여탁, 「국어 능력 측정 방안 연구」,『국어교육연구』6, 서
　　울대학교 교육종합연구원 국어교육연구소, 1999, 175쪽.

'한국인답게' 말하고 쓰며, '한국적으로' 듣고 쓸 줄 알아야 할 것이다.13)

이러한 국어과 교육은 필연적으로 정서, 가치관과 관련을 맺지 않을 수 없다. 현행 제6차 국어과 교육과정에서도 중학교 국어과의 성격을 "언어 사용 기능을 신장시키고, 국어에 관한 기본이 되는 지식을 가지게 하며, 문학의 이해와 감상 능력을 길러 주는 교과", "국어의 발전과 민족의 언어 문화 창조에 이바지하려는 뜻을 세우고, 올바른 민족의식과 건전한 국민정서를 함양하는 교과"로 규정하고 있다.14) 이것은 단순히 사고력만이 아니라 정서, 태도, 가치의 내면화 같은 정의적인 영역이 국어과 교육의 중요한 또 하나의 내용임을 분명히 해주고 있는 것이라고 하겠다.

국어가 정서 및 가치관의 형성에 중대한 영향을 미친다는 점을 염두에 두고 다시 국정교과서 문제에 대해 생각해 보기로 하자. 국가가 일방적으로 국어과 교재를 정할 때, 그 교과서에는 학생들과 교사들의 요구가 배제될 가능성이 크다. 또 국가에서 특정 정서와 가치관을 주입 내지는 유도할 가능성은 얼마든지 있다. 실제 우리나라의 국어교육은 그런 혐의를 받아 왔다. 제1차에서 현재의 제6차에 이르는 교육과정의 변천이 정치적인 변동과 밀접한 관련이 있었다는 사실은 이러한 혐의를 더욱 짙게 만든다. 이 점을 확인하기 위해 국어과 교과서의 변천사를 간략히 살펴볼 필요가 있겠다.

1945년, 미군정청 학무국에서 총독부시대에 만들어진 학부를 접수,

---

13) 위의 글, 같은 곳.

14) 국어과 교육의 목표와 성격을 어떻게 설정할지에 대해서는 아직 논란이 많다. 국어과 교육이 언어 사용 기능의 신장이라는 단일한 목표를 설정할 것인가, 아니면 문학과 언어학을 보탠 통합교과적 목표를 설정할 것인가 하는 문제가 아직 해결되지 않고 있다고 할 수 있다(국어과 교육의 성격에 대한 논란은 국어과 교육을 학문으로서의 국어교과관, 기능 중심 국어과교육관, 절충주의적 국어과교육관으로 나누어 설명한 김정환의 글을 참고할 수 있다. 김정환, 「국어과 교육의 목표와 내용구조 연구」, 『국어교육연구』 23, 서울대학교 사범대학 국어교육연구회, 1991). 바람직한 국어과 교육의 목표와 성격은 이것만으로도 별도의 논문이 필요할 정도이므로 이 글에서는 현행 제6차 국어과 교육과정에 대한 문제점을 지적하는 방식을 취하고자 한다.

국민학교와 중등학교를 열기로 결정하면서부터 각급학교의 교과서 만
들기가 당면 문제로 대두되었다. 이 때 제일 먼저 만들기로 한 것이 바
로 국어교과서와 국사교과서다. 이렇게 국어과 교육정책은 다른 교과에
비해 우선적으로 그 기반이 형성되었다. 그 후 국어교과서는 지금까지
일곱 번의 개정 과정을 거쳤는데, 그것은 모두 정치 상황과 밀접히 관
련되어 있다. 1950년 6·25전쟁 이후 제1차 교과과정 제정, 1961년 5·
16과 1963년의 제2차 교육과정, 1972년 10월 유신과 1973년 제3차 교육
과정, 1980년 5·18과 1981년 제4차 교육과정, 1992년 대통령선거와
1992년 제6차 교육과정, 1997년 대통령선거와 1997년 제7차 교육과정
개정 등이 그렇다. 이러한 사실은 교육과정이 "국가 이데올로기의 형태
로 국어교육에 있어서의 왜곡된 가치관 교육을 조장했다"[15]는 비판을
면키 어렵게 만들고 있다.

교육부가 '창조적 교육'을 표방하고 있으면서 국정교과서체재를 고집
하고 있다는 사실은 납득하기 어렵다. 국가가 교과서를 정한다는 것은
국가가 교육을 독점하겠다는 뜻으로 해석될 수밖에 없다. 선택의 여지
가 없는 단일한 국정교과서는 필연적으로 획일화된 교육을 낳을 것이
다. 현행 국어교과서가 어떤 체계를 지니며, 어떤 내용을 담고 있는지
구체적으로 살펴보면서 국어교과서의 다른 문제점을 찾아보기로 하자.

2) 체제상의 문제

현행 국어교과서를 살펴볼 때 가장 먼저 문제 삼지 않을 수 없는 것
은 국어과의 영역을 말하기, 듣기, 읽기, 쓰기, 언어, 문학의 여섯 가지
로 나누고 있는 점이다.[16] 각 학년 1·2학기 교과서는 모두 말하기, 듣

---

15) 유덕제, 「문학 교육론의 전개양상과 비판적 검토」, 『국어교육연구』 26, 서울대
학교 사범대학 국어교육연구소, 1994, 163쪽.
16) 이러한 사정은 초등학교와 고등학교의 국어교육에서도 크게 다르지 않다. 초
등학교에서는 '말하기·듣기', '읽기', '쓰기' 교과서가 따로 발행되고 있다. 고
등학교에서는 일반 국어과목 이외에 과정별 선택으로 문학, 작문, 문법, 화법,
독서의 다섯 과목이 설정되어 있다. 국어교과서는 내용 체계를 언어 사용 기

기, 읽기, 쓰기, 언어, 문학의 여섯 영역을 전부 다루고 있다. 그리고 각 영역별로 적게는 두 파트에서 많게는 네 파트까지 하위 단원을 두고 있다. 3학년 1학기 교과서의 경우 '읽기'를 세 파트에 각각 두 단원씩 싣고 있어서 '읽기' 영역만도 여섯 단원이다. 문학의 경우도 각 학년 교과서가 매 학기마다 시·소설·희곡·비평을 모두 싣고 있는데, 3학년 1학기 교과서의 경우 시가 6편, 소설 2편, 희곡 1편에 비평이 2편 실려 있는 실정이다. 이 밖에도 말하기, 듣기, 쓰기, 언어 영역에서 많은 하위 단원을 두고 있다. 이렇게 영역을 여섯으로 나누고 다시 각 영역별로 두 단원 이상씩을 두고 있어서 각 학기별로 학습해야 할 단원은 평균 12단원이 넘는다.

이렇게 국어과에서 학습해야 할 내용을 여섯 영역으로 나누는 것은 교과서 편찬자들의 실용주의적·기능주의적 사고를 그대로 드러내 주는 것이라고 할 수 있다. 사실 이러한 기능주의적 관점은 제6차 교육과정의 국어과 체계에서부터 확실하게 나타나고 있다. 제6차 국어과 교육과정 체계에 명시된 국어교육의 성격을 잠시 인용해 보자.17)

　　중학교 국어과는
　(1) 언어 사용 기능을 신장시키고
　(2) 국어에 관한 기본이 되는 지식을 가지게 하며
　(3) 문학의 이해와 감상 능력을 길러주는 교과이다.
　(4) 국어의 발전과 민족의 언어 문화 창조에 이바지하려는 뜻을 세우고
　(5) 올바른 민족의식과 건전한 국민정서를 함양하는 교과이다.
　(6) 언어 사용 기능, 언어, 문학의 세 영역으로 구성된 교과이다.

위에서 인용한 국어교육의 성격은 현행 교과서가 기능주의적 관점을 취하고 있음을 잘 보여준다. 국어과를 언어 사용 기능을 신장시키는 교

능, 언어, 문학 세 가지로 나누고 있으나 내용에서는 중학교와 마찬가지로 여섯 영역으로 구분하고 있다.
17) 제6차 국어과 교육과정 체계는 ① 성격 ② 목표 ③ 내용 ④ 방법 ⑤ 평가의 다섯 항목으로 이루어져 있다.

과로 파악한다거나, 국어에 관한 기본이 되는 지식을 가지게 하겠다는
것이 바로 그러한 점을 보여준다. 이러한 기능주의적 관점이 국어를 언
어 사용 기능, 언어, 문학의 세 영역으로 구분하게 한 것은 물론이다.
특히 국어과의 '내용 체계'에서는 '말하기, 듣기, 읽기, 쓰기, 언어, 문학'
의 여섯 영역으로 구분하여 더욱 세분화하고 있다.

이러한 '기능주의 이론'18)이 국어과 교육에 본격적으로 도입된 것은
1987년에 개정 공포된 제5차 교육과정기부터라고 할 수 있다. 여기서는
무엇보다 국어 교육과정 목표를 '언어 사용 기능 신장'으로 일원화하고
있다는 점이 특징적이다.19) 이를 구현하기 위하여 제4차 교육과정에서
'표현·이해' 영역 속에 묶어 두었던 말하기·듣기·읽기·쓰기를 풀어
서 각각 독립된 영역으로 설정하였다. 이렇게 해서 국어과의 교육 영역
은, 언어, 문학 영역과 이 네 가지가 합쳐가 여섯 영역으로 된 것이다.

물론, 제5차 교육과정이 기능주의적 요소가 강하여 '언어 사용 기능
신장'이라는 국어교육의 고유 영역을 확보하는 데 많은 기여를 했다는
평가도 있지만20), 기능 중심 국어교육관에 바탕을 두고 있으며 언어 사
용 기능과 도구 교과로서의 실용성을 강조한다는 점에 대해서는 반론
도 적지 않았다. 언어 수행 기능이 국어교과의 중핵 요소인 이상, 국어
교수와 학습이론은 언제나 듣기·말하기·읽기·쓰기의 하부 기능들을
숙달시키는 데 노력을 기울일 수밖에 없을 것이다. 그러나 이러한 기능
주의적 교육관이 제6차 교육과정은 물론 제7차 교육과정에서도 그대로
이어지고 있다.21)

---

18) 국어 교수·학습의 이론은 시대에 따라 매우 다양하게 전개되어 왔지만, 기본
   틀은 몇 가지로 범주화할 수 있다. 전통적인 이론, 경험주의 이론, 기능주의
   이론, 인지주의 이론, 문화주의 이론 등이 그것이다(이에 대한 자세한 설명은
   김창원, 앞의 글, 1999, 127~128쪽 참고).
19) 신헌재, 앞의 글, 1999, 163~164쪽. 신헌재는 제5차 교육과정이 언어 사용 기
   능을 직접 익힐 기회를 가질 수 있게 할 뿐 아니라, 언어 사용의 결과보다는
   과정을 중시하는 학습이 되게 하려는 노력을 기울이고 있다고 평가한다.
20) 김창원, 앞의 글, 1999, 127~128쪽. 김창원은 이 이론이 언어와 사고의 효율적
   인 변환 과정을 밝히고 언어 수행에서의 유창성을 기르는 방법을 구안하는 데
   노력을 기울인다는 점을 강조한다.

국어교과에서 영역을 구분하는 이유는 국어 활동의 여러 양상을 교육과정에 포괄적으로 반영할 수 있고, 국어 능력에 관한 체계적 접근이 가능하며, 영역에 따른 교수·학습의 특화가 가능하기 때문이라고 한다.22) 그러나 이렇게 한 교과 속에서 여러 영역별로 나누어 수업을 한다는 것은 여러 가지 문제점을 노출시킨다. 하나의 교과에서 설정하고 있는 다양한 내용들은 어떠한 방식으로든지 그 나름대로 서로 유기적인 관련을 가져야 할 것이다. 현행의 국어과 교육의 내용은 이러한 유기적인 관련성을 갖추지 못하고 있다. 따라서 국어를 총체적으로 바라보지 못하게 될 가능성이 크다. 이러한 문제는 영역 구분을 고정적인 것으로 파악하고 영역 간의 경계를 절대적인 것으로 볼 때 더욱 심각해진다.23)

이보다 더 큰 문제점은 영역별로 상호 배타적이 되거나 간섭함으로써 교과 내용에 공백이 생기거나 정작 중요한 것을 놓칠 수 있다는 점이다. 실제 국어교과서의 언어기능 영역에서는 '말해 보자, 들어 보자, 읽어 보자, 써 보자' 정도로 내용 진술을 그침으로써 무엇을 가르치고 있는지 그 내용을 추출하기 힘들게 하고 있다. 또 언어지식 영역에서 가르치고 있는 음운, 형태소, 품사 등은 학생들이 이해하기 힘든 내용이라고 할 수 있다. 문학 영역은 언어기능 영역과 별개의 것으로 인식됨으로써 그 자체 훌륭한 언어사용으로 구성되어 있으면서도 언어기능

---

21) 제7차 교육과정은 제6차 교육과정이 취한 국어과에 대한 관점, 즉 언어 기능, 언어, 문학의 세 영역의 교육 내용이 국어교육 목표 성취를 위해 상호보완적으로 기여해야 한다는 관점을 계승하지는 않았다. 그러나 국어교육의 궁극적 목표를 학습자의 창의적인 국어 사용 능력의 신장으로 설정하고, 이 목표를 성취하는 데 필요한 국어교육의 내용을 듣기, 말하기, 읽기, 쓰기, 국어지식, 문학의 여섯 영역으로 구분하고 있다(교육부, 『중학교 교육과정 해설Ⅱ 국어·도덕·사회』, 1999, 17~18쪽).

22) 김창원, 앞의 글, 1999, 83쪽.

23) 김창원은 이러한 문제는 영역 구분이 단지 접근방법의 문제일 뿐이며, 언어 자체는 언제나 총체적으로 보아야 한다는 관점을 취함으로써 극복할 수 있다는 입장을 취하고 있다(위의 글, 85쪽). 그러나 실제 수업 현장에서 그러한 일이 가능할지는 의문이다.

영역에서 배제되고 있으며, 고어 주석이나 문법 사항을 가르치는 등 그 고유한 영역을 확보하지 못하고 있다.24)

국어교과서에서 영역별 구분을 문제삼는 필자의 견해를 뒷받침하기 위해 현장 교사들의 의견을 살펴보는 것도 도움이 될 것이다. 한국교육 개발원은 1996년 6월에 전국의 중학교 교사들을 대상으로 '제6차 중학교 국어과 교과용 도서에 대한 설문'을 실시한 바 있다.25) 이 설문 중에 국어과를 여섯 영역으로 나누는 데 대해서 직접 교사들의 의견을 묻는 항목은 없었다. 그러나 학년, 학기별 단원 배열에 관해 의견을 묻는 항목에서 교사들은 같은 영역을 묶어서 제시하면 집중적으로 훈련할 수 있을 것이라는 의견을 제시하고 있다. 이를테면, 같은 표현 행위인 말하기와 쓰기에서 같은 내용을 묶어서 단원을 구성한다거나, 같은 문자 언어를 다룬다는 점에서 읽기와 쓰기를 통합하여 단원을 구성하는 방식을 제안하고 있다. 또 말하기·듣기·쓰기 단원을 한 단원으로 독립시키는 것이 부적절하다는 점, 학년급별로 통합 과정이 없거나 소홀하다는 점, 학기별 교과서의 학년별 통합이 필요하다는 점도 지적하고 있다.26) 이 설문조사에서 교사들의 71.6%가 제6차 교과서를 사용할 때 느끼는 가장 큰 어려움으로서 주어진 시간에 비하여 학습량이 많다는 점을 지적한 것도 국어과의 학습 영역을 여섯으로 나누고 있는 것과 무관하지 않다고 생각된다. 두 번째로 높은 비율을 보인 '교수·학습 자료가 학생들에게 적절치 않다'(21.6%)에 대해서도 충분히 고려해 보아야 할 것이다.27)

---

24) 이성영, 앞의 책, 1995, 4쪽.
25) 이 때는 2학년 2학기 교과용 도서까지 공급된 시점이어서, 설문은 1학년 1학기부터 2학년 2학기까지의 국어교과서를 대상으로 하였다. 그리고 제6차 국어과 교과용 도서에 대한 평가를 24개 항목으로 정리하고 있다. 이 연구서는 '제5차 교과용 도서의 활용 실태 및 개편에 대한 요구'도 설문으로 정리하고 있다(이인제 외, 『제6차 교육과정에 따른 중학교 국어과 교과용 도서 개발 연구』, 한국교육개발원, 1996).
26) 위의 책, 143~144쪽.
27) 한국교육개발원에서 실시한 이 설문조사가 제7차 국어과 교육과정에 얼마나 반영되었는지 현재로서는 알 수 없다. 그러나 교과서에 대한 현장 교사들의

바람직한 국어 능력이란, 말하기·듣기·읽기·쓰기 등의 언어 활동
과 관련된 기능을 절차적 지식으로서만 아는 것이 아니라 이러한 수준
을 넘어 문화적 맥락 속에서 '체질화'하는 상태라고 할 수 있다. 즉 '국
어 능력 신장'의 결과는 표현과 이해의 '내용'으로서 학문적 지식을 갖
추고, '형식'으로서 기능에 대한 숙달이 전제되어야만이 도달할 수 있는
상태로서, 결코 단순한 기능의 숙달이 아닌, '체험적'인 것이 되어야 한
다.28) 따라서 국어교과서는 영역별로 구분되기보다는 통합되어야 할
것이다. 국어교과의 내용들을 어떤 방식으로 통합할 것인지에 대해서는
장을 달리하여 논의하기로 한다.

3) 내용상의 문제

이제 중학교 국어교과서가 어떤 내용들로 채워져 있는지 검토할 차
례다. 우리의 교육 현실은 국어과 교과서에 실린 텍스트들을 의무적으
로 배우도록 되어 있다. 이들 텍스트들은 학습자들의 국어과에 관련된
기능을 향상시키게 하는 한편, 가치관 형성에도 중대한 영향을 미친다.
그런데 불행히도 지금까지의 국어교과서의 텍스트들은 우리 사회의 지
배이데올로기가 허용하는 범위 내에서 엄격히 통제받아 왔다는 평가를
받아 왔다. 국어교과서가 학습자의 가치관을 일정 방향으로 통제하고
유도해 왔다는 것이다.29)

앞 절에서도 살펴본 것이지만 제6차 국어과 교육과정에서는 국어과
의 성격을 "국어의 발전과 민족의 언어 문화 창조에 이바지하려는 뜻을
세우고, 올바른 민족의식과 건전한 국민정서를 함양하는 교과"로 규정

피드백은 다른 누구의 의견에 앞서 교과서 개정에 반영되어야 한다. 학생들을
대상으로 이러한 설문조사가 이루어진 적이 있는지에 대해서는 필자로서는
확인할 수 없으나, 학생들의 의견도 필요하다면 적극 반영해야 한다고 생각된
다.
28) 김대행·김광해·윤여탁, 앞의 글, 1999, 176쪽.
29) 김유중, 「저항시와 친일시 지도의 쟁점 - 시 교육에 있어서 가치관의 내면화
논의와 관련하여 - 」, 김은전 외, 『현대시교육론』, 시와시학사, 1996, 405쪽.

하고 있다. 여기서 무엇보다 두드러지는 것은 '민족의식'과 '국민정서'의
강조다. 국어과와 민족정서, 가치관 교육은 불가분의 관계에 놓여 있다
고 할 수 있다. 민족의 문화적 기초를 이루는 것은 '동일한 언어와 공통
되는 역사적 전통'30)인바, '동일한 언어'인 '국어'에 대해 교육하는 것이
바로 '국어과 교육'이기 때문이다. 따라서 국어과를 통해 민족의식과 국
민정서를 고취시키는 일은 국어과에서 응당 담당해야 할 일이라고 할
수 있다.31) 그러나 결론부터 말하자면 현행 국어과 교과서에 나타나는
민족의식, 국민정서는 반일, 반공, 전통 등의 의미로만 축소되어 있어
민주시민을 양성한다는 교육의 목표에는 맞지 않는다.32) 구체적으로
교과서를 분석함으로써 이 점을 확인하기로 하자.

---

30) 칼톤 헤이즈 저, 차기벽 역,『민족주의 : 이념과 역사』, 한길사, 1981, 22쪽. 헤
   이즈는 이런 것들이 교육과정을 통하여 대중의 감정적인 조국애의 대상으로
   될 때 그 결과 '민족주의'가 된다고 하였다(위의 글, 같은 곳).
31) 국어과 내에서 문학교육의 목표로서 민족교육에 대해 어느 정도의 비중을 두
   어야 할지에 대해서는 의견의 차이가 있을 수 있다. 그러나 국어과 교육과정
   체계 속에서 이루어지는 문학교육은 민족정서를 이해하고 창조한다는 목표를
   필수적으로 고려해야 할 것으로 생각된다.
32) 제6차 교육과정은 21세기를 주도할 건강하고 자주적이며 창의적이고 도덕적
   인 한국인의 육성을 기본 방향으로 정하고, 다음 네 가지 사항을 구성방침으
   로 정하였다(교육과정개정 연구위원회, 1991, 65~83쪽).

   (1) 도덕성과 공동체 의식이 투철한 민주시민을 양성한다.
   (2) 사회의 변화에 대응할 수 있는 창의적인 능력을 개발한다.
   (3) 학생의 개성·능력·진로를 고려하여 교육 내용과 방법을 다양화한다.
   (4) 교육과정 편성 운영체제를 개선하여 교육의 질 관리를 강화한다.

   이 가운데 첫째 항의 "도덕성과 공동체 의식이 투철한 민주시민을 육성한다"는
   방침은 "4개의 구성 중에서도 가장 중핵적인 방침으로서, 교육과정의 모든 교
   과와 특별 활동의 모든 영역에 공통 교육 목표로서 작용하고, 이념적으로 중심
   적인 자리를 차지하고 있는 보편적·공통적 방침"(교육부,『중학교 교육과정
   해설 I 총론』, 1999, 70쪽)으로서, 제7차 교육과정에서도 "교육과정을 통하여
   추구하는 교육적 인간상은 우리 민족의 유구한 문화전통을 계승·발전시킴과
   동시에 인류 보편 가치로서의 인간의 존엄성과 자유·평등과 같은 민주적인 가
   치를 구현하는 인간"(위의 책, 92~93쪽)이라는 점을 명시하고 있다.

민족의식과 국민정서를 드러내는 텍스트들은 읽기 영역에 특히 많은데, 이들 중 상당 부분이 직·간접적으로 반일감정을 드러내고 있다. <신채호의 일편 단심>(1-1)과 <도산 안창호 선생>(2-1)은 항일독립운동가의 전기(傳記)에 해당하는 글이다. <만해 한용운>(3-1)도 시인이자 승려이며 독립운동가인 한용운을 특히 독립운동가로서의 면모에 초점을 맞추어 서술하고 있다. <폴란드 소녀>(1-2)는 러시아의 식민지였던 폴란드에서 태어난 에브 퀴리의 어린 시절을 그린 전기지만 몰래 폴란드 역사를 공부하는 학교측과 러시아 시학관 사이에 벌어지는 에피소드가 실려 있어서 우리 민족과 일본과의 역사적 관계를 떠올리게 한다.

반일감정과 관련되지는 않지만 우리 민족의 전통적인 정서를 함양하게 하거나 우리의 우수한 민족성을 강조하려는 의도를 뚜렷이 드러내는 글도 많다. <약손>(1-1), <단오>(1-1), <한국의 정자>(1-2), <홍도의 자연>(1-2), <인간 이충무공>(3-2), <한반도의 소나무>(1-2), <우리나라의 민화>(2-1), <월출산과 남도의 봄>(3-1), <전통 문화와 효 사상>(3-2) 등이 그러한 글이다. <까치>(1-2)의 경우, 까치의 생태와 특징을 설명하는 설명문 형식을 취하고 있으나 까치가 우리 겨레에 이로운 새라는 사실을 강조함으로써 역시 민족주의적 색채를 강하게 드러내고 있다.

위에서 지적한 글들은 대부분 '읽기' 영역의 자료로 제시된 것들이다. 1학년 1학기의 경우, <신채호의 일편 단심>, <약손>, <단오> 등 민족주의에 관련된 글이 세 편이나 된다. 1학년 1학기의 '읽기' 영역에 실린 글이 모두 8편임을 감안할 때, 이것은 지나치게 많은 양이라고 하지 않을 수 없다.

민족주의적 색채를 강하게 드러내는 글의 수록은 비단 읽기 영역에만 그치는 것이 아니다. 시나 소설, 희곡 등의 문학작품에서도 이런 유의 것이 선정된 경우가 많다. 시에서는 한용운의 <복종>(2-2), 이육사의 <청포도>(3-1), 변영로의 <논개>(3-2)가 대표적인 경우다. 시 작품의 경우, 시 자체의 고유한 성격이 많은 함축을 가짐으로 해서 다의적인 해석이 가능하다고 하겠는데, 이들 작품은 주로 '항일'과 관련해서 해석되어 왔다.

<강강술래>(3-1), <고풍>(2-2), <다보탑>(2-2), <승무>(3-2) 등은 한국의 전통적인 정서를 시로 형상한 경우다. 이 작품들이 전통적인 정서를 보인다고 해서 교과서에서 배제되어야 할 이유는 없다. 그러나 작품의 선정 과정에서 작품성보다는 한국적 정서를 노래하고 있다는 점이 먼저 고려된 것은 아닌지 반성해 볼 필요는 있을 것이다.

소설 작품의 선정에서도 같은 문제가 제기될 수 있다. 3학년 1학기 교과서에 실린 <상록수>는 심훈의 장편소설의 일부인데, 예배당에서 아이들을 가르치는 영신과 주재소 주임 간에 일어난 갈등 부분이어서 반일감정을 고취하고 있다고 판단된다. 희곡 <원술랑>(1-1)의 경우 국가에 대한 충성을 주제로 삼고 있다.

2학년 1학기 교과서에 실린 희곡 <빌헬름 텔>은 프리드리히 쉴러의 유명한 희곡을 축약한 것이다. 원래 이 희곡은 오스트리아의 압제적 통치에 항거하여 독립운동을 벌이는 스위스의 주민들과 주인공인 빌헬름 텔의 이야기다. 이 작품 또한 <폴란드의 소녀>와 마찬가지로 우리나라의 식민지 상황과 거기에 맞선 애국지사들의 활동을 회상케 하는 작품이라고 할 수 있다.

현행 교과서는 각 단원이 '단원의 길잡이', '본문', 그리고 '학습 활동', '단원의 마무리'로 구성되어 있다. '단원의 길잡이'는 그 단원에서 다루어지는 내용에 대한 예비지식을 가르치는 형식으로 되어 있다. '학습 활동'은 그 단원에서 공부해야 할 내용을 문제의 형식으로 제시하고 있으며, '단원의 마무리'는 교과서 외의 영역에서 제시문을 가져와 본문과 더불어 생각해 보게 하는 형식을 취하고 있다. 따라서 본문 텍스트 선정 외에도 '단원의 길잡이', '학습 활동', '단원의 마무리'를 통해서 민족주의가 강조될 수 있을 것이다. 1학년 1학기의 경우, 「말할 내용 조직하기」 단원에서 '학습 활동'으로 '태극기의 모양'과 '공룡의 신체적 특징'을 "공간적 순서에 따라 내용을 조직하여 말해 보자"는 문제를 제시하

고 있다. '태극기의 모양'의 경우, '공룡의 신체적 특징'에 비해 평면적이
어서 좋은 문제라고 보기 어려울 듯하다.

<신채호의 일편 단심>(1-1)은 읽기 영역의 자료로 채택되었다. 학습
활동에서는 '단원의 길잡이'에서 제시한 내용에 맞추어 내용 요약에 관
한 문제를 내고 있다. 신채호의 면모를 언론인으로서, 역사가로서, 독립
운동가로서, 곧은 성품 면에서 간추려 보라고 한 내용은 채택된 본문의
내용상 어쩔 수 없는 것이라고 할 수도 있다. 그러나 "신채호는 역사를
애국심의 원천이라 믿었기 때문에 민족사에 관심을 가지게 되었다. 역
사를 배우는 것은 왜 중요한지 각자의 생각을 말해 보자"고 한 문제는
교과서 집필자의 의도가 '애국'을 강조하려는 것임을 보여준다. <30년
전의 그 날>(1-1)은 강원룡 목사의 글로, 기독교 신자로서 양심을 지킨
문제가 주요한 내용을 이루고 있다. 그러나 학습 활동에서 "이 글에 나
타난 시대적 배경을 알아 보자"는 문제를 냄으로써 한·일관계를 문제
삼지 않을 수 없도록 하고 있다. 희곡 <원술랑>(1-1)의 경우 "원술이
화랑으로서 떳떳하지 못한 점은 무엇인가?"라는 문제를 학습 활동에서
냄으로써 애국심을 고취시키려는 의도를 드러내고 있다.[33]

이상의 교과서 분석을 통해 볼 때 현행 국어교과서에서 추구하고 있
는 민족의식과 국민정서는 주로 반일, 충성, 그리고 우리 민족의 독자
성 혹은 순수성을 강조하는 것에 초점이 맞추어져 있음을 알 수 있다.

---

33) 현장 교사들을 대상으로 설문 조사한 '읽기단원 제재 중 재고가 필요한 제재'
와 '문학단원 제재 중 재고가 필요한 작품'에 선정된 것을 보면 필자가 민족주
의를 내세우는 작품으로 분석한 것과 상당히 많이 겹침을 알 수 있다.
  [읽기단원 제재 중 재고가 필요한 제재]
  비는 반드시 옵니다(1-1), 30년 전의 그 날(1-1), 소재와 표현(2-1), 올바른 발음
  생활(2-1), 네 멋쟁이(2-1), 독선과 겸손(2-1), 홍도의 자연(2-1), 민통선 지역
  탐방기(1-2), 언어의 생활(1-2), 신채효의 일편단심(1-1), 에너지와 우리의 장래
  (1-1), 약손(1-1) (이인제 외, 1996, 앞의 책, 147쪽)
  [문학단원 제재 중 재고가 필요한 작품]
  원술랑(1-1), 큰 바위 얼굴(2-2), 메모광(2-2), 요람기(1-1), 빌헬름 텔(2-1), 학
  마을 사람들(2-1) (이인제 외, 위의 책, 148쪽)

사실 '민족'이 무엇인가를 한 마디로 규정하기는 어렵다. 특히 '국민'과 구별을 지으려 할 때는 더욱 어려운 개념이 된다. '민족'의 영어 번역인 'nation'은 민족, 시민, 국민, 국가 등 여러 함의를 갖는다. 그에 따라 'nationalism'은 민족주의, 국민주의, 국가주의 등 다양한 이데올로기로 나타난다. 물론 민족주의는 형성 초기에는 긍정적 의미(인권, 자유, 평등의 이념을 내포한 집단적 감정으로 이해되었고, 출발 당시에는 비록 예외적인 경우도 있었지만 배타적인 감정으로 시작되었던 것은 아니다)를 함축하고 있었다. 그러나 이 이념은 민족주의가 먼저 발생한 서양에서조차 다분히 부정적인 기능을 지니고 있었다. 특히 산업화 과정에 있는 정치 후진적 사회에서는 현저하게 부정적 기능을 보이고 있음이 지적되고 있다.[34]

현행 국어과에서 '민족'이라는 말은 민족적 정서, 민족의식, 민족정신, 전통 등과 어울려 쓰이고 있다.[35] 중학교 국어교과서에 드러나는 민족주의의 가장 큰 문제점은 그것이 '민주주의'와 조화를 이루지 못하고 있다는 점이다. 민족주의 교육이 민주화되지 않을 때, 민족주의는 특정 집단의 전유물이 되어 그들의 이해만을 위한 이데올로기로 기능할 수 있다. 실제로 우리나라의 민족교육은 시민적 합의를 형성할 수 있는 토대와 그 실천 주체의 형성이 미약했으며, 민족주의가 정치적·교육적으로 이용되는 통제의 수단이 되어 왔다는 사실을 부인할 수 없다.[36] 현행 제6차 교육과정은 교육의 목표로 민주주의를 명시하고 있으며, 국어과의 목표로도 민주시민을 명시하고 있다. 그러나 우리의 민족주의 교육은 민주주의를 왜곡할 우려가 있는 것으로 판단된다.[37]

---

34) 이상신, 「민족주의의 역사적 발전 국면과 그 기능」, 한국 서양사학회 편, 『서양에서의 민족과 민족주의』, 까치, 1999.
35) 최지현, 「한국 현대시 교육의 담론 분석」, 서울대학교 석사학위논문, 1994, 43쪽. 최지현은 제5차 교육과정의 문학교과서에 나타난 용어 사용의 실제 의미를 분석하여 위와 같은 결론을 얻었다. 제6차 교육과정을 바탕으로 한 현행 국어교과서에서도 이 점은 크게 달라지지 않았으리라 짐작된다.
36) 심성보, 「민족교육론의 전개와 반성」, 고려대학교 교육사·철학연구회 편, 『민족교육의 사상사적 조망』, 집문당, 1994, 248쪽.
37) 이러한 점에서 볼 때, 타밀(Amil Tamir)이 말한 '민주주의적 민족주의(liberal nationalism)'의 도입은 검토해 볼 만하다. 타밀은 민족주의 교육이 시민의식

'국가권력으로 표현되는 정권에의 충성을 유도하는 것'38)은 민주주의를 왜곡하는 대표적인 내용이라고 할 수 있다. 통일을 저해하는 교과서 내용, 곧 분단을 조장하는 교육도 민주주의를 왜곡하는 것이라고 할 수 있다. 우리 민족 최대의 숙원이 통일이라는 데에 이의를 제기할 사람은 없다. 국어교과서에서 다루어지고 있는 북한에 대한 비판이 감정적 적개심을 고취시키는 방향으로 이어지고는 있지 않은지 반성해 볼 필요가 있다. <학마을 사람들>(2-1), <민통선 지역 탐방기>(1-2)가 바로 그러한 예들이다.

앞에서 우리는 국어과 교과서 내용의 상당 부분이 우리의 전통, 민족정서를 강조하는 것임을 확인한 바 있다. 전통문화는 우리나라뿐만 아니라 모든 나라들에 있어서 그 나라 민족의 동질성과 주체성을 확인시켜 주는 정신적 지주다.39) 그러나 단순히 과거의 문화를 박제화하여 관람하는 것이어서는 전통의 바른 의미가 전달되지 않는다. 전통은 늘 새롭게 해석되어야 한다. 그렇지 않을 때 민족주의 교육은 수구화되고 보수주의로 전락되고 만다. 단순히 통치계급을 지켜 주는 형해화된 이데올로기로서가 아니라 그야말로 대다수 성원에 이익이 되고 보탬이 될 수 있는 '전통적 가치의 현대적 복원'이 필요하다.

마지막으로 가장 중요한 것은 '반일감정'과 관련된 것이다. 민족주의는 어떠한 형태든지 간에 본질적으로 대외적인 폐쇄성, 배타성, 저항성을 지니고 있다. 이러한 속성은 민족주의가 국제적인 마찰과 갈등 요인

과 참여민주주의와 조화되어야 함을 강조하고 '민주주의적 민족주의'를 제창하였다. 그는 민족주의가 자기 민족의 운명을 스스로 결정짓자는 '민족자결'을 의미하는 만큼, 그것은 '국민의 자치'를 의미하는 민주주의와 각별한 친화성을 갖는다고 본다. 즉 민족의 성원의식을 결정하는 '민족성(nationhood)'과 국가의 시민적 자율성을 발휘하는 '시민의식(citizenship)'이 일체성을 가질 때 민족주의 교육은 건강하게 발전할 수 있다는 것이다(Amil Tamir, "Democracy, Nationalism, and Education", *Education philosophy and Theory* Vol. 24, No. 1/심성보, 앞의 글, 1994, 249쪽에서 재인용).

38) 노응희, 「학교교육에서의 교과서 내용 비판」, 윤구병 편, 『교과서와 이데올로기』, 천지, 1988, 64쪽.

39) 심성보, 「민족교육론의 전개와 반성」, 247쪽.

을 내포하고 있다는 사실을 보여준다. 특히 우리나라처럼 일제 식민지의 아픈 역사가 있는 경우, 그러한 속성이 더 많이 작용할 것임은 틀림없는 사실이다. 그러나 민족주의는 다른 국가와의 대립을 통해 규정되는 것이 아니라 국내 시민사회를 민주화할 때만 의미를 지니게 된다. 민족주의의 폐쇄성을 극복하고 개방적 민족주의를 추구하기 위해서는 국제주의와의 조화가 불가피하다.[40]

그러나 여기서 지적한 문제점들은 제6차 교육과정을 바탕으로 만들어진 제7차 교과서에서도 크게 바뀌지 않을 것이라는 생각이 든다. 제7차 국어과 교육과정에서도 국어과의 성격을 "한국인의 삶이 배어 있는 국어를 창의적으로 사용하는 능력과 태도를 길러, 정보사회에서 정확하고 효과적으로 국어생활을 영위하고, 미래지향적인 민족의식과 건전한 국민정서를 함양하며, 국어 발전과 국어 문화 창달에 이바지하려는 뜻을 세우게 하기 위한 교과"로 규정하고 있기 때문이다.[41] 그러나 제6차와는 달리 '미래지향적'이란 말을 명시하고 있으므로 이 말에 기대를 걸어 볼 수는 있을 것이다. 특히 제7차 교육과정 개정의 기본 방향, 즉 '21세기의 세계화·정보화 시대를 주도할 자율적이고 창의적인 한국인 육성',[42] 교육목표로 정한 "우리 문화에 대한 정체성 확립"과 더불어 "세계문화에 대한 이해력을 갖추도록"[43] 할 것이 교과서에 충분히 반영된다면 위에서 논의한 문제점들은 당연히 시정되리라 생각한다.

3. 국어교과서 개선 방향

국정교과서의 폐지가 강력히 요구됨에도 불구하고 제7차 교육과정은

---

40) 그러나 국제화·세계화가 약소국의 민족적 관점을 포기시키는 압력으로 작용해서는 안 될 것이다. 따라서 우리는 국가경쟁력을 확보하기 위한 교육을 민족주의적 관점에서 조망하고 대처할 수밖에 없다. 우리 교육이 세계화되고 세계교육이 민족화되는 동시전략이 필요하다.

41) 교육부, 『중학교 교육과정 해설 Ⅱ』, 1999, 13쪽.

42) 교육부, 『중학교 교육과정 해설 Ⅰ 총론』, 1999, 96쪽.

43) 위의 책, 97쪽.

국정체제를 유지하고 있다.44) 현재의 교육체계상 국정교과서 폐지가 당분간 어렵다면 수업중에 교과서 외의 도서를 사용하지 못하도록 규정한 것(제51조 : 교과용 도서 이외의 도서 등의 사용금지)라도 해제해야 할 것이다. 이것은 '교과서를' 가르치고 배우는 교과서 절대주의를 극복할 수 있는 방법이기도 하다. 즉 '교과서'를 교수·학습의 가장 중요한 준거체계로 삼되 '교과서로' 공부한다는 교과서 상대주의의 관점을 상당 부분 도입하는 것이다.45) 교과서는 교재의 하나일 뿐이다.46) 외국의 경우 우리나라와 같은 교과서가 없는 경우도 많으며, 주교재로서의 교과서 외에 다른 많은 학습자료를 갖추고 있다.47) 그럴 경우 우리처럼 단일한 교과서가 정부에 의해 학생들에게 일방적으로 주입되는 일은 줄어들게 된다.

새로 국어교과서가 만들어질 때 가장 먼저 개선해야 할 점은 국어과 영역의 통합이다. 현재 교과서는 국어과를 기능적으로 읽기, 듣기, 말하

---

44) 이용주는 검·인정 교과서의 취약성으로 ① 1인 내지 극소수의 편·저자 ② 극히 제한된 소수의 심사위원 ③ 바람직하지 않은 결과를 부를 수 있는 편·저자나 출판사 사이의 지나친 경쟁의식 등을 지적하면서도, 현 단계에서는 안심하고 검·인정으로 전환시킬 준비가 되어 있지 않기 때문에 그것을 논의할 시기가 아니라고 보고 있다. 그리고 지금은 "그보다 더 근본적이고 중요한 문제를 해결해야 할 처지"에 놓여 있다고 하였으나, 더 중요한 문제가 무엇인지는 밝히지 않고 있다(이용주, 앞의 책, 1995, 320~321쪽). 필자는 국어교육을 개혁하는 가장 근본적인 방법은 국정체제의 폐지라고 생각한다.

45) 교과서 절대주의나 교과서 상대주의라는 용어는 김봉군이 쓴 것이다(김봉군, 「문학 교육의 기본 과제」, 『선청어문』 26, 서울대학교 사범대학 국어교육과, 1988, 74~75쪽).

46) 이성영, 『국어교육의 내용 연구』, 서울대학교출판부, 1995, 378쪽.

47) 독일의 경우, 김나지움(우리의 중·고교) 상급반에서는 대학과 유사하게 특정 교재 없이 다양한 여러 교재를 임의로 선정하여 세미나식 수업을 실시하기 때문에 교과서의 의미가 우리와는 무척 다르다. 교재도, 주마다 조금씩 특징을 달리하지만 대체로 출판사에 상주하는 전문요원이 각급학교 및 교수들로 구성된 전문가들과 협동하여 오랜 기간 꾸준히 집필·작성하여 문교부의 인가를—우리처럼 투기에 가까운 까다로운 경합이나 심사 과정을 거치지 않는다—받는 절차를 거쳐 각 학교에서 자유로이 채택을 결정함으로써 모든 것이 비교적 원만히 이루어진다(한기상, 「국어교육과 외국문학의 수용」, 『국어교육연구』 창간호, 서울대학교 사범대학 국어교육연구소, 1994, 241쪽).

기, 쓰기, 언어, 문학이라는 여섯 영역으로 구분하고 있다. 기능주의는 그 자체의 모순 때문에 영역 간의 통합 문제를 늘 제기해 왔다. 제7차 교과서의 영역 구분 방침에도 불구하고 각 영역을 통합해야 한다는 주장도 적지 않다. 특히 '언어' 영역과 '문학' 영역에 관해서는 논자들 간에 의견 개진이 활발하다. 논자들이 '언어' 영역과 '문학' 영역의 합일점을 찾으려 애쓰는 것은 국어과의 다른 하위 영역들에 비해 이 두 분야의 비중이 높기 때문일 것이다.[48] 그러나 '언어'와 '문학'이 통합될 수 있는 것이라면 '읽기, 쓰기, 듣기, 말하기'도 당연히 하나로 통합될 수 있을 것이다. 최근에 인문학의 주요 논점으로 떠오르고 있는 '문화론'의 도입이 국어과 영역의 통합에 정당한 이론적 근거를 제공해 줄 수 있을 것이다.[49]

'문학' 영역이 국어를 예술적으로 사용하여 펼쳐 낸 문화 현상을 다루는 것이라면, '언어지식'에서 다루는 대상인 '국어'는 그 자체가 역사적으로 이루어져 온 국어 활동을 바탕으로 형성된 문화유산이다. 따라서 '언어'와 '문학' 영역은 함께 '국어 문화'라는 틀 속에 들어갈 수 있을 것이다.[50]

---

48) 문학과 언어학의 공통점을 모색한 글을 소개한다. 김광해, 「국어지식 교육의 위상」, 『국어교육연구』 3, 서울대학교 사범대학 국어교육연구소, 1996, 21~45 쪽 ; 우한용, 「언어 활동으로서의 문학」, 『국어교육연구』 6, 서울대학교 교육종합연구원 국어교육연구소, 1999.

49) 문학교육을 문화론과 연관시켜 검토한 글들은 우한용의 「문학교육의 문화론적 기초에 대한 연구」(『국어교육』 93, 한국국어교육연구회, 1997, 66쪽)에 자세히 소개되어 있다. 윤여탁의 「시 교육에서 언어의 문제」(『국어교육』 90, 한국국어교육연구회, 1995, 51쪽)에서도 "문학교육을 하나의 시스템적 세계관으로 볼 때, 그것은 문화 시스템 내의 시대정신, 사회적 삶 등 갖가지 주변 체계들과 역동적인 양상으로 얽히고 변화하여 가는 존재태"라는 관점을 취하고 있다. 박인기도 「국어교육의 새로운 지평」(최현섭 외, 『국어교육학개론』 2판, 1999, 삼지원)에서 향후 국어교육이 인문학의 본질과 가치를 재정립하려는 노력과 밀접한 연관을 가지면서 발전해 갈 것이라는 전망 아래 '문화 현상'을 강조하고 있다.

50) 김광해, 「국어지식 교육의 위상」, 『국어교육연구』 3, 서울대학교 사범대학 국어교육연구소, 1996, 25쪽. 김광해는 현재 국어교육의 하위 영역으로 다루어지고 있는 기능·언어·문학 중에서 문학과 언어 영역이 '국어문화'로 통합되어

이렇게 국어의 영역을 통합하여 '국어 문화'로 보는 관점을 취할 때, 국어교과서의 정전(canon)으로서의 성격이 강조되지 않을 수 없다. 즉 국어교과서는 국어과 기능을 숙달시키기 위한 도구가 아니라 학생들에 게 좋은 글을 제공하는 역할을 해야만 한다. 현행 교과서는 학생들에게 정전으로 작용하기보다는 참고서처럼 사용되고 있다고 해도 과언이 아니다. 교과서의 정전화에서 가장 중심이 되지 않으면 안 될 것은 문학 작품이다. '국어교육의 그 궁극적인 목표를 바람직한 인간 형성'51)에 둘 때, 문학 자료만큼 좋은 인생의 길잡이가 될 수 있는 것은 없을 것이기 때문이다. '문학의 설명틀이 국어교육의 이론적 거점이 될 수 있으며, 또 그것이 가장 이상적 형태라는 점'52)은 아무리 강조해도 지나침이 없다.

교과서의 정전화를 위해 가장 먼저 시행되어야 할 것은 텍스트의 개방이다. 텍스트를 개방한다는 것에는 당대의 문학을 반영하는 것과 학생들의 주체적인 선택 행위가 포함된다.53) 교과서에 수록된 모든 개별 문학작품을 학생들이 반드시 금과옥조처럼 다루어야 하는 것은 아니다. 문학교육의 목표는 일정한 정전 체제에 학생들을 순응하게 하여 정전의 자기화를 이루도록 하는 데에만 있는 것이 아니라, 학생들이 저마다 자기의 정전화를 성취하도록 하는 데에도 있을 것이다.54) 텍스트를 개방한다는 것은 일차적으로 학생들에게 흥미와 동기를 부여하는 것과 연관되기도 하지만, 궁극적으로는 비판적 능력과 문화적 능력을 신장시키고 동시에 진정한 다문화주의로 이어지는 중요한 고리가 되어 줄 것

야 한다고 주장한다. 그러나 기능은 국어문화에 대한 텍스트 속에서 충분히 다루어질 수 있으므로 기능·언어·문학이 모두 국어문화로 통합될 수 있을 것이다.

51) 김대행·김광해·윤여탁, 앞의 글, 1999, 174쪽.
52) 김대행, 『국어교과학의 지평』, 서울대학교출판부, 1995.
53) 교과서의 제재 선정에 관한 한, 현재의 교육과정은 학문계의 객관적 검증과 공인성을 무엇보다 강조하고 있다. 이 때문에 당대의 문학이 교육 현장에 제공되지 못하는 결과가 빚어지고 있다(정재찬, 『현대시 교육의 지배적 담론에 대한 연구』, 서울대학교 박사학위논문 참조, 1997, 447쪽).
54) 김유중, 앞의 글, 1996, 467쪽.

이다.55)

교과서의 내용 제재를 선정할 때 특히 주의하지 않으면 안 될 것은 '민족주의'의 올바른 수용이다. 현행 교과서에는 '민족정서'를 강조하는 내용이 너무 많을 뿐 아니라 거기에는 민주주의에 역행하는 내용이 너무 많다. 민족주의는 학교교육을 통해 강제하지 않더라도 민족구성원들의 정서 속에 녹아 있을 수밖에 없는 것이라고 할 수 있다.56) '관 주도 민족주의(official nationalism)'는 어떤 식으로도 용납될 수 없다.57) 현행 교과서의 상당 부분을 차지하고 있는 항일 저항 작품들을 과감히 줄여야 한다. 민족주의가 다른 나라와의 대립을 조장하는 것이어서는 안 되기 때문이다.

민족분단의 상황을 극복하고 민족동질성의 회복을 모색해야 할 과제를 안고 있는 우리나라는 분단고착화 교육을 합리적으로 제어하고, 남북의 이질성을 축소화하는 방향으로 나아가는 교육을 모색해야 한다. 자주·평화·민주를 이념으로 한 통일국가의 교육을 구상하여야 하는 것이다. 과거의 시 작품을 배우는 것은 언어로 표현된 우리의 문화유산을 이해한다는 의미도 있다.58) 따라서 문학작품을 공부하는 것자체가 좋은 전통교육이 될 수 있다. 전통을 강조하는 교육은 이렇게 자연스럽게 이루어져야 하는 것이지 우리 민족의 독자성·순수성을 강요하는 것이어서는 안 된다.

현행 교과서에서 추구하고 있는 민족의식, 국민정서 함양은 주로 민

55) 위의 글, 469쪽.
56) 민족을 형성하는 전제조건이 언어와 혈통이라는 주장은, 같은 역사 속에서 태어나 같은 언어를 쓰는 한 민족주의를 버리기 어렵다는 사실을 암시해 준다.
57) 앤더슨은 이 말을 대중민족주의와 대립되는 개념으로 쓰고 있다. 대중민족주의가 대중들에 의해 자발적으로 형성된 것이라면, 관 주도의 민족주의는 대중민족주의의 발달에 위협을 느낀 지배계층이 특정 문화유산의 정통적인 전수자임을 자처하면서 의도적으로 고안한 것이다(Anderson, Benedict, *Imagined Communities: Reflections on the Origin and Spread of Nationalism*, Verso : London and New York, 1983).
58) 이숭원, 「중·고교 시 지도 방법」, 『국어교육』 85·86, 한국국어교육연구회, 1994, 306쪽.

족주의를 강조하는 쪽으로 초점이 맞추어져 있다. 지나친 민족주의는
국수주의로 흐를 위험을 안고 있다. 민족주의는 세계문화와의 관련 속
에서 강조될 때 더욱 의미를 갖는다. 따라서 지역성(locality)을 강조하
는 교육도 요구된다. Local과 Global을 함께 지향하는 '글로컬리즘'59)의
도입이 필요하다.

필자가 지금까지 주장한 내용에 부합되는 텍스트를 선정하기 위한
몇 가지 방안을 제시해 본다면 다음과 같다. 무엇보다 교과서에 실을
만한 좋은 작품을 새로 발굴하여 제시할 필요가 있다. 현행 교과서 발
행체제 하에서는 당대의 문학이 반영될 수 없고, 객관적으로 학계의 검
증이 끝났다고 인정되는 글만 수록될 수 있다. 이것은 '좋은 교과서'를
만들겠다는 교육부의 방침에도 어긋난다.60) 현행 교과서 텍스트 내용
들은 학생의 요구 수준에 전혀 맞지 않고 또한 학생의 이해력에 맞는
'생생한 언어'로 씌어지지도 않았기 때문이다. '좋은 교과서'에 실릴 글
로는 교육의 수혜자인 중학생에게 친밀감을 줄 수 있는 작품이 요구된
다. 이를 위해서는 중학생 수준에 맞는 교과서용 시와 소설을 따로 선
정해서 제작할`필요가 있을 것이다. 아동문학이나, 키치 문학, 영상문학
을 적극 도입하는 것도 한 방법이 될 수 있다.61) 또한 학생 산출 작품

---

59) 글로컬리즘은 글로벌리즘(globalism)과 로컬리즘(localism)을 결합한 신조어
   다. 문화 글로벌리즘을 대신할 수 있는 21세기의 강력한 경향으로 제시된 문
   화 글로컬리즘은 세계 문화시대에 자국의 문화를 보호하고 또한 세계화할 수
   있는 방안으로 활용되고 있다. 지배문화에 의한 침입에 의해서든 또는 비지배
   문화의 보호에 의해서든, 문화 글로컬리즘은 상호 사회·문화적인 현실의 다
   양한 형태로 인해 비롯되는 충격을 완화시키고, 그러한 충격에 능동적으로 대
   처할 수 있는 가장 좋은 방안으로 각광받고 있다(윤호병, 『문학의 파르마콘』,
   국학자료원, 1998, 439쪽).

60) 교육부에서는 좋은 교과서의 기본 조건으로서 다음 일곱 가지를 들고 있다.
   ① 교육과정에서 제시한 교육 계획과 교과 경영의 기준에 충실해야 한다. ②
   학생의 요구 수준과 학습 능력에 부합해야 한다. ③ 이론과 실제가 결부되는
   학습 내용이어야 한다. ④ 교육학적 근거에 의해 구성되어야 한다. ⑤ 확실한
   사실·예증·경험의 기술 등을 배치해야 한다. ⑥ 학생의 이해력에 맞도록 생
   생한 언어로 씌어져야 한다. ⑦ 내용의 정확성·풍부성만이 아니라 위생적·
   미학적 만족을 총족시켜야 한다(함종규, 「좋은 교과서란 어떠한 교과서인가」/
   김창원, 앞의 글, 1999, 110쪽에서 재인용).

들이 문학교육의 내용으로 자연스레 들어올 수 있는 여지를 확보하는
것도 바람직하다.62)

문화 글로컬리즘을 강조하는 입장에서는 우리의 전통 문학 양식에
대한 새로운 접근이 필요하다고 생된다. 시조는 원래 음악과 문학이 결
합된 형태다. 그러나 지금 국어교과서에서는 '음악' 부분은 사상된 채
문자문학으로만 기록되어 있다. 따라서 시조가 음악과 함께 존재했다는
사실을 가르칠 필요가 있다. 경우에 따라서는 시조 창법 등을 지도할
수도 있을 것이다. 판소리계 소설도 마찬가지다. 이 부분은 시청각 교
재를 적절히 활용하여 시조와 판소리계 소설의 특징을 충분히 부각시
켜야 한다. 시조와 판소리계 소설 외에 다른 전통 문학상르도 소개할
필요가 있다. 현재 1학년 2학기 교과서에서 상주지방 민요인 <달노래
>(1-2)를 다루고 있는데, 보다 많은 자료를 소개할 필요가 있다.

고전문학작품을 실을 때는 번역문과 함께 원문을 싣는 문제도 고려
되어야 한다. 국어교과서에는 우리 선조들이 남긴 문학작품이 상당수
등장한다. 그런데 이들 문학작품 중 시가는 모두 현대의 표기법으로 기
록되어 있다. 소설의 경우에는 한자어는 그대로 노출시키면서 문장을
상당 부분 현대어로 고쳤다. 2학년 2학기 교과서의 경우 「옛노래」라는
단원에서 <황조가>, <제망매가>, <정석가>, <오우가>를 싣고 있는
데, 모두 현대어로 번역 혹은 의역되어 있다. 중학생의 어휘 수준을 고
려하여 현대어로 고친 점은 이해가 가지만 현대어로 고쳐진 시가는 원
시의 감동을 그대로 살릴 수 없다. 따라서 고전 시가는 원문을 함께 실
어서 대역이 가능하도록 해 주어야 할 것이다. 이렇게 하면 우리의 언
어가 어떻게 변화해 왔고, 문화가 어떤 변화를 겪어 왔는지를 이해하는
데 많은 도움을 줄 수 있을 것이다.

---

61) 키치 문학을 도입할 필요성에 대해서는 최미숙의 글을, 영상문학을 도입할 필
요성에 대해서는 윤여탁의 글을 참조할 수 있다(최미숙, 「키치와 문학교육」,
『선청어문』 23, 서울대학교 사범대학 국어교육과, 1995).

62) 특히 창작교육의 가능성을 열어 두고 있는 제7차 교육과정에서는 학생 산출
문학 텍스트의 교재 활용이 더 적극적으로 모색되어야 할 것이다(박인기, 「국
어교육의 새로운 지평」, 409쪽).

외국 문학작품에도 적극적으로 관심을 가질 필요가 있다. 국어교육
에서 우리나라의 문학작품이 일차적 대상이 되어야 한다는 사실은 재
론의 여지가 없다. 그러나 문학이 지니고 있는 보편적 성격과 함께 한
국 문학의 특수성을 경험할 수 있게 한다는 측면에서 외국 문학작품은
긍정적인 기능을 수행할 수 있다. 좋은 외국 문학작품을 소개함으로써
거꾸로 세계문학 속에서 차지하는 우리 문학의 위치를 효과적으로 습
득할 수 있는 소중한 기회를 제공해 줄 것이다.

한편 외국 작가들이 지나치게 서구 편향이라는 점도 문제점으로 지
적될 수 있겠다. 서구문학에서 온 제재들로만 되어 있는 데서 탈피하여
아시아 등 제3세계 지역의 문학 제재들에 대한 수용이 보다 강화되어
야 한다. 또·우리와 오랜 역사적·문화적 관련을 맺고 있는 인근 나라
의 문학 제재에 대해서도 새로운 문학교육적 관심을 기울일 필요가 있
다.63) 올바른 외국문학의 소개가 제대로 이루어질 때 국문학과의 상호
보완적 교호작용은 전반적인 문학교육에 커다란 전기를 마련할 수 있
을 것이다.64)

같은 연계선상에서 해외 동포들이 쓴 문학작품도 적극 수용할 필요
가 있다. 현재 우리 교과서에는 교포작가의 작품이 한 편도 실려 있지
않다. 국제화시대에도 '아이덴티티'는 필요하다. '국가'가 아이덴티티가
되지 않으면 안 된다. 그 동안 우리 문학에서는 '교포 문학'을 인정하지
않았다. 해외 동포의 문학에 관심을 가질 필요가 있다. 이미 이미륵·
김응국 등이 해외에서 문학성을 인정받은 바 있고, 최근에는 일본 교포
작가 유미리 등이 일본 유수의 문학상을 받은 바 있다. 해외에 거주하
는 우리 교포 수는 200만을 넘어섰고 여기에 교포 2·3세까지 포함시
키면 그 수는 기하급수적으로 늘어난다. 해외교포들은 그 누구보다 민
족정체성의 문제를 심각하게 생각하는 사람들일 것이다. 따라서 민족정

---

63) 위의 글, 409쪽.
64) 초등학교와 중·고등학교용 외국 문학작품으로 적당한 것을 소개하고 있는
    글로는 한기상, 「국어교육과 외국 문학의 수용」, 『국어교육연구』 창간호, 서울
    대학교 사범대학 국어교육연구소, 1994 참조.

체성을 일깨우는 데도 이들의 작품은 긍정적으로 기여할 것이다.[65]

4. 결론

현행 우리의 교육체제 하에서 국어교과서는 국어과 교수·학습의 유일한 자료다. 따라서 '좋은 교과서'를 만드는 일은 국어과 교육에서 가장 선행되어야 할 과제라고 할 수 있다. 광복 이후 국어과 교육과정이 여섯 차례나 개정되고 교과서도 그 때마다 개편되었지만 현행 국어과 교과서는 여전히 개선의 여지를 많이 남기고 있다.

필자는 이러한 문제의식을 가지고 중학교 국어교과서를 비판적으로 검토하여 보았다. 여기서 지적한 문제점들은 고등학교 국어교과서에서도 거의 비슷하게 나타난다. 필자의 개략적인 검토에 의하면, 민족주의적인 요소를 드러내는 단원이 중학교에 비해 적다는 점을 제외하면 고등학교 국어교과서는 중학교 국어교과서가 보여주는 문제점을 그대로 지니고 있다. 따라서 필자가 제기한 문제점들은 고등학교 국어교과서에도 그대로 적용할 수 있을 것이다.

국어과 교육을 개혁하기 위해 가장 먼저 선행되어야 할 것은 국정체제의 폐기다. 국어교과서를 국정체제로 유지하는 것은 창의적인 교육을 지향하는 교육목표에도 맞지 않을 뿐 아니라 국가의 특정 지배이데올로기를 전파할 수 있다는 우려를 안고 있다. 현실적으로 제7차 교육과정에서 국정체제의 폐지가 어렵다면 수업중 교과서 외 도서를 사용

---

65) 현재 해외 한인 문인들의 작품에 대한 연구가 상당히 진전되고 있어 이들 연구가 중학교 교재에 실을 작품을 선정하는 데 좋은 길잡이가 되어 줄 것이다. 해외 작가들의 작품을 연구한 논문을 몇 가지 소개한다. 홍기삼, 「재외한국인 문학개관」, 『문학사와 문학비평』, 해냄, 1996 ; 서종택, 「재외 한인 작가와 민족의 이중적 지위」, 김현택, 「한국계 러시아 작가 아나톨리 김의 문학세계 연구」, 서종택, 「향수와 페이소스의 세계 - 김용익의 단편소설」, 송창섭, 「이상한 형태의 진리 - 김은국의 『순교자』」, 송하춘, 「역사가 남긴 상처와 민족의식 - 이회성론」, 이상갑, 「역사 증언에의 욕구와 형상화 수준 - 김학철론」, 정규화, 「이미륵, 영원한 한국인」(이상 『한국학연구』 10, 고려대학교 한국학연구소, 1998).

하지 못하도록 한 규정이라도 고쳐서 교과서 외의 자료를 적극 활용하는 방안도 연구해 볼 수 있을 것이다.

다음으로 문제 삼지 않을 수 없는 것은 국어과의 하위 영역을 말하기, 듣기, 읽기, 쓰기, 언어, 문학의 여섯 가지로 구분하고 있는 점이다. 이렇게 영역을 구분할 경우 영역별로 상호 배타적이 되거나, 상호 간섭을 함으로써 국어과 내용에 공백이 생길 수도 있다. 이러한 기능주의적 교과관 대신 문화론적 교과관의 도입이 요구된다. 바람직한 국어 능력이란 문화적 맥락 속에서 말하기, 듣기, 읽기, 쓰기, 언어 문학 등을 '체질화'하는 상태라고 할 수 있기 때문이다. 이러한 교육을 지향할 때 국어교과서는 좋은 글이 실린 정전으로서의 기능을 수행할 수 있을 것이다. 이 때 '좋은 글'은 문학 제재 중심으로 이루어지게 될 수밖에 없다.

국어과 과목은 그 특성상 민족의식을 일깨우고 국민정서를 함양하는 역할을 하지 않을 수 없다. 그러나 현행 국어과 교과서에 나타나는 민족의식과 국민정서는 반일・반공・전통 등의 의미로만 축소되어 있어 민주시민의 양성이라는 교육목표에는 맞지 않는다. 민족주의가 민주주의를 왜곡하는 것이어서는 안 될 것이다. 의도적으로 국가에 대한 충성을 강요하거나 반북 감정을 고취시키는 것은 바람직한 민족주의라고 보기 어렵다. 또한 민족주의가 다른 국가에 대한 적대감을 조성하는 것이어서도 곤란하다. 새로운 민족주의는 전통에 대해서도 새로운 접근을 요구한다. 단순히 우리 민족의 우수성과 순수성을 강조하기보다는 세계화와의 조화 속에서 지역성을 충분히 살리는 글로컬리즘의 입장이 요구되는 것이다.

국어교육에 대한 논의는 '학교 현장'이라는 구체적인 토대가 존재하며, 따라서 아무리 좋은 이론이라도 현실화될 수 없는 것은 폐기될 수밖에 없다는 사실을 필자 또한 모르지 않는다. 그러나 '좋은 교과서'를 만들기 위한 논의는 많으면 많을수록 좋으며, 여러 가지 제안이 쏟아져 나오면 나올수록 좋을 것이다. 국어과 교육에 관한 논의는 어떤 성격의 것이든 바람직한 교육을 목표로 하는 것이 아니면 안 된다는 점을 상기하면서 글을 마치기로 한다.

참고문헌

중학교 1학년 1학기, 3학년 1학기 국어교과서.
교육부,『중학교 교육과정 해설 I 총론』, 1999.
교육부,『중학교 교육과정 해설 II 국어·도덕·사회』, 1999.
이인제 외,『제6차 교육과정에 따른 중학교 국어과 교과용 도서 개발 연구』, 한
　　　국교육개발원, 1996.

김광해,「국어지식 교육의 위상」,『국어교육연구』3, 서울대학교 사범대학 국어
　　　교육연구소, 1996.
김대행,『국어교과학의 지평』, 서울대학교출판부, 1995.
김대행·김광해·윤여탁,「국어 능력 측정 방안 연구」,『국어교육연구』6 1999.
김봉군,「문학 교육의 기본 과제」,『선청어문』26, 서울대학교 사범대학 국어교
　　　육과, 1998.
김유중,「저항시와 친일시 지도의 쟁점」, 김은전 외,『현대시교육론』, 시와시학
　　　사, 1996.
김은전,「국어교육과 문학 교육」,『사대논총』19집, 서울대학교 사범대학, 1979.
김은전,「시 지도에 관한 몇 가지 제안 - 고등학교, '국어' 교과서 편찬인의 한
　　　사람으로 -」,『한국국어교육연구회논문집』42, 1991. 8.
김은전,「문학 교육이란 어떤 것이어야 하는가」,『문학사상』, 1991. 2.
김은전,「이숭원 교수의 '중 고교 시 지도 방법'에 대한 몇 가지 부연」,『국어교
　　　육』85·86호, 1994. 12.
김이상,『시교육 이론과 방법론 연구』, 동아대학교 박사학위논문, 1991.
김정환,「국어과 교육의 목표와 내용구조 연구」,『국어교육연구』23, 서울대학
　　　교 사범대학 국어교육연구회, 1991.
김창원,「국어교육의 운용체제」, 최현섭 외,『국어교육학개론』2판, 삼지원,
　　　1999.
김창원,「문학교육 목표의 변천 연구(1)」,『국어교육』73·74호.
노명완,「'읽기 능력 신장과 교육 내용의 구조화 방안'에 대한 토론문」,『국어교
　　　육연구』3, 1996.
노명완,「국어교육학의 연구영역」, 최현섭 외,『국어교육학개론』2판, 삼지원,
　　　1999.

노응희, 「학교교육에서의 교과서 내용 비판」, 윤구병 편, 『교과서와 이데올로기』, 천지, 1988.

박인기, 『문학교육 과정의 구조에 관한 연구』, 서울대학교 박사학위논문, 1994.

박인기, 「국어교육의 새로운 지평」, 최현섭 외, 『국어교육학개론』 2판, 삼지원, 1999.

서혁, 「효과적인 읽기 교수·학습을 위한 교재 구성 방안」, 『국어교육연구』 3, 1996.

서종택, 「재외 한인 작가와 민족의 이중적 지위」, 『한국학 연구』 10, 고려대학교 한국학연구소, 1988.

송병렬, 「검정교과서제도의 문제점과 개선 방향」.

신동노, 『교육과정과 교수방법』, 교육과학사, 1994.

신현재, 「국어교육사」, 최현섭 외, 『국어교육학개론』 2판, 삼지원, 1999.

심성보, 「민족교육론의 전개와 반성」, 고려대학교 교육사·철학연구회 편, 『민족교육의 사상사적 조망』, 집문당, 1994.

심성보, 『전환시대의 교육사상』, 학지사, 1995.

우한용, 「언어활동으로서의 문학」, 『국어교육연구』 6, 서울대학교 교육종합연구원 국어교육연구소, 1999.

우한용, 「문학교육의 문화론적 기초에 대한 연구」, 『국어교육』 93, 한국국어교육연구회, 1997.

유덕제, 「문학 교육론의 전개양상과 비판적 검토」, 『국어교육연구』 26, 서울대학교 사범대학 국어교육연구회, 1994.

윤여탁, 「시 문학의 이데올로기와 교육」, 『국어교육』 71·71.

윤여탁, 「시의 갈래 어떻게 지도할 것인가」, 김은전 외, 『현대시교육론』, 시와시학사, 1996.

윤여탁, 「시 교육에서 언어의 문제」, 『국어교육』 90, 한국국어교육연구회, 1995.

윤호병, 『문학의 파르마콘』, 국학자료원, 1998.

임규홍, 『국어교육의 이론과 실제』, 한신문화사, 1996.

이도영, 「교과서 정책의 문제점과 개선 방안」, 『(함께하는) 영어교육』 2000년 여름.

이상신, 「민족주의의 역사적 발전 국면과 그 기능」, 한국 서양사학회 편, 『서양에서의 민족과 민족주의』, 까치, 1999.

이성영, 『국어교육의 내용 연구』, 서울대학교출판부, 1995.

이숭원, 「중·고교 시 지도 방법」, 『국어교육』 85·86, 한국국어교육연구회, 1994.

이인제 외, 『제6차 교육과정에 따른 중학교 국어과 교과용 도서 개발 연구』(연구보고 TR 96-3-3), 한국교육개발원, 1996.

이용주, 『국어교육의 반성과 개혁』, 서울대학교출판부, 1995.

임문혁, 「고등학교 국어교과서 시단원의 변천 연구 - 작품 선정과 문학교육의
　　방향을 중심으로 - 」, 교원대학교 석사학위논문, 1988.

정재찬, 『현대시 교육의 지배적 담론에 관한 연구』, 서울대학교 박사학위논문,
　　1997.

정준섭, 「고등학교 국어과 교육과정의 이해」, 충청남도교육청 편, 『사고력을 기
　　르는 국어과 교육』, 1994.

최미숙, 「키치와 문학교육」, 『선청어문』 23, 서울대학교 사범대학 국어교육과,
　　1995.

최지현, 「한국 현대시 교육의 담론 분석」, 서울대학교 석사학위논문, 1994.

한기상, 「국어 교육과 외국문학의 수용」, 『국어교육연구』 창간호, 서울대학교
　　사범대학 국어교육연구소, 1994.

홍기삼, 「재외한국인문학개관」, 『문학사와 문학비평』, 해냄, 1996.

다니엘 벨 저, 송미섭 역, 『교양교육의 개혁』, 민음사, 1994.

헤이즈 칼톤 저, 차기벽 역, 1981, 『민족주의 : 이념과 역사』, 한길사.

Anderson, Benedict, *Imagined Communities: Reflections on the Origin and
　　Spread of Nationalism,* Verso : London and New York, 1983.

교과서 분석 3

일본의 중학교 국어교과서의 구성과 제재에 대한 분석
─텍스트 이론의 응집성을 중심으로─

기타무라 다다시[*]

1. 머리말

본고는 일본의 중학교 국어교과서가 자족적인 한 텍스트로서[1] 그 구성요소인 제재[2]가 적절하게 선택되어, 텍스트다운 텍스트로 이루어져 있는가에 대하여 논의하는 것을 목표로 한다. 본고에서 교과서의 구성을 분석하는 데 이용하는 이론은 텍스트 이론이다. 텍스트 이론은, 텍스트 간의 형식적인 관련성을 의미하는 '응결성'과 내용적인 관련성을 의미하는 '응집성'을 두 가지 큰 축으로 삼고 있는데(고영근, 1999 : 137~178), 본고에서는 교과서와 그 구성요소인 제재 사이의 관계에 대하여 논의하므로, 응결성보다는 응집성에 비중을 더 두게 될 것이다.

---

[*] 北村唯司 : 서울여자대학교 동양어문학부 전임강사

1) 텍스트다운 텍스트가 되기 위헤서는 주제의 일관성이나 의의의 그물로 인정되는 '응집성'이 유지되어야 하는데, 이러한 조건을 충족시키는 텍스트를 자족적인 텍스트라고 한다. 그러나 텍스트 중에는 주제의 일관성이나 응집성을 유지하지 않은 것들도 있는데, 신문기사나 TV 프로그램 같은 것이 그것이다. 이러한 텍스트는 자족적인 텍스트라기보다 유사 텍스트라고 할 수 있다. 자세히는 고영근(1999 : 329~330)을 참조.

2) 한국의 국어교과서에서는 단원 아래 설정된 구체적인 학습자료를 '제재'라고 하지만, 일본의 국어교과서에서는 '教材'라는 말을 쓰고 있다. 본고에서는 한국에서의 관례에 따라 '제재'라는 말을 사용하기로 한다.

일본의 국어교과서는 우선 여러 개의 단원으로 이루어져 있으며, 각 단원은 몇 개의 제재로 이루어져 있다. 이와 같은 교과서는 여러 하위 텍스트로 이루지는 일종의 거시구조(巨視構造)라고 할 수 있는데, 이에 대하여 단원과 그것을 구성하는 제재는 미시구조(微視構造)라고 할 수 있다.3) 또한 각 단원을 교과서라는 더 큰 단위로 묶어 주는 그물 역할을 하는 것이 국어과의 교육 목표가 되고, 각 제재를 더 큰 단위인 단원으로 묶어 주는 그물 역할을 하는 것이 단원의 목표가 된다. 이러한 구조를 도표로 보이면 아래와 같다.

(1) 일본 국어교과서의 텍스트 구조

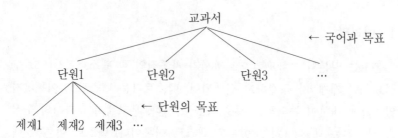

따라서 본고에서는, 일본의 중학교 국어교과서가 자족적인 한 텍스트로서 텍스트다움을 유지하고 있는지를 검증하기 위하여 국어과 목표와 각 단원의 목표와의 관련성, 그리고 단원의 목표와 각 제재의 성격과의 관련성에 대하여 논의할 것이다.

본고에서 분석 대상으로 하는 교과서는 일본의 미쓰무라 도서(光村圖書)에서 발간된 『중학교 국어』(1998)를 사용한다. 또 국어과 목표는 1989년(平成元年)에 문부성(文部省)에서 고시된 현행 「중학교 학습 지도 요령」의 국어과 목표를 사용한다.

---

3) 텍스트라는 개념은, 작게는 문장 단위로부터 크게는 책을 넘는 단위까지도 포괄하는데, 이것은 계층구조로 설명된다. 상대적으로 큰 단위의 텍스트, 즉 상위 텍스트의 구조를 거시구조라고 하고, 상대적으로 작은 단위의 텍스트, 즉 하위 텍스트의 구조를 미시구조라고 한다. 이에 대해서는 고영근(1999 : 210)을 참조.

2. 「학습 지도 요령」의 국어과 목표와 단원 목표 사이의 관련성

이 절에서는, 일본의 문부성이 1989년에 고시하고 1992년부터 시행
된, 현행 「중학교 학습 지도 요령」에 명기된 국어과 목표와 미쓰무라
도서에서 발간된 『중학교 국어』(1998)의 단원 목표 사이에 어떠한 관련
성, 즉 응집성이나 응결성이 있는지에 대하여 논의하고자 한다. 우선 「
중학교 학습 지도 요령」에 명기된 국어과 전체 목표와 각 학년의 목표
를 제시하면 다음과 같다.

   (2) 국어과 전체 목표
   (a) 국어를 정확하게 이해하고 적절하게 표현하는 능력을 키움과 동시에,
   (b) 사고력과 상상력을 키우고 언어 감각을 양성하며,
   (c) 국어에 대한 관심을 높이고,
   (d) 국어를 존중하는 태도를 키운다.
   (3) 1학년의 목표
   (가) 자신의 생각을 존중하여 이야기하거나 글로 쓰거나 하는 능력을 높
      임과 동시에, 더 적절한 표현을 목표로 하고, 자진해서 표현하고자
      하는 태도를 키운다.
   (나) 이야기나 글의 내용을 정확하게 이해하는 능력을 높임과 동시에, 자
      진해서 이야기를 듣고, 독서를 즐기는 태도를 키운다.
   (4) 2학년의 목표
   (가) 사물을 보는 관점과 사고방식을 넓히고, 자신의 입장을 분명히 하며,
      적절하게 표현하는 능력을 높임과 동시에, 표현을 연구하고자 하는
      태도를 키운다.
   (나) 이야기나 글의 내용을 정확하게 이해하는 능력을 높임과 동시에, 적
      극적으로 이야기를 듣고, 독서를 즐기며 자신을 윤택하게 하는 태도
      를 키운다.
   (5) 3학년의 목표
   (가) 사물을 보는 관점과 사고를 깊이 있게 하고, 목적과 장면에 따라 적
      절하게 표현하는 능력을 몸에 익힘과 동시에, 표현함으로써 생활을
      향상시키고자 하는 태도를 키운다.
   (나) 목적과 장면에 따라 이야기나 글의 내용을 적확하게 이해하는 능력

을 몸에 익힘과 동시에, 적극적으로 이야기를 듣고, 독서를 생활에
활용하는 태도를 키운다. (번역 : 인용자)

국어과 전체 목표(2)를 중심으로 좀더 구체적인 목표를 세운 것이 각
학년의 목표 (3)~(5)이다. 각 학년의 목표에서, 각 (가)는 표현을 중심
으로 한 목표이고, 각 (나)는 이해를 중심으로 한 목표라고 할 수 있다.
또 각 학년의 목표에서는, 1학년 목표보다 2학년 목표가, 그리고 2학년
목표보다 3학년 목표가 조금 더 수준이 높고 깊이 있는 내용으로 구성
되어 있다. 예컨대 (3)(가)에서는 "자신의 생각을 존중함"인데, (4)(가)
에서는 "사물을 보는 관점과 사고방식을 넓힘"이 되고, (5)(가)에서는
"사물을 보는 관점과 사고를 깊이 있게 함"으로 되어 있으며, 단순히
'존중함'으로부터 '넓힘', 그리고 '깊이 있게 함'으로 바뀌는 모습을 볼
수 있다. 마찬가지로 (3)(나)와 (4)(나)에서는 "이야기나 글의 내용을 정
확하게 이해하는 능력을 높임"인데, (5)(나)에서는 "목적과 장면에 따라
이야기나 글의 내용을 적확하게 이해하는 능력을 몸에 익힘"으로 되어
있으며, '높임'으로부터 '익힘'으로 바뀌는 모습을 볼 수 있다. 여기에서
국어과 전체 목표 아래 단계적으로 각 학년의 목표를 설정하였음을 알
수 있다.

다음으로, 미쓰무라 도서『중학교 국어』(1998)의 각 학년 단원 목표를
제시하면 다음의 표와 같다.

중학교 1학년의 단원 1은 중학교 국어교육의 시작이 되는 부분이기
때문에 국어과 목표와는 특별한 관계 없이 국어학습에 대한 자세를 키
우는 것을 목표로 하고 있다. 한편 2, 3학년의 단원 1의 목표는 사물을
보는 관점과 사고력을 양성하는 것으로 요약되는데, 이것은 「학습 지도
요령」의 목표를 잘 반영하고 있다. 즉 국어과 목표인 (1)(b)의 "사고력
과 상상력을 키움"과 2학년의 목표인 (4)(가)의 "사물을 보는 관점과 사
고 방식을 넓힘", 그리고 3학년의 목표인 (5)(가)의 "사물을 보는 관점
과 사고를 깊이 있게 함"과 관련성을 지니고 있다. 여기서, 2학년의 단
원 목표가 "사물을 보는 관점과 사고를 넓힘"인 데 대하여, 3학년의 단

(6) 미쓰무라 도서 『중학교 국어』(1998)의 단원 목표

단원＼학년	1학년	2학년	3학년
1	학습의 착안점을 확실히 파악한다	사물을 보는 관점과 사고를 넓힌다	사물을 보는 관점과 사고를 깊이 있게 한다
2	생각을 서로 전한다	의견을 듣고, 의견을 전한다	의견을 서로 말하고, 글로 정리한다
3	작품의 재미를 파악한다	표현의 풍부함을 음미한다	표현의 특징을 음미한다
4	요점을 파악하고, 말과 문화에 대해서 생각한다	전개를 따라 요지를 파악하고, 말과 문화에 대해서 견해를 넓힌다	전개를 따라 내용을 파악하고, 말과 사회에 대해서 생각을 깊이 있게 한다
5	다양한 책과 만나, 독서 습관을 몸에 익힌다	표현을 음미하고, 독서의 폭을 넓힌다	작품을 읽어 음미하고, 소감과 의견을 갖는다
6	인물의 심정을 탐구하고, 생명의 존귀함을 깨닫는다	정경과 심정의 묘사를 파악하고, 평화에 대해서 생각한다	표현의 특징에 주의하여 읽고, 상황과 인간과의 관계를 생각한다
7	글의 구성을 파악하고, 자연에 대해서 생각을 깊게 한다	글의 구성과 전개를 적확하게 파악하고, 문화에 대해서 생각을 깊게 한다	글의 논리적 구성을 파악하고, 인간·자연·사회에 대해서 생각한다
8	생각을 전한다	사실에 근거해서 글을 쓴다	의문을 추구하고, 생각을 정리한다
9	옛글과 만나, 현대와의 관련성을 생각한다	고전의 글을 읽는 것을 익히고, 옛날 사람의 마음을 접한다	고전의 글을 읽어 음미하고, 저자의 느낌·생각을 파악한다
10	독서를 즐기고, 세계를 넓힌다	작품에 나타난 인간의 모습을 읽는다	
11	심정을 파악하고, 자신을 바라본다	자신의 생각을 깊게 하고, 인간의 삶에 대해서 생각한다	인간의 사회에 생각을 돌리고, 자신의 삶을 전망한다
12	독서의 세계를 넓히고, 각자의 과제에 착수한다	독서를 통해서 과제를 찾고, 조사하거나 토론하거나 한다	

* 번역 : 필자

원 목표가 "사물을 보는 관점과 사고를 깊이 있게 함"으로, 학년이 올

라갈수록 심도 있는 학습을 지도하는 모습을 볼 수 있다.

단원 2의 목표는 의사소통을 원활하게 하는 것으로 요약된다. 이것은 (1)(a)의 "국어를 정확하게 이해하고 적절하게 표현하는 능력을 키움"과 (3)(가)의 "이야기하거나 글로 쓰거나 하는 능력을 높임과 동시에, 더 적절한 표현을 목표로 하고, 자진해서 표현하고자 하는 태도를 키움", (4)(가)의 "자신의 입장을 분명히 하며, 적절하게 표현하는 능력을 높임과 동시에, 표현을 연구하고자 하는 태도를 키움", 그리고 (5)(가)의 "목적과 장면에 따라 적절하게 표현하는 능력을 몸에 익힘"과 관련된다.

단원 3의 목표는 문학작품의 표현을 음미하는 것으로 요약된다. 이것은 (1)(b)의 "언어 감각을 양성함"과 (3)(나), (4)(나)의 "글의 내용을 정확하게 이해하는 능력을 높임", 그리고 (5)(나)의 "목적과 장면에 따라 이야기나 글의 내용을 적확하게 이해하는 능력을 몸에 익힘"과 관련된다고 할 수 있다. 여기에서 단계적 학습 심화의 모습을 확인할 수 있다는 것은 앞에서 지적한 바와 같다.

단원 4의 목표는 글의 요점을 파악하고, 말과 문화에 대한 견해를 깊게 하는 것으로 요약된다. 이것은 (1)(d)의 "국어를 존중하는 태도를 키움"과 (3)(나), (4)(나)의 "글의 내용을 정확하게 이해하는 능력을 높임", (5)(나)의 "목적과 장면에 따라 이야기나 글의 내용을 적확하게 이해하는 능력을 몸에 익힘", 그리고 (4)(가)의 "사물을 보는 관점과 사고 방식을 넓힘", (5)(가)의 "사물을 보는 관점과 사고를 깊이 있게 함"과 관련성을 지니고 있다. 여기서 특기할 만한 것은, 이 단원의 목표가 유일하게 민족정신 교육과 관련이 있다는 점이다. 즉 "말과 문화에 대한 견해를 깊게 함"이라는 개념은 민족정신 교육과 관련되는데, 여기에 국어과 교육을 통한 가치관, 사상 교육의 일면을 볼 수 있는 것이다.

단원 5의 목표는 독서를 생활화시키는 것으로 요약된다. 이것은 (1)(b)의 "사고력과 상상력을 키우고 언어 감각을 양성함"과 (3)(나)의 "독서를 즐기는 태도를 키움", (4)(나)의 "독서를 즐기며 자신을 윤택하게 하는 태도를 키움", 그리고 (5)(나)의 "독서를 생활에 활용하는 태도를 키움"과 관련이 있다. 1학년에서는 독서를 즐기는 데에만 목표가 있는데, 2학년에서는 자신을 윤택하게 하는 것이 덧붙여졌고, 3학년에서는 독서를 생활에 활용하는 것을 목표로 하고 있다. 여기서도 단계적 학습 심화의 모습을 엿볼 수 있다.

단원 6의 목표는 사람의 심정을 파악하고, 인도주의적인 가치관과 평화를 소중히 하는 태도를 키우는 것으로 요약된다. 이것은 (1)(b)의 "사고력과 상상력을 키움"과 (3)(나), (4)(나)의 "글의 내용을 정확하게 이해하는 능력을 높임", 그리고 (5)(나)의 "목적과 장면에 따라 이야기나 글의 내용을 적확하게 이해하는 능력을 몸에 익힘"과 관련된다. 그런데 이 단원의 목표의 후반부는 국어과 목표와는 직접 관련이 없는 것으로 해석되는데, 이 개념, 즉 '반전(反戰)'이나 '평화'라는 개념은 2차대전 이후 미군에 의한 점령정책으로 인하여 일본의 교육이념에 지속적으로 들어온 것이다. 여기서도 단원 5와 마찬가지로 가치관 및 사상 교육의 일면을 엿볼 수 있다.

단원 7의 목표는 글의 구성을 파악하고, 자연에 대해서 생각하게 하는 것으로 요약된다. 이것은 (1)(a)의 "국어를 정확하게 이해함"과 (3)(나), (4)(나)의 "글의 내용을 정확하게 이해하는 능력을 높임", (5)(나)의 "목적과 장면에 따라 이야기나 글의 내용을 적확하게 이해하는 능력을 몸에 익힘", 그리고 (1)(b)의 "사고력과 상상력을 키움"과 (4)(가)의 "사물을 보는 관점과 사고 방식을 넓힘", (5)(가)의 "사물을 보는 관점과 사고를 깊이 있게 함"과 관련된다. 여기서도 "자연에 대해서 생각하게 함"이라는 부분이 국어과 목표와는 관련이 없다고 할 수 있는데, 이 개념은 요즘 갈수록 문제가 심각해지고 있는 환경문제에 관한 것이다. 이것 역시 국어교육을 통한 일종의 가치관 교육이라고 할 수 있다.

단원 8의 목표는 글로 자신의 생각을 정리하는 것으로 요약된다. 이것은 (1)(a)의 "적절하게 표현하는 능력을 키움"과 (3)(가)의 "자신의 생각을 소중히 하고 이야기하거나 글로 쓰거나 하는 능력을 높임", (4)

(가)의 "자신의 입장을 분명히 하며, 적절하게 표현하는 능력을 높임", 그리고 (5)(가)의 "목적과 장면에 따라 적절하게 표현하는 능력을 몸에 익힘"과 관련된다. 여기서도 학습의 단계적 심화를 엿볼 수 있다.

단원 9의 목표는 고전을 이해하는 것으로 요약된다. 이것은 (1)(c)의 "국어에 대한 관심을 깊게 함"과 (3)(나), (4)(나)의 "글의 내용을 정확하게 이해하는 능력을 높임", 그리고 (5)(나)의 "목적과 장면에 따라 이야기나 글의 내용을 적확하게 이해하는 능력을 몸에 익힘"과 관련된다. 이러한 고전 교육도 관점에 따라서는 민족정신 교육과도 관련이 있다고 할 수 있다.

단원 10의 목표는 단원 5의 목표와 기본적으로 같다. 이것은 단원 10이 단원 5와 같은 개념으로 만들어졌음을 의미한다. 그래서 그런지, 이 단원은 3학년에는 없으며 1·2학년에만 있다. 또 여기서 학습의 심화를 엿볼 수 있는데, 각 학년에서 단원 5보다 단원 10이 더 심도 있는 학습을 요구하고 있다. 따라서 이 단원의 목표와 국어과 목표와의 관련성은 단원 5와 같다.

단원 11의 목표는 자기 자신을 바라보고, 삶에 대해서 생각하는 것으로 요약된다. 이것은 (3)(가)의 "자신의 생각을 소중히 함", (4)(가)의 "자신의 입장을 분명히 함", 그리고 (5)(가)의 "표현함으로써 생활을 향상시키고자 하는 태도를 키움"과 관련된다. 여기서도 역시 1학년 목표보다 3학년 목표가 더 심도 있는 내용으로 되어 있음을 알 수 있다.

단원 12는 단원 5 내지 단원 10을 발전시킨 것이다. 즉 독서를 통해서 얻은 과제에 대해서 착수하는 것을 목표로 하고 있다. 이것 역시 단원 5와 단원 10과 마찬가지로 (1)(b)의 "사고력과 상상력을 키우고 언어 감각을 양성함"과 (3)(나)의 "독서를 즐기는 태도를 키움", (4)(나)의 "독서를 즐기며 자신을 윤택하게 하는 태도를 키움", 그리고 (5)(나)의 "독서를 생활에 활용하는 태도를 키움"과 관련이 있다.

위와 같이 미쓰무라 도서 『중학교 국어』의 모든 단원 목표는 국어과 목표와 관련성을 유지하고 있으며, 각 단원들은 국어과 목표를 중심으

로 하나의 자족적인 텍스트로서 텍스트다움을 지니고 있다고 할 수 있
다. 다만 단원 4·6·7에는 국어과 목표와는 직접적으로 관련성이 없는
개념이 들어가 있는데, 여기에서 국어과 교육이 순수하게 국어의 교육
만을 담당하고 있는 것이 아니라, 가치관이나 사상 교육의 일면도 지니
고 있음을 확인할 수 있었다.

3. 각 단원의 목표와 그 밑에 설정된 제재와의 관련성

단원 목표와 제재와의 관련성을 살펴보기 전에, 우선 한국 국어교과
서와 일본 국어교과서의 형식 면에서의 차이점을 몇 가지 지적해 두고
자 한다.

첫째, 단원의 구성 면에서 한국과 일본의 국어교과서는 다르다. 즉
한국의 교과서는 시라면 시, 표준어라면 표준어에 관한 제재만으로 한
단원이 이루어져 있는데, 일본의 교과서는 한 단원에 시와 수필과 문법
사항이라는 식으로 복합적인 제재로 이루어져 있다. 그리고 각 단원에
설정된 학습 활동에서도, 한국에서는 그 제재에 관한 학습 활동을 설정
하고 있는데, 일본에서는 제재와는 독립적인 학습 활동을 설정하고 있
다.

둘째, 첫째 사항과 관련이 있는 것이지만, 한국 국어교과서에서는 문
법 사항이 한 단원을 구성하는데, 일본 국어교과서에서는 문법 사항이
한 단원을 구성하지는 않고 반드시 소설이나 수필 등 다른 제재와 함께
한 단원을 구성한다는 점에서 다르다.

셋째, 한국의 교과서에서는 제재의 작자에 대한 정보를 제공하고 있
지 않은 데 비하여, 일본의 교과서에서는 제재의 작자에 대한 정보뿐만
아니라 그 제재의 출전에 대한 정보도 제공하고 있다는 점에서 다르다.
이와 관련해서, 한국에서는 교과서에 실린 제재들이 대부분 그 작자들
이 일반에 발표한 글에서 가져온 것임에 비하여, 일본에서는 작자들이
교과서를 위해서 새로 쓴 글이거나 일반에 발표한 글이라 하더라도 교

과서를 위해서 작자가 다시 고쳐 쓴 제재가 대부분이라는 점에서 다르
다. 이러한 차이는, 일본에서는 한국과 달리 아동문학과 아동작가가 확
고한 위치를 확립하고 있다는 점에서 비롯되는 것 같다.

　위와 같은 차이점을 염두에 두고, 아래에서 일본 국어교과서의 단원
목표와 제재와의 관련성에 대하여 구체적으로 살펴보기로 하자.

1) 단원 1 : 학습의 착안점 파악, 사물을 보는 관점과 사고력의 양성

　1학년의 단원 목표는 학습의 착안점 파악이다. 이 목표 아래, 시의 낭
독 <들은 노래한다(野原はうたう)>, 소설 <그 곳까지 뛸 수 있게 되면
(そこまでとべたら)>, 학습 활동 <메모와 발언(メモと發言)>, 수필 <잠깐
멈추어 서서(ちょっと立ち止まって)>, 학습 <사전으로 배운다(辭書で學
ぶ)>와 학습 활동 <진보의 기록을(進步の記錄を)>로 구성되어 있다.

　<들은 노래한다>는 평이하고 간결한 시로, 시의 매력과 낭독의 중요
성을 일깨워 준다. <그 곳까지 뛸 수 있게 되면>은 역시 평이하고 친
근한 자료로 만든 소설로, 소설에 대하여 흥미를 갖게 해 주는 것이다.
<잠깐 멈추어 서서>는, 어떤 사물을 볼 때 다양한 관점에서 접근해야
함을 깨닫게 해 주는 것으로, 앞으로 이루어질 국어학습에서 필요한 기
본적 자세를 키워 주는 것이다. 그 밖의 학습이나 학습 활동들도 기본
적인 학습태도를 키워 주는 것으로 해석된다.

　2·3학년의 단원 목표는 사물을 보는 관점과 사고력의 양성으로 요
약되는데, 이 목표 아래 2학년에서는 수필 <멀고 커다란 세계(遠く、
でっかい世界)>, 소설 <유월의 파리 잡는 끈끈이(六月の蠅取り紙)>, 그
리고 학습 활동 <TV와 우리들(テレビとわたしたち)>, 학습 <단어의 의
미>로 이루어져 있으며, 3학년에서는 수필 <산꼭대기의 경관(山上の景
觀)>, 소설 <악수(握手)>, 학습 활동 <가족에 대하여 생각한다(家族に
ついて考える)>, 학습 <한어의 조립과 의미(漢語の組み立てと意味)>로
이루어져 있다.

　여기서 수필들은 사물을 보는 관점을 다양하게 가져야 함을 깨닫게

해 주는 내용, 소설과 학습 활동들은 사고력을 양성시키는 내용으로 되어 있다. 그런데 문법적인 내용으로 이루어져 있는 학습들은 단원의 목표와는 관련성이 없다. 이것은 문법 사항이 단원의 목표와는 관계 없이 독립적으로 국어과 목표의 '언어 사항'과 관련성을 갖고 있기 때문이다. 이 문법 사항도 국어과 목표를 중심으로 각 단원들과 관련성을 갖고 있기 때문에 교과서의 텍스트다움은 유지된다고 할 수 있다. 본고에서는 단원 목표와는 독립적인 문법 사항의 구성에 대해서는 논의하지 않고, 일본 국어교과서의 중심 부분을 이루는 이야기 제재를 중심으로 논의하기로 하겠다.

2) 단원 2 : 의사 소통을 원활하게 한다

이 목표 아래 모든 학년에서 학습 활동을 두고 있는데, 1학년 제재는 <학습표어를 만들자(學習標語を作ろう)>, 2학년 제재는 <TV와 우리들(テレビとわたしたち)>, 3학년 제재는 <가족에 대하여 생각한다(家族について考える)>다. 학생들끼리 토론을 하게 하고 그 결과 얻은 생각을 글로 정리하는 것은 공통적이지만, 3학년에서는 1·2학년보다 조금 더 발전시켜 심포지엄 형식을 취하고 있다.

모두 토론을 통하여 자신의 의견을 정리하고 표현하는 연습을 할 수 있도록 되어 있다. 이것은 의사 소통을 원활하게 하는 연습으로 해석된다. 토론의 주제는, 1학년에서는 실제로 국어학습을 시작하는 데 있어 도움이 되는 것을 택하였으며, 2학년에서는 친근하고 구체적인 주제를, 3학년에서는 비교적 추상적인 주제를 택하였다.

3) 단원 3 : 문학작품의 표현을 음미한다

이 목표 아래 1학년 교과서에는 소설 <기도(おいのり)>와 시 <나무(木)>, 그리고 문법 <문법을 배운다(文法を習う)>가 있고, 2학년 교과서에는 정형시 <단가·그 마음(短歌·その心)>과 수필 <말의 힘(言葉の

力)>, 그리고 문법 <자립어와 그 종류(自立語とその種類)>가 있으며, 3
학년 교과서에는 정형시 <하이쿠로의 초대(俳句への招き)>와 수필 <고
양이의 동물학적 우주지(猫の動物學的宇宙誌)>, 그리고 문법 <문장의
조립(文章の組み立て)>이 제재로 선택되어 있다.

1학년에서는 평이한 소설과 시가 실려 있는데, 이것은 문학작품의 대
표적인 두 가지 영역인 소설과 시의 표현을 음미하게 하기 위한 것으로
해석된다. 2·3학년에서는 일본의 대표적인 문학인 단가와 하이쿠를 등
장시켜 그 문학적 표현을 음미할 수 있게 하였으며, 한편으로는 수필을
실었다. 2학년의 수필 제재는 그 내용 자체가 말과 표현의 관계를 이해
하는 데 도움이 되는 것이고, 3학년의 수필 제재는 동물학자의 글인데,
고양이의 행동을 인간의 관점에서 표현하는 글로 우화적(寓話的)인 표
현을 음미하는 데 도움이 된다. 또 문법 영역은 앞에서 언급하였듯이,
단원의 목표와는 관련성 없이 독립적이다.

4) 단원 4 : 글의 요점을 파악하고, 말과 문화에 대한 견해를 깊게 한다

이 목표 아래 1학년 교과서에는 수필 <일본인과 문자(日本人と文
字)>, 2학년 교과서에는 수필 <비유의 세계(比喩の世界)>와 <에도 사
람들과 우키요에(江戶の人々と浮世繪)>, 3학년 교과서에는 수필 <말의
의미와 경험과(言葉の意味と經驗と)>와 <매스미디어를 통한 현실 세계
(マスメディアを通した現實世界)>가 실려 있다.

이 단원은 문화를 주제로 하는 것으로, 1학년의 <일본인과 문자>와
2학년의 <에도 사람들과 우키요에>는 일본의 전통문화를 소개하는 것
이라고 할 수 있다. 여기에 국어과 교육을 통한 문화의식의 교육을 엿
볼 수 있다. 그리고 2학년의 <비유의 세계>와 3학년의 <말의 의미와
경험과>는 1학년의 <일본인과 문자>와 함께 언어에 대한 견해를 깊게
하는 것이며, 3학년의 <매스미디어를 통한 현실 세계>는 현대 정보화
사회를 이해하는 데 도움이 되는 내용으로 되어 있다.

5) 단원 5 · 10 : 독서를 생활화시킨다

이 목표 아래 1학년 교과서에는 소설 <도련님(坊っちゃん)>, 학습 활동 <독서의 기록을(讀書の記錄を)>과 수필 <거경의 눈(巨鯨の目)>, 2학년 교과서에는 소설 <달려라 메로스(走れメロス)>와 드라마 각본 <북쪽 지방으로부터(北の國から)>, 3학년 교과서에는 소설 <다카세부네(高瀬舟)>가 실려 있다.

이 단원에 처음으로 일본의 대표적 소설인 <도련님>, <달려라 메로스>, <다카세부네>가 선보인다. 이 소설들은 일본의 대표적인 소설가들이 쓴 소설 중에서도 비교적 내용과 표현이 평이하고 흥미로운 것들이다. 중학생들에게 소설에 대하여 관심을 갖게 하는 데 적합하다고 할 수 있다. 소설 외에 수필과 드라마 각본이 있는데, 이것들도 각 분야의 전문가들이 쓴 글로, 흥미로운 내용으로 되어 있다. 1학년에만 있는 학습 활동 <독서의 기록을>은 독서활동을 더 유익한 것으로 하기 위한 것이다.

6) 단원 6 : 사람의 심정을 파악하고, 인도주의적인 가치관과, 평화를 존중하는 태도를 키운다

이 단원의 목표 아래 1학년 교과서에는 수필 <어른이 되지 못한 동생들에게(大人になれなかった弟たちに)>, <아버지의 열차(父の列車)>와 시 <목금(木琴)>, 그리고 학습 활동 <일기를 쓴다(日記を書く)>와 문법 <문장의 조립(文の組み立て)>이 있고, 2학년 교과서에는 수필 <글이 없는 엽서(字のないはがき)>, <나를 만든 것(わたしを作ったもの)>과 시 <오월의 꿩(五月の雉)>, 그리고 학습 활동 <편지를 쓴다(手紙を書く)>와 문법 <단어의 활용(單語の活用)>이 있으며, 3학년 교과서에는 수필 <고향(故鄕)>과 시 <히로시마 신화(ヒロシマ神話)>, <절하는 사람(お辭儀するひと)>, 그리고 학습 활동 <다양한 표현(さまざまな表現)>과 문법 <체언·용언 이외의 단어(體言·用言以外の單語)>가 있다.

이 단원에서는, 3학년의 제재 <고향>을 제외하고는 모두 전쟁과 관련된 글들이다. 이 제재들은 이 단원의 목표를 반영한 것인데, 이것들을 통해서 가치관과 사상의 교육이 이루어지고 있는 셈이다. 2차대전 후의 일본에서 이루어지고 있는 가치관·사상 교육에서 중심으로 되어 있는 것이 인도주의와 평화주의다. <고향>은 전쟁이야기는 아니지만, 인도주의와 관련된 내용이라고 할 수 있다. 또 각 학습 활동은 자신의 심정을 글로 표현하는 데 도움이 되는 것으로 되어 있다.

7) 단원 7 : 글의 구성을 파악하고, 자연에 대하여 생각하게 한다

이 단원의 제재로는, 1학년에는 수필 <자연의 작은 진단역(自然の小さな診斷役)>, <물고기를 키우는 숲(魚を育てる森)>과 학습 <서론과 결론(書きだしと結び)>, <입말과 글말(話し言葉と書き言葉)>이 있으며, 2학년에는 수필 <조몬 토기로부터 배운다(繩文土器に學ぶ)>, <신데렐라의 시계(シンデレラの時計)>와 학습 <문장의 구성(文章の構成)>, <방언과 공통어(方言と共通語)>가 있으며, 3학년에는 수필 <금성 대기가 가르쳐 주는 것(金星大氣の敎えるもの)>, <35억년의 생명(三十五億年の命)>과 학습 <설득력이 있는 문장을 쓰는 방법(說得力のある文章の書き方)>, <경어(敬語)>가 있다.

이 단원은 그 목표의 후반부, 즉 "자연에 대하여 생각하게 함"을 반영한 자연과학에 관한 이야기를 중심으로 이루어져 있다. 이러한 제재를 통하여 자연을 이해하고 보호하려는 자세와 태도, 그리고 물건의 소중함을 가르치려는 의도를 엿볼 수 있다. 나머지 학습은 단원 목표의 전반부, 즉 "글의 구성을 파악함"과 관련된 제재로 해석된다.

8) 단원 8 : 글로 자신의 생각을 정리한다

이 목표 아래 1학년 교과서에는 학습 활동 <체험을 되돌아보고(體驗をふり返って)>, 2학년 교과서에는 학습 활동 <생활을 다시 본다(生活を

見直す)>, 3학년 교과서에는 학습 활동 <일본어의 제 상(日本語の諸相)>이 있다. 모두 이 단원의 목표를 반영하고 있는데, 3학년의 <일본어의 제 상>은 중학교의 국어과 학습을 정리하는 것으로 일본어의 특성을 파악하는 데 초점이 두어져 있다.

9) 단원 9 : 고전을 이해한다

이 목표 아래 1학년 교과서에는 고전의 해설 <옛날 옛적에 우라시마는(むかしむかし、うらしまは)>과 고전소설 <봉래의 옥 가지(蓬萊の玉の枝)>, 그리고 고사성어의 해설 <고사로부터 태어난 말(故事から生まれた言葉)>이 있고, 2학년 교과서에는 고전 소설의 해설 <부채의 표적(扇の的)>과 고전 수필 <생각을 엮는다(思いをつづる)>, 그리고 한시(漢詩)의 해설 <한시의 풍경(漢詩の風景)>이 있으며, 3학년 교과서에는 고전 정형시 <그대 기다린다고(君待つと)>, 고전 소설 <동쪽 내려가기(東下り)>, 학습 <노의 미(能の美)>, 고전 기행문 <여름풀(夏草)>, 한문 <배워서 기회가 있을 때마다 이것을 익힌다(學びて時にこれを習う)>, 그리고 문법 <커뮤니케이션(コミュニケーション)>, 학습 <일본어의 특징>이 있다.

이 단원에서 고전문학, 즉 고전 소설, 고전 수필, 고전 시, 고전 기행문, 고사성어, 그리고 한시를 접하게 된다. 여기서 선택된 제재는 고전 문학작품 중에서도 가장 대표적인 것들이다. 또 1·2학년 교과서는 원문을 제시하면서 해설하는 방식으로 이루어져 있는데, 3학년이 되면 원문만 제시되는 방식으로 되어 있어 단계적인 학습지도를 확인할 수 있다. 또한 고전 학습은 전통문화를 배우는 것으로, 간접적으로 민족정신 교육에 기여하고 있다. 특히 <노의 미>는 현대인이 좀처럼 접하지 못하는 전통예술인 '노(能 : 가면극)'를 이해하는 데 도움이 된다.

10) 단원 11 : 자기 자신을 바라보고, 삶에 대하여 생각한다

이 목표 아래 1학년 교과서에는 소설 <소년 시절의 추억(少年の日の思い出)>과 시 <종이 풍선(紙風船)>, 그리고 문법 <지시하는 어구와 접속시키는 어구(指示する語句と接續する語句)>가 있고, 2학년 교과서에는 소설 <호도독호도독 내리는 비여(パラパラ落ちる雨よ)>와 시 <저녁놀(夕燒け)>, 그리고 문법 <조사와 조동사>가 있으며, 3학년 교과서에는 학습 활동 <미래를 향하여(未來に向かって)>, 수필 <따뜻한 스프(溫かいスープ)>, <말은 어디서부터 어디로(言葉はどこからどこへ)>, 그리고 시 <나를 묶지 마세요(わたしを束ねないで)>가 있다.

이 단원에는 소설, 시, 수필 등 여러 종류의 글이 있는데, 글의 내용은 우리의 일상 생활에 대하여 다시 한 번 생각하게 하는 것으로 되어 있다. 즉 학생으로 하여금 자성할 기회를 주는 제재로 이루어져 있다.

11) 단원 12 : 독서를 통하여 얻은 과제에 대하여 착수한다

이 목표 아래 1학년 교과서는 미야자와 겐지(宮澤賢治)의 소설 <은하철도의 밤(銀河鐵道の夜)>과 시 <그늘과 빛의 한 사슬(かげとひかりのひとくさり)>을 제시한 다음, 미야자와에 대한 토론을 하는 학습 활동으로 이루어져 있다. 2학년 교과서는 수필 <아시아의 일하는 아이들(アジアの働く子供たち)>, <정보 발신의 시대(情報發信の時代)>를 제시한 다음에, 국제화·정보화에 대한 토론을 하는 학습 활동으로 이루어져 있다. 3학년 교과서에는 이 단원이 없다.

이 단원은, 어떤 주제에 대한 글을 읽은 다음 토론을 통해서 과제를 발견하고, 그 과제에 대한 해결방법을 찾는 방식으로 되어 있다. 국어 활동을 실질적으로 현실 생활에 응용하는 방법을 익히는 단원이라고 할 수 있다.

4. 마무리

본고의 논의를 통하여 일본의 미쓰무라 도서에서 발간된 교과서『중학교 국어』(1998)가 문부성에서 고시된「중학교 학습 지도 요령」의 국어과 목표를 중심으로 자족적인 한 텍스트를 이루고 있음을 밝힐 수 있었다. 일본의 국어교과서의 특징이라고 하면, 이야기 제재 중심의 텍스트라는 점에 있다. 물론 학습 활동이나 문법 사항과 같은 기능적 학습도 있지만, 이들은 양적으로도 이야기 제재와 비교가 안 될 정도로 적은 비율로 되어 있다. 이것은 이론적 설명은 최소한에 그치고, 실제로 이야기를 통하여 내용을 익히는 데 중점을 둔 결과로 분석된다.

기본적으로 각 단원의 목표는 국어과 목표를 반영하여 만들어져 있는데, 그 중에는 국어과 목표와는 관련성이 없고, 국어교육을 통한 가치관 또는 사상 교육의 일면을 보이는 것들도 있었다. 그것은 단원 4와 단원 6, 그리고 단원 7이다. 단원 4는 일본의 말과 문화에 대한 인식을 깊게 하려는 의도가 있는 것인데, 국어교육을 통한 민족정신의 육성이라는 일면이 드러나고 있다. 그러나 일제시대 때와 같은 맹목적인 민족주의 정신을 주도하는 것과는 거리가 있고, 2차대전 후에 도입된 민주주의 이념을 반영하여 객관적인 민족정신을 키우려는 의도로 해석된다. 단원 6은 2차대전이 끝난 후부터 일본의 교육이념으로 들어가게 된 '반전(反戰)'과 '평화'가 있는데, 그것을 반영한 것이다. 전쟁의 비참함과 고통스러움을 그린 작품을 통해서 전쟁에 반대하는 태도와 평화를 소중히 여기는 태도를 키우려고 하는 것으로 해석된다. 단원 7은 자연에 대한 인식을 깊게 하는 것인데, 이것은 환경문제가 큰 문제가 되어 가고 있는 현대 사회를 이해시키고, 지구환경에 대한 올바른 태도를 키우려는 것으로 해석된다.

결국 국어과 교육이란 국어의 기능적인 교육과 내용 교육을 겸하는 것으로, 학교 교육과목 중에서도 가치관이나 사상 교육에 큰 역할을 담당하는 과목이라고 할 수 있다. 따라서 국어교과서는 올바른 교육 목표 아래 적절한 제재의 선택이 요구되는 것이다.

자료

(1998), 『中學校國語 1』, 東京 : 光村圖書.
(1998), 『中學校國語 2』, 東京 : 光村圖書.
(1998), 『中學校國語 3』, 東京 : 光村圖書.
(1989), 「中學校學習指導要領」(文部省告示), 東京.

참고논저

片村恒雄(1992), 「國語教育と文章」, 『日本語學』 11-4.
고영근(1999), 『텍스트 이론』, 아르케.
金相愛(1992), 「第五次教育課程による日本語教科書の語彙分析に關する硏究」, 한국외국어대학교 석사학위논문.
김재철(1998), 「중학교 국어과 교육과정 변천에 관한 연구」, 한남대학교 석사학위논문.
김정숙(1992), 『한국어 교육과정과 교과서 연구』, 고려대학교 박사학위논문.
김지은(1997), 「중학교 국어 교과서의 체제·구성 비교 분석」, 상명대학교 석사학위논문.
박은(1992), 「일본의 교과서 검정 제도」, 한국외국어대학교 석사학위논문.
서금옥(1992), 「중학교 국어교과서의 내용 구성에 관한 분석적 연구」, 이화여자대학교 석사학위논문.
서희선(1996), 「중학교 국어과 교육 과정과 국어 교과서 연구」, 건국대학교 석사학위논문.
沈恩定(1996), 「韓·日兩國における國語教科書」, 橫浜國立大 修士學位論文.
윤영희(1997), 「제6차 교육 과정에 의한 중학교 2학년 국어 교과서 분석」, 인하대학교 석사학위논문.
李淑子(1985), 『教科書に描かれた朝鮮と日本』, 東京 : ほるぷ出版.
이승오(1994), 「중학교 국어과 교과서 분석 연구」, 전남대학교 석사학위논문.
조철호(1997), 「한·일 초등학교 국어 교과서의 대조 연구」, 한국외국어대학교 석사학위논문.

교실현장 보고 1

컴퓨터 통신의 언어 사용과 사용자 의식
−고등학생들의 경우를 중심으로−

박 정 규*

1. 서론

'컴퓨터 통신의 언어 사용'[1])은 각종 언론매체나 국어생활과 관련된 잡지 등에서 자주 언급되어 왔다. 때로는 'N세대의 언어 사용'이라면서 호기심의 차원으로 보기도 하고, 때로는 이들의 언어 사용이 우리말을 오염시킨다거나 맞춤법을 파괴하고 있다는 우려 섞인 지적을 하고 있다. 컴퓨터 통신의 언어 사용이 우리말을 오염시키거나 맞춤법을 파괴시키는 경향을 띠고 있음은 사실이나, 본고에서는 그것의 잘못을 먼저 지적하기보다는 과연 어떻게 쓰려고 하는가를 있는 그대로 살펴보고, 왜 이러한 경향이 나타나는가부터 살펴보려고 한다. 컴퓨터 통신의 언어 사용이 어떻게 규범에 어긋나는가를 지적하는 것도 그 나름대로 의미가 있을 것이다. 그러나 그들이 왜 이러한 언어를 사용하는가를 안다

---

* 서울사대부고 교사
  이 연구를 위해서 이종덕 선생님의 도움이 컸다. 자료의 수집, 설문 조사, 논문의 교정 등에 걸쳐 많은 도움을 주신 데 감사를 드린다.
1) 본고에서 사용하는 '컴퓨터 통신의 언어 사용'이란 컴퓨터 통신(특히 채팅)에서 주로 발견되는 규범 일탈적 언어 사용을 가리킨다. 이에 속하는 것으로는 '전 설 고딩 101, 즐통, 방가, ^_^' 등을 들 수 있다. 그러나 이것의 사용 범위는 반드시 컴퓨터 통신으로만 국한되지 않고 학생들의 다른 언어 생활에서도 자주 확인되는데, 이들을 모두 '컴퓨터 통신의 언어 사용'이라고 부르기로 한다.

면 학생 지도에 좀더 효과적으로 대응할 수 있지 않을까?

컴퓨터 통신의 언어 사용에 대한 지금까지의 많은 언급들은 대체로 어문 규정에 어긋나는 실태를 부분적으로 지적하고 이러한 언어 사용이 많은 문제를 일으킬 수 있음을 우려하는 수준의 짧은 글이 대부분이었다. 이성구(1999), 최혜실(2000) 등에서 컴퓨터 통신의 언어 사용의 특징이나 그 사용 동기에 대한 부분적인 언급이 있었고, 그것들은 그 나름대로 본고의 연구를 진행하는 데 많은 도움을 주었으나 내용이 짧아 종합적이고 본격적인 정리가 되지 못해 아쉽다. 그래서 본고에서는 컴퓨터 통신의 언어 사용의 실태를 좀더 종합적으로 살펴보고 왜 이런 표현이 나타나는가를 매체의 속성과 관련지어 알아보기로 한다.

특히 매체의 속성이나 특징과 관련된 부분에서는 김대행(1998), 최영환(1999), 박인기(2000) 등의 논의에 힘입은 바 크다. 이 논문들은 주로 매체의 변화와 더불어 국어교육의 방향이 어떻게 바뀌어야 하는가를 지적하고 있는데, 본고에서 관심을 가지는 컴퓨터 통신의 언어 사용에 대해 직접적으로 언급한 내용은 없다. 그러나 이들의 논의를 학생들의 컴퓨터 통신의 언어 사용에 적용해 보면, 학생들이 이러한 표현을 사용하는 이유를 알게 된다. 즉 학생들은 새로운 매체 환경의 변화에 맞춰 자신들의 언어 사용을 변화시키고 있으나, 그것이 규범 일탈적 언어 사용으로 결과되고 있는 것이다.

그리고 학생들에 대한 설문 조사를 통해 컴퓨터 통신의 언어 사용에 대해 그들이 어떻게 의식하고 있는가를 알아볼 것이다. 학생들은 설문지의 각 항목에 대한 반응을 통해 컴퓨터 통신방식의 언어 사용 범위, 특징, 사용 동기에 대하여 자신들의 생각을 드러내고 있으며, 이러한 사용을 바람직하다고 생각하는지, 바로잡기 위한 지도를 받은 적이 있는지, 그리고 지도를 받은 적이 있다면 이러한 지도에 대해 어떻게 생각하는지에 대한 반응을 보여줄 것이다. 학생들에 대한 설문 조사는 필자가 재직하고 있는 학교의 2·3학년 남녀 학생 200명을 주 대상으로 하고, 통계 자료가 특수 집단에 한정되는 단점을 보완하기 위하여 강남의 한 실업고교 학생 50명도 대상으로 포함시켰다. 그러나 자료의 균질성(均質性)을 확보하기 위하여 필자가 재직하고 있는 학교의 학생들에 대한 설문 조사 결과를 주 대상으로 논의를 진행하였으며, 강남의 실업고교를 대상으로 실시한 설문 결과는 이러한 조사 결과가 의미가 있는지를 확인하는 차원에서 보완적으로 살펴보게 될 것이다.

본고에서 사용하는 자료2)는 주로 인터넷의 게시판에 올려져 있는 학생들의 편지다. 컴퓨터 통신의 언어 사용의 특성은 채팅에서 가장 강하게 나타나지만 채팅 자료란 구하기 힘들다는 측면도 있고, 지나치게 개인적인 내용이 많다는 점에서 자료로 다루기에 부적합한 점이 있다. 그런데 컴퓨터 통신 언어의 특성은 게시판에 올려진 글에도 동일하게 나타나므로 게시판에 올려진 글을 자료로 삼는 데에는 아무 문제가 없다고 생각한다. 특히 게시판에 올려지는 언어 자료는 채팅과 같은 대화 형식이 아니며, 얼핏 생각하면 문어체면서 공식적인 언어 사용이 나타날 것이라고 기대되는 자료다. 그런데도 이들 자료에 컴퓨터 통신의 언어의 특성이 잘 드러나므로, 이 자료들은 컴퓨터 통신 언어의 사용 범위나 사용 동기에 관해서도 관심이 있는 본고의 연구 목적에 잘 부합되는 것이다. 아울러 학교 현장에서 발견할 수 있는 자료들도 포함시켰는데 학생들은 친구들끼리 쪽지를 돌릴 때나 칠판에다 알리는 내용을 적을 때 이런 표현들을 자주 사용한다. 그 외에도 학생들은 자신들의 언어 생활에서 이런 표현을 곧잘 사용하는데 이런 자료들도 본고의 연구를 위해 광범위하게 수용하였다.

---

2) 본고의 부제를 '고등학생의 언어 사용을 중심으로'라고 하였으나 실제로 이러한 언어 사용은 초등학생부터 대학생, 일반인에 이르기까지 광범위하게 나타난다. 다만 설문조사가 고등학생을 중심으로 이루어지고 고등학생들의 언어 생활을 주로 관찰하였으므로 이런 부제를 붙인 것이고, 본고에서 사용하는 자료 가운데에는 초등학생으로부터 얻은 것도 포함된다.

2. 본론

1) 컴퓨터 통신의 언어 사용과 그 언어의 성격

(1) 컴퓨터 통신의 언어 사용의 성격

컴퓨터 통신에서 사용되는 언어의 특징은 일반적인 쓰기가 아니라는 점을 최혜실(2000)에서는 정확히 지적하고 있다. 그것은 쓰기보다는 말하기에 가까운 속성을 지니고 있다. 그렇지만 그것은 또한 문자매체로 표현되고 있다는 점에서 결코 완전한 말하기가 될 수도 없다. 이러한 언어 사용은 쓰기를 하면서도 거기에 어떻게든지 말하기적 속성을 보완하여 드러내고 싶은 모습으로 나타난다.

컴퓨터에서의 언어 사용은 최영환(1999 : 138~139)의 지적처럼 '독백형 의사 소통 방식'(일방적 의사 소통 행위)도 '대화형 의사 소통 방식'(쌍방적 의사 소통 행위)도 아닌 '전자형 의사 소통 방식'이다. 전자형 의사 소통 방식은 때로는 독백형일 수도 있고 때로는 대화형일 수도 있으며 또한 시공간의 제약을 전혀 받지 않는다. 이러한 의사 소통 방식은 인간의 대화형 의사 소통에 가장 근접하면서도 대화형과는 비교할 수 없을 정도로 양과 질의 측면에서 우수한 모든 매체의 혼합형이 되고 있다.

그런데 컴퓨터 매체를 이용한 의사 소통 방식 전체를 논의할 때는 컴퓨터의 언어 사용이 일반적인 대화보다 효과적으로 사용된다고 할 수 있으나, 컴퓨터 통신에서 사용된 언어 사용, 즉 학생들의 일반적인 컴퓨터 통신의 언어 사용만을 본다면 일상 생활의 대화보다 그 기능이 떨어지는 열등한 방식의 의사 소통 행위가 된다. 채팅이나 이메일, 게시판에 사용된 언어 자료들은 대체로 다른 미디어(영상매체, 음성매체)들의 도움을 받지 못한 채로 문자 언어적인 표기만으로 이루어지고 있다. 따라서 이러한 의사 소통은, 화자의 몸짓이나 표정 등 대화가 이루어지는 현장의 여러 가지 요소의 도움을 받는 일반적 대화에 비하여 양과 질 두 측면에서 오히려 효과가 떨어지는 모습으로 정보를 전달하고 있다. 이러한 특징으로 말미암아, 학생들은 컴퓨터 통신에서 언어를 사용할 때, 일반적인 말하기에서 가질 수 있는 요소를 무의식적으로 끌어들이고 싶은 욕망을 갖게 된다. 이러한 욕망이 표현된 것으로서 여러 가지 문장 부호를 활용하여 표정을 그려낸 것을 들 수 있다. 문장 부호로 얼굴 표정을 그려 문자 언어만으로는 직접 드러낼 수 없는 자신의 감정을 표현하는 것이다. 문자 언어로 감정을 표현할 수 없기 때문에 이런 표현을 사용하는 것이 아니라, 문자 언어로 표현하는 것에 만족하지 못하므로 이런 표현을 사용하는 것으로 보인다. 이런 표현은 그들의 언어 사용이 컴퓨터 매체의 영향을 받고 있으면서도 문자 언어를 통한 표현 방식으로는 매체의 특성에 어울리는 효과적 표현을 할 수 없다는 제약을 인식하면서 나타난 것이다.

컴퓨터 통신의 언어 사용이 매체의 영향을 받고 있다는 점은 다른 표현에서도 나타난다. 컴퓨터 매체는 문자매체 외에도 음성매체, 영상매체 등의 도움을 받을 수 있는데 이러한 도움에 익숙해져서 이런 도움을 받을 때 가능한 표현들을 그대로 컴퓨터 통신에서 사용하는 것을 볼 수 있다. 바둑을 두는 사람들끼리 처음 만나 나누는 인사에 '꾸벅'이라는 표현이 있다. 이것은 만화 같은 데서 인사하는 모습을 그리고 그 행동을 묘사하기 위해 문자를 곁들여 표현할 때 쓰는 것인데, 컴퓨터 통신에서는 인사하는 모습의 그림이 없는데도 이런 단어를 사용한다. 즉 멀티미디어에 의한 표현에 익숙한 이들 세대에게는 이런 표현이 매우 자연스럽게 여겨진다. '꾸벅' 외에도 각종 행동을 표시하는 다른 의태어들도 그림 없이, 행위에 대한 자세한 진술 없이, 사용될 수 있다. '너를 차 버리고 싶다'는 뜻으로 '뻥'이라는 하나의 단어가 사용되기도 하는데 이것도 발길질하는 그림이 곁들여 있거나 행동에 대한 자세한 진술이 있을 때 자연스럽게 이해될 수 있는 표현이다.[3]

---

3) 이런 표현은 다음과 같이 나타난다. "너!!!! 까불지마!!! (뻥)." 이러한 언어 사용은, 대화가 중심이 되는 언어자료인 희곡을 참조하여 살펴보면 대화 부분과 구분하기 위해 괄호 속에 넣어 표현하는 희곡의 지문과 비슷한 성격을 갖는다. 그런데 컴퓨터 통신의 언어 사용에서는 희곡의 지문에 들어갈 내용이 대

결국 컴퓨터 통신의 언어 사용의 저변에는 '전자식 의사 소통'이라는 매체의 영향이 깔려 있다. 이러한 영향은 그들 나름으로 단순한 쓰기 형식을 거부하고 말하기에 가까운 전자식 의사 소통 방식을 흉내내는 것으로 나타나고 있다. 컴퓨터 통신의 언어 사용이 결국 쓰기가 아니라 말하기에 가깝다는 점은 컴퓨터 통신의 언어 사용의 규범 일탈 유형에 대한 논의에서 다시 확인할 수 있을 것이다.

(2) 컴퓨터 통신의 언어 사용에 나타나는 언어의 성격

컴퓨터 통신의 언어 사용에서 나타나는 언어의 성격은 다양한 층위의 것이 혼재한다. 먼저 이들의 언어에는 학생들이 사용하는 은어(隱語)나 유행어(流行語)가 그대로 사용된다. '중딩, 고딩, 쌤 까다' 같은 말은 일상 생활에서 사용되는 은어가 그대로 사용된 것이고, '쭉쭉빵빵' 같은 말은 유행어들이 그대로 도입된 것이다. 그러나 은어나 유행어가 컴퓨터 통신에서 사용될 뿐 아니라, 컴퓨터 통신에서 사용되는 단어들이 다시 일상 언어 생활에서의 은어로 사용된다는 점에서 명확하게 구분되기 어렵다. 그래서 본고에서는 컴퓨터 통신의 언어 사용을 다루면서 은어나 유행어의 문제도 모두 컴퓨터 통신의 언어 사용에 포함시키고자 한다. 은어나 유행어가 컴퓨터라는 매체에 큰 영향을 받아 급속하게 확산되고 있으므로 본고에서 이들을 컴퓨터 통신의 언어 사용의 문제로 함께 다루고자 한다.

컴퓨터 통신의 언어 사용에서 보이는 표현들이 결국은 소위 네티즌이라는 집단에 의해서만 사용된다는 점에서 이것 또한 일종의 은어로 볼 수 있다. 은어는 일반적으로 특수 집단에 의해 사용되며 다른 집단에게 그들의 의사 소통을 감추려는 의도로 사용된다. 네티즌들의 언어도 결국 다른 집단의 사람에게 잘 이해되지 않는다는 점에서 은어적인 속성이 강하다고 할 수 있다. 비록 자신들의 의사 소통을 감추려는 의도는 강하지 않으나 자기들끼리 잘 통하는 표현이므로 이러한 표현을

화와 전혀 구분되지 않고 그냥 노출되는 것이다.

사용하고 있다. 이러한 사실은 설문지 10번 항목의 답(55%)을 통해서 잘 드러난다.4) 자기들 사이에서만 통하는 표현을 사용하겠다는 의도가 강하게 드러난다는 점에서 이들 언어가 은어적 속성을 띠고 있음을 잘 알 수 있다.

특히 이들의 은어 사용은 자기 표현의 욕구와 맞물려 있어서 쉴새없이 변한다는 특징을 가지고 있다. 처음 만나서 인사하는 말의 경우 '안냐세요, 안냐세여, 안뇽, 방가, 하이, 하2' 등으로 그 표기가 쉴새없이 바뀌기도 하고 또 이것들이 같은 시점에서 한꺼번에 뒤섞여 나타나기도 한다. 결국 컴퓨터 통신의 언어 사용에서 그들의 언어는 은어적 속성을 띠면서, 자기 표현의 욕구로 말미암아 자주 변한다는 특징을 가지고 있다.

2) 컴퓨터 통신 형식의 언어를 사용하는 이유

컴퓨터 통신 형식의 언어를 사용하는 이유로 보통 입력의 편의를 많이 거론하고 있다. 설문지 9번에 대한 반응을 보면 기능면에서 내용을 빨리 입력하기 위해 이런 표현을 사용한다는 반응이 61%에 달하고 있다. 이런 일반적 경향은 있으나 그들의 실제 언어 사용에서는 오히려 입력을 더 많이 해야 하는 표현도 사용하고 있다. '했지' 같은 표현 대신에 '했쥐'라는 표현을 쓰는데 이것은 심리 면에서 살펴본 설문지 11번 항목의 '뭔가 색다른 표현을 하고 싶어서'라는 자기 표현의 욕구(20%)와 연결지어야 이해할 수 있다.

그러나 컴퓨터 통신 형식의 언어를 사용하는 이유로 쓰기가 아니라 말하기 방식을 구현하려는 욕구가 있음을 간과하지 말아야 한다. 컴퓨터 통신의 언어 사용에서 많이 나타나는 구어체의 표현, 즉 준말의 사용, 구어체의 어미 사용 등이 이런 추정을 가능하게 한다. 결국 컴퓨터

---

4) 강남의 실업고에서도 친구들끼리 잘 통하는 표현이라는 반응이 40%고 뭔가 색다른 표현을 하고 싶다는 반응이 26%로 나타나 필자가 근무하는 학교의 반응과 그 경향이 일치한다.

통신 형식의 언어 사용으로 나타난 언어 표현은 희곡의 대화 부분과 유사한 성격5)을 가지고 있다. 한편 설문지 9번 항목에서 '일상 생활의 글보다 느낌을 잘 전달할 수 있어 사용한다'는 반응(27%)도 컴퓨터 통신 형식의 언어 사용이 일반적 쓰기와는 뭔가 다른 행위라는 의식을 갖고 있음을 알 수 있게 하는데 이것도 말하기와 연관지어 생각해 볼 수 있을 것 같다. 왜냐하면 글(쓰기)보다 느낌을 더 잘 전달할 수 있는 언어 사용이란 바로 말하기이기 때문이다. 문자의 발명은 말하기 중심의 언어 사용에서 쓰기 중심의 언어 사용으로의 변화를 가져왔는데, 이제 멀티미디어의 등장은 쓰기 중심의 언어 생활을 다시 말하기 중심의 언어 생활로 변모시키고 있다.

지금과 같은 컴퓨터 통신의 언어 사용은 시각에 따라서는 큰 문제가 아니라고 볼 수도 있다. 매체의 발전은 이제 음성으로 또는 음성과 영상을 동시에 사용하는 대화를 가능하게 하고 있다. 이러한 전달 수단이 일반화되면 번거롭게 자판으로 문자를 입력하는 절차가 생략될 것이고 이렇게 되면 컴퓨터 통신 형식의 언어 사용도 사라질 것이라고 예측할 수도 있다. 그러나 매체의 변화에 따라 사용자들의 언어 사용 의식이 바뀐 것이라면, 기술의 발전으로 채팅 형식이 변화하는 것과 관계 없이 컴퓨터 통신 형식의 언어 사용이 우리의 언어 생활, 예를 들면 일반적인 문자 언어 생활에 새로운 변화를 요구할 가능성이 있다. 본고에서 컴퓨터 통신의 언어 사용이 사용자들의 어떤 의식 속에서 이루어지는가에 주목하는 것도 바로 이런 이유 때문이다. 설문지 8번 항목에서 컴퓨터 통신의 언어 사용에 대해 '많이 써도 좋다'고 대답한 사람들이 32%6)에 달하고 있으며, 12번 항목에서 어른으로부터 이러한 표현의 잘

---

5) 희곡에서는 대화 부분과 지문 부분이 표기 형식에서 완전히 구분되지만 컴퓨터 통신의 언어 사용에서는 그것이 혼재하고 있다. 따라서 이런 각도에서 컴퓨터 통신의 언어 사용도 대화에 해당하는 부분과 지문에 해당하는 부분을 구분해 보는 것은 의미 있는 작업이 될 수 있다.

6) 설문지 8번의 1~3항목에는 중복으로 답한 경우가 많아서 그런 학생은 통계에서 제외했다. 정확히 응답을 했다면 '많이 써도 좋다'고 생각하는 학생이 좀더 늘어날 수 있다. 그리고 이 반응은 설문지 항목 12-2에 답하는 학생과 거의

못을 지적받았을 때 그 지적이 부당하다고 생각하는 학생이 21%에 달하고 있어 컴퓨터 통신의 언어 사용을 정당화하려는 의식이 강하게 작용하고 있음을 알 수 있다.[7] 그런데 학생들이 많이 써도 좋다고 8-1항목에 답하면서도, 그 이유를 공식적인 언어 사용이 아니므로 써도 좋다는 반응이 29%에 달하고 있다는 점이 주목된다. 즉 공식적인 언어에서는 사용하지 말아야 한다는 의식을 강하게 하고 있는 셈인데, 문제는 학생들이 생각하는 공식적 언어 사용의 범위가 의외로 매우 좁다는 점이다. 이 문제는 사용의 범위나 사용의 대상을 다루는 항목에서 다시 언급하기로 한다.

설문 조사를 바탕으로 한 통계자료를 분석해 보면, 결국 컴퓨터 통신의 언어 사용을 단순하게 언어의 잘못된 사용으로만 치부해 버리고 안 쓰면 된다는 식으로 지도하기 어렵다는 것을 알게 해 준다. 특히 설문지 6번 항목에서 자녀를 둘 정도의 어른이 된 다음에도 이런 언어를 사용하겠느냐는 질문에 대해 계속 사용하겠다는 반응이 19%고 가끔 가다 사용하겠다는 반응이 50%에 달하고 있어 전달 수단이 더 발달하더라도 이러한 언어 사용이 당분간 지속될 것임을 알 수 있게 해 준다. 그동안 입력의 편의를 위해서 이러한 표현을 한다는 지적이 주류를 이루어 왔으나 이러한 표현 방법에는 매체의 변화에 따라 언어 사용 의식이 바뀌어 가는 것도 또 다른 이유로 작용한다는 점을 기억해 두어야 할 것이다.

3) 컴퓨터 통신 형식의 언어 사용 범위

학생들이 컴퓨터 통신 형식의 언어를 어떤 범위까지 사용하려 하느냐의 문제는 설문지 3번 항목에서 다루었다. 해당하는 경우에 컴퓨터

비슷할 것으로 예측되는 항목이다.

7) 강남의 실업고에서는 컴퓨터 통신 형식의 언어 사용을 긍정적으로 보는 반응이 78%, 어른들의 지적을 부당하다고 보는 반응이 58%로 필자가 재직하는 학교보다 비율이 높게 나타난다.

통신 형식의 언어를 사용하면 ○로 대답하고 사용하지 않으면 ×로 답
하도록 했는데 ○로 대답한 학생수를 보면 다음과 같다.

① 휴대폰으로 메시지 보낼 때 (184)
② 친구에게 쪽지 보낼 때 (162)
③ 학급 게시판에 친구에게 알리는 내용 적을 때 (39)
④ 노트에 필기할 때 (20)
⑤ 친구에게 엽서 보낼 때 (142)
⑥ 선생님께 편지 쓸 때 (4)
⑦ 학교 축제 안내하는 포스터에서 (43)
⑧ 어버이날을 맞아 아버님께 드리는 감사의 글에서 (7)
⑨ 전교 회장으로 출마하며 출마의 뜻을 밝히는 글에서 (13)
⑩ 일간신문의 독자 투고란에 글을 보낼 때 (12)

먼저 언어 사용이 공식성을 띨 것이라고 생각되는 항목에서는 컴퓨
터 통신 형식 언어 사용을 하겠다고 대답한 학생이 거의 없다는 점이
눈에 띈다. 그러나 ③·⑦의 항목에는 상당수의 학생(20% 내외)이 사용
하겠다고 답하고 있어서 공식적이라고 생각하는 부분이 기성세대의 그
것보다 매우 협소하다는 점을 알 수 있다.[8] 심지어 철저하게 공식적이
어야 하는 ⑨·⑩항목에서도 이런 표현이 가능하다고 생각하는 학생이
있다는 점은 매우 우려할 상황이다. ⑥·⑧의 항목에서 기성 세대의 특
정인을 대상으로 하는 언어 사용에서 컴퓨터 통신의 언어 사용을 하겠
다는 학생이 매우 적다는 것이 드러난다. 학생들이 선생님이나 아버지
를 대상으로 글을 쓸 때는 이런 식의 언어 사용을 기피하고 있음을 드
러낸다. 그런데 여기에서 학생들이 공식적인 언어 사용을 판단하는 기
준이 드러나고 있어 흥미롭다. 불특정 다수를 대상으로 하는 항목인
③·⑦·⑨·⑩에서보다, 기성세대의 특정한 인물이 대상인 ⑥·⑧에

---

8) 강남의 실업고를 대상으로 조사한 자료에서도 공식적 언어 사용에서는 피하
겠다는 의식이 드러난다. 그러나 역시 기성세대보다 공식적 언어 사용의 범위
가 좁고, 개인적인 언어 사용이라고 보는 범위가 넓게 나타난다.

서 컴퓨터 통신 형식의 언어 사용을 하지 않겠다는 의식을 드러낸다. 비록 그 차이가 크지는 않지만 학생들의 의식의 일면을 드러낸다는 점에서 앞으로 연구해 볼 만한 가치가 있을 것 같다.

4) 컴퓨터 통신 언어 사용에서 나타나는 규범 일탈의 유형

(1) 맞춤법과 관련된 규범 일탈

가. 표음주의식 표기

먼저 가장 눈에 띄는 것은 소리나는 대로 적는 경우가 많다는 점이다. 컴퓨터 통신 언어의 표음적인 표기 경향은 쉽게 확인할 수 있다. 우리 맞춤법은 어간을 고정하여 적는 표기 형태를 취하고 있어서 일상 언어 생활에서는 동일한 표기로 된 것들이 주위 환경에 따라 다르게 소리나게 된다.

```
<예문 1>
먹다[食]    먹으니[머그니] → 머그니        먹고[먹꼬] → 먹꼬/머꼬
            먹는[멍는] → 멍는
좋다[好]    좋으니[조으니] → 조으니/조니    좋고[조코] → 조코
            좋니[존니] → 존니
```

그런데 컴퓨터 통신에서는 소리나는 대로 표기하는 경향이 짙게 나타나는데 이런 경우 학생들은 [ ] 속의 소리를 그대로 표기하여 → 다음에 나오는 형태로 표기한다. 컴퓨터 통신이 빠른 속도로 입력할 것을 필요로 하기 때문에 자판을 한 번이라도 덜 치기 위해 이러한 경향이 심화되고 있다는 지적을 받아 왔는데 이 표기 방식은 마치 표음주의 표기법을 채택하던 과거의 표기 방식을 연상하게 한다. 그리고 여기서 소리나는 대로 표기하는 것은 단순한 연음(連音)의 표기만이 아니라 음운 동화, 음절 축약 등 여러 가지의 음운 변화 현상을 다 반영하여, 소리나는 대로 표기하고 있음을 <예문 1>에서 알 수 있다.

<예문 2>

편지 1 야!!! ○○○!!정신 차려!!!!

번호 : 28/40 등록자 : 지연이라고 함 등록일 : 5/04/99 16 : 25 줄수 : 11 조
회수 : 34

편지 2 보지마셔~

번호 : 32/40 등록자 : 지여니다구! 등록일 : 6/26/99 19 : 18 줄수 : 6 조회
수 : 34

편지 3 담탱이를 아느냐.....

번호 : 40/40 등록자 : 져니-^.< 등록일 : 9/18/99 21 : 00 줄수 : 8 조회수 :
38

<예문 2>는 이메일 편지에서 발신인(등록자)인 '지연'이라는 학생 이
름의 표기가 바뀌어 가는 경향을 보여준 것이다. 처음에는 맞춤법에 맞
는 표기를 보여주다가 소리나는 대로 적는 표기로 바뀌었으며 편지 3
에 이르면 원래의 이름을 모르고는 도저히 누구인가를 알 수 없는 표기
로 바뀌고 있다. 이런 상태로서는 의사 소통에 장애가 일어날 수밖에
없을 것이다.

<예문 3>

나 알바 할려구 그러는데 너두 알바 해라!!! 근데 될지 않될지 모르는데
애들은 내가 지금 거기 부튼 줄 알구 다 간대. 미치게따! 만약 안돼면 그게
무슨 쪽이야 그치? 너두 나 거기서 일하믄 놀러와. 내가 거기 사람들과 친
해지면 햄버거 주고 콜라 마니 리필해 주께^.^ 꼭 돼씀 조케따!!

<예문 4>

먼저, 이 아뒤는 아빠 아뒤인데.. 인터넷 하러 왔다가.. 단적비연수에 대
해 말 좀 하려구 들어왔습니다.. 오늘 학교에서, 전일제 C.A.(특별활동)를
했습니다. 제가 속해 있는 부는 도서부인데 특별히 영화를 보러 간다더군
여. 첨엔 JSA보러 가나부다 하구 되게 좋아했습니다. 그런데 알고보니 단
적비연수.. 친구들이랑 짜고 이미 본거라구 하면서 빠지려구 했지만

<예문 3>은 학생들이 쪽지에 적은 글이고 <예문 4>는 한 컴퓨터 동호회의 게시판에서 복사해 온 글이다. 맞춤법에 어긋난 표기, 음절이 축약된 표기, 구어체의 사용, 은어의 사용 등을 쉽게 확인할 수 있다. 특히 '미치게따', '조케따' 등의 표현은 음운 변화를 반영하고 있는 표기인데 여기서 반영하고 있는 음운 변화는 그래도 표준어에서 허용되는 음운 변화지만 학생들은 표준어에서 허용되지 않는 음운 변화까지 자유롭게 반영하여 사용하고 있다. 한때 유행어처럼 번진 '저런 선수는 벌점을 조얌다' 같은 표현에서 '조얌다'라는 발음은 표준어로 허용되지 않는 음운 변화를 반영하고 있다. 그러나 학생들의 언어 사용에서는 이런 표현이 매우 자유롭게 나타난다. 학생들을 바르게 지도하려면 표준어에서 허용되지 않는 음운 변화까지 쉽게 반영하고 있는 학생들의 의식을 바로잡는 노력이 선행되어야 할 것이다.

한편 이러한 표음주의식 표기에도 문자 언어로 표기하면서 음성 언어처럼 사용하려는 의식이 함께 작용한다고 생각된다. 표음주의식 표기를 채택하면 문자 언어로 표현된 내용이 그대로 음성 언어에 대응하게 되어 이런 글을 쓰는 사람은 자기가 말하는 방식 그대로 글을 쓰게 된다. 그래서 표기된 언어가 완전한 구어체로 되어, 완벽한 언문일치의 문체를 사용하는 셈이고 글을 쓰면서도 말을 하는 것과 같은 행동을 하게 되는 셈이다. 그런데 이처럼 말하듯이 표기하는 경향은 그 사용이 반복됨에 따라 점차 강화되고, 더욱 자주 구어체의 언어를 구사하게 만든다. 이러한 구어체의 사용은 입력의 편의만으로 컴퓨터 통신의 언어 사용이 나타나는 것이 아님을 말해 준다. 만약에 입력의 편의만을 위해서 이러한 언어 사용이 나타난다면 문어체적인 표현을 표음주의 방식으로 표기하는 것이 있어야 할 것이다. 그러나 문어체를 제대로 구사하는 글에서는 컴퓨터 통신 형식의 언어 사용의 모습을 발견하기 힘들거나 이러한 언어 사용의 특성이 매우 약해진다.

나. 시각적 표현의 극대화 및 음성 언어와의 느슨한 대응

컴퓨터 통신의 언어 사용이 말하기와 같은 언어 사용을 지향한다지만 결국 사용하는 것은 문자 언어이고 보니 학생들은 문자로 시각적 표현을 극대화하려는 경향을 드러낸다. 이렇게 시각적 기호로 사용될 때는 그것에 대응하는 음성 언어에 대한 고려 없이, 단순히 시각적 효과만을 위해 각종 기호를 사용하게 된다. 이런 차원은 맞춤법으로만 설명할 수 없는 것으로 결국 언어가 아닌 것을 시각적 기호로써 나타내는 것이다. 그 형태는 어떤 단어를 강조하기 위해서 그 단어를 계속 반복한다거나, 특정의 문장 부호(특히 물음표나 느낌표) 등을 여러 개 사용하는 것을 그 예로 들 수 있다.

<예문 5>
영어로 된 글을 잘 읽었습니다. 하지만 무슨뜻인지 알수 가 없군요.. 다음부터는 저같은 영맹을 위해서라도 한글 한글 한글 한글 한글 한글 한글 한글 한글 한글 한글 한글 한글 한글 한글 한글로 써주서요

<예문 6>
보지말라구 했자나!!!!!!
(^-^)(-.-)(_ _)(-.-)(^-^) !!!!!!!

<예문 5>에 보이는 '한글'의 반복을 음성 언어로 옮겨서 이대로 계속 소리내어 말할 것이라고 기대하기는 어렵다. 이것은 복사를 통한 반복이 손쉬운 컴퓨터 매체의 특징을 활용한 것으로 반복을 통한 시각적 강조 효과를 노리는 것이다. <예문 6>의 문장 부호 !의 반복도 인상적이다. 문장 부호는 반드시 음성 언어와 직접 대응하는 것은 아니지만 음성 언어의 어조나 억양 등의 요소와 관련될 수 있는 것이다. 그런데 이것을 반복적으로 사용함으로써 '감탄'의 의미를 시각적으로 강조하려하고 있다. <예문 6>의 표정 기호는 앞에서 매체의 변화와 관련되어 나타난 현상으로도 살펴본 것인데 맞춤법과 관련지어 본다면 음성 언어가 아닌 것을 표현한 것이므로 맞춤법의 논의 대상에서 제외되는 시각적 기호를 사용한 것이 된다.

표정 기호의 사용은 다음과 같은 각도에서도 볼 수 있다. 윈도우 프로그램을 사용할 때는 기능을 상징하는 많은 아이콘(icon)을 접하게 된다. 그런데 이러한 아이콘에 익숙해진 학생들이 문장 부호를 조합하여 아이콘 방식으로 자신의 의사를 전달하려고 한다고 볼 수 있다. 매체의 변화와 더불어 특이한 형태의 시각적 기호를 자유롭게 사용하게 된 것이다. 물론 이러한 경우는 그것을 굳이 음성 언어와 연결지을 필요 없이 하나의 그림으로 볼 수도 있는 것이다. 결국 그림으로 보게 된다면 음성 언어와의 대응은 생각할 수도 없게 되며, 따라서 음성 언어를 문자 언어로 바꾸는 맞춤법과는 완전히 상관 없는 기호 사용이 된다.

학생들의 언어 사용에서 기호와 음성 언어와 대응이 느슨해지는 또 다른 경우로 '×'의 사용을 들 수 있다. 본래 '×'란 '□'와 더불어 문장부호로는 안드러냄표 중 숨김표의 하나다. 그런데 학생들은 진위형(眞僞型) 문제(○×형 문제)의 풀이에 익숙해지면서 '×'를 다른 곳에까지 널리 사용하게 되었다. 이것은 컴퓨터 통신만이 아니라 일상적인 언어 사용에서 흔히 발견할 수 있다. 특히 학생들의 경우에는 판서한 내용을 공책에 옮겨 적을 때 손쉽게 적으려는 목적에서인지 다음과 같이 쓰는 것을 자주 본다.

<예문 7>
(1) 희곡은 연극이 ×(아니다.)
(2) 연극은 공간적 제약을 받지만 영화는 ×(그렇지 않다.)
(3) 서양 연극에서 배우는 관객에게 직접 말을 건네지 ×(못한다./않는다.)
(4) 연극이 희곡을 그대로 재현하지는 ×(않는다.)
(5) 우리의 전통 연극은 원래 대본이 ×(없다.)

위의 예문에서 '×'는 괄호 속의 말 정도에 해당한다. 위와 같이 사용한다면 '×'는 너무 많은 단어나 어구에 대응하게 된다. 그런데 괄호 속의 말이 적혀 있지 않은 경우를 한 번 생각해 보자. 우리는 그것을 무엇으로 읽어야 할지 알기 어렵다. (4)와 같은 경우에 '×'는 '못한다'로도,

'않는다'로도 읽을 수 있다. '그 사람은 친구가 ×'라고 썼다면 '×'를 '아니다, 없다' 중에서 어느 것으로 읽어야 할지 알 수 없는 표기에 해당한다.

<예문 8>
너 같은 놈은 ×야(나쁜 놈?)

<예문 8>의 경우에는 공책에 낙서한 것을 옮겨 적은 것인데 학생들은 '×'를 이렇게 자유롭게 사용한다. 학생들이 이 문장 부호를 읽을 때는 주로 '엑스'라고 읽는데 하나의 문자로 취급하여 본다면 이것은 다양한 의미를 가진 하나의 단어 문자 정도에 해당한다. 우리나라의 화폐 단위인 '원'을 표시하기 위해서 사용하는 '₩'이나 섭씨 몇 도인가를 표시하는 '℃' 같은 것이 이러한 단어 문자인데, '×'는 군이 분류하자면 단어 문자에 속하게 된다. 그러나 여기에서는 '×'의 이러한 사용이 음성 언어와 명확하게 대응하지 못한다는 점을 지적하고 싶다. 결국 중·고등 학생들은 음성 언어와의 대응을 벗어난 일종의 단어 문자를 사용하여 자신의 의사를 표현하는 경향이 발견되는 것이다. 이것은 음소 문자인 우리나라 문자의 특성에서 멀리 벗어난 표현 방식이다.

숫자의 사용에서도 이러한 경향은 나타난다.

<예문 9>
너를 만난 지 벌써 5달이 지났다.

<예문 9>에서 '5달'을 어떻게 읽어야 하는가를 생각해 보자. 아라비아 숫자 '5'는 [다섯]이 아니라 [오]라고 읽히므로 이렇게 되면 이 구절은 [오달]이라고 읽히게 된다. 국어에서 '다섯 달' 또는 '오 개월'이라고 말하는 것은 가능하지만 [오달]이라고 말하는 것은 불가능하다. 맞춤법이란 결국 우리가 입으로 하는 말을 글자로 어떻게 적을 것인가를 규정해 놓은 것이다. 그렇다면 '5달'이라는 표기는 입으로 하는 말로는 불가능

한 것을 글로 적어 놓은 셈이다. 입으로 하는 말로는 가능할 수 없는 표현을 글자로 적어 놓았으므로 이것은 당연히 맞춤법에 어긋난 표현이 되는 셈이다. 그런데 학생들은 '(꽃) 5송이, (연필) 5자루, (과자) 5개'와 같은 표현을 자유롭게 쓴다. 이러한 표기도 또한 음성 언어와의 대응이 느슨해진 경우라고 생각할 수 있다. 컴퓨터 통신상에서뿐만이 아니라 일상 언어 생활에서도 이러한 경향이 존재함을 확인할 수 있다.

맞춤법과 관련지어 학생들의 컴퓨터 통신 형식의 언어 사용을 살펴보면 크게 쓰기가 아닌 말하기 방식으로 언어를 사용한다는 점과 언어와는 상관없이 시각적인 점만 고려해서 언어를 사용하는 특징 두 가지를 볼 수 있다. 특히 후자는 음성 언어와 대응을 생각하지 않는 표기라는 점이 주목할 만하다.

다. 띄어쓰기의 자의적 적용이나 동음이표기를 이용한 언어 유희

음성 언어에서는 동음이의어를 이용한 언어 유희를 한다면, 컴퓨터 통신 언어에서는 동음이표기를 이용한 언어 유희 경향이 많이 나타난다. 여기에는 인사말로 영어의 '하이'를 쓰면서 '하2'라고 적는 식의 초보적인 수준의 것을 비롯하여, 영어의 알파벳이나 숫자를 활용하는 다양한 표기가 나타난다. 그런데 컴퓨터 통신 언어가 쓰기가 아닌 말하기를 지향한다면 이러한 표기의 차이는 결국 동일한 발음을 나타낸다는 점에서 서로 다른 표기가 음성 상으로는 아무런 차이를 가지지 못하게 되므로 이런 표기가 더욱 자주 사용되며, 그 나름대로 재치 있는 표현이라 여겨져 그 사용의 폭을 점점 넓혀 가고 있다. 이외에도 언어 유희적 표기 경향은 다양하게 나타난다.

"너 재수(再修/財數) 없어. 꼭 한 번에 대학 가야 돼." 식의 동음이의어를 이용한 언어 유희도 있는데 이것은 일상 언어 사용에서의 언어 유희와 동일하다. 그러나 띄어쓰기를 달리함으로써 다른 의미가 될 수 있는 표현을 이용해 언어 유희적 표현을 하기도 한다. 이것은 음성 언어로서는 도저히 동음이의를 이룰 수 없는 것들이다.

<예문 10>
너무해 - 나 배추 할게.
이별은 무엇일까? .... 이별은 지구야..
다시만나줘. 미역은 너줄게
나 정말 아파.....................트에 살아.
너 보구 시퍼……렇게 질렸어.

이런 식의 언어 유희는 학생들이 재미 삼아서 많이 만들어 내고 자기 주변에 퍼뜨리는 것들이다. 그런데 이런 유희는 학생들에게 띄어쓰기에 대한 의식까지 넘어서면서 이루어진다는 점에서 특이하다. <예문 10>의 마지막 두 가지 예는 기성세대의 감각으로서는 이해하기 어려울 정도로, 단어의 중간을 끊어서 동음이의를 통한 언어 유희를 하고 있다. 이것은 감각적이기는 하나 학생들의 단어에 대한 의식을 흐리게 할 위험성을 가지고 있다.

(2) 표준어 규정과 관련된 규범 일탈
가. 비속어, 유행어의 사용

학생들의 언어 생활에서 나타나는 비속어나 유행어가 컴퓨터 통신에서 사용되며 이것이 다시 일상의 언어 생활에 강화되어 나타나는 모습을 많이 볼 수 있다. 학생들의 대화 상황을 지켜보면 비속어나 유행어를 많이 쓰는 것을 쉽게 확인할 수 있다. 컴퓨터 통신이 빠른 전파력을 가지고 있다는 점을 안다면 비속어나 유행어의 사용이 어떻게 강화될 수 있는가는 쉽게 알 수 있을 것이다.

나. 은어의 생성과 사용

컴퓨터 통신의 언어가 은어라는 속성을 가지고 있다는 점은 이미 지적한 바 있는데 여기서는 그 은어를 만드는 방법을 먼저 살펴보기로 한다. 은어를 만드는 가장 손쉬운 방법은 기존의 언어를 변형시키는 것이다. 그 변형은 축약, 생략, 약어화, 음운 교체, 음운 첨가 등의 방법으로 나타난다.

① 축약

음절을 축약시키는 방법은 다양한 형태로 나타난다. 모음의 경우에는 활음화시켜서 음절을 축약시키기도 하고, 하나의 음운을 탈락시켜 음절을 축약시키기도 한다. 그리고 경우에 따라서는 이 두 가지가 모두 일어나기도 한다. 먼저 활음화시켜 음절을 축약한 다음 그 활음마저 탈락시키는 방향으로 진행되기도 한다.

<예문 11>
(1) 그리고 : 글구
(2) 때리고 : 땔구
(3) 때문이지요 : 땜이죠
(4) 무엇이고 : 무어꼬/뭐꼬/머꼬
(5) 무엇 : 뭐/모

(1)~(3)은 음운의 탈락으로 음절이 축약되고 있다. (4)의 경우에는 활음화로 인하여 음절이 축약된 다음 다시 그 활음을 탈락시킨 경우고 (5)는 활음화로 인한 축약이 일어난 다음 활음과 모음이 다시 하나의 모음으로 축약된 경우다. 'ㅓ' 모음이 원순화하면 'ㅗ' 모음으로 변화하는 것을 잘 보여주고 있다. 이러한 음절 축약은 신속한 입력을 위한 동기에서 그 변화가 가속화되는 측면도 있지만 이것이 하나의 은어처럼 사용되면서 학생집단 속에서 급속하게 번져나가고 있다. 이들은 통신에서 사용되는 이러한 용어나 표현을 낙서나 쪽지 편지에서 자연스럽게 사용하고 있다.

② 생략(절단)

생략이나 절단이 한 단어 내부에서만 일어나서 새로운 단어를 만드는 경우를 이 부분에서 다룰 수 있을 것이다. '미치겠다'는 말이 '미티'

로 줄어들고 '아깝다'에서는 '깝, 까비'라는 표현이 만들어져 나온다. 후
자에서는 '깝'이라는 음절이 포함되는 단어가 많지 않으므로 이것만으
로 그 단어를 대신하는 일이 일어난다. 여기에 속하는 것들은 다음과
같다.

> <예문 12>
> 방가(반가워요, 반갑습니다)
> 거맙(고마워요, 고맙습니다)
> 남임다(남자입니다)
> 감솨(감사합니다)

③ 약어

약어로 보는 것은 둘 이상의 단어가 생략이나 절단의 과정을 거치고
이것이 합쳐져서 하나의 단어처럼 사용되는 것이다. '즐거운 통신을 하
세요'가 '즐통'으로 줄고, '감사하다'는 말이 'ㄱㅅㄱㅅ'(감사감사)으로 줄
어든다. 여기에 속하는 자료로는 다음과 같은 것들이 있다.

> <예문 13>
> ㅎㅎㅎ(호호호)
> ㅋㅋㅋ(크크크/카카카)
> 즐겜(즐거운 게임 되세요)

④ 음운 교체의 방식

컴퓨터 통신에서는 단어가 가지고 있는 본래의 음운을 변이시켜 표
현하는 경우를 자주 볼 수 있다.

> <예문 14>
> (1) 미야꺼/미야꼬/미야꾸(미야 것)
> (2) 알았쥐(알았지)
> (3) 안˜뇽(안녕)
> (4) 줄꼬야(줄꺼야)

　(5) 줌(좀)

　(6) 미5(미워)

　(1)은 학생이 자신의 소지품임을 나타내기 위해 물건들에 적어 놓은 것이다. 일반적으로 '○○꺼'라는 식의 표현을 많이 사용하는데 이것은 소리나는 대로 적은 것이다. 그런데 요즘은 그것이 아니라 '○○꼬, ○○꾸'라는 식으로 표현하는 경우를 발견하게 된다. 뭔가 다르게 표현하려는 욕구가 이러한 결과를 나타내는 것으로 보인다. (2)와 같은 표기도 많이 확인할 수 있는데 '-지'라고 써야 할 어미(語尾)를 '-쥐'라고 적고 있다. (3)・(4)・(5)에서는 단어가 본래 갖고 있는 모음들이 다른 모음으로 바뀌고 있음을 볼 수 있다.

　이 때 음운의 교체는 반드시 일정한 원칙 위에서 행해진다. 원순성 대립의 짝인 '어'와 '오', '여'와 '요' 사이에서 음운의 교체가 활발하게 일어난다. 그리고 '이' 모음을 쓸 자리에서 '위'를 사용하는 경우를 볼 수 있는데 이것도 결국은 원순성 대립의 짝을 활용하는 것으로 보인다. 또 다른 원순성 대립의 짝이라고 할 수 있는 '에'와 '외'의 대립을 활용하는 표기는 보기 어렵다. 그리고 문어체와 구어체의 어미 대립에서 나타나는 '오'와 '우' 사이의 교체도 많이 확인할 수 있는데 이것은 주로 '오'에서 '우'로 일어나며 드물게 '우'에서 '오'로 바뀌는 것도 볼 수 있다.

　'워'가 '오'로 바뀌는 현상도 나름대로 이유가 있는 현상이다. '우'가 가지고 있는 후설원순성과 '어'가 가지고 있는 '중모음성'이 결합하여 동시에 실현되면 '오'(후설원순중모음)와 같은 모음으로 결과되는 것이다. 자음의 경우 'ㅆ' 'ㅉ' 등이 'ㄸ'으로, 'ㅊ'이 'ㅌ'으로 바뀌는 방향으로 많이 나타난다. 대체로 욕설인 경우가 많은데, 그것이 욕설이라는 느낌을 완화시키기 위한 의도도 함께 적용되는 것으로 보인다. '했어요'를 '해떠여'로 표기하거나 '매우 짜증나'를 '왕따등'으로 표기하는 것은 욕설이 아니지만, 종종 관찰된다. 이것은 유아적(幼兒的) 표현과 관련 있는 것으로 보인다.

⑤ 음운의 첨가

아이들이 애교 섞인 목소리로 말하기 위해 첨가되는 'ㅇ', 'ㅁ'은 많이 사용되어 왔던 것들이고 'ㄴ'은 비교적 드물지만 같은 비음(鼻音) 계열이라는 점에서 그 사용이 가능하다는 점을 알 수 있다. 'ㅂ'의 경우는 과거 언어 사용에서 볼 수 있었던 형태인데 '하시압' 등의 형태에서 사용되었던 것으로 구결의 사용에 그 뿌리를 찾을 수 있을 것 같다. 그런데 컴퓨터 통신의 언어 사용에서 달라진 점은 종결어미 다음에 'ㅂ'이 첨가된다는 점이다.

음운 첨가에 속하는 자료로는 다음과 같은 것이 있다.

<예문 15>
(1) 넹(네)
(2) 안냐쩨염(안녕하세요)
(3) 하세염(하세요)
(4) 수고여(수고하세요)

(4)의 예는 특이한 것이다. 종결 어미 '-요'가 음운 교체를 통해 '-여'로 되는 것은 자주 나타나는 현상인데 이것이 체언에 바로 붙어서 전체 단어를 서술어로 만들고 있다. 중세 국어나 현대 국어의 동남 방언에서 의문 첨사 '-가/-고' 등을 체언에 붙여 서술어로 만드는 것과 비교될 만한 것인데, 학생들의 언어 사용이 얼마나 자유분방한가를 잘 드러낸다.

(3) 문어체 사용의 기피

공식적인 언어 생활은 대체로 문어체로 이루어져 있다. 인쇄매체에 나타나는 대부분의 언어 자료가 그러하며, 음성 언어에서도 지나치게 구어적인 문체는 기피되고 있는 것이 오늘날의 현실이다. 그런데 컴퓨터 통신의 언어 사용은 거의 구어체 일변도로 이루어져 있다. 채팅과 같은 대화가 아닌 이메일, 게시판 등의 언어 사용에서도 이들은 구어체를 많이 사용하고 있다. 글을 쓰더라도 거의 말하듯이 글을 쓰고 있는 것이다. 여기에 속하는 자료로는 다음과 같은 것이 있다.

<예문 16>
글구(그리구)
껼여(껼요)

'그리고' 대신에 '그리구'를 쓰고, '것' 대신에 '거' 등을 사용하는 것은 구어체적인 표현인데 학생들은 여기에다가 다시 축약, 음운 교체 등을 더하여 그들 나름의 표현을 하고 있는 것이다.

5) 컴퓨터 통신 언어 사용의 문제점과 그에 대한 대책

(1) 맞춤법과 관련된 규범 일탈

맞춤법을 혼동하는 경우가 많으며 이러한 혼동은 컴퓨터 통신 형식의 언어를 사용하지 않아야 하는 경우에까지 그대로 나타난다. 특히 말썽을 부린 아이에게 반성문을 쓰게 해 보면 곳곳에서 이런 식의 표기가 나타나는 것을 볼 수 있다. 그런 아이들은 공식적인 언어 사용과 개인적인 언어 사용을 거의 구분하지 못하거나, 구분하더라도 공식적인 언어 사용을 위해서는 어떻게 해야 하는지를 모르고 있다는 점을 드러낸다.

컴퓨터 통신 형식의 언어 사용이 학생들에게 맞춤법의 혼란을 가져온다는 점에 유의해야 한다. 그런데 이 문제를 해결하기 위해서는 몇 가지 고려할 점이 있다. 먼저 학생들의 이러한 사용이 일반화된다는 점을 용인할 것인가와 관련된 문제고, 두 번째는 용인한다면 그것을 어디까지 용인할 것인가의 문제다. 최근 들어 이메일이나 채팅을 하는 젊은 교사들을 보면 그들도 아무런 의식 없이 이러한 언어 사용을 하는 것을 볼 수 있다. 이런 정도로 확산되고 있는 컴퓨터 통신 형식의 언어 사용을 무조건 부인하는 것만이 능사는 아닐 것이다. 이것을 부인하지 않는다는 전제가 성립된다면 다시 우리는 이런 질문을 던지게 된다. 그것을 모른 척 방치할 것인가? 아니면 그런 방식에 대한 욕구를 충족시키면서 바른 언어 생활로 유도할 수 있는 지도방법을 어떻게 개발할 것인가? 본고에서 명확한 지도 방법을 제시할 능력은 없다. 그러나 지금까지의 무조건 잘못되었다는 방식의 지도는 학생들의 언어 생활에 대해 지나치게 규제 일변도의 태도로 나가는 것이라는 생각이 든다. 현재 컴퓨터 통신 형식의 언어 사용은 규제가 필요하다는 식의 발언들이 이루어지지만 구체적 방안이 제시되지 못하고 있거나, 모른 척 방치하고 있는 실정이라 해도 과언이 아니다. 이 시점에서 우리는 학생들의 이러한 언어 사용을 좀더 진지한 시각으로 볼 필요를 느낀다. 학생들의 개인적인 언어 사용을 어느 정도 허용하고 이러한 언어 사용이 일상 언어 생활에까지 번지는 것을 차단하는 방법을 찾아야 할 것이다.

(2) 표준어와 관련된 규범 일탈

유행어, 비속어 등을 사용하면서도 그것이 공적인 언어 생활에서 피해야 한다는 점을 학생들은 명확하게 알지 못한다. 실제로 텔레비전이나 라디오 등의 방송매체에 등장하는 연예인들조차도 비속어나 유행어 등을 거의 의식하지 못하고 자유롭게 사용한다. 자의적이든 타의적이든 간에 방송 언어의 특성을 고려하여 비속어를 사용하지 말아야 한다는 의식을 대화상에서 직접 드러내기는 하나 그들 자신이 어디까지가 비속어인지 알지 못하고 있으며 그들이 유행어를 만들어 유행시키는 처지이므로 언어 사용을 조심하겠다는 이들의 의식은 큰 효과를 발휘하지 못하고 있다. 방송 언어의 영향을 생각한다면 이들에 대한 언어 교육이 필수적이라 하겠다. 그런데 이러한 상황이 학생들에게도 그대로 적용된다. 학생들은 공식적인 언어 사용에 대한 명확한 인식이 없으며, 공식적인 언어 사용의 상황에서 어떻게 해야 할지를 잘 모르고 있다. 따라서 학생들에게 공식적인 언어 사용의 범위를 분명히 인식시켜 자신들의 개인적 언어 사용 범위를 스스로 줄일 수 있도록 지도해야 하며, 공식적인 언어 사용을 하려면 어떻게 해야 하는지, 즉 어떤 것이 유행어고 비속어여서 사용하지 말아야 하며 그 대신에 어떤 어휘를 사용해야 하는지를 구체적으로 지도해야 한다.

은어의 경우에는 좀더 큰 문제를 야기할 수 있다. 은어는 특정 집단에게만 소통된다는 점에서 다른 집단과의 의사 소통에서 잘못 이해될 가능성을 늘 가지고 있다. 설문지 7번 항목에서 의사 소통에 문제를 일으킨다고 대답한 학생이 124명(62%)이며, 3회 이상 이런 경험을 가진 학생이 41명(21%)이라는 점에 주목할 필요가 있다.9) 또한 은어의 사용은 결국 자신들의 정체성을 확인하기 위해 사용된다는 특성을 가지고 있으나, 오히려 자기 집단의 폐쇄성을 강화하는 결과로 나타나게 되므로 부수적인 문제를 야기시킨다. 집단의 폐쇄성이 강화되면 그것은 사회에서 자신의 집단을 스스로 소외시키는 결과를 가져올 것이며, 다른 집단과 집단 간의 갈등을 일으킬 소지가 있다.

은어의 문제는 매체의 변화와 직접적인 관계가 없으나, 매체의 영향이 이런 사용을 급속도로 조장하게 되므로 컴퓨터 통신 형식의 언어 사용이라는 본고의 논의에 포함시켰다. 네티즌의 언어를 은어라고 했을 때, 지도 방법은 자연스럽게 사용을 금지하는 방향으로 나아가게 될 것이다. 그러나 여기서 고려해야 할 것은 그 사용을 금지해야 할 것이 있는가 하면, 어떤 경우에는 그들의 언어 사용을 현재의 표준어 언어 사용이 따라가지 못하는 측면이 있다는 점이다. 결국 그들에게 알맞은 표현 수단을 마련해 주지 못하고 무조건 사용을 금지하는 것은 어렵다. 그래서 그들의 은어 사용을 집중적으로 연구하고 그것을 대치할 수 있는 표현 수단을 마련해 주고 학생들이 이러한 언어를 사용하려는 욕구를 대신해 줄 수 있는 방법을 마련해야 한다.

현재 학생들의 은어 사용 문제를 지도하기에는 사회적 분위기 자체가 긍정적이지 못하다. 국어 순화라는 말이 학생들에게 개념적 수준에서만 이해되고 있고 우리의 언어 생활은 은어·비속어에 대해 관심을

---

9) 강남의 실업고에서는 의사 소통에 문제가 있었다는 반응이 42%고 3회 이상 그런 경험을 했다는 반응이 12%로 필자가 근무하는 학교보다 낮게 나타났다.

기울일 겨를도 없이 외래어의 범람이라는 심각한 상황 속에 놓여 있다. 세계화라는 시대적 변화 속에서, 영어 조기교육론이 국어교육을 소홀히 여기는 태도로 이어지고, 심지어 영어 공용화론이 사회 일각에서 제기되는 시점에 학생들에게 국어 순화를 개념적 차원에서 지도하는 것이 얼마나 설득력을 가지겠는가? 이제 국어 순화적 차원에서 은어·비속어의 사용이 미치는 문제에 대한 실제적 교육이 있어야 하며, 학생들이나 네티즌의 은어 사용이 어떤 문제를 가지고 있는가를 심각하게 교육시킬 필요성을 느끼게 된다. 자신들의 정체성을 확인하기 위한 컴퓨터 통신 형식의 언어 사용이 의사 소통에 장애를 일으키고, 자기 집단의 폐쇄성을 강화하게 되고, 이것은 다시 자기 집단을 사회로부터 소외시키거나 다른 집단과의 사이에서 집단적인 갈등을 일으킬 수 있다는 점을 교육시켜야 한다. 그래서 이러한 은어 사용을 무조건 방치하거나 안 된다는 식으로만 지도하지 말고, 이러한 언어 사용이 어떤 결과를 가져올 것인가를 보다 실제적으로 교육시킬 필요가 있다. 그리고 이러한 언어 사용을 완전히 억제할 수 없다면, 은어가 사용될 수 있는 범위나 대상을 엄격하게 한정할 수 있도록 학생들의 자율적 규제 능력을 우선적으로 배양시킬 필요가 있다. 동시에 이런 지도가 가능하도록 전체적인 사회 분위기를 조성하고, 정부의 정책적 노력 등이 함께 이루어져야 할 것이다.

(3) 구어체의 남용

구어체의 남용은 문어체에 대한 이해력을 떨어뜨릴 것이며 문어체를 사용해야 할 경우 제대로 문어체의 표현을 할 수 없게 하는 문제를 일으킨다. 나아가서 꼭 문어체를 사용해야 할 경우를 제대로 인식하지도 못하게 된다. 매체의 변화가 아무리 빨리 이루어지더라도 문어체 표현을 필요로 하는 경우가 남아 있는 한 학생들에게 이러한 표현이 필요한 경우를 인식시키는 일이 시급하다.

구어체 남용의 경우에는 조금 더 새로운 시각에서의 지도가 요구된다. 지금까지 우리는 문어체 중심의 생활을 해 왔고 문어체에서 필요한 규범 중심으로 교육해 왔다. 그러나 구어체가 일반화되어 가는 최근의 상황을 볼 때 우리는 구어체를 중심으로 하는 언어 생활을 어떻게 수용할지 생각해 볼 필요가 있다. 구어체 중심의 언어 생활의 특성이 무엇이며, 구어체 중심의 언어 생활을 위해 어떤 규범이나 모델을 마련해 줄 수 있을지 연구하고 그 올바른 방향을 학생들에게 제시할 필요가 있다. 과거에 문어체를 위한 교육을 하던 것을 당연시하던 관행을 반성하고 구어체의 문제를 좀더 포괄적으로 반영하는 교육을, 쓰기보다는 화법을 중시하는 교육을 실천하여야 할 것이다.

한편 현재로서는 학생들이 명백히 인식해 두어야 할 문제가 있다. 앞에서도 언급했듯이 학생들의 컴퓨터 통신의 언어 사용이 일상 생활의 말하기와 그대로 대응시킬 수는 없는 열등한 방식의 말하기라는 점이다. 학생들은 자신들의 표현 방식이 매체 변화에 대한 올바른 적응 방식이라고 할 수도 있겠지만 지금의 컴퓨터 통신의 언어 사용이 결국은 쓰기의 형태로 표현된다는 점에서 매우 열등한 방식의 말하기가 될 수밖에 없다. 아무리 자신들은 말하기 방식으로 쓴다고 하더라도 정보를 수용하는 측에서는 듣기가 아니라 읽기로 정보를 수용해야 한다. 따라서 이러한 말하기 방식으로 진행되는 컴퓨터 통신의 언어 사용은 늘 의사 소통의 장애를 가져오거나 상대방에게 잘못된 언어 사용이라는 거부감을 줄 소지가 있다. 쓰기에서는 아직까지 문어체 사용이 일반화되어 있고, 지금과 같은 컴퓨터 통신의 언어 사용이 형식상 쓰기로 나타난다는 제약을 벗어나지 못하는 한, 지금과 같은 규범 일탈식 사용을 인정해 달라는 요구를 할 수 없다. '쓰기'라는 형식의 굴레를 벗어던지지 못하는 한, 컴퓨터 통신의 언어 사용은 자제하려는 노력을 기울여야 하며, 현행의 규범에 주의를 기울이려는 노력이 함께 진행되어야 한다. 이런 차원에서 설문지 6번 항목에 대한 반응처럼 앞으로도 이런 표현을 사용하겠다는 의식은 교정되어야 한다. 이러한 상황을 굳이 거부한다면 이 같은 방식을 이용하면서 제대로 의사 소통을 할 수 있는 모델을 사용자들이 스스로 만들어 정착시켜야 할 것이다.

3. 결론

이상에서 컴퓨터 통신상에서 주로 나타나는 학생들의 언어 사용 실태와 문제점, 대책을 살펴보았다. 지금까지와 달리 단순히 규범에 어긋난다는 점을 지적하기보다는 먼저 객관적으로 그 언어 사용을 보려고 노력했다. 그래서 먼저 이러한 언어 사용이 매체의 변화에 따라 나타나는 새로운 의사 소통 방식으로 '말하기'에 가까운 방식임을 밝혔으며, 이들의 언어가 자기 표현의 욕구로 인해 급속하게 변화해 가는 은어(隱語)라는 점을 지적했다. 다음으로 이들이 이러한 언어 사용을 하는 이유로 일반적으로 언급되어 온 입력의 편의 외에도 매체의 변화에 따른 언어 사용 방식이나 의식의 변화를 지적했다. 다음으로 이들의 언어 사용이 어떤 점에서 언어 규범에 일탈되고 있는가를 맞춤법, 표준어 규정, 구어체 남용과 연결지어 살펴보았다. 맞춤법과 관련하여서는 소리나는 대로 표기하려는 경향과 시각적 효과를 극대화하려는 경향, 언어 유희적 표기 경향을 살펴보았다. 표준어와 관련된 규범 일탈의 사례로서는 먼저 비속어와 유행어의 문제를 살펴보았고, 다음에는 은어의 문제를 살펴보았다. 은어의 경우에는 어떤 식으로 은어를 만들어 썼는지 유형을 나누어 보았으며, 그 구체적 사례를 제시하였다. 그 다음에 이러한 표기의 문제점과 대책을 제시하였다.

대책과 관련하여서는 결국 이러한 언어 사용을 무조건 금지하는 것은 올바른 지도가 되지 못하며 이러한 언어 사용이 어떤 문제를 일으키는가에 대해 구체적인 지도를 해야 하며, 경우에 따라서는 학생들의 의식을 바꾸거나 아니면 그들의 의식 변화를 적극적으로 수용하면서 올바른 언어 생활을 할 수 있도록 지도하는 방식을 취해야 한다는 점을 지적했다.

참고문헌

김대행(1998), 「매체언어교육론 서설」, 『국어교육』 97, 한국국어교육연구회.

박갑수(1994), 「언어의 혼란과 순화」, 『올바른 언어 생활』, 한샘출판사.

박인기(2000), 『국어 교육과 미디어 텍스트』, 삼지원.

이성구(1999), 「컴퓨터 세대의 국어 규범」, 『새국어소식』 통권 17호, 국립국어
     연구원.

최혜실(2000), 「사이버 공간의 언어 생활」, 『교육소식』 2000. 11. 5, 교육부.

최영환(1999), 「매체 변화에 대응하는 국어 교육」, 『국어교육』 98.

부록

설 문 지

요즘 학생들이 컴퓨터 통신을 할 때, 일상 생활에서 사용하는 언어와 다른 모습의 언어를 사용하는 것을 많이 볼 수 있습니다. '안냐세요, 방가, 하2, 전설 고딩 010, @^^@, ㄴ(-0-;)ㄱ, 즐통, 알바' 등이 그 예가 될 것입니다. 이 설문지에서는 앞으로 이러한 언어를 '컴퓨터 통신 언어'라고 부르겠습니다. 이 설문지는 컴퓨터 통신 언어의 사용에 대해 학생들이 어떻게 생각하고 있으며 얼마나 사용하고 있는지를 알아보기 위해 만들어진 것입니다. 특별한 말이 없는 경우에는 해당하는 곳 한 군데만 ∨를 해 주시고, 기타에 답하시는 경우, 괄호 속에 의견을 적어 주십시오.

1. 1주일에 몇 시간 정도 컴퓨터 통신을 하고 있습니까?
  　　① 7시간 이상 (44)　② 5~7시간 (26)
  　　③ 3~5시간 (29)　 ④ 1~3시간 (54)
  　　⑤ 1시간 이내 (45)

2. 컴퓨터 통신을 하면서, 컴퓨터 통신 언어 같은 표현이 가장 많이 사용되는 곳을 하나만 지적하여 주십시오.
  　　① 채팅할 때 (123)　② 이메일에서 (29)
  　　③ 게시판의 글에서 (14)　　 ④ 온라인 게임하면서 (20)
  　　⑤ 기타 (1)

3. 컴퓨터 통신을 하는 경우가 아닐 때에도, '컴퓨터 통신 언어' 같은 표현이 자주 사용됩니다. 다음의 경우에도 '컴퓨터 통신 언어' 같은 표현이 사용될 수 있을지 생각해 봅시다. 사용된다면 ○를, 아니면 ×를 괄호 속에 해 주십시오.
  　① 휴대폰으로 메시지 보낼 때 (184)
  　② 친구에게 쪽지 보낼 때 (162)
  　③ 학급 게시판에 친구에게 알리는 내용 적을 때 (39)

    ④ 노트에 필기할 때 (20)

    ⑤ 친구에게 엽서 보낼 때 (142)

    ⑥ 선생님께 편지 쓸 때 (4)

    ⑦ 학교 축제 안내하는 포스터에서 (43)

    ⑧ 어버이날을 맞아 아버님께 드리는 감사의 글에서 (7)

    ⑨ 전교 회장으로 출마하며 출마의 뜻을 밝히는 글에서 (13)

    ⑩ 일간 신문의 독자 투고란에 글을 보낼 때 (12)

4. 컴퓨터 통신 언어 같은 표현을 절대로 쓰지 말아야 한다고 생각되는 경우를 하나만 적어 보십시오. (　　　　　　　　　)

5. 여러분의 언어 생활에서 컴퓨터 통신 언어 같은 표현을 사용하는 시간이 1주일에 몇 시간 정도 된다고 생각합니까?

    ① 7시간 이상 (18)   ② 5~7시간 (13)

    ③ 3~5시간 (29)   ④ 1~3시간 (53)

    ⑤ 1시간 이내 (79)

6. 여러분이 결혼하여 자녀를 두게 될 즈음에도 이런 표현을 계속 사용하겠습니까?

    ① 계속 사용하겠다. (37)   ② 가끔 가다 사용하겠다. (100)

    ③ 사용하지 않겠다. (55)

7. 자기가 보낸 글을 상대방이 잘못 이해하거나 상대방의 글을 자기가 잘못 이해한 적이 있었습니까? 있다면 몇 번이나 있었습니까?

    ① 5회 이상 (18)   ② 3~5회 (23)

    ③ 1~3회 (83)   ④ 없다 (71)

8. 자신의 주변에서 이런 표현이 많이 쓰이는 것에 대해서 여러분은 어떻게 생각하십니까? (8-1~8-3의 한 항목에만 답하시오.)

    8-1 많이 써도 좋다. (61)

        8-1처럼 생각하는 이유는?

① 시대에 흐름에 맞으므로 꼭 필요한 표현 방식이다. (8)
② 공적인 언어 생활이 아니므로 사용해도 문제가 없다. (35)
③ 자신의 개성을 잘 드러낼 수 있기 때문이다. (12)
④ 기타 (6)

8-2 덜 쓰도록 노력해야 한다. (95)
　8-2처럼 생각하는 이유는?
① 컴퓨터 언어 같은 표현은 언어 규범에 어긋난다. (12)
② 자주 사용하다 보면 습관이 되어 아무 곳에서나 쓰게 된다. (58)
③ 원활한 의사 소통에 방해가 될 수 있다. (22)
④ 기타 (3)

8-3 절대로 쓰지 말아야 한다.(8)
　8-3처럼 생각하는 이유는?
① 컴퓨터 언어 같은 표현은 언어 규범에 어긋난다. (1)
② 자주 사용하다 보면 습관이 되어 아무 곳에서나 쓰게 된다. (3)
③ 원활한 의사 소통에 방해가 될 수 있다. (2)
④ 기타 (2)

9. (기능 면에서) 컴퓨터 통신 언어 같은 표현을 자주 쓰는 사람들이 이런 표현을 자주 사용하는 이유는 무엇이라고 생각하십니까?
① 내용을 빨리 입력하기 위해서 (122)
② 더 빨리 읽을 수 있고 더 빨리 이해할 수 있으므로 (17)
③ 일상 생활의 글보다 상대방에게 느낌을 잘 전달할 수 있으므로 (53)
④ 기타 (8)

10. (심리 면에서) 컴퓨터 통신 언어 같은 표현을 자주 쓰는 사람들이 이런 표현을 자주 사용하는 이유는 무엇이라고 생각하십니까?
① 친구들끼리 잘 통하는 표현이므로 (109)
② 뭔가 색다른 표현을 하고 싶어서 (40)
③ 요즘의 유행이라고 생각하므로 (29)

④ 어른들이 잘 모르는 표현이므로 (7)

⑤ 기타 (8)

11. 어른들이나 선생님으로부터 이런 표현의 사용이 좋지 않다는 지적을 받은
적이 있습니까?

① 자주 지적을 받았다. (78)   ② 몇 번 지적을 받았다. (59)

③ 지적을 받은 적이 없다. (51)

12. 어른들의 지적을 받은 경우, 그것에 대해서 어떻게 생각합니까?
(12-1과 12-2 중 하나에만 답하시오).

12-1. 지적이 타당하다고 생각한다. (93)

12-1에 답한 이유는?

① 이런 표현을 사용하지 말아야 할 곳에까지 사용한 것 같다.
(49)

② 이런 표현을 너무 자주 사용해서 지적을 받은 것 같다. (19)

③ 언어 규범에 어긋난 표현이라 지적을 받은 것 같다. (24)

④ 기타 (0)

12-2 지적이 부당하다고 생각한다. (41)

12-2에 답한 이유는?

① 개인적인 언어 생활까지 간섭한다는 생각이 든다. (15)

② 시대의 변화를 잘 모르는 낡은 사고 방식인 것 같다. (14)

③ 어른들의 언어 사용 습관을 우리에게 강요하는 것 같다. (11)

④ 기타 (1)

컴퓨터 언어 같은 표현으로 여러분이 자주 사용하는 것이 있으면 하나만 소
개해 보십시오. 그리고 일상적으로 쓰는 말로 하면 무슨 뜻인지도 함께 써 주
십시오.

컴퓨터 통신의 표현 (   )

⇒일상적으로 쓰는 말 (   )

수고하셨습니다.

교실현장 보고 2

청소년들의 문학 독서 실태

박 기 호*

1. 머리말

요즘 학생들은 TV, 애니메이션, 영화 등 각종 영상물에 익숙해져 있어서 사고를 요하는 독서를 즐겨하지 않고 있는 것이 실정이다. 그리고 독서를 하더라도 흥미를 먼저 생각하여 독서를 하고 있으며, 선생님이나 언론이 권장하는 문학책은 잘 읽지 않는다. 읽는 것보다는 단순하게보고 듣는 것에 익숙해 있기 때문이라고 할 수 있다. 적극적인 행위인독서를 통해서 책을 읽는 것보다는 수동적인 행위인 눈으로 쉽게 볼 수있는 영상매체를 더 선호하게 된 것이다. 하지만 이러한 경향이 지속된다면 청소년들의 사고력 저하와 상상력 결핍이 문제가 될 수 있다. 따라서 인간만의 능력인 사고의 퇴화를 막기 위해서라도 독서가 꼭 필요하며, 특히 인간의 본질과 삶을 표출하는 문학작품을 읽는 것은 매우필요한 일이라고 할 수 있다. 그러면 이렇게 영상매체에 익숙한 학생들이 실제로 어떤 문학책을 읽고 있는가 하는 실태를 조사하여 앞으로의문학교육의 방향을 제시하고자 한다.

* 서울사대부고 교사

2. 본문

다음은 서울사대부고 2학년 학생들 100명에게 독서 습관과 문학 독서 형태에 대해서 조사한 자료다. 이러한 자료를 바탕으로 하여 현재 청소년들이 어떤 독서 습관을 가지고 있는지를 추리해 볼 수 있겠다.

○ 학생들이 책을 읽는 목적은?

	흥미·재미로	정서 함양을 위해	수능 및 논술 대비	기타
인원수	34명	20명	41명	5명

흥미·재미로 읽는다가 34%, 정서 함양에 도움을 준다가 20%, 수능 및 논술에 대비하기 위하여가 41%로 나타난 것은 학생들이 책을 교양을 위해 읽기도 하지만 공부의 보조 수단으로 읽기도 한다는 것을 잘 나타내 준다. 따라서 이 두 가지를 조화시킬 수 있는 방안이 청소년들의 독서에는 요구된다고 할 수 있다.

○ 1주일에 책을 읽는 독서량 시간은?(참고서나 교과서 제외)

	1시간 이내	1시간 ~ 3시간	3시간 이상	기타
인원수	69명	25명	5명	1명

1시간 이내가 69%를 차지했으며, 1~3시간이 25%, 3시간 이상 책을 읽는 학생은 5%로 대부분이 독서 시간이 매우 부족한 것으로 나타났다. 학생들의 독서 시간을 늘릴 수 있는 방안을 강구할 필요가 있다. 책을 읽는 시간이 부족한 이유는 대부분 학업에 대한 부담 때문인 것으로 조사되었다. 아울러 책에 대한 흥미를 못 느낀다고 하는 학생들도 많은 것으로 보아 학생들의 독서 동기를 유발할 수 있는 방안이 학교 차원에서 마련되어야 할 것이다. 예를 들면 단체 시간을 이용하여 독서 시간을 갖는 것은 학생들의 부족한 독서 부족을 메워 줄 수 있을 것이다.

○ 독서의 필요성을 인식하는가?

	절대적으로 필요하다	그저 그렇다	필요 없다	기타
인원수	85명	13명	2명	

절대적으로 필요하다가 85%, 그저 그렇다가 13%, 필요없다가 2%로 대부분의 학생들은 독서의 중요성을 인식하고 있는 것으로 나타났다. 이렇게 독서가 중요하다는 인식을 가지고 있는 점을 활용하여 독서 습관을 기를 수 있는 방안이 마련되어야 할 것 같다.

○ 학생들이 즐겨 읽는 문학 장르는?

	소설	수필	시	기타
인원수	76명	14명	5명	5명

전체 학생 중 76%가 소설을 읽고 있다고 응답하였으며, 반면 수필은 14%, 시는 5%, 기타 5%로 주로 소설과 수필 같은 산문의 글을 선호하는 것으로 나타났다. 반면에 시집을 읽는 학생은 매우 드문 것으로 나타났다. 시집을 읽는 경우에도 그 구체적인 내용을 조사한 결과 문학사적으로 중요한 작가나 문학적으로 알려진 작가의 것보다는 사랑을 노래한 가벼운 베스트셀러 시집을 읽는 것으로 조사되어 학생들의 문학적 편중이 심함을 알 수 있었다. 학생들이 여러 장르의 문학작품을 골고루 접할 수 있는 방안이 강구될 필요가 있겠다.

○ 소설을 즐겨 읽는다면 어떤 내용물을 읽는가?

	순수 소설	환타지물	순정·연예물	기타
인원수	50명	25명	15명	10명

순수 소설을 읽는 경우는 50%, 환타지물은 25%, 순정·연예물이 각

각 15%, 기타가 10%로 과반수의 학생들이 순수 소설을 읽고 있다. 하지만 환타지물을 읽는 비율이 매우 높은 것은 특기할 만한 내용이라고 할 수 있다. 학생들이 컴퓨터에 친숙해지면서 컴퓨터 소설이라고 할 수 있는 환타지 소설을 많이 접하고 이를 흥미있게 읽고 있는 것이다. 순수 소설을 읽는 경우도 그 내용을 살펴보면 베스트셀러가 대부분이고, 나머지는 학교에서 추천하거나 수학능력시험과 관련이 있는 것들이 많았다.

○ 문학책을 어떤 경위로 접하게 되는가?

	서점에서 직접 보고	선생님의 추천	친구의 권유	교과서 보고	책 대여점 추천
인원수	25명	17명	20명	25명	13명

서점에서 직접 보고 구입한다가 25%고, 선생님의 추천을 통해 본다가 25%, 친구의 권유로 읽는다가 20%, 교과서를 통해 공부할 목적으로 읽는다가 25%, 책 대여점에서 추천하여 읽는다가 13%였다. 문학책을 접하게 되는 경위가 매우 다양함을 알 수 있다. 하지만 선생님의 추천이나 교과서에 언급되어 있거나 공부할 목적으로 읽는 것은 결국 적극적이고 능동적인 선택이라고 보기 어렵다는 점에서 과반수는 여전히 수동적인 독서를 하고 있다는 것을 알 수 있다. 그런데 여기에서 특기할 만한 것은 책 대여점의 역할의 커졌다는 점이다. 비록 책 대여점의 추천이 13%밖에 되지 않지만 실제로 학생들이 책을 읽는 경우 직접 사서 읽기보다는 대부분이 책 대여점에서 빌려 읽는다는 점에서 책 대여점의 역할은 매우 중요하다고 할 수 있다. 책 대여점이 어떤 책을 구비하고 있는가에 따라 청소년들의 독서 경향이 결정될 수 있기 때문이다. 그리고 이 조사에서는 제외되었지만 학생들이 가장 많이 읽는 책은 만화책이고, 이 만화책의 90% 정도는 책 대여점을 통해서 빌려 보고 있다. 그리고 나머지 문학책 같은 경우도 책 대여점이 구비하고 있는 것은 베스트셀러나 환타지 소설이 대부분이라는 점에서 학생들에게 부정

적이고 심각한 영향을 줄 수 있다. 고전이나 명작과 같은 것은 책 대여점에서 빌려 볼 수 없기 때문에 학교 도서관이나 지역 도서관에서 빌려 보는 경우가 많았다. 학생들은 책을 사서 보는 것이 경제적으로 부담이 되어서인지 대부분 대여해서 읽는 경우가 많았다. 이것은 용돈을 다른 것을 사는 데 써야 하는 이유도 있고, 또 책은 소유하기보다는 읽는 것이라는 의식이 널리 퍼져 있기 때문이라고 할 수 있다.

다음은 실제로 학생들이 읽은 책이다.

[한국 문학]
연어(안도현), 짜장면(안도현), 가시고기(조창인), 아버지(김정현), 태백산맥(조정래), 봉순이 언니(공지영), 태평천하(채만식), 무정(이광수), 모순(양귀자), 희망(양귀자), 삶이 나에게 가르쳐 준 것들(류시화), 화도(민병상), 새의 선물(은희경), 아리랑(조정래), 무궁화꽃이 피었습니다(김진명)

[세계 문학]
어린 방랑자(댄 카바키오), 딥스(액슬린), 수호지(시내암), 나의 라임오렌지 나무(데바스 콘펠로스), 죄와 벌(도스토예프스키), 향수(파트리크 쥐스킨트), 폭풍의 언덕(에밀리 브론테), 첫사랑(투르게네프), 개미(베르나르 베르베르), 그리스·로마 신화(토마스 볼핀치), 여자의 일생(모파상), 인형의 집(입센), 삼국지(이문열 편역), 앵무새 죽이기(하퍼리), 카라마조프가의 형제들(도스토예프스키), 그대의 모든 것(레베카 튜터), 제인 에어(C. 브론테), 테스(토마스 하디), 주홍글씨(호오도온), 나의 가장 사랑스러운 적(코니팔 멘), 거꾸로 읽는 그리스·로마 신화, 4대 비극(세익스피어), 두 도시 이야기(디킨스)

이러한 자료를 통해서 읽을 수 있는 것은 학생들이 책을 선택하는 데 있어 한국 문학과 세계 문학은 차별성이 없다는 것이다. 학생들은 자기 주변에서 접할 수 있는 책이면 한국 문학이나 세계 문학을 가리지 않고 읽는 경향이 있었다. 그리고 한국 문학의 경우에는 특히 베스트셀러로 광고가 많이 되고 있는 것을 선택하고 있다는 점에서 학생들에게 책을 선택할 수 있는 안목을 키워 주거나 추천도서를 체계적으로 제시해 줄 필요가 있다. 그리고 고등학생들이 읽는 책의 목록을 조사해 보면 대학생들이 읽는 책의 목록1)과 별반 다를 바가 없음을 알 수 있다. 이것은 고등학생은 이미 성인 독자와 같은 층이라는 것을 의미하기도 하지만 고등학생들이 읽을 만한 책이 따로 만들어지지 않고 있다는 것을 의미하기도 한다. 이와 관련하여 고무적인 것은 시인 안도현이 쓴 『연어』와 『짜장면』처럼 고등학생들이 읽기에 적당한 소설이 등장하고 있고, 실제로 많은 학생들이 이 책을 읽고 감동을 받고 있어 문학가들도 이 점을 염두에 둘 필요가 있겠다.

3. 맺음말

학생들의 독서 시간이 절대적으로 부족하다는 것은 어제 오늘 지적된 것이 아니지만, 실제로 그 실태는 심각하다고 할 수 있다. 학생들의 독서 시간을 확보하기 위한 장치를 구체적으로 마련해야 할 것이다. 학생들에게 자율적으로 맡겨서 집에서 책을 읽게 하기보다는 학교에서 단체 시간을 이용하여 독서 시간을 마련하는 것은 하나의 방법이 될 수 있겠다.

학생들의 문학작품을 읽는 실태를 살펴보면 특히 소설을 많이 읽는다는 것을 알 수 있다. 또한 재미와 흥미만을 추구하기보다는 교양과 공부의 보조 활동으로 독서를 이용하는 경우도 많음을 알 수 있었다. 이것은 입시를 목전에 두고 있는 학생들이라는 특수한 조건 때문이다. 이러한 조건을 무시하고 학생들의 독서 습관을 기르는 것은 어렵기 때문에 이를 조화시킬 수 있는 방안을 마련해야 할 것이다.

---

1) 향수(쥐스킨트), 새의 선물(은희경), 상실의 시대(무라카미 하루키), 폭풍의 언덕(에밀리브론테), 데미안(헤세), 햄릿(셰익스피어), 태백산맥(조정래), 나의 라임오렌지 나무(데바스 콘펠로스), 까라마조프가의 형제들(도스토예프스키) 등 [유종호(2000. 9), 「문학교육에 관한 단상」, 제1회 한·일 국어교육 비교 학술 대회].

요즘 새롭게 학생들에게 각광받고 있는 환타지 소설을 읽는 것은 스릴 있고 비현실적인 세상을 간접적으로 체험할 수 있기 때문이라는 이유가 많았다. 수필을 읽는 것은 삶의 냄새가 난다는 이유에서였다. 우리가 일상에서 같은 경험을 하는 경우가 많고, 비슷한 일이 많기 때문에 관심을 갖고 읽게 된다는 것이다. 명랑소설 또는 멜로 소설을 읽는 이유는 감수성이 예민한 나이에 있는 학생들이기 때문으로, 이들은 어떤 층보다도 감정에 대한 문제에 관심이 많다. 그래서 현실이 아니지만 사랑에 관해서 더 많이 알 수 있고 읽으면 사랑에 빠지고 싶은 생각이 들게 하는 이러한 책들을 읽는다고 할 수 있다.

위의 조사자료를 살펴보면, 고등학생이나 청소년이 읽을 수 있는 책이 따로 있지 않아 청소년의 독서욕구를 불러일으키지 못함을 알 수 있는데, 작가들도 이 점을 고려하여 창작할 필요가 있을 것이다. 아울러 책 대여점의 역할이 점점 커지고 있다는 점에서 책 대여점의 위상이나 역할에 대한 진지한 논의와 점검이 필요하다고 생각된다.

제 2 부 국어교육이란 무엇인가

한일국어교육비교학술대회

(2000. 9. 15. 서울시립대학교)

문학교육에 관한 단상
-한국의 경우-

유 종 호*

1.

한 마디로 문학교육이라고 하지만 그 수준과 목적에 따라서 지향점
이나 방법에 차이가 날 수밖에 없다. 기초적인 읽기, 쓰기 능력의 개발
을 위한 초등학교 수준, 그 연장선상에 있는 중·고교 수준, 대학의 일
반 교양과목 수준, 그리고 이른바 문학전공자를 위한 문학교육들이 목
표와 방법을 스스로 달리한다고 하겠다. 여기서는 대학의 일반 교양과
목 수준의 문학교육을 주로 염두에 두면서 개인적인 경험에 기초한 몇
가지 소견을 개진해 보고자 한다.

영국의 역사가인 에릭 홉스봄이 1993년 부다페스트 소재의 중앙유럽
대학에서 1993~4학년도 개강 강의로 <역사에 대한 새 위협>이란 강
연을 한 일이 있다. 이 강의 내용은 뒷날 「역사의 안팎」이란 제목으로
게재되어 『역사에 관하여』란 책에 모두 논문으로 수록되었다. 이 에세
이의 끄트머리에서 에릭 홉스봄은 대학에서 가르치기 시작하였을 때
자기의 은사가 들려주었다는 충고의 말을 인용하고 있다.

자네가 가르쳐야 할 사람들은 자네처럼 총명한 학생들이 아니네. 그들은
2등급의 바닥에서 학위를 받게 되는 보통 학생들이야. 1등급의 학생들을

---
* 연세대학교 석좌교수

가르치면 재미있지만 그들은 스스로 잘 해 낼 수 있네. 자네를 진정 필요로 하는 것은 보통 학생들이란 것을 잊지 말게.

홉스봄은 이러한 생각이 대학만이 아니라 세계 일반에도 적용된다고 말하였다. 정부, 경제, 학교 등 사회의 모든 것이 스스로 잘 해 낼 수 있는 특권적인 소수를 위해서 있는 것이 아니라, 특별한 재능을 갖춘 것도 아니고 각별한 혜택을 입은 것도 아닌 보통 사람들을 위해서 있는 것이라는 점을 강조하면서 그 글을 끝내고 있다. 문학교육을 이야기하는 자리에서 엉뚱하게 역사가의 말을 인용한 것은 많은 교사들이 소홀히 하고 있으나 사실은 명심해야 할 국면을 인상적으로 지적하고 있기 때문이다. 교육이 우수집단을 위해서 혹은 그 양성을 위해서 있는 것이고 보통 이하는 소홀히 해도 된다는 심층적인 단견(短見)이 널리 퍼져 있는 우리 사회에서 에릭 홉스봄의 지적은 특히 되풀이해서 상기되어야 한다고 생각한다. 문학교육도 예외는 아니다. 제도적 문학교육을 잘 받았기 때문에 훌륭한 시인 작가로 성장한 경우는 많지 않다. 자기 교육을 통해서 시인 작가로 성장한 사례가 많다는 것은 재능 있는 소수파는 남의 도움 없이도 스스로를 돌볼 수 있다는 사실을 증거한다. 지도가 필요한 것은 보통 학생들이다.

대학의 일반 교양과목 수준 혹은 문과 학생의 필수과목으로서의 문학교육은 인문학 일반의 교육과 맥을 같이한다. 간단히 말해 인문학은 서양 고전고대(古典古代)의 파이데이아(paideia) 이념을 수용하여 도덕적 목적을 위해서 문학·역사·철학을 연구한 르네상스 인문주의와 혈연적 근친성을 가지고 있다. 일관성 있는 일련의 도덕적 가치가 위대한 문학 정전(正典) 속에 내장되어 있으며, 그러한 전통과 친숙케 하는 것이 나쁜 의미의 도덕교육의 효과적 방편이 된다는 것은 인문주의 옹호의 정석적(定石的) 발언이 되어 왔다. 근자에 도덕교육의 방편으로서의 인문학의 가치는 의심을 받고 있다. 인문적 훈련이 감수성을 세련시킬지는 모르지만 도덕 감각을 세련시켜 주지는 못한다는 것이다. 그렇지만 인문학 연구에 필요한 감정이입과 초월, 정신의 유연성과 개방성 등은 열린 사회에서 꼭 필요한 시민적 자질이라고 할 수 있다. 인문학의 해석 방법들은 다원적 사회에 요구되는 시민적 덕성을 계발하기 마련이고, 인문학의 인간 형성력은 부정할 수 없다. 또 지배계급을 위한 교과과정이었다는 비판이 틀린 것은 아니나 인문주의는 기본적으로 민주적 기획이다. 덕성과 지혜는 전수되고 가르쳐질 수 있는 것이라는 암묵의 전제가 있기 때문이다. 덕성을 갖춘 인품은 출생의 문제가 아니라 인문적 교육을 받을 기회와 기능이 있는 누구에게나 열려져 있다는 것이다. 이 점은, 진리란 전수가 불가능하며 각자가 깨달을 수밖에 없다는 가령 선(禪)불교의 관점과는 대조적이다. 문학교육을 논하는 자리에서 우리가 다시 한 번 확인하고 들어갈 사항들이라 하겠다.

2.

교육을 생각할 때 떠올리게 되는 말이 또 하나 있다. 요즘 젊은 세대 사이에선 읽히지 않는 프랑스의 알랭의 "교육은 단호하게 시대에 뒤떨어져야 한다"는 말이 그것이다. 교육개혁이란 이름으로 행해졌으나 별 실효를 거두지 못한 수다한 제도적 수정과 변개를 경험한 우리 사회에서 음미해 보아야 할 말이 아닌가 한다. 문학교육에 관한 한 동양 전래의 삼다주의(三多主義)야말로 대안없는 최상의 방책이라고 생각한다. 다독(多讀), 다작(多作), 다상량(多商量)은 물론 문장 수련의 지침이지만 문학교육 전반에 적용되는 것이라고 할 수 있다. 다독은 인문적 교양을 위한 폭넓은 섭렵이라는 일반적 목적을 떠나서 창작교육이라는 점에서도 불가결한 요소다.

요즘 흔히 쓰이는 용어로 상호 텍스트성(intertextuality)이라는 것이 있다. 옛말로 하면 인유(引喩)에 가까운 것이지만, 개념의 지평은 전혀 다르다. 상호 텍스트성의 관점에서 본다면 시작(詩作)이나 창작 과정은 기독교 창조신화의 세속적 적용이 풍기는 것과 같은 무(無)로부터의 신비로운 창작이 아니라, 시인의 개인적 경험과 선행 작품을 질료로 해서 많은 기술적 도야를 거치면서 작품을 마련해 내는 제작 과정 혹은 생산 과정이 된다. 시작 과정의 발생적 설명으로는 한결 설득력이 있다고 생각되는데, 선행 작품의 다독이 얼마나 중요한지 분명해진다. 시가 시를 낳고 좋은 시가 좋은 시를 낳는다고 말할 수 있다. "풍경화가를 만드는 것은 풍경이 아니라, 풍경화가 풍경화가를 만든다"는 앙드레 말로의 지적은 특정 장르에서의 관습(convention)의 중요성을 시사하면서 예술 일반에 적용되는 말이다. 그런 의미에서도 다독의 중요성은 아무리 강조해도 지나치지 않다.

다작의 중요성도 강조되어야 한다. 글을 써 봄으로 해서 비로소 좋은 글에 대한 선별 능력도 길러진다고 할 수 있다. 독보적인 동양예술인 서도(書道)에서도 습자 혹은 임지(臨池)가 글씨의 향상뿐만 아니라 명필의 감식력을 길러 준다는 것은 널리 알려진 사실이다. 전문적인 창작 교육의 경우에도, 가령 소설에서 퍼시 라복(Percy Lubbock) 같은 초기의 이론가가 중요시한 시점(Point of View)의 문제는 실제 소설을 써 보면 문제의 소재와 성질이 극명하게 드러나게 마련이다. 따라서 전문적인 문인을 양성한다는 것과 상관없이 다작은 문학교육에서 핵심적인 것이다.

다상량(多商量)이란 요즘 용어로 말하면 미국의 신비평에서 강조하는 'colse reading'에 해당하는 것이다. 텍스트를 꼼꼼히 읽고 동시에 문맥이나 관련 사항을 빠짐 없이 검토하는 것을 말한다. 또 자기가 쓴 글을 세세히 반성적으로 검토하면서 조탁의 여지는 없는가를 검토하는 것이다. 이렇게 볼 때 동양 전래의 삼다주의는 문학교육의 핵심을 망라하고 있다고 할 수 있다. 우리에게 필요한 것은 그 현대적 적용과 지혜로운 운영이다.

3.

다독의 중요성이 인정되면 무엇을 읽힐 것인가 하는 문제가 떠오르게 된다. 대학마다 필독서 일람표를 만들어 권장하는 것이 상례인데, 우리 사회에서는 그 필요성이 특히 각별하다. 대학입시를 위해서 고등학교 진학 후 책다운 책 한 권 읽지 못하는 것이 우리나라 고등학생들의 실태다(대학생들의 문학 독서의 실상에 대한 하나의 징표로서 이 글의 끝머리에 필자가 가르치고 있는 학교에서의 조사 자료를 첨부하였다). 문학이 현실보다도 더 현실적으로 비칠 수 있는 청소년기를 최상급의 문학과 동떨어진 채 살게 한다는 것은 누구나 개탄해 마지않는 왜곡된 교육 양상이지만, 그 극복책은 강구되지 않고 있다. 독서 권장을 위해서 채택한 논술고사가 일정 부분 긍정적 역할을 하고 있는 것이 사실이지만, 그것은 당초의 목표를 벗어나 논술쓰기라는 요령 획득을 위해 시간을 바친다는 새 부작용을 낳고 있다. 한편 외국 고전문학의 공인된 책임 있는 번역본이 갖추어져 있지 못하다는 점도 문제다. 그러나 어쨌든 필독서 일람표를 만들어 권장하고 또 직접 지도하는 것이 필요함은 말할 것도 없다.

널리 인정되는 바와 같이 문학은 언어 예술이다. 예술의 중요한 특성은 그것이 스스로 사람쪽으로 다가온다는 것이다. 거역할 수 없는 매력 혹은 마력(魔力)까지 가지고 있기 때문에 예로부터 사람들은 예술에 대한 탐닉을 경계해 왔다. 그러니까 문학교육의 첫걸음은 매력 있는 작품을 접하게 함으로써 피교육자가 자연스레 그 매력의 포로가 되도록 하는 데서 시작해야 한다. 우선 읽을거리가 재미있어야 하고 또 교육실천 현장이 자유와 자발성을 제고하는 방식으로 운영되어야 한다. 지나친 우의적 해석이나 교훈 찾기는 교실에서 자제해야 할 것이다.

여기서 대두하는 것이 이른바 문학 정전(正典)의 문제다. 성서의 정전 형성으로부터 유추하여 문학 정전 형성의 역사를 일종의 모의 과정으로 파악하고, 그것이 사회적 혹은 정치적으로 강력한 집단에 소속되지 않으며 그 글이 공공연히 혹은 은밀하게 지배집단의 이데올로기를 표현하지 않는 사람들의 글을 억압하려는 의도적·암묵적 기도라는 비판이 제기된 지 오래다. 이에 정전 비판자들은 정전의 개방이나 폐기를 강력히 요구하고 있다. 그리고 급진적인 교사들에 의해 교육 현장에서 정전의 개방과 수정이 현실화되어 있는 경우도 많다. 그러나 역사적·실증적 검토는 문학 정전 형성이 성서의 정전 형성과는 성질을 달리하며 모의설의 이미지가 촉발하는 과정과는 다르다는 것을 보여준다. 정전 비판자들이 정전으로부터의 배제라고 생각한 것은 역사적 맥락에서 보면 사실상 문학 생산의 수단, 즉 문자 해독으로부터의 배제였다는 점, 정전 형성의 과정은 읽기·쓰기의 지식 보급이라는 사회적 기능과의 관련 속에서 고대 학교에서 처음 생겨난 것이라는 점, 텍스트의 선정은 목적 자체가 아니라 목적을 위한 수단이었다는 점이 대체로 시인될 수 있을 것이다. 우리는 문학작품의 본래적·내재적 가치에 의해 정전 형성이 이루어졌음을 인정하면서, 유서깊은 고전 위주로 필독서의 일람표를 작성하고 교육에 임하여야 한다. 최근 들어 심미적 가치나 취향이란 것이 특정 계급의 성향과 관계된 것이라면서 미적 가치나 문학적 가치를 평가절하하려는 경향도 있다. 모든 것을 정치적 척도로 검토하려는 태도를 문학교육에 적용한다는 것은 오도적(誤導的)이다. 문학 텍스트는 종전의 정전 개념을 탄력성 있게 적용하여 선정해야 할 것이다. 다만 필독서의 일람표는 교육 현장에서의 경험을 기초로 하여 부단한 재검토와 수정을 가할 필요가 있다. 학생들은 자기들이 처해 있는 상황이나 자신들의 문제와 관련이 있는 것에 대해 흥미를 갖게 마련이다. 그러므로 유관성이란 것도 텍스트의 선택에서 중요한 기준이 되어야 한다.

크게 말하여 예술교육이나 문학교육의 목표에는 세계 향유 능력을 길러 주는 것도 포함되어 있다. 아름다운 자연이나 경관을 즐기고 구경하는 것의 연장선상에 놓여 있다고도 할 수 있는 것이다. 아름다운 자연의 정감적 치유력은 우리에게는 생소한 경험이 아닌데, 과도한 탐닉이 아닐 때 예술도 마찬가지다. 한편 문학에는 정답이 없다. 적정한 복수의 답변이 있을 뿐이다. 어떻게 생각하면 세상사에 단답형 정답이 없다는 것을 실감케 해 주는 문학의 한 기능일지 모른다. 문학적 감수성

을 점수화하려는 규격화된 기도나 입시제도의 반인문적(反人文的) 성격
은 이 점에서도 너무나 극명하게 드러난다.

4.

누구나 알고 있으면서도 절감하지 못하는 것이 문학은 언어 예술이
라는 사실이다. 이 문학의 언어 예술됨을 가장 잘 구현한 것이 바로 시
라고 할 수 있다. 따라서 문학교육의 첫걸음은 시에서 출발해야 한다.
제자리에 놓인 적정한 말의 묘미를 음미하는 일은 곧 모국어의 이모저
모를 이해하는 일이고, 동시에 언어의 성질과 기능에 대한 통찰의 계기
와 접하는 것이 된다. 글자 한 자의 차이에 세계가 명멸(明滅)하는 것을
실감하는 감수성을 길러주는 것이 문학교육의 한 목표라고 할 수도 있
다. 그러나 한 가지 분명한 점은 시의 문맹률(文盲率)은 전문적인 문인
사이에서도 아주 높다는 것이다. 소설에 대해 이해나 통찰을 보여주는
시인은 많지만, 시에 대해서는 황당무계한 소리를 하는 작가가 의외로
많다. 문학교사의 경우도 예외는 아니어서, 교사에게 교육이 절실히 요
청되는 분야가 바로 시 분야라고 생각한다.

시에 대한 몰이해가 작품을 전언(傳言)이나 소재 위주로 판단하고 평
가하는 편향된 관행을 낳았고, 그것은 매우 오도적이다. 물론 전언이
없는 시는 없다고 할 수 있고, 그 전언을 알아차리지 못하고서는 이해
가 이루어지지 않는 것도 사실이다. 그러나 전언만이 목적은 아니다.
민주주의는 과정이 중요하다는 말이 있는데, 문학에서 전언 찾기가 중
요하기는 하지만 더 중요한 것은 그 과정이라고 할 수 있다. 다시 말해
서 어사(語辭) 하나 하나를 음미하고 의미의 부확정성을 짚어 보고 즐
기는 과정이 중요하다. 서정주의 시집 『안 잊히는 일들』에 「唐音」이라
는 작품이 있다.

아미산월가(蛾眉山月歌)라
아미산월이반륜추(半輪秋)하니

영입평강강수류(影入平羌江水流)를……
일고여덟 살 또래의 우리 書堂 패거리들이
여름 달밤 그 마당의 모깃불가를 돌며
요컨데 병아리 소리로 唐音을 合唱해 읊조리는 것을
고것은 전연 고 意味 쪽이 아니라
순전히 고 뜻모를 소리들의 매력 때문이었습니다.
그리고 또 어이턴, 모깃불의 신바람에,
달밤에 우리 소리를 올려 펴 보내는 것이었습니다.
女子의 이쁜 눈썹 같은 거니 뭐니
고런 생각일랑은 전혀 아니었습니다.

옛 서당의 암송 교육은 시 교육 정도로 생각하면 된다. 암송을 통해 '뜻모를 소리들의 매력'을 더욱 실감하게 되었을 것이다. 시에서는 뜻 못지않게 소리와 울림이 중요한데, 시인은 그 문리(文理)를 어릴 적에 깨우쳤다. 우리가 되살려야 할 옛 지혜가 바로 이 시의 암송 교육이다. 좋은 시는 본의 아니게 암송하게 되는 매력을 가지고 있기 때문에 시 암송은 그리 힘드는 일이 아니다. 암기가 창의성의 개발에 나쁘다는 얘기가 있는데, 이는 수학공식의 성립 과정을 이해하지 않은 채 기계적으로 암기하는 경우에 해당하는 얘기일 뿐이다. 기억하지 않고 우리가 어떻게 외국어를 습득하고 역사를 구성할 수 있겠는가? 그리스 신화에서는 기억의 여신을 모든 예술의 어머니로 받들고 있으며, 아홉이나 되는 뮤즈는 기억의 여신과 제우스 사이의 소생이다. 매우 시사적인 사실이 아닐 수 없다. 좋은 시와 문장의 암송이 그대로 글쓰기 능력으로 이어지는 것은, 문장 패턴의 암송이 외국어 작문에서 필수적이라는 사실과 평행하는 현상이다. "교육은 단호하게 시대에 뒤떨어져야 한다"는 알랭의 말에 다시 한 번 공감을 표명하지 않을 수 없다.

5.

요즘은 이론 폭발에 이어 이론 학습의 시대라는 말이 있다. 많은 학생들이 푸코나 데리다만 읽고 정작 작품은 읽지 않는다고 혀를 차는 영미쪽의 교사들이 많다. 글로벌 시대라 지적 유행의 전파 속도도 굉장히 빠르다. 우리 사회에서도 작품은 젖혀 놓고 이론에만 열중하는 이론 청년들이 많으며 또 증가하고 있다. 몇 권의 이론서를 정독하고 나면 신선한 화제를 생산하여 현학 취미를 충족시키고 과시할 수 있다는 것은 사실이다. 이론 학습과 문화 연구에 밀려 문학작품 읽기는 뒷전이라는 얘기를 하는 동료들도 늘어 가고 있다. 이를 그저 일시적인 열기 쯤으로 보아 넘기는 것은 적절한 태도라고 할 수 없다. 이론으로 무장한 관점이 그 때까지 못 보았던 많은 것을 보게 한다는 것은 사실이고, "무장한 비전에게는 면돗날도 톱날로 보인다"는 것이 진실이다. 그러나 이론도 결국은 세계 이해와 문학 이해의 한 방법이라는 점을 명심해 두어야 한다.

근자에 우연히 해럴드 블룸(Harold Bloom)의 새 책『왜 또 이렇게 읽을 것인가(*How to Read And Why*)』를 읽고 감개가 무량하였다. 그것은 이론 학습에 밀려 구석으로 방치된 감이 있는 명작들에 대한 저자의 독서 기억과 감동의 진솔한 토로이면서 독서의 대가가 후학에게 들려주는 격려와 충고의 책으로서, 요즘 보기 드문 문학애호의 전도서(傳道書)기 때문이다. 얼마 전『서구의 정전(正典)』이라는 책에서 분노학파의 이데올로기 전횡의 접근방식을 비판하며 문학의 내재적 가치를 옹호하고 정전에 대한 애도가를 들려준 아마도 우리 시대 최후의 인문주의자의 한 사람일 그는, 이 새 책에서『서구의 정전』이 빠뜨린 명작들을 다루고 있다. 투루게네프의『사냥꾼의 수첩』과 체홉의『입맞춤』으로 시작하는 이 책에서, 그는 우리가 문학을 읽는 것은 궁극적으로 자아를 강화하고 자아의 진정한 관심사를 알기 위해서라고 반복해서 지적하고 있다. 그리고 현시점에서의 비평 기능은 자아를 넘어선다고 추정되는 관심사를 위해서가 아니라 자신을 위해 독서하는 독방(獨房)의 독자들을 향해 얘기하는 것이라고 강조하고 있다. 유교적 전통 속에서 자라온 우리에게 그의 관점은 때로 유아론적(唯我論的)으로도 들릴 수 있다. 그러나 규격화된 상투어와 무잡(蕪雜)한 대중문화의 비속성이 대세를 점하고 시장(市場)지향의 어휘가 사회의 에토스를 지배하는 오늘날, 그의 관점은 문학교육이 있어야 할 방식에 대한 지침이 된다고 생각한다. 적어도 교양과목으로서의 문학교육에 관한 한은 그렇다. 우선 문학을 즐기게 하는 것이 중요하고, 그 다음에 후속되는 여러 가지 문제는 평생교육의 과제로 남겨 두어야 할 일이다. 항상적이고 깊은 책읽기만이 자율적인 자아를 확립해 준다는 그의 인문주의적 견해는, 문학 독서가 민주시민의 덕성과 무관하지 않다는 사실을 시사해 준다.

참고자료

감명깊게 읽은 문학책

인문학부 1년

토지(박경리) (2)
당신들의 천국(이청준) (2)
그 섬에 가고 싶다(임철우) (2)
태백산맥(조정래) (2)
까라마조프가의 형제들 (2)
천국의 열쇠(크로닌)
성채(크로닌)
레테의 연가(이문열)
젊은 날의 초상(이문열)
반지전쟁(톨킨)
나의 라임오렌지 나무
멋진 신세계(올더스 헉슬리)
데미안(헤세)
대지(펄 벅)
두 친구(모파상)

그리스인 조르바
젊은 그들(김동인)
조개줍는 아이들
살며 사랑하며 배우며
난장이가 쏘아올린 작은 공(조세희)
어린 왕자(생 텍쥐페리)
빙점(미우라)
젊은 베르테르의 슬픔(괴테)
상실의 시대(무라카미 하루키)
신곡(단테)
　　　　30명

　　　인문학부 2학년
쿠오 바디스(솅키에비치)
남자의 향기
거기 그 산이 정말 있었을까(박완서)
료오마는 간다(시바 료타로)
삼국지(이문열)
숨어 있기 좋은 방(신이현)
일각수의 꿈(무라카미 하루키)
난장이가 쏘아올린 작은 공(조세희)
햄릿(셰익스피어)
황제를 위하여(이문열)
좁은 문(앙드레 지드)
고도를 기다리며(베케트)
새의 선물(은희경)
　　　　13명

전공 및 인문학부 3·4학년

토지(박경리) (2)
사람의 아들(이문열) (2)
새의 선물(은희경)
데미안(헤세)
댄스댄스댄스(무라카미 하루키)
운수좋은 날(현진건)
쿠오레
홍루몽
비명을 찾아서(복거일)
마음(나쓰메)
향수(쥐스킨트)
은하영웅 전설(다나카 요시키)
회색인(최인훈)
좀머씨 이야기(쥐스킨트)
젊은 베르테르의 슬픔(괴테)
아리랑(조정래)
지와 사랑(헤세)
보바리 부인(플로베르)
폭풍의 언덕(에밀리 브론테)
모리와 함께 하는 화요일(Mitch Alborm)
유리알 유희(헤세)
임꺽정(홍명희)
24명

이상은 1999년 9월 7일 <문학이란 무엇인가>라는 과목 개강 첫 날 <내가 가장 감명깊게 읽은 책>이란 제목의 글쓰기를 하게 하여 통계를 낸 것이다. 등록 확정이 안 된 시점이어서 결석생과 미제출자도 상당수 있었다. 단편이나 시 한 편을 적어낸 학생도 있었다.

일본어 교육과 문학 교육

가와모토 고지*

기묘하게도 일본의 교육계·연구계에서는, 일본어는 일본어가 아닌
'국어'로 불리고, 일본 문학은 일본 문학이 아닌 '국문학'이라 불려 왔다
(최근에 이르러 서서히 개선 조짐이 보이고 있으나). 이 특이한 용어의 역사
와 의미에 대해서는 이연숙의 획기적인 연구1)가 있다. 그러나 이 두 호
칭이 학교의 수업 과목명이나 대학 기타 연구부문의 명칭 등 주로 교육
과 연구에 관련된 부분에서만 통용되고 있음은 보다 주목할 필요가 있
다. 예를 들어, 일본에서는『세계문학전집』에 맞서『일본문학전집』이라
는 호칭이 쓰이고『국문학전집』이라고는 하지 않는다. 또 일상 대화에
서도, 영어나 프랑스어에 대하여 일본어라고 말하는 것이 보통이고 수
업의 교과목 외에 '국어'라는 말이 쓰이는 예는 거의 없다(『국어사전』도
교육 분야에 포함시켜 무방할 것이다).

이제 와 돌이켜보면 내셔널리즘의 냄새를 농후하게 풍기는 이 두 낱
말의 사용에 대하여, 메이지(明治) 시대 이래 교육정책과 교육제도의 당
사자들이 특별한 애착을 보인 것은 어떤 의미에서 당연하다. 본디 언어
와 문학은 근대국가의 존립에 불가결한 이데올로기로서의 내셔널리즘
을 굳건히 떠받치는 양 바퀴이기 때문이다.

베네딕트 앤더슨의『상상의 공동체(*Imagined Community*)』(1983 ;
1991)에 의하면, 국가와 국민의 균질성·통일성을 보증하는 것은 최종

---

* 川本皓嗣 : 東京大學 명예교수
1) 李姸淑(1996),『'國語'という思想』, 岩波書店.

적으로는 언어뿐이다. 그렇기에 더더욱, 이연숙이 훌륭히 입증하였듯이
메이지의 일본은 서양 세계의 강력한 외압 아래에서 통일국가라는 외
견(外見)을 정비하기 위하여 당시에는 아직 어느 곳에도 존재하지 않았
던 '표준어'를 억지로라도 만들고자 하였던 것이다. 그 토대가 된 것은
수도 도쿄의 중류층 이상이 쓴 대화체인데, 거기에 일종의 인공적인 수
정을 가한 '표준어'가 교과서를 통하여 전국의 학생에게 교육되었다. 이
와 동시에 각 지역의 방언은 교실에서 엄격히 제한되어 그 말살이 도모
되었다. 문명국가의 체재를 갖추기 위하여 급조된 로쿠메이칸(鹿鳴館)[2]
에서 급조된 서양무도회가 개최되었듯이 속성의 표준일본어가 준비되
어 급속히 전 국민에게 확산된 것도, 당시로서는 어쩔 수 없는 역사
의 필연이었을 것이다.

　그렇다면 '국어'라는 용어는 오히려 그러한 내셔널리스틱한 의도를
준비 없이 염치없이 드러낸, 바보스러울 정도로 고지식한 호칭에 지나
지 않는다고 할 수 있다. 예를 들면 프랑스에서는 프랑스어는 francais,
프랑스 문학은 litterature francaise로, 언뜻 보아 객관적인 이름으로 불
리고 있다. 그러나 내실(內實)을 보면 결코 무색투명한 언어와 문학의
분류명이 아니다. 이성과 세련됨과 높은 인간성이라는 면에서 '세계 정
상인 우리 조국 프랑스'의 '국어(langue nationale)'이자 '국문학(litterature
nationale)'이라는 울림을 가지고 있다. 그리고 독일 고유, 게르만 민족
고유의 언어와 문학의 양쪽을 의미하는 독일어 Germanistik라는 말에
는 보다 강렬한 내셔널리즘의 냄새가 배어 있다. 언어와 문학이 근대국
가의 통일성과 대외적 이미지를 구조적으로 보증하는 한, 호칭이야 어
떻든 그 정체에는 변함이 없다. 단 일본 당국이 한국합병시대에 자폐적
이고 무신경한 자기 만족에서 '국어'와 '국문학'을 조선 민족에게 강요
함으로써 그들의 신경을 거스르게 한 것은 참으로 어리석고 잔혹했다
고밖에 할 수 없다.

---

2) 역주 : 1883년 도쿄에 외국인의 숙박과 접대를 목적으로 하여 세워진 건물. 숙
　박과 접대할 때를 제외하고는 클럽에 대여되어 야회·무도회·바자·연주회
　등이 빈번히 개최되어 내외 귀빈의 사교장 역할을 하였다.

생각건대 내셔널리즘이란, 자국의 토지나 고유의 가치관에 대한 자발적인 애착과 긍지라는 면과 함께 그보다 한층 더, 타인의 눈에 비치는 자기 이미지에 대한 강한 의식, 타인에게 잘 보이고 훌륭하게 보이고 싶다는 욕망의 면이 강한 것은 아닐까. 게다가 내셔널리즘은 개성과 독자성을 중시하는 유럽 낭만주의의 총아인 만큼, 그러한 대외적인 자기 이미지에는 다른 민족에게는 없는 독특한 특성과 탁월성, 외래적 요소가 섞이지 않은 순수성, 먼 민족의 기원에까지 거슬러 올라가는 본질의 일관성이 요구되었다. 물론 이러한 이미지가 국민의 내적 통일의 상징으로서 작용하는 것은 말할 나위가 없다. 그러나 그렇게 안으로 작용하는 이미지도 역시 타자를 향한 '과시', 외견(外見)에 근거를 두고 있음은 간과할 수 없다.

사실 국가가 밖을 향하여 자기의 탁월성과 독자성을 과시할 때 보다 더 큰 힘을 발휘하는 것은 언어보다 오히려 문학인 경우가 상례다. 내셔널리즘이 외적인 자기 이미지를 형성해 나갈 때 그 구체적인 내용으로 삼고 의지하는 것은 언어보다는 문학이다. 왜냐 하면, 상식적으로나 언어학적으로나 본디 언어 자체에는 미추나 우열의 차가 없고, 특히 타국에 대한 자국의 우월을 주장하기 위하여 언어의 우수성을 직접적인 근거로 삼기는 곤란하기 때문이다. 물론, 예컨대 프랑스처럼 언어 그 자체를 훌륭한 자산으로 삼아 밖으로 자랑하는 나라도 있지만, 프랑스어에 부여된 여러 특질들은 실제로 프랑스어로 쓰인 문학의 성질의 반영에 지나지 않는 것이 많다. 따라서 언어가 내셔널리즘에서 행하는 역할은 오히려 방어적인 것, 즉 고유의 언어를 가짐으로써 밖으로부터의 압력에 대항하여 국가 존립을 정당화하는 쪽에 있을 것이다.

주지하는 바와 같이 내셔널리즘에는 능동적·팽창적인 것과 수동적·방어적인 것의 두 종류가 있으나, 어느 경우든 대외적 이미지의 형성에서 문학이 수행한 괄목할 만한 역할에는 변함이 없다. 예를 들면 19세기 영국은 타의 추종을 불허하는 공업력과 군사력뿐 아니라, 문명(civilization)의 최첨단을 가는 높은 기독교적 도덕성, 앵글로 색슨 특유의 견인불발(堅忍不拔)의 정신, 그리고 굳건한 상식성, 이 모든 것을 여실히 반영하는 독자의 뛰어난 문학적 전통의 이미지를 내외에 과시함으로써 국내의 단결을 강화시킴과 동시에 탁월한 문학의 이름 하에 세계 각지의 식민지화를 정당화하였다. 문학으로 상징되는 고도의 문명이 무지·암흑의 후진민족을 교화하고 교도한다는 '사명' 내지 구실을 부여한 것이다. 팽창적인 내셔널리즘에서 내지·외지의 문학교육은 보편적인 '교양'이나 '미적 취향'의 함양뿐 아니라 지극히 강한 이데올로기적·정치적 임무를 띠고 있다. 대영제국의 식민지에서, 교과서를 통하여 가르쳐지는 영국 문학의 명작은 현지인에 대하여 그러한 위대한 문학을 낳은 영국이라는 국가의 이미지와 그러한 위대한 국가의 문화에 참여할 수 있는 기쁨을 심게 된다.

또 프랑스는 격조 높은 인간성과 보편적 이성에 바탕을 둔 고유의 탁월한 문학의 이미지를 내외에 선전함으로써 국민의식의 강화를 도모할 뿐 아니라, 역시 뛰어난 문학의 미명 하에 알제리아와 그 밖의 지역에 대한 식민지화를 정당화하였다. 문화의 수준 높음의 외적 이미지가 침략과 착취의 근거를 부여하고 노골적인 군사적 욕망을 은폐하는 것이다(단 한국합병시대에 일본은 자문화에 대한 자기 도취에 빠져, 문학이 외부에 미치는 그러한 이데올로기적 효과에는 상당히 무자각했던 듯하다).

한편 패권적인 선진세력의 외압에 노출된 나라나 민족에서도 타자를 향한 '봐 주시오' 식의 문화 이미지가 마찬가지로 중요한 기능을 한다. 강국을 향하여 군사력·방어력으로써 직접적인 저항을 시도하는 것뿐 아니라, 나라로서, 문화로서의 자기 고유의 높은 가치를 제시하는 것이 필요하기 때문이다. 이 때에 내셔널리즘은 우원한 듯 보이면서도 무엇보다도 문학 방면에 노력을 기울인다. "너희들의 문화와 도덕 수준이 낮으니 우리가 가르치고 인도해 주마, 도와 주마"라는 강국의 논리에 맞서 자국의 뛰어난 문학 이미지를 내걺으로써 대항을 시도하고, 그리하여 이쪽을 내려다보려는 상대의 시선을 받아치기 위해서다. 독일이나 일본은 후자의 '맞서 대항하는' 부류에서 전자의 '과시하고 내려다보는'

부류로 전환한 현저한 예라 할 수 있을 것이다.

메이지 이후의 일본은, 서양 열강과의 불평등조약을 개정하기 위하여, 식산흥업(殖産興業)과 군사력 강화 외에 도시계획을 비롯하여 복장에 이르는 모든 면에서 서양의 눈으로 본 문화의 수준 높음을 과시하고자 노력하였다. 그 중심에 표준적인 일본어의 확립(언문일치와 연동)과 문학의 창작, 그리고 교육·연구상의 내셔널리즘의 움직임이 있다. 그리고 그 가장 현저한 표상이 독특하고 순수한 '국문학' 역사의 창출이다.

이 방면에서는 이미 에도(江戸) 시대의 국학자들에 의한 순화운동[가라고코로(唐心)3)와 불교적 전통의 배척]이 있었으나, 그것은 오히려 고대에 있었다고 상정되는 소위 순 일본적인 것의 기원에 대한 탐구다. 메이지기의 일본에서 행해진 것은 그 때까지의 전통과 무관하게, 일본 고유의 언어로 쓰인 '문학'이라는 완전히 새로운 조건의 설정과 가치 기준에 의하여 일본문학사의 다시 쓰기를 시도하는 것, 그러한 의미에서 완전히 새로운 일본 문학의 이미지를 급조해 내는 것이었다. 그 때까지의 문학적 실천이나 문학사적 전망에서는 공적인 스테이터스를 지니는 한문과 한시에 가장 무거운 권위가 부여되고, 일본어로 쓰여진 『겐지모노가타리(源氏物語)』4)나 요쿄쿠(謠曲)5)나 하이쿠(俳句)6)는 한 단계 낮은 사적인 영역으로 내몰렸다.

그러나 한시문은 어차피 외국어로 된 문학이므로, 순수하고 고유한

---

3) 역주 : 漢書를 배우고 감화를 받아 심취하는 마음, 그렇게 하여 사물을 보는 방식이나 생각하는 방식. 반대말은 야마토고코로(大和心).

4) 역주 : 11세기 초 무라사키 시키부(紫式部)에 의하여 쓰여진 총 54권의 장편이야기. 주인공 히카루 겐지의 일생을 그린 正編과 그 후의 세대를 그린 속편이 있다. 일본 모노가타리(物語) 문학의 최고 걸작으로 일컬어지고 있다.

5) 역주 : 노(能)의 대본.

6) 역주 : 일본 중세시대에 성행한 俳諧連歌의 첫째 구[發句]가 독립하여 생긴 시형. 5·7·5의 17음을 기본형으로 한다. 連歌란, 和歌의 첫째 구(5·7·5음)와 아랫구(7·7음)를 참석자가 서로 읊어 가는 것을 즐기는 시가 형태. 俳諧連歌는 連歌의 규칙과 매너리즘에서 벗어나 기지와 유머를 노려 읊어진 連歌. 15세기경 독립된 문예로서 완성되었다.

일본 문학에 의한 근대국가 일본의 '국위' 선양이나 대외적인 '과시'의 향상에는 공헌하지 않는다. 그리하여 급히 가치가 역전되어『만요슈(萬葉集)』[7]와『겐지모노가타리』, 바쇼(芭蕉 : 1644~1694)[8]의 노래와 치카마쓰 몬자에몬(近松門左衛門 : 1653~1724)[9]의 연극은, 국민문학의 걸작으로서 공적으로, 즉 주로 교육 현장에서 인정받기에 이르렀다. 이 때의 주목할 만한 사건으로는 같은 이유로 오랫동안 세상에 묻혀 있던 이하라 사이카쿠(井原西鶴 : 1642~1693)[10]가 '발견'되어 일약 대작가의 반열에 서게 된 것을 꼽을 수 있다. 이리하여 그 때까지 '문(文)'의 중핵을 이루던 한시문이 일체 배제되고 외래의 것이 섞이지 않은 고도의 순 일본문학의 역사가 급속히 구축되었다. 그리고 이 공인된 이미지가 교실을 통하여 일본 내로 퍼져나가고, 서양이나 근린 제국을 향해 과시되었다.『겐지모노가타리』는 아더 웨일리의 훌륭한 번역을 통해 걸작으로서의 성가를 굳히고, 가부키(歌舞伎)와 노(能)는 일본을 찾은 서양인으로부터 절찬을 받았다. 내셔널리즘에 의한 이미지 쇄신은 대외적으로 커다란 효과를 거두었으며, 그것은 다시 일본인 자신에게로 이어졌다.

단 이것은 자연스럽고 자발적인 자기 확인과 자기 발견의 결과가 아니라, 역시 외부의 강자를 향한 '과시'에서 출발한 것이었다. 우선 그러한 자국어 문학에 대한 고집은 18세기 말 이래 서양 제국의 중대한 관심사로 부상한 '국민문학'에서의 자국어 문학에 대한 고집-라틴어 문학이나 기타 외래 분자를 일소한 국민문학사의 재구축과 놀라울 정도로 궤도를 같이하고 있다. 그런 의미에서 당시 일본의 '국민문학'이 교

---

7) 역주 : 8세기 후반에 최종적으로 완성된 歌集. 선행하는 가집에서 널리 노래를 모아 총 4천 5백 수를 수록하였으며 20권으로 구성되었다. 한자의 音과 訓을 이용하여 일본어를 표기하는 '萬葉 가나'를 사용하고, 천황을 비롯하여 관리, 승려, 농민에 이르기까지 폭넓은 작자의 노래를 수록하였다.
8) 역주 : 17세기 말, 俳諧連歌로부터 독립한 俳諧(=發句)를 서민성을 살리면서도 예술의 영역으로 끌어올린 인물.
9) 역주 : 가부키의 각본가.
10) 역주 : 俳諧의 歌人인 동시에 서민을 대상으로 하는 이야기책인 우키요 조시(浮世草子)를 창시한 인물.

육과 연구의 양 측면에서 '국문학'으로 불린 것 자체는 전혀 이상한 일
이 아니다. 이는 언어 면에서도 마찬가지로 이야기할 수 있다. 왜냐 하
면, 이연숙이 밝혔듯이 근대국가에 합당한 일본의 '국어'가 확립되는 과
정에서 이제는 '내려다보이는' 입장에 처한 중국의 한자나 한어를 외래
적인 불순 요소로서 극도로 적시하면서, 다른 한편으로는 단지 '합리적'
이라는 이유만으로 일본 고유의 가나보다 서양의 로마자(알파벳) 사용
을 권장한다든지, 알파벳으로 적힌 서양의 학술어 등을 일본어로 번역
하지 않고 원어 그대로 끼워넣을 것을 주장한다든지, 일본어보다 영어
교육을 우선할 것을 제창하는 사람들조차 적지 않았기 때문이다.

중국에서 전래된 것을 불순물이라 하여 배척하고, 서양의 것이라면
외래의 것이라도 흔쾌히 받아들인다는 것은 명백한 모순이다. 여기에는
단지 편리하고 합리적이라는 이유만이 아니라, 결국에는 '뒤떨어진' 중
국 것이 아니라 '앞서가는' 서양 것을 받아들인다면 서양인에게 결코 나
쁘게 보이지 않을 것이라는 판단이 작용했음에 틀림없다. 물론 이 또한
내셔널리즘의 발현임에는 틀림 없으나, 거기에서 바로 연상되는 것은
전통주의적·국수적인 일본문화의 순화운동이 아니라 단순한 서양을
향한 화장고치기다. 본디 '표준어'를 제정할 때 그 토대로서 현재 쓰이
는 도쿄의 구어가 선정된 것은, 훗날 소쉬르로 이어지는 휘트니 등 당
시 서양의 최신 언어학을 근거로 한 것이었다.

특히 문학 면에서는 이름은 '국문학'이라 칭하였지만, 교육을 위한 캐
논(필독서)의 선정이나, 연구·평가의 방법 등 모든 면에서 당시 19세기
말부터 20세기 초기에 걸쳐 유럽을 지배한 문학상의 이데올로기를 그
대로 도입하였다. 당시 유럽은 리얼리즘과 실증주의의 시대, 그리고 장
르로서는 소설의 전성시대였다. 이에 부응하여 일본에서 일어난 사이카
쿠(西鶴)의 재발견이나 『겐지모노가타리』의 재평가도 '일본에도 있는'
리얼리즘 소설의 걸작이라는 인식에 바탕한 결과였다. 종래 가장 존중
되어 왔던 『고킨슈(古今集)』[11]를 대신하여 『만요슈』나 바쇼의 구(句)가

---

11) 역주 : 10세기 초, 일본 천황의 명으로 편찬된 勅撰和歌集. 『萬葉集』 이후의

높은 평가를 받은 것도 넓은 의미에서 리얼리즘에 입각한 결과다. 바꾸어 말하면, 가장 '일본적'인 것이 실은 '서양의 눈'을 통하여 선정된 것이다. 유사한 길을 걸어 온 우키요에(浮世繪)나 도자기는 새삼 말할 필요도 없다.

한편 쓰보우치 쇼요(坪內逍遙 : 1859~1935)가 『소설신수(小說神髓)』(1885~1886)[12]에서 종래의 권선징악적 읽을거리를 대신하여 앞으로 쓰여져야 할 새로운 일본 소설의 모델로서 제시한 것은 영국의 사실소설(寫實小說)이었다["소설의 주뇌(主腦)는 인정(人情)이다, 세태 풍속은 이에 이어진다"]. 또한 그 후 프랑스의 자연주의가 일본 문학의 지침으로 받아들여져 소위 일본풍 '사소설(私小說)'이 등장하였다. 그리고 마사오카 시키(正岡子規 : 1867~1902)[13]가 새로운 하이쿠(俳句)와 단가(短歌)의 지도원리로서 제창한 것은 서양회화의 흐름을 이어 받은 '사생(寫生)'의 관념이었다. 물론 교육이나 연구 현장에서도 한결같이 리얼리즘과 실증주의 양측에서 문학을 고찰하는 경향이 지배적이었다. 이 모든 것은 당시 서양인의 눈으로 일본 문학을 바라본 결과라 말할 수 있을 것이다.

그렇다면, 국가 자립에 대한 위협으로서의 서양의 눈을 그다지 의식하지 않아도 되게 된 오늘날, '국어'와 '국문학'의 교육과 연구 현황은 어떨까. 유감스럽게도 정치상의 독립이 반드시 문화상의 독립을 약속하지는 않는다. 지금도 역시 교재로 선정된 명작 리스트를 보거나 그 해석방법이나 평가기준을 보면, 메이지기에 굳혀진 상태에서 변한 것은 거의 없다. 메이지 내셔널리즘의 유산이 오늘날까지 그대로 살아남아 있는 것이다. 주류를 점하는 이데올로기는 여전히 리얼리즘과 실증주의(전기적·역사적 사실의 편중)다. 해석에서는 여전히 '작자의 의도'를 탐색하고 단 하나의 '올바른' 의미를 단정하는 것이 횡행하고 있다. 문장에

노래 천 백여 수를 모았으며, 『萬葉集』의 힘찬 歌風과 대비되는 우아하고 섬세한 歌風를 완성시켰다고 일컬어진다. 和歌에 공적인 성격을 부여하였고 후세의 歌集 편찬에 큰 영향을 미쳤다.
12) 역주 : 일본 최초의 소설론. 인정·세태의 사실적인 묘사를 주창하였다.
13) 역주 : 종래의 俳諧를 비판하고 순문학으로서의 俳句를 추구한 인물.

는 작자가 의도하여 거기에 불어넣은 단 하나의 '올바른' 의미가 있을
것이라는, 말 그대로 '근대'의 도그마다.

　그 단적인 예가 늘 비판의 대상이 되면서도 결코 달라지지 않는 고
교와 대학의 국어 입시문제다. 이 같은 경향을 풍자한 소설로 베스트셀
러가 된 시미즈 요시노리(淸水義範)의 『국어 입시문제 필승법』이 있다.
이 작품은 전직 고등학교 국어교사였던 작자가, 출제된 문장의 '올바른'
해석을 선택지 중에서 고르게 하는 국어 입시문제에 대하여 아주 쉽게
정답을 맞추는 필승해법을 가르쳐 주겠다고 하는 유머소설이다. 그 방
법에 따르면, 사지선다형의 여러 해석 가운데 해석문의 길이나 나열순
서, 사용된 특수 어휘 등의 힌트를 바탕으로 출제문을 읽지 않고도 정
답을 알 수 있다고 한다.

　일본어, 일본어 문학의 교육도 이제는 메이지기 이래의 '서양의 눈'이
라는 주술에서 자유로워질 때가 된 것은 아닐까. 더 이상 메이지의 선
인(先人)들이 피부로 느꼈던 그러한 서양 열강의 위협이나 국가 자립에
의 불안이 사라진 이상, 과도하게 외양에 신경 쓰지 않고 자발적인 가
치판단에 따라 자유로운 평가와 선택을 할 수 있는 것은 아닐까. 본디
'국민문학'이라는 관념 자체가 19세기 유럽에서 빌려온 것이며, 더구나
자기 기만으로 가득 찬 미망(迷妄)이다. 다른 곳에서 전혀 보지 못한 독
특한 문학이나 문화, 어떠한 외적 영향도 받음이 없이 먼 '기원'으로부
터의 순수성을 지키는 문학이나 문화 같은 것은 세계의 어디에도 존재
할 수 없다. 패권적인 구미 제국의 문화 그 자체가 명백히 다양한 문화
의 잡종이며 일본 문화 역시 중국과 한국, 그리고 서양 문화의 짜깁기
다. 인도도 그러하며, 중국과 한국도 마찬가지다. 전혀 근거도 없는 문
화의 독자성이나 순수성을 내외에 뽐내며 그 우월성에서 나온 환상을
바탕으로 주위에 대해 부당한 압력을 행사하기보다는, 오히려 잡종문화
를 자인하고 그 위에서 잡다하고 풍부한 영양분을 살려 맛보는 것이 자
연스럽지 않을까. 외부로부터의 강요나 어쩔 수 없는 자위수단으로서가
아닌 한, 영향은 주는 쪽보다 받는 쪽이 득을 보는 법이다.

언어의 기초 부분은 관습에 의존하는 부분이 대단히 크다. 그래서 메이지 이래의 '표준어' 골격에 더 이상 손질을 가하는 것은 오히려 혼란을 가중시킬 것이다. 그렇다고는 해도 시민사회의 생활을 준비하는 데 빼놓을 수 없는 보다 고도의 일본어 교육의 규범으로서, 모델로 삼을 일본 문학(고전을 포함하여)의 취급에 대해서는 앞으로 재고의 여지가 적지 않을 것이다. 왜냐 하면 훌륭한 문학작품의 이해와 기억은 국민 한사람 한사람의 자기 이해와 자기 정립의 근거가 되고, 사고·감정의 통로가 되며, 자기 표현이나 타자와의 커뮤니케이션의 도구가 되기 때문이다. 국내외의 정치·경제·사회·문화 상황이 격변해 가고 있는 오늘날, 이것을 100년 전 이래의 타성에 맡기는 것은 도저히 허용될 수 없는 일이다.

특히 재고가 필요한 것으로는 다음과 같은 점을 들 수 있다. ① 근대 이전에 일본인의 공적·지적 생활의 중심을 차지한 한문·한시를 배제해 온 것, ② 19세기 유럽 류의 좁은 문학관에 근거한 '순문학', 특히 소설에의 편향(역사·사상·종교서나 실용서 및 대중·통속 소설의 배제가 여기에 해당한다. 이는 일본의 과거와의 친밀한 맥락을 끊는 것으로서 오늘날 일본어 화자의 일본어 운용 능력뿐 아니라 자기 인식 그 자체를 해치고 있지는 않는지 되돌아볼 필요가 있다. 이 점에서 한국의 경우는 상황이 더 심각할 수도 있다), ③ 지금까지 구미 일변도였던 까닭에 매우 가깝고 교류가 깊은 동아시아, 동남아시아의 언어와 문학을 경시해 온 점.

어엿한 사회인이 필요로 하는 언어능력은 언어학에서 말하는 '언어 운용능력'의 범위에 그치는 것이 아니다. 비즈니스나 학문을 비롯한 고도의 지적 언어생활에서는, 소위 문화 리터러시에 관련한 언어 능력의 연마가 불가피하다. 앞으로 세계의 '글로버라이제이션'이 보다 진행되면, 영어의 표면적인 지배와는 이율배반적으로 오히려 자국어에 의한 자기 이해와 커뮤니케이션 능력이 보다 강력히 요청될 것에 틀림없다.

'국어(national language)'는 가르칠 수 있는 것일까?

이 연 숙*

1. '모어(母語)를 배운다'는 뒤얽힘

누구든 적어도 하나 이상의 '모어'를 갖고 있다. '모어'라고 해서 반드시 '모친'이 쓰는 말이 꼭 아이들의 '모어'가 되라는 법은 없다. '모어'는 언어형성기에, 가장 농후한 인간관계 속에서 습득되기 때문이다. 이민 1세와 2세의 '모어'가 다른 경우도 적지 않은 것은 이런 이유이며, 재일동포나 재미교포 사회에서 부모들과 자녀들 간에 모어가 다른 경우가 흔히 있는 것도 이러한 연유에 다름 아니다.

모어에 관한 정의를 여러 각도에서 엄밀히 논하려면 많은 지면을 필요로 하므로, 여기에서는 우선 '자기도 모르는 사이에 쓰고 있는 말'로 생각하기로 하자. 우리들은 누구로부터 어떻게 모어를 배웠는지 확실히 기억하지 못한다. 의식 그 자체가 언어에 의해 받쳐지는 것이라면, 모어를 획득하기에 앞서 의식이 성립된다는 것은 있을 수 없는 일이다. 이러한 의미에서도 모어를 의도적으로 배운다는 것은 불가능한 일이다.

모어 획득과 외국어 학습의 근본적인 차이는 바로 이 점에 있다. 모어를 획득하기 위해서는 특정한 선생님도, 교과서도, 교수법도 필요없다. 한 마디로 학교가 필요없는 것이다. 그러나 외국어를 학습하는 경

---

* 李妍淑 : 一橋大學 교수

우, 특히 교실이라는 비일상적인 공간에서 외국어를 배울 때는 교사, 교과서 등의 장치와 도구가 필요하다. 우리는 교실에서 영어 등의 외국어를 배웠던 것처럼, 모어를 학습해서 몸에 익히는 것은 결코 아니다.

곰곰이 생각해 보면, 자신의 모어의 규칙을 배운다는 것은 대단히 우스꽝스러운 일임에 틀림없다. '걷다'에 '않다'를 붙이면 '걷지 않다'가 되는 것은, 학생들 모두가 이미 '알고 있다.' 학교교육이 할 수 있는 것이란, 고작해야 이러한 것들을 문법용어로 분류하는 정도에 지나지 않는다.

어린이들은 취학 전에 벌써 모어에 관한 언어 능력을 거의 완벽에 가깝게 몸에 익힌다는 사실을 염두에 두지 않고서는 언어교육을 논할 수 없다. 말이란 산수나 자연 시간에 가르치는 지식과는 근본적으로 다르기 때문이다. 물론 읽기와 쓰기는 대단히 중요하며, 정확하게 문장을 읽고 쓰는 능력이 사회생활을 하는 데 빼놓을 수 없는 요건이라는 것은 부정할 수 없다.

과연 말을 배우는 데 특정한 교사가 필요한 것일까? 이반 일리치는 말을 배우는 데 교사는 필요없을 뿐더러, 오히려 말의 창조력을 고갈시키는 원흉이라고 생각했다. 일리치는 그의 대표적인 저서 『셰도우 워크』에서 '가르쳐지는 모어'라는 것이 얼마나 모조품적인 지식인지를 강조했다. 말이란 본디 교사로부터 배우는 지식이 아니라는 것이다. 교사가 교실에서 가르치는 말이란, 창조성을 상실한 말라비틀어진 언어의 화석에 지나지 않는다고 역설한다. 일리치에 따르면, 교사도 없으며 특정한 사람만이 지식을 독점하는 일도 없는 '버너큘러(vernacular)적인 말'이야말로 참된 의미의 언어다. 그는 다음과 같이 말하고 있다.

> 버너큘러적인 것은, 사물이나 서비스가 대부분 그렇듯이 공유함으로써 넓혀지는 것이다. 즉 임명된 교사나 전문가에 종속되는 일 없이, 오히려 상호간에 주고받음으로써 넓혀 갔다.

> 합리적인 교육에서 벗어난 언어는, 의도적으로 가르친 언어와 종류가 다

른 사회적인 현상이다. 교사를 따르지 않고 몸에 익힌 말이 모든 것을 나누고 함께하는 세계의 주요한 표지가 되는 경우는, 이 집단에는 어떤 의미의 강함과 씩씩함이 존재한다. 이 의식은 가르쳐지는 언어에 의해 복제된 것과 근본적으로 다르다.

그러나 '모어를 가르친다'는 사고방식이 퍼짐에 따라, 거기에 가격이 붙고 언어지식이 상품화되었다. '가르치는 버너큘러 말이라고 하는 가짜가 상품이 됨'에 따라 민중의 언어세계는 '가르쳐지는 모사언어라는 상품과, 이 상품언어와의 경쟁 속에서 살아남으려고 몸부림치면서 절뚝거리고 뒤뚱거리는 초라한 버너큘러적인 말'과의 분열이 일어나게 된다.

이 같은 상황을 만들어 낸 것이 다름 아닌 근대의 '국어교육'이 아닐까? 그것은 '가르쳐지는 모어'라는 모조품을 가르치는 교육이 아니었던가?

2. '고쿠고(國語)'와 '일본어'

근대 일본의 언어의식은 '고쿠고(國語)'[1]와 '일본어'의 이중성으로 일관되어 왔다고 해도 과언이 아니다. 그 이중성은 매우 복잡한 것으로, 단순히 객관적인 실재로서의 일본어 위에 고쿠고 이데올로기가 덮여 있는 것이 아니라, 일본어의 동일성을 자명한 것으로 만들어 내기 위해 고쿠고 이데올로기가 구축되었던 것이다. 따라서 고쿠고와 일본어의 구분은 단순한 단어의 구분 이상의 의미가 있다.

고쿠고와 일본어를 알기 쉽게 구분하자면 다음과 같은 예를 들 수 있다. 즉 '고쿠고학(國語學)', '고쿠고 교육(國語教育)'이라고 할 때는 '일

---

1) 일본 national language의 형성 과정 및 존재 형태는 다른 근대 국민국가와 공통성을 가지고 있기는 하지만 일본 특유의 현상이 두드러진다. 바로 그 점이 중요한 의미를 내포하고 있으므로 일본의 national language를 논할 때는 고쿠고(國語)라는 원음을 쓰기로 한다.

본 사람용'이라는 것을 가리키며, '일본어학' '일본어 교육'은 '외국 사람
용'이다. 이것만을 놓고 보면 고쿠고/일본어의 구별은, 안/밖에 대응하
는 것처럼 보인다. 그러나 고쿠고/일본어의 구별은 그렇게 단순하지 않
다. 다른 무엇보다도 중요한 핵심은, 고쿠고란 '세계에 많이 있는 여러
말 중의 하나'라는 파악을 단연코 거부하는 개념이라는 데에 있다.

이 같은 '고쿠고의 사상'은 일본의 중요한 언어심의기관인 고쿠고 심
의회(國語審議會)에서 지금도 맥맥히 흐르고 있다. 제22기 고쿠고 심의
회는 1998년에 발족된 이래, '현재의 경의(敬意) 표현의 실태'를 토론하
는 제1위원회, '상용한자표 이외의 한자 자체(字体) 문제'를 담당하는 제
2위원회에 이어, '일본어의 국제화 문제'를 논의하는 제3위원회가 설치
되어 있다. 여기서 소개하고자 하는 것은 1999년 5월 11일에 열린 제22
기 고쿠고 심의회 제3회 총회에서, 제1위원회에 소속되어 있는 한 위원
의 발언이 계기가 되어 일어난 토론이다. 그 위원은 "우리들은 제1위원
회에서 말씨에 대해 토론하고 있는데, 그것을 '일본어'로 파악할 것인가
'고쿠고'로 파악할 것인가에 따라 시야가 전혀 달라지게 된다"면서 제3
위원회에서 그 점에 대한 논의가 이루어졌는지를 질문하였다.[2] 이 질
문에 대해 문화청 고쿠고 과(國語課)의 과장은 '정해진 생각'이 확립된
것은 아니지만, '법령상 대략적인 생각을 정리'한다면서 다음과 같이 설
명했다.

> 법령상 '고쿠고' 혹은 '일본어'를 사용하는 경우가 있는데, 고쿠고는 일본
> 국민의 모어라는 의미로 사용되는 경우가 많다. 일본어는 세계 여러 언어
> 중의 하나라는 객관적인 언어의 뜻으로 쓰이는 경우가 많은 것이 현실이
> 다.

문화청 과장의 이 설명을 들으면, 다른 어느 분야보다 엄밀하게 말의
정의가 필요한 '법령상'에서도 '고쿠고'인가 '일본어'인가 하는 문제가

---

2) 제22기 고쿠고 심의회의 회의록은 문부성 홈페이지(http//www.monbu.go.jp
/singi/kokugo)에 실려 있다.

되면, '대략적인 생각'밖에 밝힐 수 없다는 것을 알 수 있다. 아니, 좀더 정확히 이야기한다면 여기에 실려 있는 의견은 결코 문화청 고쿠고 과라는 공적 입장에서가 아니라, 보통 '일본인'의 상식적인 의견의 최대공약수 같은 것이다. 이 문화청 과장의 설명에 이어 한 위원이 다음과 같은 의견을 피력하였는데, 이 위원의 발언 속에서 오늘날 일본의 무의식 안에 잠복해 있는 고쿠고 사상의 전형과 만나게 된다.

사실은, 과거 몇 십 년 동안이라고 하면 과장된 표현일지도 모르겠지만, 「학습 지도 요령」의 목표, 국어과의 목표의 맺음말은 "고쿠고를 존중하는 태도를 기른다"는 것으로 명기되어 있다. "고쿠고를 존중한다"라고 할 때의 '고쿠고'란 일본인을 형성하고, 그 인간 형성에 관련되는 말을 뜻하는 것이다.

두말할 것도 없이 '고쿠고'를 통해서, '고쿠고 교육'을 통해서, 일본 사람의 마음을 키운다. 고쿠고 교과서에는 많은 문학작품이 실려 있다. 시가도 실려 있다. 따라서 전국에 계신 고쿠고 선생님들이 고쿠고 시간에 일본 사람의 마음, 남을 생각하는 마음을 기르기를 초등학교 때부터 당연한 것으로 가르쳐 왔다고 생각한다. 그것을 무시하고 세계 여러 언어 중의 한 언어라고 말해 버려도 좋을지 어떨지 하는 문제가, 결국 '고쿠고'냐 '일본어'냐 하는 문제라고 생각한다.

'고쿠고=일본 국민의 모어'라는 등식을 성립시키기 위해서는, 일본 국민의 모어는 오직 하나만 존재하며, 그 모어가 바로 '고쿠고'의 전제라는 공리가 필요할 것이다. 또 일본어가 '세계 여러 언어 중의 하나라는 객관적인 의미의 언어'라고 한다면, 마치 고쿠고는 세계 여러 언어 중의 하나가 아닌, '객관적인 의미의 언어'가 아니라는 뜻이 된다. 그렇다면, 이것은 일찍이 시다 노부요시(志田延義)가 『대동아 언어 건설의 기본』(1943)에서 논한 다음과 같은 표현과 어떤 차이가 있다는 말일까?

고쿠고는 국체를 수호하고 국민 양성에 이바지할 뿐 아니라, 국체에 의해 지탱되고 있다. 고쿠고는 '와가구니(우리나라)의 말'이란 뜻으로, 국제적인 병렬적인 의미에서의 일본말을 뜻하지 않는다. '와가구니'라고 부르는 의식은, 번역 어감이 있는 '우리들의 국가'라는 의식과는 근본적으로 다르다. '말'에 대해서도 과학언어학적인 언어로 생각해서는 안 될 것이다. (147쪽)

우리는 위의 시다의 주장과 '고쿠고'와 '일본어'의 차이를 설명한 문화청 과장, 고쿠고 심의회의 위원들 사이에서 아무런 차이를 발견할 수 없다. 그렇기 때문에 '고쿠고＝일본 국민의 모어'라는 등식은, 여전히 아무런 의문도 제기되지 않고 있는 것이다. 즉 일본인은 모두가 '고쿠고＝일본어'를 모어로 한다는 것이 결코 의심할 수 없는, 그리고 의심해서는 안 되는 자명한 사실처럼 인식하고 있는 것이다. 이 같은 사고의 틀은, 일본어를 모어로 하고 있는 정주(定住) 외국인 및 학교교육에서 일본어를 '고쿠고'로 강요당하고 있는 외국인 아동들의 존재를 압박하고 은폐한다. 다시 말해서, '고쿠고'란 개념 그 자체가 일본에서의 '다언어주의' '이민족과의 공존'을 불가능하게 하고 있는 것이다.

3. '고쿠고'와 '모어'

'고쿠고＝일본 국민의 모어'라는 등식에는 불가사의한 점이 또 하나 있다. 그것은 '모어'와 '고쿠고'가 매우 간단하게 등치되어 버린다는 점이다.

'모어'란 무엇인가를 정의하는 것은, 그 자체가 여간 어려운 일이 아니다. 앞에서 언급했던 것처럼 다언어 사회에서는 어머니의 말이 반드시 아이의 모어가 되지 않는 경우도 많으며, 어릴 적에 익힌 언어가 성인이 되었을 때 가장 자주 사용하는 언어가 아닐 수도 있다.[3] 그렇기 때문에 우리는 '모어'에 대해서 최소한 두 차원으로 나누어서 생각할 필요가 있다.

---

3) 그래서 사회언어학자 가운데에는 모어(mother tongue)보다는 제일언어(first language)라는 말을 더 선호하는 사람도 있다.

하나는 실제로 말하는 사람이 '모어'에 대해 갖는 감정적인 애착이며, 다른 하나는 언어 현실에서 유리된 이데올로기 차원에서 형성되는 '모어'의 표상(表像)이다. 전자의 경우는 말하는 이가 '모어'에 감정적인 애착을 갖는다고 할 때, 꼭 '모어'라는 용어만을 써서 그 감정을 표출하지는 않는다. '나 자신의 말', '우리말' 등등의 표현이 있을 수 있으며, 또 그런 표현만으로 충분하다. 이에 대해 후자의 경우는, '모어'는 슬로건이 되어 고정된 담론 속에서 이데올로기적인 가치가 부여된다. '모어'가 경계태세를 갖추는 것은 바로 이 경우다. 그러나 그렇다고 할지라도 말하는 이가 특정 언어에 애착을 갖고, 그 언어를 자기 아이덴티티의 중요한 기댐돌로 하는 현실 그 자체가 부정되는 것이 아니며, '모어'에 감정적인 가치의 부여가 있을 수 있다는 점에는 변함이 없다. 언어가 감정 영역과는 무관한, 마치 합리적인 도구인 것처럼 생각하는 쪽에도 문제는 있다. 아니, 오히려 더 많은 문제점을 안고 있을 수도 있다. 왜냐하면, 이는 감정을 이성보다 열등하다고 간주하는 근대적 합리성에 지배당한 학문의 일그러진 모습이기 때문이다.

말하는 이의 감정적인 대상으로서의 '모어'와 이데올로기로서의 '모어'가 완전히 분리되는 것은 아니다. 이 두 차원은 끊임없이 서로 교차하며 운동하는 관계에 놓여 있다. 그 이유 중의 하나로 우리는, 말하는 이가 갖는 '모어'에 대한 애착을 '고쿠고'로 전환시키려고 했던, 근대 '고쿠고'의 이념을 들 수 있다. 특히 '고쿠고'의 토착성·자연성이 강조될 때, '고쿠고'는 '모어'로부터 늘 에너지를 공급받아야 했다. 아마도 공교육이 완수해야 했던 가장 큰 역할은 언어 감정의 대상을 '모어'에서 '고쿠고'로 변환시키는 데 있었을 것이다.

근대 일본의 '고쿠고' 이데올로기에서, 모어로부터 고쿠고로의 변환을 기도한 사람은 우에다 가즈토시(上田萬年)였다. 우에다는 청일전쟁의 열기로 일본 열도가 들끓던 1894년에 <고쿠고와 국가와>라는 강연을 통해 '일본어는 일본인의 정신적 혈액'이며 '일본의 국체는 이 정신적 혈액으로 유지'된다고 힘주어 말했다. 계속되는 우에다의 열변이다.

그 언어는 단지 국체의 표식이 되는 것만은 아니며, 또 동시에 일종의 교
육자, 이른바 자비로운 어머니이기도 하다. 우리가 태어나자마자 이 어머
니(언어)는 우리를 그 무릎 위에 기꺼이 맞아들여, 아주 정중히 이 국민적
사고력과 이 국민적 감동력을 우리들에게 깊이 가르치신다. …… 독일에서
는 이를 무터슈프라허, 혹은 슈프라허무터라고 부르며, 앞의 것이 어머니
의 말, 뒤의 것이 말의 어머니라는 뜻이 된다.

여기에서 우에다가 '모어'가 아니고 일부러 'Muttersprache'라는 독일
어를 쓰고 있는 것에 주의를 기울일 필요가 있다. 그것은 우에다가 '모
어' 이데올로기를 독일에서 직수입했다는 것을 알려 주기 때문이다. 우
에다는 온갖 방법을 동원해 모어 이데올로기를 고쿠고에 주입시키고자
했는데, 그 때 최대한으로 이용했던 것이 바로 '어머니'와 '고향'의 정감
적 이미지였다. 우에다는 '아주 정중히 이 국민적 사고력과 이 국민적
감동력을 우리들에게 깊이 가르치신' '자비로운 어머니'에 이어 이번에
는 '고향'의 이미지를 환기시킨다.

그러므로 언어상으로는, 우리들이 하루도 마음 속에서 잊은 적이 없는
생활상의 기념, 특히 인생의 가장 신성한 때인 어릴 때의 기념이 얽혀 있음
을 알아야 할 것이다.

여기에서 더 나아가 우에다는 '고향'의 풍경을 총동원해서 감정에 호
소하는 것도 서슴지 않는다. '다정한 목소리로 잘 자라고 자장가를 불
러 주시던' '어머님', '우리들의 엄격한 아버님', '화창한 봄날의 들에서,
가을과 겨울에, 연화꽃 등을 따고 다니던' 추억을 '고쿠고' 속에 넣으려
고 했던 것이다.

이렇게 해서 '부모'와 '고향'을 매개로 해서 '모어'와 '고쿠고'가 완전
히 융합되면, 다음과 같은 담론이 생겨난다.

어쨌든, 자기 언어를 논하고 그 선악을 말하는 것은 마치 자기 부모를 평
할 때 선악으로 하는 것과 비슷하며, 자기 고향을 이야기할 때 선악을 기준

으로 하는 것과 똑같다. 이치로 하자면 그럴 수도 있을 것이다. 더구나 그런 것은 진실된 사랑이 아니다. 진실된 사랑이란 선택의 자유가 없다. 마치 황실의 존애(尊愛)와 같은 것이다. 이 사랑을 가진 뒤에야 비로소 고쿠고를 이야기할 수 있고, 그에 대한 보호도 계획할 것.

나리타 류이치(成田龍一)는 『'고향'이라는 이야기』에서 근대 일본의 국민 형성 과정에서 '고향'의 상(像)이 수행한 역할을 분석한 적이 있다. '고향'이란 있는 그대로의 실재가 아니고, 어떤 특정한 시점과 특정한 이야기 형식을 취함으로써 처음으로 출현한 표상이라는 것이 그의 분석이다. 이러한 의미에서 '고향'은 베네딕트 앤더슨이 말하는 '상상의 공동체'에 해당된다고 할 수 있다. 그러나 여기에서 더욱 중요한 것은, "고향의 영위에 앞서, 이미 네이션(nation)의 영위가 존재한다"(成田龍一, 1998 : 92)는 것이다. 즉 의식 속에서는 몇 종류의 '고향'이 쌓이고 겹쳐서 '국민'이 형성되는 것처럼 상상되지만, '고향'에 대해 이야기할 수 있으려면 그 전에 '국민'이라는 존재가 전제되지 않으면 안 된다는 것이다. 그럼으로써 '국민'은 정치제도 이전의 '자연'의 영역에 존재하는 듯한 허구가 성립되는 것이다.

근대 일본은 여러 방법을 써서 '고쿠고'가 '인위'가 아니고 '자연'의 영역에 위치한다는 것을 증명하려고 해 왔다. 이 같은 발상은 고쿠고가 결코 법적 규정의 대상이 되지 않는 것과 깊은 관련이 있다. 마치 일본 제국에서는 '일본어＝고쿠고'가 유일한 합법적인 언어임이 아무런 의심의 여지가 없는 자명한 사실이듯이, 일본은 일본 국내에서는 물론 식민지에서도 언어법다운 언어법을 제정한 적이 한 번도 없다. 호시나 고이치(保科孝一)가 일본어를 만주국의 '국가어'로 법적 규정을 하자고 제안했을 때, 안도 마사쓰구(安藤正次)가 보인 태도는 그 전형적인 반응이다. 안도는 일본어를 '국가어'로 제정하는 일은 "한편에서는 고쿠고를 강화하는 것처럼 보이지만, 다른 한편에서는 고쿠고의 세력 범위를 제한시킬 우려가 있다"고 보고 호시나의 제안을 반대하였다. 아무리 '국가어'에 지배적인 지위가 주어지더라도 법적 규정을 하는 것은 '고쿠고'

의 전능성을 제한시키게 된다고 파악했던 것이다.

위에서 본 바와 같이, 근대 일본의 '고쿠고' 사상은, 언어가 정치적·법적 문제로 나타나는 것을 방지하기 위한 장치였다. '어머니'나 '고향'과 마찬가지로 '고쿠고'는 인위의 저 너머에 존재하는 것으로서, 시작도 끝도 없는 '자연'의 세계에 속해 있어야 했던 것이다.

4. '국어'는 과연 존재하는 것일까?

모어란 본디 교육의 의도 없이 '자연스럽게' 익히는 말임이 분명한데, 그것이 '가르쳐진다'는 것은 도대체 어찌된 일일까? '가르칠 수 없는 것을 가르치는' 교육은, 본래 '가르칠 수 없는 것'을 한 귀퉁이에 젖혀 놓고 '가르칠 수 있는' 모조품을 그 자리에 슬쩍 바꿔치기한다. 그리하여 근대의 국어교육은 '모어=국어'라는, 도저히 등치할 수 없는 것을 등치시키는 데에서 자신의 자리를 찾았던 것이다. 그러나 이러한 무리한 등치로 말미암아 '고쿠고'는 그 내부에 아무리 지우려고 해도 지울 수 없는 패러독스를 안고 만다. 만약 '국민'이 지금 말하고 있는 것이 '고쿠고'라면 그것을 일부러 가르칠 필요가 없을 것이고, 만일 '고쿠고'를 가르쳐야 한다면 지금 '국민'은 '고쿠고'를 말하고 있지 않다는 뜻이 되어 버리는 것이다. 이 패러독스를 깨달은 사람은 정말 드물었다. 일말의 의문도 느끼지 않고 '고쿠고'의 존재에서 '고쿠고 교육'의 필연성을 끌어 내는 경우가 대부분이었다. 그 전형적인 인물이 우에다 가즈토시였다.

우에다 가즈토시의 저서『고쿠고를 위해서』의 속표지에는 "고쿠고는 제실(帝室)을 지키는 튼튼한 울타리며, 고쿠고는 국민의 자비로운 어머니다"라는 용맹스럽기까지 한 문구가 실려 있다. 그리고 이 책의 가장 중요한 부분을 이루고 있는, 앞에서 언급했던 <고쿠고와 국가와>라는 강연에서는 '일본어는 일본인의 정신적 혈액'이라고까지 주장하고 있다. 그런데 우에다는 일본에서는 일본어가 당연히 '받아야 할 환대'를 받지 못하고 있을 뿐 아니라 "고쿠고는 제실(帝室)의 충신, 국민의 자비로운 어머니인 것을 아는 사람이 거의 없다"고 분개하고 있다. 단적으로 말해 '국민'이 '고쿠고'의 존재를 모른다는 것이다. 이 <고쿠고와 국가와>라는 강연의 목적은, '고쿠고'의 위대한 전통을 칭송하기 위한 것이 아니라, 지금까지 '고쿠고'가 소중히 여겨지지 않았던 것에 대해 '국민'을 반성시키는 데 있었다. 거기에서 필요한 것이 바로 '고쿠고학'이었다. 즉 '고쿠고학'은 지금까지 무지의 베일에 가려져 있던 '고쿠고'의 모습을 '국민' 앞에 내보이는 것이 임무였던 것이다.

그 때까지 '고쿠고'는 우에다에 따르면, 이른바 암흑시대였다. 『고쿠고를 위해서』에 수록되어 있는 「고쿠고 연구에 대해서」에서, 오늘날까지의 고쿠고 학자가 고대·중세의 말, 문장상의 말에만 주목하였기 때문에 고쿠고의 참모습을 전혀 밝히지 못했다고 통렬히 비판하고 있다. 우에다는 바람직한 '고쿠고학'의 임무를 다음과 같이 밝히고 있다.

　이 고쿠고학이란, 국문학자의 말 등은 일본말의 일부분으로만 연구하므로 다른 목수·미장공 들의 말이건, 오슈(奧州)난 사쓰마(薩摩)의 방언이건, 마찬가지로 감히 그 사이에 좋고싫고를 두지 않는다. 고쿠고 학자는 동서, 고금, 남녀, 고귀비천, 노소, 현우(賢愚)를 불문하고 모든 사람들의 말에 들어가서 모든 사람들이 자연스럽고 명료하며 바르게 말하며 바르게 읽고 쓸 수 있도록 하는 것을 실제의 궁극적 목적으로 한다.

위의 글에서 알 수 있는 것처럼, 우에다는 '연구'와 '실제의 궁극적 목적'을 혼동하고 있다. 즉 지역, 계층, 성별의 차를 넘어서 '일본말'을 조사한다는 연구대상에 대한 규정과, '모든 사람들의 말에 들어가서' '바른' 말을 가르치는 실천적 목적이 마치 한가지 일인 것처럼 그는 파악하고 있는 것이다.

『고쿠고를 위해서 제2』에 실려 있는 「내지잡거(內地雜居) 후의 어학문제」(1900)에 이르면 비로소 우에다가 말한 '고쿠고'가 어떤 것인지 확실히 드러난다. 우에다는 "우리 제국에는, 엄격한 의미의 고쿠고가 아직도 존재하지 않는 것은 아닌가?"라는 폭탄 같은 질문을 던진다. 여기서 우에다가 생각하는 '엄격한 의미의 고쿠고'란 도대체 어떤 것일까? 그것은 "이것을 입으로 말할 때도, 이것을 귀로 들을 때도, 이것을 글자로 쓸 때도, 이것을 눈으로 읽을 때도, 모두 동일한 성질을 갖는 것이어야 한다", 즉 '언문일도(言文一途) 정신을 유지하는 고쿠고'라는 것이다. 이 '엄격한 의미의 고쿠고'의 '고쿠고'를 실현하기 위해서 우에다는 도쿄 어를 '표준어'로 정하여, 전국의 초등학교에서 널리 사용하게 할 것을 요구했다. 다시 말해 우에다가 생각하는 '고쿠고'란 다름 아닌 '표준어'를 가리키며, '읽기·쓰기·말하기·듣기의 유일한 기관'이었던 것이다.

도대체 '고쿠고'는 존재하는 것인가, 존재하지 않는 것인가. '국민'은 '고쿠고'를 말하고 있는가, 그렇지 않는가. '고쿠고학'은 모든 '국민'의 말을 '고쿠고' 속에 포괄시키라고 하면서 이 '국민'이 말하는 말은 '엄격한 의미의 고쿠고'가 아니라고 하니, 이게 도대체 무슨 말인지 여간 당혹스러운 게 아니다. 그러나 문제는 이와 같은 횡설수설이야말로 일본뿐만 아니라 모든 근대국가의 '국어(national language)' 이데올로기의 밑바탕에 깔려 있다는 사실이다. 그리고 '지금 있는 국어'와 '있어야 할 국어' 사이에 징검다리 역할을 해 온 것이 바로 '국어교육'이었던 것이다.

국어교육의 최대의 목적은 '바른 국어'를 가르치는 것이다. 그렇다면 교육을 받기 전의 국민은 바른 국어를 말하지 않는 것이 된다. '국민'은 '국어'를 의식하지 않았을 뿐 아니라 처음부터 '국어'는 존재하지 않았던 것이다. 이렇게 해서, '있어야 할 국어'가 매우 강박적인 모습으로 '국민' 앞에 우뚝 서게 된다. 그 앞에서는 어느 누구도 "나는 바른 국어를 말하고 있다"고 자신있게 단언할 수 없다.

사토 도시키(佐藤俊樹)는 국민국가라는 시스템 속에는 '자기원인적─자기언급적 순환'의 논리가 숨어 있다고 보았다. 다음과 같은 그의 발언은, 우리의 논의와 관련지어 시사하는 바가 적지 않다.

국민국가가 근거로 하고 있는 것은 국민의 존재다. 그러나 그 국민의 동일성 자체가 국민국가의 창설에서 출현한 것이기 때문에 동어 반복이 되고 만다. 동일성 정도를 기준으로 삼을 수도 없다. 그 정도 자체가 국가 존속의 결과인 경우가 많기 때문이다.[4]

'국어'도 국민국가와 마찬가지로 '자기원인적—자기언급적 순환' 논리에서 벗어날 수 없다. 그러나 이 '순환' 그 자체가 문제시되어서는 안 되는 일이었다. 그리고 '국어'의 존재도 결코 확실히 밝혀져서는 안 되는 일이었다. 이를 위한 가장 강력한 무기가 다름 아닌 '국어교육'이었다. '국민'이 '비국민'을 만들어 냄으로써 자기동일성을 확인해 가는 것처럼, '국어'는 반드시 배제해야 할 '비=국어'를 끊임없이 내부에 만들어 냄으로써만 '국어'로서 존재할 수 있다. 국어교육은 '바른 국어', '순정(純正) 국어'를 가르침과 동시에, '비=국어'를 끊임없이 만들어 내는 장치이기도 했다. '가르쳐지는 모어'라는 기괴한 괴물은, 이렇게 국어교육의 한가운데에 가장 거친 모습을 드러내고 있다.

참고문헌

I・イリイチ,『シャドウ・ワ-ク』, 岩波書店.
イ・ヨンスク(1996),『'國語'という思想 - 近代日本の言語認識』, 岩波書店.
成田龍一(1998),『'故郷'という物語』, 吉川弘文館.
誌田延義(1943),『大東亞言語建設の基本』, 畝房書房.
『明治文學全集44 落合直文・上田萬年・芳賀矢一・藤岡作太郎集』, 筑摩書房.
井上達夫・嶋津格・鬆浦好治 編(1999),『法の臨界[Ⅱ]秩序像の轉換』, 東京大學出版會.

---

4) 佐藤俊樹(1999),「國民國家というシステム」,『法の臨界[2] 秩序像轉換』, 東京大學出版會, 7쪽.

식민지 지배와 '국어'
−세기전환기의 대만·일본을 중심으로−

고마고메 다케시[*]

머리말

이 보고는 일본제국주의의 식민지 지배와 관련시켜, 일본어의 탄생이라는 프로세스를 고찰할 목적으로 쓰여졌다. 필자는 오늘날 한국의 '국어' 교육 상황과 문제점에 관해 충분한 지식과 정보를 가지고 있지 못하며, 따라서 이 보고의 내용도 '국어' 의식을 둘러싼 문제의 역사적이고 원리적인 고찰이라는 과제로 한정되지 않을 수 없다. 또한 주된 대상으로 설정된 것은 일본어의 탄생이라는 영역이며, 한국어와 관련해서는 보고의 마지막 부분에서 문제제기를 하는 정도로 그치게 된다는 점을 미리 언급해 둔다.

일본제국주의의 식민지 지배에서, '국어'로서의 일본어에 중요한 의미부여가 있었던 것은 주지의 사실이다. 예를 들면, 보통학교의 교육과정에서 일본어 시간이 압도적인 비중을 차지하였으며, '조선어'를 제외한 다른 교과목도 일본어로 가르치는 것을 원칙으로 하였다. 학교라는 공간뿐 아니라, 일본인은 일본어를 소유하고 있다는 이유만으로 우위의 입장에 있었고, 대다수 한국인은 일본어를 말할 수 없다는 점 때문에 많은 불이익을 감수하지 않으면 안 되었다. 한편 한국인이 한국어에 의해 공적인 생활공간을 창조하려는 움직임은 엄격히 통제되었다. 한 마

---

[*] 駒込武 : 京都大學 교수

디로 말해 일본어는 민족 간의 서열을 자의적으로 규정하는 장치였다고 할 수 있다.

이상과 같은 의미에서 일본어는 식민지 지배에서 파괴적인 역할을 수행했다는 점을 우선 지적해 두고 싶다. 단 여기서 주의해야 할 것은, 국민언어로서의 일본어가 선험적으로 존재하고 있는 듯한 이미지는 그릇된 역사인식에서 비롯되었으며, 언어를 둘러싼 근대성(modernity)을 상대화하는 시점이 빠져 있다는 점이다. 국민언어로서의 '일본어'의 존재 그 자체가 근대의 산물이며, '일본어'의 존재에 대해 묻는 일은 동시에 근대를 묻는 일에 해당한다는 것을 간과해서는 안 될 것이다.

'일본어'의 존재 자체가 근대의 산물이라는 것은 어떠한 문맥에서일까. 사카이 나오키(酒井直樹)는 푸코의 '실정성(實定性)'의 개념을 원용하면서, 국민언어로서의 일본어의 존재가 '상식'으로 공유되는 과정을 다음과 같이 분석하고 있다. 애당초 어떤 단어가 '일본어'에 속하는가 그렇지 않는가는 체계로서의 '일본어'의 존재를 전제하지 않고서는 결정할 수 없다. 그런데 개개 단어는 경험할 수 있다 하더라도 체계 그 자체는 경험할 수가 없다. 따라서 '일본어'라는 통일체를 상정하기 위해서는 그 자체로서는 경험할 수 없는 '신화'의 매개가 불가결하다. 근대에 있어서 이 '신화'란 단지 사회적 환상으로서 공유되는 것이 아니라, 오히려 사회적인 현실을 규정하는 요소로 작용하고 있다. 즉 근대 이전에는 전달 불가능한 차이가 무수히 존재했을지언정, 그것이 두 언어 간의 차이로 이해되지는 않았다. 이에 반해 근대사회에서는 모든 것이 두 개의 대조적인 국민언어 간의 차이로 환원되어 인식되었다. 그것도 '일본어'만이 아니라 '일본인'과 '일본 문화'가 실정적인 것으로 전화되면서, 이 세 종류의 실정성이 하나의 통일체에 내재하는 세 가지 속성으로 고려되어 "어떤 인간이 '일본인'이면서 '일본 문화'에 속하지 않는다든가, '일본어'로 말하면서도 '일본인'이 아니다"라는 사태가 '비정상적인 예'로서 배제된 것이다.[1]

---

1) 酒井直樹(1996), 『死産される日本語·日本人』, 新曜社, p. 141.

'일본어'에 대해 묻는 일은 동시에 근대를 묻는 일이라고 진술함에 있어 필자는, 이러한 사카이의 인식을 답습하였다. 다만 전근대사회의 언어 상황에 관해서는, 전달 불가능한 차이가 무수하게 존재하고 있었고 동시에 국민언어와는 다른 '침묵의 언어'에 의한 전달 시스템이 존재하였다는 점에도 주목하고자 한다. 즉 베네딕트 앤더슨이 지적하고 있듯이, 전근대사회에서는 고전적 공동체의 질서 아래 '존재론적 현실'을 이해하기 위한 '유일하고 특권적인 표상 시스템(a single, privileged system of representation)'이 존재하고 있었다.2) 동아시아 세계에서는 중화제국 체제 하의 한문·한자가 이 '유일하고 특권적인 표상 시스템'의 위치를 점하고 있었다. 19세기에서 20세기로 접어드는 세기전환기에, 정치적으로는 청일전쟁의 패배로 인해 중화제국 체제는 해체를 맞이하지 않을 수 없었지만 문화적으로는 종래의 표상 시스템이 즉시 붕괴될 리는 없었다. 일본에 의한 식민지 지배는 바로 이러한 전환기에 개시된다는 점 때문에, 그 특유의 복잡한 양상을 노정하고 있다. 따라서 사전에 미리 일본어·한국어·대만어와 같은 국민언어의 대조적 관계를 상정하는 것이 아니라, 그 시기의 복잡한 역사적 양상에 따라 일본어·한국어·대만어의 대립적 관계가 특권적인 표상 시스템으로부터 분리, 구성되는 프로세스를 명확히 하지 않으면 안 될 것이다.

이 보고에서는 이상과 같은 문제의식에 기초하여, 주로 일본제국주의에 의한 대만 지배에 입각하여 '일본어'라는 국민언어가 식민지 지배의 필요에 따라 창출되는 프로세스를 명확히 하고, 보고의 말미에 소위 '보호국'기의 한국 지배와의 관계에 대해 언급하고자 한다. 여기서 대만을 연구대상으로 삼은 이유로 무엇보다 보고자 자신이 한국사 연구에 충분한 지식을 갖고 있지 않다는 점을 들지 않을 수 없다. 다만 한국보다 이른 시기에 식민지화된 대만에서 성립한 지배의 방식이 한국에 적용된 측면도 무시할 수는 없다고 생각한다. 근대적인 국민언어의 창출

---

2) Anderson, Benedict(1983), *Imagined Communities*, Verso : London and New York, p. 14.

이라고 하지만 일본어와 대만어를 둘러싼 상황은 물론 동일할 수 없으며, 일본어와 한국어가 놓인 상황 또한 상이할 것이다. 이 보고는 그 각각이 놓인 상황의 독자성에 주목하면서, 비교사적인 관점에서 동아시아에서의 식민지 지배와 언어의 관계를 총체적으로 파악하기 위한 하나의 시론으로서의 성격을 띠고 있다.

1. 일본제국주의의 대만 지배와 이자와 슈지

국민국가의 '안'과 '밖'을 확연히 구별하여, 등질적인 권리·의무관계가 지배하는 획일적 '내부'를 구축하려는 체제란 근대세계 고유의 것이다. 1895년의 대만점령은, 메이지 정부가 대일본제국헌법을 제정하여 극히 불철저하였지만 국'내'에서 이러한 체제를 정비한 직후에 일어난 사건이었다. 이 지점에서 하나의 새로운 문제가 발생하였다. '외'국과의 관계에서 볼 때 대만은 분명 '내'부에 속하고 있었다. 그러나 국민통합을 위한 정치적 장치인 권리·의무의 등질화라는 원리를 적용시킬 것인가의여부가 문제로 떠오른 것이다. 거기에는 크게 보아 두 가지의 선택의 길이 있었다. 대만을 일본내지로 간주하고 정치적으로 통합해 나가는 길과, 내지와는 전혀 이질적인 법체계에 의해 통치하는 길이 그것이었다. 결과적으로는 후자의 길이 선택되었다. 즉 형식적으로는 헌법의 적용범위에 있음을 공적으로 인정하면서도, 권리·의무관계 등 헌법의 실질적 부분은 대만에 적용하지 않았던 것이다. 대만인의 정치권은 부정되고, 대만총독에게는 강력한 권한이 부여되었다. 이 점에서 대만은 명확하게 '외'지의 위치에 놓여 있었다.

통치방침 일반과 마찬가지로 교육정책도 선택의 길은 두 가지였다. 그 하나는 식민지 경영에 필요한 최저수준의 교육을 실시한다는 것이고, 다른 하나는 일본내지와 동일한 수준의 교육을 보급함으로써 교육·문화 방면의 통합을 추구하는 것이었다. 이 중 전자가 대만을 '외'지로 위치시키는 통치 일반과 정합적이었다. 그러나 대만총독부의 초대

학무부장으로 취임한 이자와 슈지(伊澤修二 : 1851~1917)는, 후자의 노
선을 추진하려고 했다. 예를 들면 이자와는 대만 사람들을 교육하는 목
적은 '새로이 대만을 일본이라는 몸의 일부'로 만드는 것이라고 역설하
였다.3) 통합으로의 지향은 분명하였다. 그렇다고는 하나 이러한 이자와
의 의도가 교육제도나 교육내용으로 그대로 실현될 수는 없었다. 뿐만
아니라 이자와 자신 또한 동아시아 세계에서 '유일한 특권적인 표상 시
스템'이었던 한문·한자가 지닌 영향력의 심대함을 재인식하고 스스로
의 견해를 수정해 나가게 된다.

이자와는 대만으로 건너가기 직전 단계에서, 대만의 이민족에 관해
"비록 문자가 없는 야만족은 아니라 하더라도, 오늘날의 교육 실정에서
볼 때 우매한 동물의 경계에까지 영락해 있다"고 하면서, 한자는 일본
어의 가타카나로 치환시키고, 유교와 같은 비실용적인 교양은 배척해야
한다고 진술하였다.4) 메이지 유신 이래 일본이 종래 중국을 모델로 한
교육 시스템에서 서구를 모델로 한 교육 시스템으로 전환해 온 데 대한
자신감, 혹은 그로 인한 중화문명 멸시의 인식이 명백히 표명되고 있다.
그 배경에 가로놓여 있는 것이, 서양 근대문명을 기준으로 하여 다양한
문화·문명을 '미개에서 문명으로'라는 일원적인 척도에 따라 서열화하
는 문명관이다. 이자와가 1870년대 아메리카에 유학하여 학습한 경험도
이러한 문명관의 형성에 영향을 끼쳤을 것이다. 그러나 실제로 대만에
서 교육활동을 전개하면서 여러 시행착오에 직면하지 않을 수 없었다.
예를 들면 우선 다음과 같은 사태에 직면했다.5)

대만은 구 중국령의 남쪽 끝에 위치하며, 그 언어도 북쪽과는 크게 달라
종래 관화(官話)에 능숙한 통역관 같은 이도 거의 말이 통하지 않는다. 이
는 전에 군대가 경험한 바에 비추어 보아도 명확해질 것이다. 그런고로 금

---

3) 伊澤修二(1896),「國家敎育社 第6會 定例演說」[(1958),『伊澤修二選集』, 信
濃敎育會, p. 593].
4) 伊澤修二(1895),「臺灣敎育談」[(1958),『伊澤修二選集』, 信濃敎育會, p. 571].
5) 臺灣敎育會(1939),『臺灣敎育沿革誌』, p. 166.

일 내지인으로서 현지어를 이해하는 자는 지극히 적고, 현지인 가운데 일
본어를 해득하는 자 또한 거의 전무한 실정이다.

이자와는, 북경관어(Mandarin)의 통역관이 소용 없는, 우선은 일본어
와 중국어(북경관어)라는 단순한 대비로는 이해되지 않는 언어현실에
직면하지 않을 수 없었던 것이다. 대만에는 중국대륙에서 이주한 한민
족과 말레이 폴리네시아계 선주 소수민족이 거주하고 있었고, 한민족은
다시 푸젠(福建)계와 객가(客家)계 사람들로 구성되어 있었다. 다수의
인구를 점한 푸젠계 사람들의 민남어(閩南語)는, 음운체계가 북경어와
크게 다를 뿐 아니라 어휘도 다소 이질적이었다. 한문・한자와 같은
'성스러운 언어'는 독자적인 독서음(讀書音)에 따라 읽히고 있었고, 구어
속어로서의 민남어의 세계와는 완전히 서로 단절되어 있었다.

1895년 6월에 개설된 학무부는, 이 민남어를 '대만어'로 위치시키고
대만어 연구에 힘써, 다음 해인 1896년에는 『대만오십음자모상해(臺灣
五十音字母詳解)』 등을 출판하였다. 통치의 필요에 따라 피통치자와의
사이에 가로놓인 '언어불통' 상황을 우선 극복하지 않으면 안 되었던 것
이다. 물론 일본어를 가르치는 것 또한 '언어불통'을 극복하는 수단으로
채택되었다. 1895년 7월에는 유력자의 자제 십 수명을 모아 일본어 교
습을 시작하고, 다음 해 3월에는 이 학교를 '국어학교'로 개칭하여 각지
에 '국어전습소'를 창설하였다. '국어학교'나 '국어전습소'의 목적은 통역
이나 하급관리를 양성하는 것이었으며, 그것은 행정상의 필요와 직결되
는 것이었다.

그러나 적어도 이자와의 구상에서 일본어 교육의 목적은 행정상 필
요한 인원을 확보하는 데 그치지는 않았다. 그것은 학교의 명칭이 '국
어학교'라는 점에서도 드러난다. 이자와의 의도가 잘 나타나 있는 것은
1895년 말 잉글랜드 장로교회 선교사 바클리(T. Barclay)와의 면담기록
이다. 거기에서 바클리는 일본어가 아닌 대만어를 교수용어로 해야 한
다고 주장했다. 그러나 이자와는 동의하지 않았고, 일본어를 교수용어
로 하는 방침을 분명히 하였다.[6] 이 대립은 무엇을 의미하고 있는가.

1860년대부터 대만에서 활동을 시작한 선교사들은 푸젠성(福建省) 샤먼(厦門)의 언어를 기준으로 하면서 현지어의 로마자 표기에 의한 성서 번역을 진척시키고 있었다. 예배 언어도 학교의 교수용어도 대만어였다. 선교사들에게는 어떻게 하든 성서의 내용을 전달하여 그리스도교 개종자를 늘리는 것이 중요한 과제였고, 언어 문제는 부차적으로 여겨졌던 것이다. 단 문자의 문제는 중요시되었다. 그들의 눈으로 볼 때 복잡 기괴한 기호에 불과한 한자는 그 난해함 때문에 다수의 문맹자를 산출하는 원인으로 인식되었다. 하문에서 활동하고 있던 어느 선교사는 한자의 특징을 구미인들에게 설명하면서 다음과 같이 말하고 있다.7)

　　모든 단어는 각각 문자를 가지고 있고, 많은 문자가 한 자를 쓰는 데 15회에서 30회의 다른 획을 필요로 하고 있다. 형태의 내부에 음이나 의미를 파악할 수 있는 단서를 가진 문자도 많다. 그러나 그 단서라는 것은 미진하고 의심스럽기까지 하다. 또한 실제로 각각의 문자는 교사나 사전을 통해 일일이 따로 배우지 않으면 안 되어, 단순한 기억에 의해 익히지 않으면 안 된다. 이렇게 어려운 언어이기 때문에 한자는 특권계급의 필요물로 남아 있으며, 대다수 사람들은 읽고 쓰기가 불가능하다.

여기서 분명히 드러나는 것은, 한자와 같은 표의문자보다 로마자와 같은 표음문자가 합리적・효율적・민주적 문자이며 보다 '진보'한 문자라는 인식이다. 이러한 신념은 당시 서구인의 대부분이 공유하고 있는 것이기도 했다. 실제로 특히 영어의 경우, 설령 로마자를 익히는 것이

---

6) 國府種武(1931), 『臺灣に於ける國語敎育の展開』, 第一敎育社, p. 70.

7) Campbell, Gibson(1901), *Missions Problems and Mission Methods in South China*, Edinburgh and London, pp. 36~38, "Every word has a separate character, many single characters requiring from fifteen to thirty distinct strokes of the pen in writing. Many of them contain in there forms a slight clue to their sound, or to their meaning, but the clue is slight and unreliable, and practically each one must be separately learned from a teacher or a dictionary, and must be retained by a sheer effort of memory. A language so difficult as this remains of necessity the peculiar possession of a privileged class, and the bulk of people can neither read nor write."

용이하다 하더라도, 발음이 철자와 엄밀히는 대응하지 않는 까닭에 철
자를 익히는 데 많은 노력이 필요했음에도 불구하고 이러한 문제는 당
연한 듯이 무시되었다. 어쨌든 발화 언어의 수준에서는 현지의 문화에
관용적인 반면, 문자의 면에서는 기존의 질서를 폭력적으로 파괴하는
일을 '문명화의 사명'으로 파악한 것이 영국인 선교사의 입장이었다.

이자와 슈지 또한 표음문자를 보다 '진보'한 문자라고 생각했다. 대만
에 건너가기 전에, 한자를 일본어의 가타카나로 치환하겠다는 의지를
피력한 것을 보더라도 그것은 명백하다. 그러나 바클리와 면회했을 때
는 한민족과 동일한 한자를 사용하는 것을 오히려 일본어의 이점으로
들면서 한자의 이용을 주장했다. 바클리와는 대조적으로 이자와의 경우
는, 일본어를 '국어'로 삼음으로써 발화 언어의 수준에서 기존의 질서에
개입함과 동시에, 문자에 관해서는 '동문(同文)'론적인 입장에서 그 공
통성을 이용하려 한 것이다. 나아가 이자와는, 일본어의 전통적인 서기
법에 의한 한자 읽기(자음가나 사용)가 대만어나 북경관어, 한국어의 발
음과 유사한 점을 지적하면서, '동아 5억의 생령(生靈)의 사상교통의 이
기(利器)'로 한자를 존중해야 한다고 주장하고 있다.8)

한자의 재평가는 유교의 재평가와 연동되는 것이었다. 즉 1897년의
연설에서는 유교를 비실용적인 교양이라고 배척한 종래의 태도와는 반
대로 "사서오경, 대만인이라면 이것은 어떠한 일이 있어도 알지 않으면
안 된다"라고 하여, 한자·한문·유교를 교육 내용에 편입시키고 일본
어에 의해 내용을 절충시키자는 안을 제기하고 있다.9)

이자와의 인식변화의 근저에는, 종래의 문화에 대해 존중하는 자세
를 보이지 않으면 대만인의 유력자를 설득하여 그들의 자제를 학교에
서 교육하는 것이 어렵다는 사정이 놓여 있었던 것으로 보인다. 그러나
그뿐 아니라, 실제로 대만인 유력자와 접하면서 새삼 중화문명의 심대

---

8) 伊澤修二(1904), 「所謂最近の國語問題に就きて」[(1958), 『伊澤修二選集』, 信
濃敎育會, p. 727].
9) 伊澤修二(1897), 「臺灣公學校設置に關する意見」[(1958), 『伊澤修二選集』, 信
濃敎育會, pp. 614~620].

함을 깨달았다는 측면도 있었을 것이다. 예를 들면 같은 연설에서 "대만 사람들은 대단히 서(書)에 능합니다. 대개의 일본인의 경우 대만인 정도로 쓰는 사람은 드뭅니다"라고 하고 있다.[10] 대만에 건너가기 직전의 "비록 문자가 없는 야만족은 아니라 하더라도……"라는 식의 인식과의 차이가 명백히 드러나고 있다.

2. 두 가지의 공학교(公學校) 규칙

1898년 대만총독부는 대만인을 위한 보통 초등교육기관으로 '공학교'를 설치하고, 공학교 규칙에 따라 교육과정을 규정하였다. 이자와가 학무부장을 퇴임한 뒤에 제정된 것이지만, 그 내용은 이자와의 구상과 거의 일치하고 있다.

그 공학교 규칙에는 일본어 관계 교과목은 '국어작문'과 '독서'로 구별되었다. '국어작문'에서는 대만총독부가 편찬한 『대만교과용서국민독본(臺灣敎科用書國民讀本)』을 교과서로 사용하고, '독서'에서는 문부성이 편찬한 『소학독본(小學讀本)』외에 유교의 경서를 교과서로 사용하였다. 대만총독부가 편찬한 '국어작문' 교과서에는 가타카나 표기에 의한 대만어의 번역이 병기되고 있다. '독서' 교과서인 문부성 편찬의 『소학독본』은 일본어 교과서인데, 문자언어로서의 일본어 문장은 발화 언어로서의 일본어보다 한문에 근접하는 것이어서, 말 그대로 한문과 함께 가르친 셈이었다. 역시 '독서' 교과서인 유교의 경서는 우선 대만어로 읽고 이어서 일본어로 읽게 되어 있었다.

'국어작문' 교과서에 대만어 번역이 병기되고, '독서'에서 경서의 대만어 읽기가 시행된 사실로부터도 알 수 있듯이, 대만어가 교육 내용에서 배제된 것은 아니었다. 특히 주목해야 할 것은 '국어작문'과 '독서'라는 교과목의 구분이 '일본어'와 '대만어'의 구별을 원리로 하는 것이 아니라는 점이다. 각각의 언어에서 문자언어와 음성언어가 괴리되어 있는

---

10) 위의 글, p. 620.

상황을 전제로 하여, 문자언어와 음성언어의 차이를 오히려 교과목 구분의 원리로 삼은 것이다.

그러나 6년 뒤인 1904년에 이러한 공학교 규칙은 크게 개정되었다.

새로운 공학교 규칙에서는 오로지 일본어를 교육하기 위한 '국어'와, 평이한 한문을 대만어로 가르치는 '한문'으로 구별되어, 전자에 주 10시간이라는 많은 시간이 배정되었다. 한문 교재에서는 유교 경서가 제외되었다. 또한 구 규칙에서는 공학교 교육의 목적이 "덕교를 실시하고 실학을 가르쳐, 이로써 국민의 성격을 양성하고 동시에 국어에 정통하게 한다"라고 규정되어 있었는데, 신 규칙에서는 "국어를 가르치고 덕육을 실시하여, 이로써 국민의 성격을 양성하고······"로 개정되었다. '국어'로서의 일본어가 우선되고 '국민의 성격'을 양성하는 수단으로 강조되고 있는 것이다. 미묘하긴 하지만 중요한 변화라고 할 수 있다.

지도적 입장에 선 교사로서 신 규칙의 개정에 관여한 야마구치 기이치로(山口喜一郎)는 이러한 변화를 다음과 같이 해설하고 있다.

> 한 국민의 국어는 그 국민이 갖고 있는 형이상학적인 것 전체를 포괄하는 것이어서, 국민의 지식, 감정, 품성, 국민의 활동 발달 전체가 그 안에 존재한다.

일본어 교육의 목적은 일본어 교육을 통해 대만인과 일본인이 '동정동감'하여 '모자양지(母子兩地)의 결합'을 도모하는 데에 있었다. 또한 국어과목의 외부로 한문을 몰아낸 것은 적절한 조치고, '사서, 삼자경(三子經)과 같이 아동의 심력(心力)에 적합하지 않는 것'을 폐지한 것이 중요하다.[11]

1898년의 공학교 규칙에서는 '유일하고 특권적인 표상 시스템'을 교묘히 이용하는 절충적인 교육내용을 구상하였던 데 반해, 1904년의 공학교 규칙에서는 그러한 절충성은 사라지고 '일본어'와 '일본 문화'의 '독자성'과 '순수성'을 어거지로 부각시키는 내용으로 구성된 것이다. 이

---

11) 山口喜一郎(1904. 6),「新公學校規則を讀む」,『臺灣敎育會雜誌』第27号.

러한 선택을 정당화한 것이, '국어'에는 '국민의 지식·감정·품성'의 전체가 내재한다는 인식이었다. 일본어 교육의 목적은 '동정동감'하는 것, 즉 일본인과 대만인 간의 '공감'을 형성하는 것이었다. 물론 그것은, 실제로는 '공감'이 존재하지 않기 때문에, 다시 말해 민족 간의 균열이 명확히 드러나지 않을 수 없기 때문에 필요한 것이었다. 더욱이 야마구치 기이치로는 이러한 주장을 일본어 교수법으로 구체화하게 되는데, 번역을 통해 일본어를 이해시키는 것이 아니라, 체험적·직관적으로 일본어를 '체득'시키는 방법론으로서 '직접법(直接法)'의 개발에 힘쓰게 된다. 일본어를 교수용어로 하는 직접법은, 전 교과목의 교수용어를 일본어로 하고 학교생활에서 현지어를 배제하는 선도적인 역할을 하게 된다. 수사학적 측면에서는 어찌됐든 간에, 실제의 교육 내용 차원에서는 '동문동종(同文同種)'론적인 절충성이 확실히 배제된 셈이다.

1904년의 공학교 규칙이 제정되는 과정에서 야마구치 기이치로 등의 주장에 대한 반대의견도 제기되었다. 예를 들면 다카오카 다케아키(高岡武明)라는 교원은 "일본어로써 비제국주의 사회주의의 정신을 고취해야 한다"라고 주장하며 일본어 교육에서 '동정동감'의 관계를 형성하는 기능을 기대할 수는 없다고 진술하고 있다.[12] 실제로 뒷날 일본에 유학하여 일본어를 습득한 유학생 가운데 항일운동의 지도자가 배출된다는 사실만 놓고 보아도, 야마구치 기이치로가 일본어 교육에서 기대한 것과 같은 '동정동감'의 기능이 실현되었다고는 보기 어렵다. 1898년의 공학교 규칙에서 절충적인 성격을 필연적으로 요구한 조건, 즉 언문일치체의 표준적 일본어의 부재라는 문제 또한 해결된 것은 아니었다.

대만의 일본인 교사들은 1898년에 국어교수연구회를 설립하고, 음운·단어·문장 등에 관해 결국 무엇을 '일본어'로서 가르쳐야 하는가를 두고 기술적인 논의를 거듭하였다. 그렇게 하지 않으면 안 되는 것이 현실적 조건이었다. 조금 극단적으로 말하자면, 1898년의 공학교 규칙이 제정된 시점에서 '일본어'는 존재하지 않았다. 보다 정확하게 표현

---

12) 高岡武明(1902. 3),「公學校ノ修身科ニ就キテ」,『臺灣敎育會雜誌』第4号.

하자면, 다양한 차이를 내포한 발화 언어와 독자적인 문체를 가진 문장 언어가 존재하고는 있었지만, 표준적이고 균질적인 '일본어'라는 이미지는 여전히 애매하여 사회적으로 공유되는 것은 아니었다.

그러나 1904년의 공학교 규칙 제정 이후, 이러한 조건이 반드시 해소된 것은 아니라 할지라도 다카오카 다케아키가 제시한 것과 같은 의견은 마치 터부처럼 배제되고, 이민족을 교화·감화하는 수단으로서 일본어를 중시하는 방침이 지배적으로 된다. 그리고 한국 등의 다른 지역에서도 이러한 방침이 적용된다.

3. 대만과 일본내지의 상호작용

그렇다 하더라도, 어떻게 하여 짧은 기간에 이러한 큰 변화가 일어난 것일까. 거기에는 몇 가지의 요인이 겹쳐져 있다.

우선 일본어의 역할을 활성화한 적극적인 요인이 있었다. 즉 대만에서 일본어 교육을 둘러싸고 모색이 행해지던 바로 그 무렵, 이에 연동적으로 일본내지에서 일본어를 둘러싼 상황이 크게 변화하고 있었다.

애당초 일본내지의 소학교에서 독서·작문·습자를 통합하여 '국어'라는 교과목이 설치된 것은, 대만에서 1898년 공학교 규칙이 제정된 것보다 후인 1900년의 일이다. 1902년에 와서야 문부성은 국어조사회를 설치하고 '표준어' 제정, 언문일치, 한자제한 등을 통해, '일본어' 창출이라는 정책과제에 매달리기 시작한다. 이 프로젝트의 중심적 역할을 맡은 사람이 우에다 가즈토시(上田萬年 : 1867~1937)였다. 우에다 논의의 특징은, 황실의 존재를 결절점으로 하여 일본어·일본인·일본문화의 삼위일체성을 주장하는 데 있었다. "국어는 황실의 번병이고 국어는 국민의 자모(慈母)", "일본어는 일본인의 정신적 혈액"이라는 우에다의 문장은 모(母)나 혈액 등의 정서에 호소하는 비유를 교묘히 이용함으로써, 대만의 교육 관계자를 포함하여 일본어를 둘러싼 당시의 논의에 많은 영향을 끼쳤다. 앞서 예로 든 야마구치 기이치로의 논의에서도 그 영향을 분명히 확인할 수 있다.

이렇듯 이데올로기적으로는 크게 영향을 미쳤지만, 다른 한편 우에 다가 주도한 '국어' 제정사업은 실제로는 엉거주춤한 것이 되지 않을 수 없었다. 예를 들면 한자배척론은 큰 저항에 직면했다. 우에다는 음성이 야말로 언어의 본질이라는 음성중심주의에 서서, 궁극적으로는 한자를 전폐하고 가나문자로 표기하는 것을 목표로 삼았다. 청일전쟁이 한창인 시점에서 "개벽 이래 유례가 없는 지나(중국) 정벌에서 우리 육해군이 연전연승하여 이르는 곳마다 일장기의 위세 아래 굴복하지 않는 자가 없는데, 우리나라의 국어문장계가 여전히 중국풍에서 벗어나지 못하고 있는 것은 한심한 노릇이다"라고 한자배척론을 주창한 것이다.13) 여기 서 한자의 존재는 '유일하고 특권적인 표상 시스템'이 아니라 '지나'라 는 '적'에 결부되어 멸시되고 있다. 그러나 천황숭배의 '성전(聖典)'이 된 교육칙어가 한문조 문장으로 기록되었다는 사실이 상징하듯이 엘리트 문화로서의 한자문화의 영향력은 그렇게 간단히 불식될 수 있는 것이 아니었다. 한편 이자와 슈지의 주장에서도 드러나듯이, '동문(同文)'적인 측면을 이용하는 것이야말로 식민지 통치의 유효한 방법이라는 의견도 제출되었다. 결국 국어조사회의 방침은 한자 전폐가 아니라 한자 제한 의 수준에서 낙찰을 보았다.

19세기에서 20세기로 접어드는 세기의 전환기라는 극히 짧은 기간 에, 대만과 일본내지 사이에는 이와 같은 상호작용이 마치 화학반응처 럼 일어나고 있었다. 대만에서의 일본어 교육 실험은 일본내지에서 규 범적인 '일본어'가 제정되는 움직임을 가속시켰다. 물론 '일본어' 제정의 움직임을 촉진시킨 요인이 대만 지배로만 국한되는 것은 아니지만, 적 어도 하나의 중요한 요인을 형성한 것임에는 틀림이 없다.

한편 우에다 가즈토시 등의 중심인물에 의해 새로운 발명품으로 창 출된 일본어는, 아직 시작 단계이기는 해도 우에다 류의 과잉 의미 작

13) 上田萬年(1895. 1), 「國語研究に就て」, 『太陽』 創刊号. 당시 우에다의 논의에 관해서는 長志珠繪(1998), 『近代日本と國語ナショナリズム』, 吉川弘文館 참 조.

용을 동반하며 대만으로 수입되어 식민지 교육의 방향성을 규정하였다.

대만 지배에서 일본어의 역할을 부상시킨 요인으로서 또 하나 고려해야 할 것은 일본어 외에 어떤 종류의 교화 수단이 있었을까 하는 문제다. 구미 제국주의에 의한 식민지 지배의 경우, 근대문명의 선교자로서의 구미인과 계몽의 대상으로서의 피식민자라는 도식이 명백하고 '백인'과 '비백인'이라는 레토릭이 배제의 기제를 형성하는 한편, '문명종교'로서의 그리스도교가 지배자를 '도덕적 주체'로 연출하는 중요한 도구로 기능하고 있었다. 그러나 일본제국주의에 의한 식민지 지배의 경우에는 다음의 두 가지 점 때문에 이러한 교묘한 분리가 곤란하였다.

첫째는 설령 당시의 일본인이 다른 아시아 민족보다 근대문명을 섭취하는 데 앞섰다고는 하나, 일본은 그 산출자가 아니라 모방자에 지나지 않았다는 사실이다. 일본인의 역할은 기껏해야 근대문명의 매개자였고, 식민지화된 지역의 지식인이 일본어를 학습하는 것은 일본어로 번역된 구미 서적을 읽기 위해서라는 수단이 되는 경우가 많았다. 그렇기 때문에 그 반동으로 일본어 교육 그 자체의 중요성이 강조되었던 것이다.

둘째는 중화 문명의 영향을 빼놓고는 일본 문화는 고려할 수조차 없다는 사실이다. 지배하는 쪽이 지배당하는 지역의 문화에 많은 영향을 받고 있다는 상황은, 일본의 대만·조선 지배에서 보이는 특수한 상황이었다. 그러한 상황에서 이자와 슈지와 같이 중화문명의 프라이드를 어느 정도 존중하려 할 경우, 서구 근대문명의 선교자의 입장에서 미묘하게 벗어나게 되고, 지배자의 권위를 유지하기 힘들게 되는 것이다. 1898년의 공학교 규칙에서 1904년의 규칙으로의 제정은, 이러한 방향으로 흐르는 것을 억제하는 의미를 지니고 있다.

순수한 서구 근대문명의 전달자도 아니고 중화문명의 옹호자도 아니었다. 그러한 일본인에게 어떠한 교화 수단이 있을 수 있었을까. 굳이 말하자면 '만들어진 전통'인 천황 숭배를 '일본 고유 문화'의 '독자성'과 '우수성'을 입증하는 것으로 들었겠지만, 그 내용상 혈통적인 관점을 중시하는 까닭에 교화 수단으로는 부적절하다는 의견이 현장 교사들로부터도 제출되는 실정이었다. 결국 이렇게 보면 남은 것은 일본어뿐이었다. 즉 한편으로는 서양 근대문명의 전파자를 자처함으로써 식민지배를 정당화하면서, 다른 한편으로는 단순한 매개자이기를 거부하기 위해서 일본어 교육에 과잉한 의미를 부여할 수밖에 없었던 것이다. 일본어를 가르치기만 한다면 '국민의 지식·감정·품성'의 전부를 가르치는 것이 가능하다는 생각은, 서구 근대문명과 중화문명이라는 거대문명의 틈바구니에 낀 일본인으로서는 그야말로 안성마춤이었다. 단 '일본어'는 서양 근대문명과는 다른 '일본의 독자적인 문화'를 표현하는 것으로 간주되면서도, 사실은 그 자체 틀림없는 근대의 산물이었다는 점을 간과해서는 안 될 것이다.

4. 대한제국에 있어서의 '국문'과 '국어'—결론에 대신하여—

새로운 공학교 규칙이 대만에서 제정된 1904년, 일본정부는 무력을 배경으로 '제1차 한일협약'을 체결하고 대한제국정부에 일본인 고문의 내정간섭체제를 승인하게 하고, 다음 해인 1905년에는 시데하라 히로시(幣原坦)를 학부 용빙의 학정참여관(학부고문)이라는 명목으로 파견한다. 시데하라에게 주어진 과제는 청일전쟁기에 갑오개혁을 계기로 형성된 근대적 교육제도를 '보호국'화라는 방침에 맞추어 재편성하는 것이었다. 시데하라가 기초한 「한국교육개혁안」에서는 대한제국이 일본제국의 '보호국'이 된 이상, "제국정부가 방침을 변개한 이상은, 한국교육개량의 방침도 또한 처음부터 이에 기초하지 않으면 안 된다"라고 자신의 역할을 명기하고 있다.14) 이러한 방침에 따라 제정된 보통학교령(1906. 8)은 학교 명칭을 '소학교'에서 '보통학교'로 개칭하고 수업연한을 6년에서 4년으로 줄였다.

---

14) 幣原坦(1905), 「韓國敎育改革案」[渡部學·阿部洋 編(1991), 『日本植民地敎育政策史料集成 63 朝鮮編』, 龍溪書舍].

보통학교의 교육과정을 정하는 데 중요한 역할을 수행한 것은 1906
년 시데하라의 후임으로 학정참여관으로 부임한 미쓰치 주조(三土忠造)
였다. 미쓰치는 한국어 수업을 '국문'에서 '국어'로 개칭하고, 보통학교
제1학년부터 일본어 수업을 주 6시간씩 배당하였다. 또한 일본 중학교
에서 한문과목을 폐지하고 구미에서 라틴어가 조락한 상황 등을 언급
하면서, '공맹유언(孔孟遺言)'에 기초한 수신교육의 한계를 강조하고 한
문으로부터 유교를 배제하는 방침을 채택했다.

미쓰치는 관립보통학교 직원회의 석상에서 "한국인이 일본어를 할
수 있느냐 없느냐의 여부는 생존경쟁에서 그 이해관계가 뚜렷하다"라
는 논리로 일본어 교육을 정당화하고, 일본어를 알지 못하면 "뜻밖의
속임수에 빠져, 필경 한국인은 손실·불이익을 당하게 된다"고 진술하
고 있다.15) 아직 일본어를 통해 일본인의 '지식·감정·품성'을 주입함
으로써 '동정동감'의 관계를 구축한다라는 과잉 의미가 부여된 것은 아
니라 할지라도, 대만의 1904년 공학교 규칙에 보이는 일본어 중시와 한
문과목 축소 등 교육 내용 구성 원리는, 이 단계에서 의심할 수 없는 방
침으로 자리잡았다고 할 수 있다.

식민지 당국은 대규모적인 문화 시스템으로서의 중화제국이 해체되
어 가는 추세를 분명히 예측하고 있었다. 동시에 새롭게 이식되어야 할
근대가 '생존경쟁'의 시대임을 정확히 파악하고 있었다. 그 점에서 미쓰
치의 설명은, 일본정부가 한국에서 일본어 교육을 실시할 것임을 솔직
하게 표명한 것이라고 할 수 있다. 다만 일본어를 알지 못하면 "뜻밖의
속임수에 빠져, 필경 한국인이 손실·불이익을 당하게 된다"라는 설명
은 실제적이기 때문에 모순을 안고 있다. '속임수'를 사용하여 손실을
입히는 주체는 과연 누구인가. 문맥으로 보건대 그것은 일본어를 자유
자재로 구사하는 인간이라고 미쓰치 자신이 인정하고 있는 셈이다. 그
압도적인 다수가 일본인이라는 것은 말할 것도 없다. 그렇다면 같은 전

---

15) 高橋浜吉(1927), 『朝鮮敎育史考』[渡部學·阿部洋 編(1991), 『日本植民地敎
育政策史料集成 63 朝鮮編』, 龍溪書舍, pp. 171~172].

제로부터 일본인을 우선 배제하는 것이 한국인에게는 이익이 된다는 결론이 도출된다 해도 전혀 이상할 것이 없다. 그럼에도 불구하고 그것은 일본어 교육의 도입을 정당화하는 논리로 기능하고 있는 것이다.

한국 측에서는, 다와라 마고이치(俵孫一) 학무부장이 미쓰치와 같은 논리로 일본어 교육을 정당화한 데 대해, 한국인 보통학교 교장이 "어렸을 때부터 일본어를 배운다면 한국의 국민성을 잃고 일본의 국민성을 배우게 될 염려가 있다"고 반론한 예가 확인된다.16) 그 자체 적확한 비판인데, 발화 언어로서의 한국어 자체를 교육 내용의 중핵으로 간주하는 발상은 아마도 대단히 새로운 것이 아닌가 생각된다. 양반층이 중심이 된 종래 학교문화의 담당자로서는, 이러한 언어교육의 문제보다도 한문의 가치저하라는 사태가 중요한 문제로 인식되었을 가능성도 배제할 수 없다. 원래 일본인에 의한 내정간섭체제에서 한국어 과목의 명칭이 '국문'에서 '국어'로 바뀐 것인데, 그것은 한국인에게 어떠한 의미로 받아들여졌을까. 국'문'에서 국'어'로의 전환 자체는 환영할 만한 사태였을까. 당연한 일이지만 한국인 가운데에서도 의견 차이가 있을 수 있어, 쉽게 단정지을 수 있는 문제가 아니다. 적어도 갑오개혁 이후의 역사를 살피면서 이를 고려할 필요가 있다.

주지하다시피 한국에서는 갑오개혁을 계기로 하여, 한자를 '진서'로 한글을 '언문'으로 보는 가치관에 큰 변화가 일어났다. 1895년 개화파 정권이 선포한 「홍범14조」는 순국문·국한혼용문·순한문이라는 세 가지 문체를 공표하고 공문서류에도 국문의 병용을 인정하였다.17) 1896년에는 『독립신문』 등 한글전용 신문도 발행되어, 남녀·상하·귀천에 관계없이 읽히는 문자로서의 한글의 의미가 선명해지게 되었다. 이연숙은 이러한 운동이 현재까지 이어지는 '고유문자에 대한 애착과 긍지'를 형성하고 있다고 평가하는 한편, "언어 내적인 관점에서 보면 표기법의 수준에 머물러 있어 언어체계를 변화시키는 수준에는 이르지 못한다.

---

16) 學部(1909), 『韓國敎育ノ旣往及現在』[渡部學·阿部洋 編(1991), 『日本植民地敎育政策史料集成 63 朝鮮編』, 龍溪書舍, p. 29].
17) 尹健次(1982), 『朝鮮近代敎育の思想と運動』, 東京大學出版會, p. 96.

즉 언어적 근대화 과정에서 생겨난 '문자 내셔널리즘'은 문자 그 자체가
상징적 의미를 띠고 있고, 극히 관념적이고 정서적인 면을 담지하고 있
다"고 평가한다.18)

이연숙이 지적하고 있듯이, 한글이라는 고유문자가 민족적 저항의
근거로 작용하고 또한 한국 사회 내부의 신분질서를 극복하는 수단으
로 의식된 것은 분명하다. 그것은 대만의 사례와는 크게 다른 점이다.
대만에서는 대만어가 한자로 표기되었다기보다는 대만어를 표기할 문
자가 없었다고 하는 표현이 보다 정확한 상황이 존재하였기 때문이다.
보다 복잡한 문제는 언문일체의 문체 문제다.

근대사회의 '국민화' 프로젝트에서 언문일치체라는 문제는 대단히 중
요한 위치를 점한다. 그것은 현실세계의 이해 방식 그 자체를 규정하는
것이기 때문이다. 예를 들면 가라타니 고진(柄谷行人)은, 언문일치체나
근대연극, 근대문학의 성립에 관련하여 문자나 가면이 '의미하는 것'으
로서의 특권적인 지위를 상실하고, 종래에는 무의미했던 음성이나 맨
얼굴이 의미심장한 '풍경'으로 출현하는 기호론적 장의 전환을 지적하
고 있다.19) 또한 이효덕(李孝德)은 가라타니 고진의 지적을 살피면서,
나아가 근대일본에서 언문일치의 의미를 다음과 같이 논하고 있다.20)

　　근대문체(언문일치체)에 의해 희구된 것이, 읽는 사람에게 표현대상이 직
접적으로 재＝현전하는 것, 즉 매개가 되는 언어의 존재성이 무화(無化)되
어 투명화되는 것인 만큼, 거기에서 배제되는 것은 한문(적 표현)이 갖는
양의적이고 번잡한 수사나 비유인 동시에, 구래의 한문이 갖는 음운적 운
율이기도 했다. …… 문학이 선도하는 언문일치운동은 메이지기 중반 이후
국어국자 개량운동의 흐름으로 흡수되어, '국민'을 위한 언어＝'국어'의 제
정 문제로 수렴되어 간다. 눈앞의 '풍경' 묘사를 가능하게 한 언문일치체는
한사람 한사람의 차이를 넘어 무매개적으로 동일화되는 '국민'을 창출하기
위한 '국어'로 채용되고, '국민교육'을 위해 양장화된 '국어' 교과서에는 언

18) 李姸淑(1987),「朝鮮における言語的近代」,『一橋研究』1987. 7.
19) 柄谷行人(1980),『日本近代文學の起源』, 講談社, pp. 58~61.
20) 李孝德(1996),『表象空間の近代 - 明治'日本'のメディア編制』, 新曜社, p. 94.

문일치체로 묘사된 익명의 풍경이 '국민적 풍경'으로 게재된 것이다.

여기에서는 생략했지만 이 문장에서 이효덕은 문장표현의 평명화(平明化)·간략화를 목표로 한 언문일치운동이 '국어' 제정운동으로 결합되는 데 결정적인 역할을 한 인물이 앞서 거론한 우에다 가즈토시였다고 지적하고 있다. 이 보고에서 부언할 것이 있다고 한다면 일본의 제국주의화, 그리고 대만 식민지 지배의 필요가 이러한 움직임을 촉진하는 역할을 하였다는 점이다. 베네딕트 앤더슨은 서구의 사례에 입각하여 '자본주의·기술·인간의 언어적 다양성의 폭발적인 상호작용이 산출한 다분히 무자각적인 과정'을 통해 '출판어'가 출현했다고 하고 있다.21) 그러나 일본의 경우, 제국주의적인 식민지 지배라는 정치적 필요가 우선 존재하였고 '출판어'는 정치적 필요에 따라 자각적으로 창조되었다고 할 수 있다. 거기에는 자본주의의 발달에 뒤져 있다는 점 외에도, 서구 세계에서 라틴어가 16세기 이후 특권적인 지위를 상실해 간 데 반해 동아시아 세계에서는 한문·한자가 점하던 특권성이 아직 그다지 흔들리지 않고 있었다는 사정도 크게 작용하였을 것이다.

일본과 달리 한국에서는 제국주의적 지배 때문에 언문일치체의 '한국어'를 급속히 만들어 낼 필요가 없었다. 이 점은 중요하다. 다만 언어적 침략에 대한 방어벽을 구축할 필요는 있었다. 실제로 앞서 인용한 논문에서 이연숙이 지적하고 있듯이, 일본제 신한자어는 한국어의 어휘체계에 깊숙이 침투하였다. 이러한 상황 속에서 1900년대에 '국문'에서 다시 '국어'를 창출할 필요성이 애국계몽운동의 참가자들을 중심으로 명확히 부각되었다. 그러나 한국어가 실제로 '국어'의 위치를 점한 것은 '보호국' 기간인 불과 수년에 지나지 않았고, 1910년에는 일본어가 다시 '국어'의 자리를 차지하게 된다. 그러한 상황을 어떻게 평가해야 할 것인가. 또한 그것이 현대의 한국 사회에 어떠한 영향을 미치고 있는가. 토론을 해 나가는 가운데 이 점이 고려되었으면 하고 바란다.

---

21) Anderson, Benedict(1983), *Imagined Communities,* Verso : London and New York, p. 45.

국제어문교육비교연구회·서울시립대 인문과학연구소
·서울시립대 국어국문학과 공동주관

제1회 한일국어교육비교학술대회 보고문

한 형 구*

1. 발안과 발동 : 학회가 있기까지 – 국어교육에 대한 위기의식(?)

거창하게 말하는 버릇은 삼가기로 하자. 다만 보고의 관습이 미약한 사회에서 명색 국제학술대회의 행사를 치르고 그만한 보고 기사 하나쯤 남기지 않는다면 책임 방기의 행위가 되지 않을까 생각하여 적어두는 것이다. 말하자면 학술대회 보고의 기사를 한 편 남기고자 하는 것인데, 따라서 여기서도 앞세워져야 할 질문의 하나는 당초 이 사업이 어떻게 시동, 시발되었던가의 질문이지 않으면 안 될 것이다. 하필 국어교육의 비교연구를 위한 국제학술대회를 최초 누가, 어떤 생각으로, 입안, 제안하기에 이르렀던 것일까.

오늘의 시대에서 학술 행위조차도 하나의 이벤트성 행사로 관례화되는 추세인 탓이었으리라고 미리 짚어 말하기는 말기로 하자. 그런 점이 없지 않았겠지만, 그런 이벤트의 방식을 빌려서라도 이미 심각한 위기적 정황을 노출하고 있는 오늘의 국어교육 현실에 대해 머리를 맞대고 논의할 필요성을 느꼈다는 점으로 일단 우리의 충정을 고백해 놓기로 하자. 그러니까 어느 날이었던가. 아마도 산행중의 어느 날이 아니었던가 싶다. 인접 연구실의 국사학과 교수와 같이 나선 산행에서 동료 김

* 서울시립대학교 국어국문학과 교수

교수가 문득, 난데없이, 우리도 국제학술대회의 행사 쯤 벌여볼 수 있지 않을까의 제안을 내뱉었다. 국사학과가 연례행사처럼 벌이는 '한·일 역사교육 연구회'의 학술대회 개최가 부러워 보였던 것일까. 친구따라 강남간다는 격으로 괜한 부화뇌동의 심사가 발동해서?

더 적극적으로 말한다면 소명감 때문이었다고 해도 과히 틀리지는 않을 것 같다. 한·일 양국에서 역사교육의 문제가 때때로 이슈화되고 국민적 관심사로 대두하는 것처럼, 우리가 무심하지 못할, 무심할 수 없는 문제로서 국어교육의 문제 또한 바야흐로 국민적 관심사로 제기할 시대적 필요의 국면에 이르렀다. 소위 '팍스 잉글리쉬'의 언어 제국주의 시대에 우리들 국어의 명운과 그것의 바람직한 교육적 운행에 관한 문제가 어찌 역사교육 문제의 중차대함에 뒤질 수 있을손가. 괜한 시기심, 질투심의 발로였다고 해도 우리 역시 이만한 시대적 소명감의 의식쯤 품을 줄 아는 인사였다고 해서 크게 잘못될 이유는 없다고 여겨지는 것이다. 국사학과의 정 교수 역시 우리의 이러한 발동에 적극 찬동하는 지지 발언을 해주었다. 역사학대회 개최의 경험과 함께 기왕 여러 모로 쌓아 온 기술적(?) 역량을 총 투입, 손닿는 대로 지원해 주겠노라고 호언까지 하면서.

이렇게 시작되었다. 사실 국제학술대회 개최의 행사가 이렇게 머리 아프고 복잡한 사업인 줄 미리, 일찍이 알았더라면, 또 누군가 말려 줬더라면 이런 미로찾기의 행사 치르기에 당초 발 벗고 나서지 않았을 것이다. 누군가 어려운 과제가 되리라고 예언했지만, 젊은 혈기에, 어려우니까 하는 것 아닌가 하는 패기와 용기를 내세워 오히려 전의(?)를 불태우고자 했다. 일본 체류중의 정백수 박사(東京大 객원연구원)와 전화로 수차 상의하고, 실제로 한 번 왕래하면서 청사진을 가다듬어 봤지만, 비용 염출이 확정되지 않은 상태에서는 아무것도 구체적으로 기약될 수가 없었다. 교토 대학의 고마고메 다케시(駒込武) 교수와 만나 첫 대회이니만큼 대회 주제는 범박하게 우선 '국어교육이란 무엇인가'로 정하고, 일본측 발표자의 조직 문제에 관한 한 고마고메 교수에게 일임한다고 말해 놓고 나는 돌아올 수밖에 없었다. 자금 구하는 것이 급선무였지만, 첫 대회의 계획서만으로 자금을 지원해 줄만큼 아량있는 학술지원단체는 아무 데도 없었다. 결국 학교당국에 손을 벌릴 수밖에 없었고, 나는 2000년도 기성회계 예산안이 확정되기만을 기다렸다. 다행히 미흡하지만 대회를 치를 최소한도의 자금지원은 보장한다는 약속이 주어졌고, 우리의 준비작업 속도 역시 박차를 가하지 않으면 안 되게 되었다.

2. 대회의 준비 과정 - 실수와 불운(?) 속에서

대회를 준비하는 과정에서의 우여곡절을 여기서 다 어떻게 적을 수 있으랴. 행사자금이 마련됨과 함께 이제 차질없이 대회를 준비해야 할 책무가 주어졌고, 일본과의 사무가 긴급해졌다. 프로그램 수립과 대회 조직, 즉 인선작업이 급선무로 대두된 것이다. 일본측 학자들의 형편상 학기중엔 어렵고, 따라서 방학중에 개최하자면 9월 중순경의 금요일로 대회 날짜를 잡을 수밖에 없다는 일정 조정 결과가 먼저 나왔다(일본은 10월에 가을학기가 개시된다). 인선 과정에서 일본 측의 기조강연자 후보로 급속히 부상하게 된 가와모토 고지(川本皓嗣 : 東京大) 교수가 새로이 개편되는 '세계비교문학회' 회장으로 피선될 것이 확실시됨에 따라, 누구보다 이분의 일정 사정에 따라 대회 개최일을 맞추지 않으면 안 될 필요성이 불가피 요구된 것이다. 이에 따라 2000년 9월 15일(금)의 대회 날짜가 잡히게 되었던 것인데, 날짜를 잡고 보니 공교롭게도 이 날이 추석 연휴(9월 11~13일) 직후였다. 별로 좋은 날은 아니구나 생각했지만, 이 날짜 선택이 결과적으로 결정적인 실수로 기록될지는 당시로서는 알 수 없었다. 당연히도 처음 해 보는 일이었기 때문이다. 가는 날이 장날이라는 말도 있긴 하지만, 그 날을 멀리 앞두고 생각하는 마음으로는, 그저 조금 바빠지겠군! 하는 정도의 예감만을 가질 수 있었다. 연휴 직후의 시점이라는 사실이 대회의 성패까지를 좌우할 결정적인 요인으로 작용할지는 당시로서는 꿈에도 예감할 수 없었던 것이다. 그렇게 세부적인 협의가 오가는 중에, 나중에 생각해 보면 터무니없이 느긋한 마음으로 그 해 봄날을 지냈다.

여기서 당시 대회를 준비하던 시기의 필자 개인적인 사정에 대해 자세히 밝힐 필요는 없을 것이다. 다만 학과장의 직책을 맡고 있으면서, 또 부실하게도 신체적으로 병중(病中)의 상태에 놓이게 되었다는 점만은 조금 밝혀둘 필요가 있겠다. 침상에 누워서 일을 보는 신세가 되다보니, 본의 아니게 업무에 차질이 생기거나 착오가 생기는 경우가 발생했던 것이다. 학회 진행과 관련하여 협의의 부족과 준비 소홀의 태만이 생긴 것도 이런 연유였다고 하겠다. 우선 일본측 발표 진용의 구성 문제와 관련하여 약간의 혼란이 발생하게 되었고, 국내측 발표진의 구성 문제와 관련해서도 사정은 마찬가지가 되었다. 역시 모든 사업 추진에 있어서 가장 어려운 문제는 언제나 재정과 인사의 문제, 즉 인선의 문제로 대두되는 것이다. 학교당국의 지원자금만으로는 부족하다고 판단되어 외부자금의 지원 문제를 백방으로 타진해 보았지만, 허사가 되고 결국 학내자금의 지원 범위 안에서만 행사를 꾸릴 수밖에 없었다. 인선, 즉 학회조직의 문제 역시 어렵사리 타결을 보게 되었다. 뜻밖에 우리 국어학계의 태두이신 이기문(서울대 명예교수) 교수가 학회 모두(冒頭)의 기조강연을 맡아주실 것을 선선히 허락하심으로 말미암아 학회 오전의 순서는 개회사, 총장식사, 그리고 Ⅰ부의 이기문, 유종호(연세대 석좌교수), 가와모토 고지 교수의 발제 강연 순서로 진행하기로 하였고, 오후의 Ⅱ부 순서는 정상균(서울시립대 국어국문학과), 이연숙(日本 一橋大), 고마고메 다케시(日本 京都大), 김영욱(서울시립대 국어국문학과) 교수의 발표와 최종의 종합토론 순서로 진행하기로 하였다. 이처럼 학회 조직과 인선이 마무리되고 나니 이제 다음 과제는 발제, 강연의 원고를 수합, 번역, 인쇄하는 일로 남겨졌고, 학회의 성공적인 개최를 위한 광고, 홍보의 일이 또한 중요 과제로 남겨졌다. 결과적으로 대실패였음을 자인할 수밖에 없는 이 세부 업무 추진상의 주된 하자의 요인은 무엇이었을까.

굳이 변명하기로 하면 무엇보다 대회 일정상의 요인 탓이 컸다. 다시 말하거니와, 대회 개최일로 예정된 9월 15일(금)이 여름방학 직후인데 다가 추석 연휴 직후의 날인 것을 인식하지 못하고, 더하여 여기에 2000년 시드니 올림픽의 개최 임박 주간인 것을 감안하지 못함으로써 결과적으로 대회 준비와 홍보에서 커다란 실책을 범하게 되었다. 이와 같은 문제 상황도 전혀 분별치 못한 상태에 있다가 겨우 대회 날짜가 임박하면서 구체적으로 감지, 지각할 수 있게 되었던바, 요컨대 9월 15일이 속한 그 주 전체가 연휴기간이 됨으로써 실질적으로 대회 준비작업의 기간이 일주일 정도 결손되는 상황을 내다보지 않으면 안 되게 되었고, 이에 따라 모든 일이 뒤죽박죽, 혼란과 미비 상태를 겪는 것이 불가피하게 되었다. 8월 말, 방학이 끝나가도록 원고 수합이 지지부진한 상태에 놓이면서 이 혼란 상태는 더욱 증폭되었다. 원고가 들어오는 족족 날밤을 새우다시피 강행군, 겨우 9월 첫주에 이르러 번역 원고의 대부분을 마련할 수는 있었지만, 하루이틀밖에 인쇄 여유가 없는 상태에서 다시 교정 문제가 대두하여 할 수 없이 꾀를 낸 것이 발표문의 이중 인쇄방식이었다. 즉 한국어 발표본과 일본어 발표본을 따로 따로 인쇄하여 발표 당일날 두 가지 발표본을 가지고 대회를 진행하기로 꾀를 내었던 것이다. 결과적으로 이는 대회의 원활한 진행을 위해서 어떤 점에서 도움이 되는 측면도 있었지만, 이처럼 대회 준비의 막바지 단계에 이르러 커다란 혼란과 시행 착오를 겪지 않으면 안 되었다. 하지만 이뿐만이 아니었다.

대회의 결정적인 실책은 결국 홍보 부족으로 나타났다. 물론 홍보가 잘 됐다 해서 대회 성공이 보장되거나, 혹은 그 실패가 결정적으로 대회의 실패를 좌우한 것이었느냐의 판단은 다른 것일 수 있다. 우리로서도 대회 홍보에 최대한의 노력을 경주하지 않은 것은 아니어서, 부족한 자금 한도 내에서나마 가능한 대로 포스터 붙이기, 청첩장 발송, 매스컴 알리기의 작업 등을 통해 홍보, 광고를 위한 나름대로의 노력은 기울였다고 할 수 있다. 하지만 모든 일이 그렇듯 끝이 좋으면 아무래도 상관없지만, 끝이 충분치 못한 탓으로 과정상의 준비 미흡과 소홀은 그 대로 귀책의 사유로 지적되지 않을 수 없다. 왜 우리는 결정적으로 홍 보 부족과 실패라는 사태에 직면하지 않으면 안 되었던 것일까.

결국 여유가 없었고, 일정상의 특별한 사정이 그러한 실책 사태를 야 기했다고 먼저 말하지 않으면 안 된다. 그러나 그것 뿐이었을까. 여기 에 다른 상황적 요인, 요컨대 오늘의 국어교육이 처한 척박한 상황적 요인의 탓은 작용하지 않았던 것일까.

우선 사실을 들어 말하면, 전적으로 실패의 사태만은 아니었음을 먼 저 말해야겠다.『중앙일보』의 학술담당 기자인 정재왈 기자가 우리 행 사에 호의를 가지고 나름대로 지면을 할애, 예고 형식의 기사를 띄워 줬기 때문이다. 하지만 그것뿐이었다. 도하 일간신문 혹은 매스컴을 통 한 보도는 더 이상 나오지 않았다. 추석 연휴 기간중 도하 신문들은 휴 간의 업무정지에 들어갔고, 연휴가 끝나고도 행사 보도의 기사는 더 이 상 기대할 수 없다는 것을 우리는 자인하고 감내하지 않으면 안 되었 다. 요컨대 관심 밖이었던 것이다. 관심이 없다는 데야 기자들을 붙들 고 더 이상 어찌해 볼 도리는 없었다. 연휴 기간중 쉬지 않고 마지막 홍 보작업에 박차를 가하면서 일일이 각 신문사의 기자들과 일대일 접촉 을 시도해 보았지만, 결과는 마찬가지였다. 결국 이 모든 사태는 오늘 날 '국어교육'이라는 테마가 대중적 관심권 밖에 놓여 있다는 사태를 의 미하는 것이다. 올림픽이 열리고, 때마침 대산재단 주최의 성대한 '세계 작가대회'가 열리는 마당에 한갓 한·일 국어교육 관련 연구자, 종사자 들의 국제학술대회라는 것이 눈가에라도 스칠 수 있었겠는가. 지금 와 생각하면 지극히 당연한 사태, 귀결이었다고도 여겨지지만, 당시 행사 를 준비하는 우리 마음으로는 또 지극히 섭섭한 사태가 아닐 수 없었 다. 허나 형편이 또 그렇다고 해서 여기에 실망하고 좌절하여 망연자실, 주저앉아 있을 수는 없었다. 오히려 우리가 처한 이런 척박한 환경, 국 어교육에 대한 무관심, 도외시의 상황이 이러하기 때문에 우리에게 오늘날 더욱 더 '국어교육'이 처한 위기적 정황을 알리고 계몽할 필요성이 주어지는 것은 아닐까. 일본에서 달려온 정백수 박사와 중앙 일간지의 기자를 만나고 돌아오는 찻간에서 우리는 이러한 얘기를 주고받았다. 추적추적 비가 내리고 있었다. 당분간 태풍권에 들리라는 기상예보였다. 공항에 나가 입국하는 일본측 참가자들을 맞이하면서도 내내 우리의 걱정은 이러한 것이었다. 홍보가 실패하고, 비가 내리는데도, 태풍이 부는데도, 과연 대회는 성공할 수 있을까. 비는 멎어줄 것인가, 태풍은 비켜갈 것인가. 모든 준비작업을 마치고, 이제는 하늘의 뜻에 대회의 주관을 맡기는 수밖에 없었다. 결국 태풍이 한반도 한가운데를 통과할 것이 확실시된다는 마지막 예보를 듣고, 체념의 상태로 잠자리에 들 수밖에 없었다.

3. 대회 당일 : 악천후 속의 우울한 시작, 그러나 달구어진 열기에 뜨거웠던 쟁론의 하루

가. 한국 국어교육의 반성

대회 당일 아침의 일을 생각하면 지금도 모골이 송연해지고, 등이 적셔지는 기분이 된다. 힘껏 준비한다고 했지만, 결국 실패에 대한 예감 속에서 일을 치르지 않으면 안 되었던 것이다. 불면 속에서 겨우 눈을 붙이고 아침에 깨어났을 때, 빗발은 더욱 거센 기세로 창문을 두들기고 있었다. 서둘러 대회장의 '국제회의실'에 도착했을 때는 이미 지각이었다. 객석은 아직 반도 차지 않아 썰렁한 대회장이었지만, 그렇다고 대회를 미룰 수도 지연시킬 수도 없었다. 오전 일정이 빡빡한 것이다. 하는 수 없이 10시가 조금 지났을 무렵, 대회 개시를 예고하고, 억지 청중을 불러모을 수밖에 없었다. 청중 동원의 실패는 이제 어찌하는 수 없다고 해도, 우리에게는 대회를 차질없이 진행시켜야 할 책무가 있었다. 사회를 맡은 나는 먼저 행사 진행을 위해 가장 수고로운 역할을 담당할 두 통역, 기타무라 다다시(서울여대) 교수와 성모경(成模慶 : 東京大 박사

과정) 씨를 소개하고, 대회 개시를 고지하였다. 권오만 교수의 개회사와 총장축사가 이어지고, 이제 본 대회의 첫 순서인 기조 강연이다. 이기문 선생이 침통한 표정으로 단상 앞으로 나서셨다. 무슨 말씀을 하실 것인가. 이처럼 황량한 대회장 풍경을 보고 무슨 말씀을 먼저 내놓으실 것인가. 하지만 아무 주석도 없이 선생은 그저 준비한 원고를 읽겠다고만 말씀하셨다. 실상 그 속에 다 들어 있었던 것이다. 오늘의 교육위기, 국어교육이 당면해 있는 위기적 정황에 대해서 기실 이분만큼 깊이 걱정하고, 그 정체의 요인에 대해서 역시 깊이 감득하고 계신 분도 달리는 없으리라. 대학 교단에서의 정년퇴임 이후 어지간해서는 나서지 않는 분이 이런 학회에 나서 기조의 강연을 맡아주실 것을 흔쾌히 약속하신 것도 요컨대는 우리 국어교육의 미래를 함께 걱정하고자 하는 깊은 우려의 마음, 충정의 발로 때문이 아니었으면 무엇이었으랴. 선생의 어조가 침통스런 그것일 수밖에 없었던 까닭도 결국은 침통스런 우리 교육 현실에 대한 이해와 그 병증의 진단, 파악에 연유가 있었던 셈이다. 이 강연을 위해 특별히 근래에 쓰이고 있는 우리 초·중등학교 교재 전부를 구입, 일별하셨다는 선생의 한국 국어교육에 대한 역사적 진단의 언급은 처음부터 다음과 같이 침중한 어투로 시작되고 있었다.

　　한국의 국어교육은 1945년의 광복 이후에 깊은 수렁에 빠져 오늘에 이르기까지 그 속에서 허우적거리고 헤어나지 못하였다고 할 수 있습니다. 오늘의 국어교육은 한 마디로 참담합니다. 초등학교에서 중·고등학교를 거쳐 대학으로 올라갈수록 그 참담함은 더욱 심해집니다.
　　국어교육의 첫째 목표는 말과 글을 배워서 자기가 하고 싶은 말을 하고 쓰고 싶은 글을 쓸 수 있을 뿐 아니라 남의 말이나 글을 듣거나 읽어서 옳게 이해할 수 있는 능력을 갖추게 하는 데 있습니다. 예사로운 대화는 말할 것도 없고 정밀한 과학적 표현과 섬세한 예술적 표현까지 스스로 할 수 있거나 이해하고 감상할 수 있는 능력을 길러 주는 것입니다. 이러한 능력이 학문과 예술의 발전을 비롯하여 모든 사회적 발전의 기반이 되는 것입니다.
　　그런데 한국의 국어교육은 이런 목표와는 너무나 거리가 먼 길을 걸어 왔습니다. 과거 50여 년 동안 한국의 어린이, 젊은이들이 받아 온 어설픈 국어교육의 결과는 너무나 심각하여 이 이상 더 내버려 둘 수 없는 형편에 이르렀습니다. 한국 국민의 국어 능력이 극도로 저하된 것입니다. 만약 이대로 간다면 우리나라의 학문과 문화가 위축될 뿐 아니라, 사회생활 전체에도 중대한 국면이 벌어지게 될 것이 불을 보듯 뻔합니다.

결국 우리가 발하고자 하는 얘기, 이 사회를 향해 우리가 전달하고 성토하고자 하는 메시지의 요체를 선생 자신이 잘 감득, 인식하여 이렇게 온 몸의 침중함으로 홀로 대변하고 계신 셈이었다. 평생 국어학 연구에 매진, 알타이어계 연구분야에서 일찍이 세계적인 명성을 획득하신 이런 학계 거목의 비탄스런 음영의 전언, 우국의 충언조차 그러니까 명색 대중적 감수성을 대변한다는 매스컴 종사자들은 이제 일쑤 철 지난 유행가수의 목소리 만큼이나 홀대하는 현실이 다반사로 벌어지고 있는 것이다. 오늘의 한국교육, 국어교육의 위기적 정황은 그렇다면 다른 어떤 요인에 의해서가 아니라, 바로 이와 같이 민족어를 목숨처럼 소중히 여기며 갈고 닦아 왔던 학계 원로의 우국충정의 소리를 이웃 절간에서 나는 소리로나 여기는 사회적 무관심성, 대중적 무심의 요인으로부터 발생되고 있다고 봐야 하지 않을 것인가. 한편 자국어 중심주의의 맹목적 이데올로기, 즉 한글민족주의라 할 만한 편협한 애국주의의 발로가 그 동안 우리 국어교육을 약화시키고 위축시켜 온 주된 요인의 하나로 작용해 왔고, 이것이 또한 오늘날 천학무비의 인문학적 소양을 양산시키는 주된 교육적 원인의 하나로 작용해 왔음을 무시할 수 없다. 오늘의 한국 국어교육이 왜 이 지경에 이르렀는가를 진단하고 파악하는 구체적인 역사학적 논급의 맥락 속에서 이와 같은 병폐의 현실을 직시하는 선생의 시야, 그 인식의 강조점이 다시 한 번 두드러지게 나타났다. 한자어 교육, 한자 교육의 문제와 관련된 국어교육의 오랜 동통, 병증 문제가 바로 이것인 것이다. 따라서 이 문제, 곧 한자교육의 방기가 가져온 문제의 심각한 현실을 지탄, 논란하는 대목에서 선생의 목소리가 갑작스럽게 높아졌다는 것은 아무리 둔감한 시류의 인간, 문외한의 청중이라도 금방 알아차릴 수 있는 일이었다.

　이리하여 어름어름하는 사이에 반세기가 흘렀고 그 동안에 '한글세대'가 양산되었습니다. 문제는 이 한글세대의 국어 능력이 극도로 저하된 데 있습니다. 이들이 원만한 언어·문자 생활을 할 수 있는 능력을 갖추지 못하여 우리나라의 문화와 학문이 전반적으로 위축되고 있을 뿐만 아니라 일상적인 사회활동조차도 제대로 할 수 없는 지경에 이른 것입니다.
　여러 해 전에 서울대학교를 졸업하고 서울 시내의 어느 동회(洞會)에 배속된 방위병을 만나 들은 이야기입니다. 그는 그 동회에서 청소만 하고 있다는 것이었습니다. 동회에서 사무를 보려면 한자를 읽고 쓰는 능력이 있어야 하는데 자기에게는 그것이 없다는 것이었습니다. 이것은 자기만 겪는 수모가 아니라고 그는 말했습니다. 대학 졸업생을 동회 직원 노릇도 할 수 없게 만든 교육을 어떻게 교육이라고 할 수 있겠습니까.

　국어교육을 질타하는 선생의 말씀은 그러나 단지 한자교육 문제에 한한 것만이 아니었다. 원 우리말, 그러니까 고유어의 유지와 응용에 관한 문제에서도 사정은 마찬가지라는 말씀이셨다. 가령 '물매'라는 훌륭한 우리말이 있음에도 불구하고, 구배(勾配)라는 낯선 한자식 용어를 쓰거나, 서양어를 빌려 쓰지 않으면 안 된다고 생각하는 사고관습 등은 모두 우리말에 대한 무지의 소치이거나 사대주의적 의식, 관념의 발로임을 지적하셨다. 결국 우리가 미처 인식하고 생각하지 못했던 점들까지 포함하여 선생은 학회를 통해 우리가 표출하고자 하는 문제의식 전부를 120% 대변해 주신 셈이었다. 우리가 가진 문제의식이 전적으로 틀린 것이 아니라는 것을 보증, 보충해 주는 발언으로서 이보다 더 훌륭한 말씀이 있을 수 있을까. 우리말을 신앙처럼 보듬고 가꾸어 온 분으로서 선생의 말씀은 또한 일자, 일구도 보태고 뺄 수 없는 우리글, 문장의 산 표본으로서 단아함과 명료함의 극치를 보여주고 계신 셈이었다. 문장 하나를 쓰고 말하더라도 명료함과 아름다움의 모범적 문장 수행을 통해 그것이 이루어지지 않으면 안 된다는 국어학자로서의 견결한 언어의식의 수행태도가 다음과 같은 결론부의 말씀 그대로, 문체 그대로에 배어 나왔다. 노학자의 깊은 시름의 말씀이 어느덧 청중들의 마음을 울리게 되었던 것일까. 객석은 기침소리 하나 없이 숙연한 분위기로 선생의 말씀을 응대하고 있었다.

한국어는 지금 위기에 처해 있습니다. 지금까지 제가 드린 말씀에서 여러분은 이 위기가 얼마나 심각한 것인가를 느끼셨을 것입니다. 이 위기를 부른 것이 바로 광복 이후 오늘날까지 계속되어 온 어설픈 국어교육입니다. 국어교육이 완전히 새로워져야 합니다. 이것이 한국어를 위기에서 구할 수 있는 유일한 길입니다.

지금까지의 국어교육은 오로지 국정교과서로 이루어져 왔습니다. 이 교과서는 한 마디로 빈약하기 짝이 없습니다. 거기에 실린 글들에서는 판에 박은 듯한 문장과 평범한 어휘를 볼 수 있을 뿐입니다. 그리고 그 내용은 애국지상주의가 주조를 이룬 가운데 조국 예찬으로 가득 차 있습니다. 국어가 훌륭한 언어이며 국어존중이 곧 나라사랑이라는 설교도 여러 차례 되풀이되어 있음을 봅니다. 이런 딱딱한 설교의 글들이 도리어 국어사랑에 대한 염증을 부르지나 않을까 두렵습니다.

다음으로 국어교육에서 중요한 것은 교사 양성입니다. 현행 교과서를 위주로 양성된 교사들에게 국어교육의 혁신을 기대할 수 없습니다. 바람직하기는, 칠판에 분필로 한자를 획순대로 또박또박 쓸 수 있어야 하고 어휘 구사의 다양성을 학생들에게 재미있게 설명할 수 있어야 합니다. 저는 국어교육의 혁신을 위해서는 교사의 재교육이 절실함을 느낍니다. 그러나 그런 재교육을 어디서, 누가 할 수 있을지 그저 막막하기만 합니다.

학교교육에서 국어와 관련이 없는 과목은 없습니다. 결국 모든 교사는 국어 교사라고 할 수 있습니다. 저는 특히 영어 교사의 몫이 매우 큼을 지적하고 싶습니다. 지금 한국어가 영어 직역체에 깊이 물든 것은 영어 교사들의 잘못에서 생긴 것입니다. 영어의 직역에 그치지 말고 올바른 한국어로 번역하는 일을 게을리해서는 안 될 것입니다. 영어와 한국어의 문법적 차이에 대한 확실한 지식을 갖출 것이 요망됩니다.

저는 우리나라 국어교육의 가장 큰 결함으로 국어사전의 푸대접을 꼽고 싶습니다. 초등학교 3학년 교과서에서 사전에 관한 간단한 설명을 베푼 뒤에 국어교육은 사전과 직접적인 관련 없이 진행됩니다. 가끔이라도 국어사전을 이용한다는 대학생을 저는 만난 적이 없습니다(국문과 학생은 예외입니다). 이것은 국어교육이 잘못되었기 때문이라고 저는 생각합니다. 초등학교 때부터 교실에 사전들을 비치하고 자주 그 책들을 펴보며 공부하는 습관을 기른다면 사전과 자연히 친숙해질 것입니다.

국어교육은 학교에서만 이루어지는 것이 아닙니다. 졸업 이후에도 이어지도록 해야 합니다. 한평생 배워도 다 배우지 못하고 마는 것이 국어입니다. 이러한 평생교육에 믿음직한 길잡이가 되는 것이 사전입니다. 이렇게 볼 때, 학교교육에서 국어사전과 깊이 사귀게 하는 일이 얼마나 중요한 일인가를 알 수 있습니다. 편지 한 장을 쓸 때에도 국어사전과 씨름하며 조금이라도 더 아름답고 정확한 표현을 찾으려는 노력을 하면, 모르는 사이에 국어 실력이 향상될 것입니다. 국민 모두가 한평생 국어사전과 벗하며 살아가는 날이 속히 오기를 바라며 제 말씀을 그치겠습니다.

장내에 뜨거운 박수가 울려퍼졌다. 이 이상 더 무엇을 말하고 보탤 필요가 있을까. 나는 마음 속에서 참으로 수차례 경배하며 감읍하지 않을 수 없었다. 비록 초라하고 어두운 현실이지만 또 한편으로 이런 분들이 계셔서 이나마의 현실이 견지된다는 것을 다시 한 번 확인할 수 있는 대목이기도 했다. 박수를 받고 묵묵히 자리로 돌아가 앉는 노학자에게 다시 한 번 뜨거운 박수를 요청하고, 다음 순서를. 진행하였다. 생각 같아서는 한 5분이라도 쉬면서 선생의 말씀을 되새기고 우리 국어교육의 현실에 대한 안타까운 연민의 마음을 나누고도 싶었지만, 이미 예정된 시간을 넘겨 지체하였으니 그러할 수도 없다.

나. 인문교육과 문학교육의 원론 : 21세기 대안의 모색

이제 다음 순서는 한국 문학교육론의 권위자이신 유종호 선생의 강연 순서가 되었다. 일제 말기에 보통학교를 다니고 해방 후에는 영어를 배워, 오늘날 한글의 문화의식을 선도한, 곧 이기문 선생이 지적하신 바 한글전용의 문화를 주창한 전후세대 비평가, 인문적 지식인의 대표자가 되는 분인데, 본래 전공의 영문학을 떠나 현재는 국문학 교육의 영역(연세대 국어국문학과)에 몸담고 문학교육과 인문교육 문제를 정력적이고 지속적으로 제기, 펼쳐 오고 계신 분이다. 선생에 대한 간단한 소개의 말을 하고 즉흥과 임기응변에 능한 유종호 선생의 순발력을 다시 한 번 기대하는 마음으로 나는 자리에 주저앉았다. 그러나 아직 말씀이 덜 풀린 탓일까, 유종호 선생 역시 준비된 원고를 그냥 읽는 것으로 발표를 대신하겠다고 말씀하셨다. 예의 박람강기(博覽彊記), 동서고금을 넘나드는 폭넓은 인문학적 지식의 구사에는 변모가 있을 수 없었지만, 국어교육의 문제를 논한다는 자리의 이색스러움을 의식한 탓인지, 인문학의 위기와 학교교육의 위기라는 원론적 현실 진단을 넘어 지론의 고전적 처방을 제시하는 외에는 전체적으로 의견을 아끼고자 하는 모습을 당장의 강연에서는 보여주셨다. 숱한 자리에서 이미 엇비슷한 논제의 테마를 두고 지론의 발언을 반복해 오신 터다. 결국 그 날의 자리에서도 다음과 같은 고전적 인문주의 정신의 부활, 환기 필요성을 논하는 데 강연의 역점이 두어졌다.

　대학의 일반 교양과목 수준 혹은 문과 학생의 필수과목으로서의 문학교육은 인문학 일반의 교육과 맥을 같이합니다. 간단히 말해 인문학은 서양 고전고대의 파이데이아(paideia) 이념을 수용하여 도덕적 목적을 위해서 문학·역사·철학을 연구한 르네상스 인문주의와 혈연적 근친성을 가지고 있습니다. 일관성 있는 일련의 도덕적 가치가 위대한 문학 정전(正典) 속에 내장되어 있으며, 그러한 전통과 친숙케 하는 것이 나쁜 의미의 도덕교육의 효과적 방편이 된다는 것은 인문주의 옹호의 정석적(定石的) 발언이 되어 왔습니다. 근자에 도덕교육의 방편으로서의 인문학의 가치는 의심을 받고 있습니다. 인문적 훈련이 감수성을 세련시킬지는 모르지만 도덕 감각을 세련시켜 주지는 못한다는 것입니다. 그렇지만 인문학 연구에 필요한 감정이입과 초월, 정신의 유연성과 개방성 등은 열린 사회에서 꼭 필요한 시민적 자질이라고 할 수 있습니다. 인문학의 해석 방법들은 다원적 사회에 요구되는 시민적 덕성을 계발하기 마련이고, 인문학의 인간 형성력은 부정할 수 없습니다. 또 지배계급을 위한 교과과정이었다는 비판이 틀린 것은 아니나 인문주의는 기본적으로 민주적 기획입니다. 덕성과 지혜는 전수되고 가르쳐질 수 있는 것이라는 암묵의 전제가 있기 때문입니다. 덕성을 갖춘 인품은 출생의 문제가 아니라 인문적 교육을 받을 기회와 기능이 있는 누구에게나 열려져 있다는 것입니다. 이 점은, 진리란 전수가 불가능하며 각자가 깨달을 수밖에 없다는 가령 선(禪)불교의 관점과는 대조적입니다. 문학교육을 논하는 자리에서 우리가 다시 한 번 확인하고 들어갈 사항들이라 하겠습니다.

서양 고대의 인문주의 정신을 상기시키고 강조하는 유종호 교수의 강연에 대하여, 우연의 일치인지, 혹은 발표자의 주도면밀한 배려 탓인지, 혹은 달라진 신분 탓인지, 일본 측의 가와모토 고지 교수는 동양적 시야와 문화의식을 강조하는 내용으로 강연을 이끌었다. 아마도 새로이 국제비교문학회(ICLA) 회장에 피선된 자신의 위치를 의식한 탓도 있었을 것이고, 발표장이 한국 땅이라는 고려, 또는 더욱 구체적으로 공동발표자로 참석중인 한국인 이연숙 교수와, 고마고메 다케시 교수 등의 관점에 대한 배려 등도 작용한 탓으로 보이지만, 처음 일본의 '고쿠고(國語)' 이데올로기가 가지는 폐쇄적 국수주의적 성격에 대해 비판적 관점을 피로한 가와모토 교수의 강연은 결론부에 이르러서는 아연 다시 지나치게 서구 중심주의에 빠진 근대적 문화의식의 일반적 통폐와 한계를 지적함으로써 거꾸로 지구화(globalization)시대 언어·문화교육의 바람직한 정향성이 어떻게 설정되어야 할지를 심도있게 논의하는 모습을 보여주었다. 전체적으로 오늘의 국어교육이 지향하지 않으면 안 될 국제적 개방성과 함께 동시에 국민문화 혹은 동아시아문화라는 문화전통의 공동적 계승 주체들로서 바람직한 지역문화 형성의 협력 가능성을 조심스럽게 타진한 논의였다. 일본인 (학자) 특유의 상대(타자)에 대한 주의깊은 배려의 태도와 함께 공동적인 지역문화 형성의 문제를 신중히 탐색한 역시 대학자다운 심려원모(深慮遠謀)가 간직된 논의였다고 할 수 있다. 가와모토 교수의 이러한 개방적 주체성 지향의 태도는 학회가 끝난 뒤 사석에서 '한자문화권'의 복구 필요성을 열렬히 강조한 데서도 확인할 수 있었다. 강연 전체의 내용을 아우르는 다음과 같은 결론부 강연을 통해서도 그 같은 동양인다운, 아니 비서구권 출신 최초의 국제비교문학회 회장다운 발언의 입각점은 여실히 드러났다.

일본어, 일본어 문학의 교육도 이제는 메이지기 이래의 '서양의 눈'이라는 주술에서 자유로워질 때가 된 것은 아닐까. 더 이상 메이지의 선인(先人)들이 피부로 느꼈던 그러한 서양 열강의 위협이나 국가 자립에의 불안이 사라진 이상, 과도하게 외양에 신경 쓰지 않고 자발적인 가치판단에 따라 자유로운 평가와 선택을 할 수 있는 것은 아닐까. 본디 '국민문학'이라는 관념 자체가 19세기 유럽에서 빌려온 것이며, 더구나 자기 기만으로 가득 찬 미망(迷妄)이다. 다른 곳에서 전혀 보지 못한 독특한 문학이나 문화, 어떠한 외적 영향도 받음이 없이 먼 '기원'으로부터의 순수성을 지키는 문학이나 문화 같은 것은 세계의 어디에도 존재할 수 없다. 패권적인 구미 제국의 문화 그 자체가 명백히 다양한 문화의 잡종이며 일본 문화 역시 중국과 한국, 그리고 서양 문화의 짜깁기다. 인도도 그러하며, 중국과 한국도 마찬가지다. 전혀 근거도 없는 문화의 독자성이나 순수성을 내외에 뽐내며 그 우월성에서 나온 환상을 바탕으로 주위에 대해 부당한 압력을 행사하기보다는, 오히려 잡종문화를 자인하고 그 위에서 잡다하고 풍부한 영양분을 살려 맛보는 것이 자연스럽지 않을까. 외부로부터의 강요나 어쩔 수 없는 자위수단으로서가 아닌 한, 영향은 주는 쪽보다 받는 쪽이 득을 보는 법이다.

이 같은 입각점에 따라 동아시아 지역에서의 국어교육 혹은 문화교육이 어떻게 이뤄져야 할지를 그는 다음과 같이 꼼꼼한 문제 적출의 방식을 통해 모색·전망해 보임으로써 노련함이 깃든 논객의 솜씨를 과시하였다.

언어의 기초 부분은 관습에 의존하는 부분이 대단히 크다. 그래서 메이지 이래의 '표준어' 골격에 더 이상 손질을 가하는 것은 오히려 혼란을 가중시킬 것이다. 그렇다고는 해도 시민사회의 생활을 준비하는 데 빼놓을 수 없는 보다 고도의 일본어 교육의 규범으로서, 모델로 삼을 일본 문학(고전을 포함하여)의 취급에 대해서는 앞으로 재고의 여지가 적지 않을 것이다. 왜냐 하면 훌륭한 문학작품의 이해와 기억은 국민 한사람 한사람의 자기 이해와 자기 정립의 근거가 되고, 사고·감정의 통로가 되며, 자기 표현이나 타자와의 커뮤니케이션의 도구가 되기 때문이다. 국내외의 정치·경제·사회·문화 상황이 격변해 가고 있는 오늘날, 이것을 100년 전 이래의 타성에 맡기는 것은 도저히 허용될 수 없는 일이다.

특히 재고가 필요한 것으로는 다음과 같은 점을 들 수 있다. ① 근대 이전에 일본인의 공적·지적 생활의 중심을 차지한 한문·한시를 배제해 온 것, ② 19세기 유럽 류의 좁은 문학관에 근거한 '순문학', 특히 소설에의 편향(역사·사상·종교나 실용서 및 대중·통속 소설의 배제가 여기에 해당한다. 이는 일본의 과거와의 친밀한 맥락을 끊는 것으로서 오늘날 일본어 화자의 일본어 운용 능력뿐 아니라 자기 인식 그 자체를 해치고 있지는 않는지 되돌아볼 필요가 있다. 이 점에서 한국의 경우는 상황이 더 심각할 수도 있다), ③ 지금까지 구미 일변도였던 까닭에 매우 가깝고 교류가 깊은 동아시아, 동남아시아의 언어와 문학을 경시해 온 점.

어엿한 사회인이 필요로 하는 언어 능력은 언어학에서 말하는 '언어 운용 능력'의 범위에 그치는 것이 아니다. 비즈니스나 학문을 비롯한 고도의 지적 언어 생활에서는, 소위 문화 리터러시에 관련한 언어 능력의 연마가 불가피하다. 앞으로 세계의 '글로버라이제이션'이 보다 진행되면, 영어의 표면적인 지배와는 이율배반적으로 오히려 자국어에 의한 자기 이해와 커뮤니케이션 능력이 보다 강력히 요청될 것에 틀림없다.

이와 같은 발언 속에서 굳이 논점이 부각되고 적출되어야 할 이유는 없지만, 가와모토 교수의 발언에 대해 유종호 교수가 먼저 논평을 하고 거기에 가와모토 교수가 응대를 하는 순서로 다음 순서가 마련되었다. 멀리서 날아온 국제적 석학과 또 한국의 귀한 석학이 만나 자기만의 발제에 그치고 만다면 아쉬움이 남는 일이 되리라고 생각한 때문이다. 하지만 통역을 사이에 둔 이 드문 석학들의 대담이 얼마큼 의미있는 대화적 결실을 이룩한 것인가에 대해서는 현재로선 미지수 항목으로 괄호쳐 둘 수밖에 없다. 설비 미숙이나 여러 가지 주변 여건 탓으로 상호간의 의사가 정확히 전달될 수 있었던가도 의문이지만, 무엇보다 시간에 쫓겨 안정되고 깊이 있는 토론 분위기를 확보하기 어려웠다. 이 때문에 두 학자의 본격적인 대담 기회는 따로 시간을 내어 문예잡지에 지상중계하는 형태(『문예중앙』 2000년도 겨울호)를 빌릴 수밖에 없었는데, 보다 인문학적인, 본격 학술토론의 내용을 수용하기에는 상업적인 문예잡지로는 역시 한계가 있었다. 문학·교육 분야를 대표하는 이 두 한·일

석학의 대화가 종내 만족스런 결실을 얻지 못하고 산회될 수 밖에 없었던 것을 학회의 총결산과 관련하여 안타까웠던 여적 사항의 하나로 기록해 둔다. 굳이 하이데거의 논의를 빌리지 않더라도 우리의 존재란 언제나 시간 속의 존재이며, 그런 점에서 또한 어떤 식으로든 세계 내에 구속된 존재일 수밖에 없다. 점심시간이 주어지고 약속되면 그것을 지켜나갈 밖에는 다른 도리가 없다. 특별히 성찬을 준비한 것도 아니었지만, 점심시간을 어긴다면 사람들은 또 화를 낼 것이다. 점심시간 휴회를 선언하고 일단 오전학회를 마치기로 하였다. 밖에는 여전히 비가 주룩주룩 내리고, 어디 바깥을 산책할 여유도 없이 우리 모두는 말 그대로 마음 속에 점 하나를 찍는 식으로 중식을 대신하지 않으면 안 되었다.

다. 근대 국어교육의 제도와 역사,
그 내재의 이데올로기 비판 그리고 옹호

실상 실질적인 학회, 본격적인 문제 토구의 논의는 오후부터 시작되었다고 해도 좋을 것이다. 중진·소장 학자들이 개진하는 연구시야 간 지평의 상호교차를 통해서 비로소 오늘의 국어교육 현실을 위요하는 문제 상황의 구체적 적출이 가능하다고 볼 때, 급진적 입장이든 보수적 입장이든 제도교육의 현장, 실상에 접근해 있는 중견·소장 학자들의 뜨거운 비판적 토구작업을 통해 공개적인 학회 형식을 빈 우리 사업의 실천적 의식제고와 현실적 과제 수행의 목표가 보다 구체화될 수 있을 것이기 때문이다. 학회라고 하는 것이 단지 의례적 언어의 성찬으로 끝나지 않고 뜨거운 쟁점을 비화시키는 양상으로 가시적 성과를 낳기 위해서는 예컨대 마라톤에서의 페이스 메이커 같은 역할이 절대적으로 필요하다. 그 날 학회의 발제와 토론 마당에서 이 부담스런 역할을 자임하여 수행하여 준 분이 그러니까 오후순서의 첫 발표자인 정상균 교수였다. 고등학교 국어교과서를 주 분석 텍스트로 삼아 현행 고전문학 교육에서 발로되고 있는 맹점들을 찾아 질타한 방대한 분량의 연구 논

급을 통해 정 교수는 핵심적으로 자기 모순으로 나타나고 있는 오늘 한
국 국어교육에서의 소위 '자율학습' 모토, 이념 구조에 대해 논하였다.
J. 듀이나 C. 로저스 등의 교육철학과 이론으로부터 영향을 받아 천편
일률적으로 '자율학습'을 강조하는 것이 오늘의 '국정' 국어교과서 편찬
의 요목 이념으로 제시되고 있는 형편인데, 이 교육이념의 표방과는 달
리 교사들을 향한 교과서 내부의 기술적 세부 교육지침은 하나같이 교
사와 학생의 자율성과 창의성을 억압하는 내용으로 이루어지고 있다는
것이 주된 내용이었다고 할 수 있다. 이 자기모순성은 근본적으로 현행
1종의 '국정' 교과서체제를 탈피하지 못하는 한 극복될 수 없으리라고
본 점에서 연구 - 발표자의 근본적 비판시각의 입지점을 보여준 것이라
할 수 있다. 오늘날 거의 빈사 상태에 빠져 있는 것으로 파악되는 국어
교육체제의 모순성과 그 한계적 현실을 바라보는 논자의 비판적 입장
과 취지는 다음과 같은 결론부 문장들로 요약적으로 드러나고 있다.

　　현재 우리 교육계가 추진 지향하고 있는 자율학습은, 비단 한국뿐만 아
니라 자유 민주주의 사회의 건설을 목표로 하는 모든 국가가 민주시민을
교육하기 위해 지향하는 바며 대표적 교육방법으로서 거의 당위론적인 것
이다. 그러므로 그것이 효율적이냐 아니냐는 문제가 아니고, 모든 민주시
민이 함께 만난(萬難)을 무릅쓰고라도 지속적으로 달성해 나가야 할 지고
한 이상이라 할 수 있다.
　　현행 '제6차 고등학교 국어과' 교재 집필자도 자율학습 문제를 교재 전반
에 걸쳐 거론하고 있으나, 불행히도 그 자율학습 정신이 구체적인 국어 수
업과정에서 살아나도록 교재를 집필하지는 못했다.
　　집필자는 우선 교재 첫머리의 '일러두기'에서부터 고압적이고 명령조의
어투를 사용하여(어떻게 가르칠 것이냐, 어떻게 공부할 것인가=이렇게 가르쳐
라, 이렇게 공부해라) 관료적 구투를 버리지 못하고 있다. 그리고 단원마다
소위 '단원의 길잡이', '학습 목표', '평가 중점' 등의 항을 설정하여 자율학
습의 기본인 학습자의 '생각과 선택의 자유'를 빼앗으며 정립되지 않은 지
식을 일방적으로 주입하려 하였다.
　　특히 한국 고전문학작품의 선정의 경우, 자율학습이 궁극적으로 자유민
주시민 교육을 위한 것이라는 대의(大義)를 망각하고, 구시대의 전제왕권

체제를 옹호하거나 노주(奴主)의 계급의 굴레를 당연시하는 작품들을 신중히 가려내지 못해, 민주시민정신의 함양에 부정적인 영향을 미치게 해 놓았다. 설상가상으로 집필자는 '학습 활동', '학습 활동 도움말' 등의 항목을 통해 '왕조체제를 긍정하는 듯한 태도'를 버리지 못했으니, '군신(君臣)'이나 '성신(聖神)'과 같은 반민주적이고 비과학적인 용어의 학습을 학생들에게 강요한 것이나 카리스마적 왕조지배체제를 옹호하는 <용비어천가>를 애국가나 교가 등속으로 학습자에게 이해시키려 한 점 등은 그 대표적인 예라고 할 수 있다.

그 동안 정부에서는 사회민주화와 교육민주화를 위해 국민의 혈세를 낭비하며 막대한 노력을 경주해 왔으나, 오히려 '국정교과서'라는 극히 비민주적인 교육체제를 고집하고 있는 것은 자가당착적인 처사라고 하지 않을 수 없다.

이러한 문제점은 어떻게 해결할 수 있을까. 한 마디로 국정교과서로 되어 있는 현행 『고등국어』 교재를 폐지하고 대신 다양한 교재를 개발케 하여 우선 학습자들이 자유롭게 선택 학습할 수 있도록 하는 것이 지름길이다. 자율학습의 성패 논의는 그 다음 문제다. 정부에서 한편으로는 자율학습을 그토록 강조하면서도 다른 한편으로는 '국정교과서'를 존치하고 있는 것이 오늘날 고등국어 교재의 모든 비민주적 요소를 신속히 시정하지 못하도록 만들고 있다. 국정교과서와 자율학습은 원리적으로 공존이 불가능한 것이다.

"근본적으로 '국정 교과서' 문제와 '자율학습' 문제는 원리적으로 공존이 불가능하다"는 선언 속에 우리가 정부, 교육당국을 향해 전달하고자 하는 메시지의 전부가 담겨 있다고 해도 좋다. 문제의 연원은 언제나 정책 차원에서 발원하는 것이다. 요컨대 어문정책이다. 현실을 알고 생각 있는 사람이라면 누구나 정책문제가 가장 중요하다는 것을 알고, 어문교육의 차원에서도 마찬가지다. 그렇기 때문에 우리가, 아니 이 현실에 조금이라도 관여하고자 하는 사람이라면 정책문제에 대해서 알리고 그 대안의 방안을 강구·제기하고자 하는 것이다. 하지만 국제학회의 형식을 통해서까지 학자들이 어떤 문제점, 정책의 문제를 제기하고자 할 때, 정작 정책을 좌우하는 사람들은 보이지 않는다. 바쁘다는 이유도 있겠지만, 실상 정책에 관한 토론을 가장 싫어하는 사람들이 또한 이 사람들이다. 정책 당국자의 입장에서 모든 정책에 관한 토론회란 결국 자기들 정책에 관한 비판의 자리가 될 수밖에 없다고 생각하기 때문일 터다. 그런 비판을 버거워하고 부담스러워하는 것이다. 우리의 경우도 마찬가지였다. 관계의 정책부서에 알리고 고지했지만 어문교육의 입안에 관계하는 어떤 정책 당국자 한 사람도 실제로 모습을 나타내지 않았다. 그렇다고 우리들, 학자들 입장에서 정책 당국자들만을 바라보며 학회를 개최하고, 그 효과를 계량하는 양 태도를 취하기도 어렵다. 이런 뜻에서 우리는 단지 여론의 환기에 공헌하고자 할 따름인 것이다. 그렇다면 여론은 또 누가 전달해 주는가. 매스컴 기제가 현대사회에서 이 역할을 수행하는 것이라고 한다면, 신문 혹은 방송을 포함한 매스컴 종사자들의 무관심에 대한 우리의 섭섭함은 이에 연유한다. 아무리 좋은 뜻, 훌륭한 내용의 학적 성과를 간직한 학회라 하더라도 누군가 이를 들어주지 않고 전파해 주지 않는다면 말짱 '꽝'인 것이다. 학회 전체의 결실에 대해 '실패'로 판정할 수밖에 없다고 생각하는 필자의 판단 근거는 이러한 맥락에서 주어진다. 자율적이고 창의적인 교육을 행하겠다는 것이 정부의 진정한 의지라면 현행 '국정교과서'체제로는 도저히 그 정책 목표, 목적에 부합하기 어렵고, 이 때문에 '국정교과서'체제의 개혁이 현행 국어교육 개혁의 필수적인 과제임을 전달·전파하는 것이 우리의 실질적인 목적이었음에도 불구하고, 이 메시지를 듣고 다시 전달해 줄 사람이 아무도 없었다. 아무도 듣지 않는, 내용만이 훌륭한 학회 행사를 벌인 셈이다. 그러니 애통, 절통하다고 할 수밖에 없는 일 아닌가.

그렇다면 우리의 이 '국정교과서'체제는 어디에서 발원, 비롯된 일인가. 역사, 그러니까 한국의 근대사를 조금이라도 아는 사람이라면 한국 근대의 모든 것, 거의 대부분이 일제 식민지 시대, 일본 제국주의체제로부터 비롯되었다는 것을 알 수 있다. 일본 측을 대표하여 참가하는 학자들은 언제나 이 역사적 사실 관계를 염두에 두고 발언하는 것이다. 한국 출신의 학자, 곧 연세대 국문학과를 나와서 현재 일본 유수의 히

토시바시 대학에 봉직한다는 특수한 위상 탓도 있겠지만, 이 역사적 사실 관계를 누구보다 잘 아는 일본학계 측의 이연숙 교수가 제국주의적 '고쿠고(國語)' 의식, 곧 '고쿠고라고 하는 사상'에 대하여 날카로운 비판의 촉수를 들이댄 사고, 사유의 맥락도 우리들 문제의식의 맥락과 크게 다른 것이 아니라고 할 수 있다. 다만 우리들의 사고, 감각으로 보아 이 교수의 입장과 어조가 다소 급진적으로 보일 따름이다. 이연숙과 그녀의 저서『國語という思想』(岩波書店, 1996)은 무엇인가.

'근대일본의 언어인식'이라는 부제가 달린 위 저서로 이연숙 교수는 일본 인문학계에서 일약 주목받는 소장학자로 부상하였다. 이 책은 일본근대의 국어정책, 아니 '고쿠고'라는 개념·사상이 메이지기 이래 일본이 국민국가를 이룩해 나오는 과정에서 국가적 동일성·동일체를 형성하기 위한 주요한 국가적 장치, 이데올로기 장치로서 대두하였다는 점, 이러한 근대적 '고쿠고'의 형성 과정, 국어정책 모색 과정에서 한때 '일본어폐지론'과 같은 급진적인 논의조차 대두하였지만, 이런 의론들의 역사적 존재 사실은 거꾸로 '고쿠고'라고 하는 개념, 그리고 실체가 얼마나 인위적으로 형성된 것인가를 역으로 증명해 주는 바라고 논증하였다. 이 고쿠고의 사상과 국어정책의 이데올로기가 제국주의 단계, 곧 식민지지배 단계에서 피식민지에까지 적용·확대된 어문정책의 골자 사상, 이데올로기가 되었음은 말할 나위가 없다. 독일이 폴란드를 지배하기 위해 펼친 독일어 강요정책과 식민지 조선에서의 소위 '국어상용정책'이 동일한 이데올로기 기능을 머금은 것임은 두 말할 나위가 없다. 이연숙은 일제가 이 같은 국가경영 이데올로기를 '대동아공영권' 사상에 연결·확대시킴으로써 '대동아전쟁기'에 대만·조선·만주를 포함한 모든 점령지역에 '고쿠고'에의 동화정책, 고쿠고 이데올로기 확대정책을 펼쳤음을 체계적인 역사학 논술로써 밝히고 통렬히 고발하였다.

한국인이기 때문에 가질 수 있는 외부자적 시선, 곧 타자의 시선을 통하여 발휘했다고 할 수 있는 이러한 통렬한 이데올로기 비판, 국어

(교육) 비판이 언설적 지시의 보편작용으로 말미암아 한국의 국어교육에 대해서도 마찬가지로 급진적 부정의 비판작용을 하리라는 것을 발표자인 이연숙 교수 자신 의식하지 못할 리 없다. 그런 까닭일까. 잘 정리된 원고를 준비했음에도 불구하고, 자신의 발표 차례가 되자 이연숙 교수는 돌연 준비된 원고 대신 구두 발표를 중심으로 하겠다고 선언하였다. 그리고는 길게 자신의 체험, 타 언어 출신 학자로서 일본의 고쿠고 이데올로기를 연구하는 이방자의 언어체험을 길게 피력하는 즉석연설에 나섰다. 준비된 원고를 읽기보다 이러한 즉석의 구두 발표가 청중들에게 훨씬 생생하게 메시지를 전달하고 호소력을 발휘할 수 있음은 물론이다. 다만 구어(口語), 즉 발화의 언어란 발생과 동시에 흩어져버리는 것이고, 또 문어(文語)처럼 정밀히 조직된 언술이 아니기에 글로 옮겨 놓기 어려운 점을 야기한 것이 안타까울 따름이다. 그렇더라도 발표의 주지 자체가 달라질 수 있는 것은 전혀 아니다. 국민국가체제의 외부에 위치한 세계인, 즉 세계시민적 태도의 언어사회학자로서 '국어란 과연 가르쳐질 수 있는 것일까'를 회의하는 입장인 것은 마찬가지다. 「국어(national language)는 가르칠 수 있는 것일까」라는 제목을 내건 그녀의 발표가 그 날 그 자리에서 아무리 완곡한 어투, 부드러운 어투로 제시되었다 하더라도, 결국 주지의 언설을 생각하면 우리와 같은 국어교육자의 입장에서 그 혁명적 부정의 급진성, 과격성이 아프게 감지되지 않을 수 없다. 실상 그녀의 입장이 지향하는 본질적 체제비판이라는 견지에서 보면 '교육'의 개념 자체가 뿌리채 흔들릴 수도 있다는 논리적 유연관계에 대해 우리로서는 충분히 유념치 않을 수 없는 것이다. 준비된 원고로 돌아가 자신의 비판적 입장을 정리·개진한 이연숙 교수의 다음과 같은 결론적 언술 내용에서 우리는 그 같은 논리적 유연관계의 문제를 확인할 수 있다.

국어교육의 최대의 목적은 '바른 국어'를 가르치는 것이다. 그렇다면 교육을 받기 전의 국민은 바른 국어를 말하지 않는 것이 된다. '국민'은 '국어'를 의식하지 않았을 뿐 아니라 처음부터 '국어'는 존재하지 않았던 것이다.

이렇게 해서, '있어야 할 국어'가 매우 강박적인 모습으로 '국민' 앞에 우뚝 서게 된다. 그 앞에서는 어느 누구도 "나는 바른 국어를 말하고 있다"고 자신있게 단언할 수 없다. ……

'국어'도 국민국가와 마찬가지로 '자기원인적-자기언급적 순환' 논리에서 벗어날 수 없다. 그러나 이 '순환' 그 자체가 문제시되어서는 안 되는 일이었다. 그리고 '국어'의 존재도 결코 확실히 밝혀져서는 안 되는 일이었다. 이를 위한 가장 강력한 무기가 다름 아닌 '국어교육'이었다. '국민'이 '비국민'을 만들어 냄으로써 자기동일성을 확인해 가는 것처럼, '국어'는 반드시 배제해야 할 '비=국어'를 끊임없이 내부에 만들어 냄으로써만 '국어'로서 존재할 수 있다. 국어교육은 '바른 국어', '순정(純正) 국어'를 가르침과 동시에, '비=국어'를 끊임없이 만들어 내는 장치이기도 했다. '가르쳐지는 모어'라는 기괴한 괴물은, 이렇게 국어교육의 한가운데에 가장 거친 모습을 드러내고 있다.

이러한 급진적 교육비판, 이데올로기 비판의 입장을 역사학적으로 치밀히 고증·지원하는 일본학계의 대표적인 소장학자가 고마고메 다케시 교수라 할 수 있다. 식민지관계사 전공학자로서 일본의 젊은 연구자들 사이에서 조선·대만 관계 연구를 주도하는 위치에 있는 이 연부 역강한 소장학자는 당연히 일본 국가체제 내부자의 시선으로 보면 또 하나의 급진적 체제비판, 내부비판의 이론가, 연구자가 되는 셈이다. 일본사회의 우경화를 걱정하는 사람이 많지만, 일본사회 전체로 보면 급진적 체제비판 입장을 고수하는 이를테면 좌익지식인들 역시 뒤를 이어 연면히 재생산되고 있는 셈이다. '세기전환기의 대만·일본을 중심으로'라는 부제와 함께 「식민지 지배와 '국어'」 문제를 논한다고 하여 마치 식민지 조선의 경영문제와는 직접적으로 무관한 듯이 발표제목을 설정하였지만, 이 역시 일본학자다운 조심스러움의 표현일 뿐이다. 발표의 논점 역시 궁극적으로는 식민지 조선에서의 '국어' 의식의 형성 문제, 곧 식민지시기의 '일본어' 의식의 형성 문제와 이후 한국의 '국어' 형성 문제에 과녁을 겨누고 있다는 것은 그의 조심스러운 논술 행간을 통해 감지할 수 있다. 우선 발표의 '머리말' 서두 부분을 다시 한 번 일별해 보아 두자.

　이 보고는 일본제국주의의 식민지 지배와 관련시켜, 일본어의 탄생이라
는 프로세스를 고찰할 목적으로 쓰여졌다. 필자는 오늘날 한국의 '국어' 교
육 상황과 문제점에 관해 충분한 지식과 정보를 가지고 있지 못하며, 따라
서 이 보고의 내용도 '국어' 의식을 둘러싼 문제의 역사적이고 원리적인 고
찰이라는 과제로 한정되지 않을 수 없다. 또한 주된 대상으로 설정된 것은
일본어의 탄생이라는 영역이며, 한국어와 관련해서는 보고의 마지막 부분
에서 문제제기를 하는 정도로 그치게 된다는 점을 미리 언급해 둔다.
　일본제국주의의 식민지 지배에서, '국어'로서의 일본어에 중요한 의미부
여가 있었던 것은 주지의 사실이다. 예를 들면, 보통학교의 교육과정에서
일본어 시간이 압도적인 비중을 차지하였으며, '조선어'를 제외한 다른 교
과목도 일본어로 가르치는 것을 원칙으로 하였다. 학교라는 공간뿐 아니
라, 일본인은 일본어를 소유하고 있다는 이유만으로 우위의 입장에 있었고,
대다수 한국인은 일본어를 말할 수 없다는 점 때문에 많은 불이익을 감수
하지 않으면 안 되었다. 한편 한국인이 한국어에 의해 공적인 생활공간을
창조하려는 움직임은 엄격히 통제되었다. 한 마디로 말해 일본어는 민족
간의 서열을 자의적으로 규정하는 장치였다고 할 수 있다.
　이상과 같은 의미에서 일본어는 식민지 지배에서 파괴적인 역할을 수행
했다는 점을 우선 지적해 두고 싶다. 단 여기서 주의해야 할 것은, 국민언
어로서의 일본어가 선험적으로 존재하고 있는 듯한 이미지는 그릇된 역사
인식에서 비롯되었으며, 언어를 둘러싼 근대성(modernity)을 상대화하는
시점이 빠져 있다는 점이다. 국민언어로서의 '일본어'의 존재 그 자체가 근
대의 산물이며, '일본어'의 존재에 대해 묻는 일은 동시에 근대를 묻는 일
에 해당한다는 것을 간과해서는 안 될 것이다.

　일본어와 일본어 형성에 대하여 말하고 있지만, 그것이 한국어를 말
하는 일과 무관하지 않다는 것을 이미 서두에서부터 밝히고 있다. 근대
한국어의 형성이 일본어와 무관하게 이루어질 수 없었다는 역사적 사
실의 암시다. 물론 이것이 곧 근대 한국어가 근대 일본어 체계를 그대
로 모사했다는 사실의 시사를 뜻하는 것일 수는 없다. 오히려 일본어를
의식하면서, 그것에 저항하는 방식으로 근대 한국어 의식이 성립했다는

측면을 논자들은 강조한다. 하지만 동시에 또 사람들은 저항하면서 닮지 않는가. 진서(眞書) 즉 한문으로부터 독립하면서 근대 한국어 의식이 성립하였고, 이 성립과 형성 과정에서 하나의 반 모델로 작용한 것이 다름아닌 일본어였으리라는 사실은 역사를 자세히 살피지 않더라도 대개 짐작할 수 있다. 이 점을 일본학계에서 특히 자세히 밝혀 논한 사람이 이연숙 교수고 재일학자 이효덕(李孝德) 씨임을 고마고메 교수는 밝히고 있다. '대한제국에 있어서의 '국문'과 '국어' - 결론에 대신하여 - '라는 제목을 단 그의 결론부를 다시 한 번 상기, 확인해 보자.

주지하다시피 한국에서는 갑오개혁을 계기로 하여, 한자를 '진서'로 한글을 '언문'으로 보는 가치관에 큰 변화가 일어났다. 1895년 개화파 정권이 선포한 「홍범14조」는 순국문·국한혼용문·순한문이라는 세 가지 문체를 공표하고 공문서류에도 국문의 병용을 인정하였다. 1896년에는 『독립신문』 등 한글전용 신문도 발행되어, 남녀·상하·귀천에 관계없이 읽히는 문자로서의 한글의 의미가 선명해지게 되었다. 이연숙은 이러한 운동이 현재까지 이어지는 '고유문자에 대한 애착과 긍지'를 형성하고 있다고 평가하는 한편, "언어 내적인 관점에서 보면 표기법의 수준에 머물러 있어 언어체계를 변화시키는 수준에는 이르지 못한다. 즉 언어적 근대화 과정에서 생겨난 '문자 내셔널리즘'은 문자 그 자체가 상징적 의미를 띠고 있고, 극히 관념적이고 정서적인 면을 담지하고 있다"고 평가한다.

이연숙이 지적하고 있듯이, 한글이라는 고유문자가 민족적 저항의 근거로 작용하고 또한 한국 사회 내부의 신분질서를 극복하는 수단으로 의식된 것은 분명하다. 그것은 대만의 사례와는 크게 다른 점이다. 대만에서는 대만어가 한자로 표기되었다기보다는 대만어를 표기할 문자가 없었다고 하는 표현이 보다 정확한 상황이 존재하였기 때문이다. 보다 복잡한 문제는 언문일체의 문제 문제다. ……

일본의 경우와는 달리, 한국에서는 제국주의적 지배 때문에 언문일치체의 '한국어'를 급속히 만들어 낼 필요가 없었다. 이 점은 중요하다. 다만 언어적 침략에 대한 방어벽을 구축할 필요는 있었다. 실제로 앞서 인용한 논문에서 이연숙이 지적하고 있듯이, 일본제 신한자어는 한국어의 어휘체계에 깊숙이 침투하였다. 이러한 상황 속에서 '국문'에서 다시 '국어'를 창출할 필요성이, 1900년대에는 애국계몽운동에 참가한 사람들을 중심으로 명

확히 부각되었다고 보인다. 그러나 한국어가 실제로 '국어'의 위치를 점한
것은 '보호국' 기간인 불과 수년에 지나지 않았고, 1910년에는 일본어가 다
시 '국어'의 자리를 차지하게 된다. 그러한 상황을 어떻게 평가해야 할 것
인가. 또한 그것이 현대의 한국 사회에 어떠한 영향을 미치고 있는가. 토론
을 해 나가는 가운데 이 점이 고려되었으면 하고 바란다.

"그러나 한국어가 실제로 '국어'의 위치를 점한 것은 '보호국' 기간인
불과 수년에 지나지 않았고, 1910년에는 일본어가 다시 '국어'의 자리를
차지하게 된다"면서 "그러한 상황을 어떻게 평가할 것인가. 또한 그것
이 현대의 한국 사회에 어떠한 영향을 미치고 있는가. 토론을 해 나가
는 가운데 이 점이 고려되었으면 하고 바란다"고 한 고마고메 교수의
진지한 제안에 대해, 마치 짜고 하는 게임이거나 하는 듯 응대의 발제
를 한 것이 김영욱 교수의 「한국어와 민족주의」였다고 할 수 있다.
　김영욱 교수의 발제 요점은 일본측 학계의 시각과 조응하면서도 미
묘하게 엇갈린 논점을 지니고 있다. '국어교과서'라는 실증적 텍스트의
발생을 기준점으로 삼아 "민족주의적 사상을 반영한 교과서가 등장하
는 것은 1906년이 아닌가 한다"라고 인정함으로써 "한국어가 실제로
'국어'의 위치를 점한 것은 '보호국' 기간인 불과 수년에 지나지 않았다"
는 고마고메 교수의 지적에 동의하는 것처럼 보이지만, '이데올로기'로
서의 민족주의 곧 어문민족주의로서는 그것이 개화기 지식인이었던 주
시경 같은 학자에 의해 정립·확산되었음을 강조함으로써 제도적 차원
이 아닌 사상적 차원에서는 이미 개화기 단계에 한국 국어교육의 모
태·기반이 형성되었음을 강조하였기 때문이다. 다만 주시경의 어문민
족주의 사상이 일제시기에까지도 후배 학자와 학도들에 의해 계승되어
이데올로기적 영향력을 발휘했지만, 오히려 해방 후에는 '홍익인간'이
라는 추상적 교육이념에 의해 대치됨으로써 이데올로기적 영향력을 상
실하게 되었다는 점을 아프게 지적하고 있다. 결론 부분을 들어보자.

이데올로기로서의 민족주의를 한국의 역사 속에서 찾기란 쉽지 않다. 조

선의 이데올로기로 자리한 사대주의와 숭문주의를 뚫고 민족주의가 그 맹
아를 보인 것은 조선 후기의 동학전쟁에서였으나 아직 발화 단계에까지는
이르지 못했다. 그러한 상황에서 두드러진 활동을 벌인 것이 주시경 선생
이었다. 개화기 지식인이었던 주시경 선생의 어문민족주의는 그의 철저한
신념과 지식인으로서의 양심적 행동, 그리고 시대상황에 힘입어 청년학도
들의 마음을 사로잡았고, 을사조약과 한일합방 등의 정치적 사건을 계기로
전 민족적인 호응을 얻게 된다. 이를 배경으로 주시경학파가 성립되고, 그
핵심 사상이었던 어문민족주의는 20세기 전반기 한반도의 지배적 이데올
로기로 자리잡게 되었다.

이러한 어문민족주의의 사상적 영향은 대한민국 정부의 출범과 함께 점
차 사라져 갔으나, 주시경학파로부터 비롯된 한글맞춤법은 현대 한국의 표
준철자법으로 공인되어 지금도 사용되고 있다. 현행 국어교과서에서는 어
문민족주의의 흔적을 발견하기 어렵다. 시대상황이 바뀌고, 홍익인간(弘益
人間)이라는 교육이념이 자주독립사상을 대치하였으며, 언어의 사상적 측
면보다는 언어의 기능적 측면이 현행 국어교육 과정에서 중요시되고 있기
때문이다. 예컨대 주시경 선생의 한국어에 관한 과학적 연구업적은 국어학
도들에 의해 계승되었지만, 그의 사상은 보편적인 것으로서 받아들여지지
않은 것이라 하겠다.

앞 발제자와 미묘하게 논점의 상위가 일어났던 것을 알 수 있다. 다
시 말하면, 고마고메 교수의 논점은 '제도교육'으로서의 '국어교육'에 대
한 이해라는 시각틀 속에서 주어졌던 것이고, 김영욱 교수의 그것은 '어
문민족주의'라는 이데올로기 전수의 맥락을 바라보는 시야 속에서 제출
된 것이다. 어쨌든 이것으로 모든 발표가 끝나게 되었다. 이제 남은 일,
과제는 무엇인가. 오후학회 진행의 사회 책무는 대부분 정백수 박사가
도맡아 수행해 주었지만, 학회가 종착역에 다다르고 있는 시점에서 나
의 마음은 복잡하고 착잡하였다. 이제 어떻게 종지부를 찍고 막을 내려
야 하나.

4. 마무리 : 남겨진 과제, 그리고 다시 새로운 시작을 위하여

예정된 모든 발표가 끝나고, 이제 '종합토론' 순서만 남아 있었다. 발제를 통해 제출된 모든 논점들을 정리하고, 학회의 앞으로의 발전적 전망을 모색하고 기약하는 일이 남은 것이다. 하지만 이제 와 돌아볼 때 이 점들과 관련해서도 진행자는 주어진 소임을 다하지 못하였다. 역시 치밀하게 준비하지 못한 책임이 크다. 경험도 미숙했고 처음 개최하는 대회이니만큼 모양새 갖추기에 치중하다 보니, 논점을 정리하고 집약하여 논의를 발전적으로 전개하는 과제에 상대적으로 소홀했다고 할 수 있다. 원래 계획으로는 토론자들을 다양하게 구성하고 그 속에서 활발한 난상토론이 벌여 종합토론 자체를 또 하나의 독자적인 토론 프로그램으로서 의미있는 시간이 되도록 하고자 하였으나, 시간에 쫓기다 보니 진행자 스스로 논점을 여유있게 간추리기 어려웠다. 게다가 시간 계획의 차질로 말미암아 예정된 녹취작업마저 부실하여 '종합토론' 시간에 개진된 다양한 논의들을 여기 독자들에게 자세히 전달하지 못하는 실수를 범하게 되고 만 것이다. 그렇다고 이 학회를 통해 우리가 거두어들인 결실이 전혀 없었다고 할 수 없다. 천리길도 한 걸음부터라는 말이 있고 또 첫술 밥에 배부르랴 하는 속담이 있는 것처럼, 모든 것이 한꺼번에 이루어지기를 기대하기는 어려운 것이다. 첫 회의 국제학회를 통해 주어진 성과 혹은 기약된 가능성과, 그 문제점을 적기해 보자면 다음과 같이 정리될 수 있겠다.

첫째, 결과적으로 대중적 관심을 모으는 데는 실패했지만 국어교육의 문제가 역시 관여자들의 시야 속에서는 지속적인 관심사, 현실적이고 실천적인 관심사항 중의 하나로 간주된다는 점이다. 이기문 교수가 이 점을 특별히 강조했지만, 어문교육의 문제는 보다 국가적인 관심사항, 더 나아가 국제적인 관심사항으로까지 제기될 필요가 있다 하는 점은 관여 학자들 모두의 공통된 의사, 의지로 표현되었다. 관점과 시각은 다르더라도 '국어교육'을 어떻게 시행할 것이냐의 문제가 더욱 실천적인 관심사로 대두되는 시점이라는 인식에 참석자들 모두가 동의하고 공감하는 분위기였다는 것을 여기서 새삼 확인하고 상기할 수 있는 것이다. 대중적 관심의 불모지에 위치하는 처지, 상황이기에 이 문제에 대한 관여자들의 노력이 더욱 발분 요청되는 시점이라고 하겠다.

둘째로는 내심 미심쩍어했지만, 국어교육 혹은 어문교육을 주제로 한 국제적인 논의가 충분히 가능한 상황이라는 점이다. 여러 가지 여건을 고려하여 우선 일본학자들과의 공동토론을 최초로 시도해 본 셈이지만, 반드시 일본학자들과의 교류만이 아니라 보다 시야를 넓혀 어문교육과 관련한 국제적인 토론의 행사가 가능하고, 이를 통해 어문교육의 국제적 인식 지평의 확대가 가능하다는 것을 확인한 점이 아마 이번 학회를 통해 거두어들인 최대의 성과였다고 할 수 있다. 이 점과 관련하여 학회 개최에 협조해 준 여러 관련 학자, 관계 당국의 노고에 다시 한 번 감사와 치하의 언사를 덧붙이고 싶다. 특별히 원로(遠路)와 빈약의 여건을 개의치 않고 학회 참석에 임해 준 일본측의 학자, 연구자들에게 공훈의 많은 부분을 돌려야 할 것은 물론이다.

셋째로는 이러한 적지 않은 성과의 결실에도 불구하고, 국제적인 학회를 추진하는 데 있어서 더 세심한 준비와 관여자들의 적극적인 참여가 긴요하다는 점을 들 수 있겠다. 가시적인 성과만을 염두에 두고 학회를 바라본다면, 학회라는 것은 외형적이고 손으로 구체적으로 잡히지 않는 무형의 성과만을 낳는 것으로 이해되지만, 이를 통해 커다란 인식의 공유가 이루어지고, 이것이 오늘날 학적 발전의 중요한 토대, 기제로 작용한다는 점을 염두에 둔다면, 학회에 대한 일반의 지나치게 소극적인 자세는 반성되고 불식될 필요가 있다. 이런 점에서 특별히 학회의 진행 과정에 실무적인 협조를 아끼지 않은 두 통역자에게 다시 사의를 표하지 않을 수 없다. 일본측 학자들의 조직책임을 맡아준 정백수 박사의 공훈에 대해서 누구에게보다 더한 사의를 표해야 할 것은 말할 나위가 없다.

이제 학회 보고의 글을 전체적으로 마무리해야 할 것 같다. 이러한 학적 보고의 글이 굳이 필요한 것인가에 대해서 글을 쓰는 동안 내내

회의가 일었지만, 그래도 이런 보고서나마 없다면, 학자들의 행위란 참으로 공허한 몸짓으로 끝나기 쉬운 게 아닌가 하는 염려에서 굳이 전례가 드문 이런 문자행위를 끝까지 붙잡고 늘어지게 되었다. 시작의 끈을 놓치지 않기 위해서였다. 이제 다시 또 새로운 시작이다.

지은이

정상균 : 서울대 국어교육과, 동대학원 국문학과 졸업, 동대학 문학박
　　　　사, 한국고전시가・시론 전공. 현 서울시립대 교수.『한국 최
　　　　근 시문학사』『비극론』등

김영욱 : 서울대 국어교육과, 동대학원 국문학과 졸업, 동대학 문학박
　　　　사. 국어학(문법사・형태론) 전공. 현 서울시립대 교수.『문
　　　　법형태의 역사적 연구』,『문법형태의 연구 방법』등

한형구 : 서울대 국어국문학과, 동대학원 국문학과 졸업, 동대학 문학
　　　　박사. 한국문학(비평) 전공. 현 서울시립대 교수.『전환기의
　　　　사회와 문학』,『한국 근대문학의 탐구』등

국어교육이란 무엇인가

정상균・김영욱・한형구 외 지음

초판 1쇄 인쇄・2001년 7월 4일
초판 1쇄 발행・2001년 7월 9일

발행처・도서출판 혜안
발행인・오일주
등록번호・제22 - 471호
등록일자・1993년 7월 30일
121 - 836 서울 마포구 서교동 326 - 26
전화・02) 3141 - 3711, 3712
팩시밀리・02) 3141 - 3710

값 12,000원

ISBN 89 - 8494 - 132 - 8 93700